# 金融法苑
# Financial Law Forum

## 2023 总第一百零九辑

◎ 北京大学金融法研究中心　主办

▶ 主编：彭　冰　　▶ 本辑执行主编：王艺璇

中国金融出版社

# 《金融法苑》

主　　　办：北京大学金融法研究中心

专家委员会：吴志攀　白建军　刘　燕　彭　冰
　　　　　　郭　雳　唐应茂　洪艳蓉

主　　　编：彭　冰

本辑执行主编：王艺璇

# 声　明

Financial Law Forum
# 金融法苑
2023　总第一百零九辑

# 目　录
## Contents

## ▍金融法 ▍

Financial Law Forum

# 金融法苑

2023　总第一百零九辑

# 资本市场

# 涉美元债违约案件的法律问题分析及思考

■ 符 望 赵丹阳*

**摘要：** 对外发行债券是国内企业利用金融工具对外融资的主要途径，美元债券在我国海外债券中占比最大、总量最多。近年来，由于美联储货币政策和国内外形势变化，涉美元债违约事件频发。本文以时和基金案、北大方正案和恒大案等中资离岸美元债相关案件或纠纷为切入口，从美元债的发行、违约及影响入手，深入分析涉美元债违约相关法律问题，以期为妥善处理复杂的涉美元债违约纠纷探寻参考路径。

**关键词：** 美元债违约 不对称管辖条款 维好协议 跨境破产

## 一、 美元债的相关概念与违约情形

（一）中资美元债发行概况

美元债是以美元计价的债券，其根据发行地不同分为中国境内发行与境外发行。目前境内美元债券发行人只有国家开发银行和中国进出口银行，总发行规模极小，① 故本文主要研究对象为中资在境外发行的美元债，即中国境内企业及其关联的境外企业或分支机构在境外举借的、以美元计价、按约定还本付息的债务证券。值得一提的是，某些债券虽以欧元而不是美元计价，但由于发行量相对较小，且债券性质及法律问题与美元债券类似，故统一纳入本文分析。

上述债券由于发行人常采用多种方式而规避境内监管，又被称为离岸债券（Offshore Bond）②。中资离岸美元债在发行时又包括以下两种情形：一是在美国发行的从属于外国债券的

---

* 符望，上海金融法院综合审判二庭庭长、三级高级法官；赵丹阳，上海金融法院申诉审查及审判监督庭四级法官助理。

① 汪灵罡：《"小而美"的境内美元债市场》，https://mp.weixin.qq.com/s/fKc1k8SroiyoVngLOiRWBg，于2022 年 9 月 1 日访问。

② 离岸即为脱离监管，但需要区分不同监管区。有的债券既脱离了中国的监管，又脱离了美国法律的监管，因此也构成美国的离岸债券。故在使用这一词语时，需要注意具体的语境。

美元债券，二是在美国外的境外地区发行的从属于欧洲债券①的美元债。80％的中资美元债为欧洲债券，发行地主要集中在亚洲地区，特别是中国香港特别行政区。②

近年来，随着国际金融危机背景下以美国为代表的主要经济体实行较为宽松的货币政策，美元债券的收益率一度降至历史低点，越来越多的中资企业在国际化的趋势下，选择以境外发行美元债券的方式进行融资。③ 从发行主体来看，中资美元债发行的行业分布十分广泛。其中，房地产、银行、非银行金融服务是美元债发行金额最大的三个行业。④ 2020 年至 2022 年上半年，全国企业共发放美元债 5270.61 亿美元，实现美元债发债率的大幅增长。

（二）中资美元债的违约影响

未来三年，中资离岸美元债到期额分别为 2064 亿美元、1378 亿美元和 1446 亿美元，其中地产债约占三分之一。⑤ 债务集中到期将考验发债主体的偿债能力，特别是经营能力不佳、现金流脆弱、再融资难度大的弱资质企业将明显承压，同时受新冠病毒疫情和经济周期的影响，国内企业境外债券的违约或重整大幅增加。据彭博统计，2022 年 1—6 月地产美元债以本金计算的违约额为 246.06 亿美元，较 2021 年同期大幅增长。⑥ 截至 2022 年 9 月，中资离岸债券 12 个月滚动违约率为 6.5％，过去 12 个月，31 家发行人成为新违约发行人。⑦ 而高盛也将中资美元债 2022 年财年的违约估计从 11.5％调高到 19.0％。⑧

美元债违约事件发生会导致市场信用风险上升。最显著的影响是增加企业的融资成本，违约事件直接影响评级机构对于发债企业、行业的信用评级，并不断降低对行业的风险敞口，增加对流动性危机评估的严重程度，导致企业融资成本大幅上升。如 2021 年上半年，花样年集团

---

① 欧洲债券与以欧元计价的债券是不同概念，欧洲债券又称国际债券（Euro Bond），是指计价货币并非发行地或交易地的货币的债券，例如一家公司（不论公司所在地）在新加坡发行或交易的日元债券便是国际债券（Euro Bond）。国际债券并以其计价货币命名，如以日元计价的便称日元国际债券（Euroyen Bond），以美元计价的便称美元国际债券（Eurodollar Bond），国际债券通常为不记名债券（Bearer Bond），即发行公司或政府没有把所有人姓名登录在名册上的债券，其利息也无需预扣所得税。
② 颜琰：《房地产中资美元债市场价格波动：回顾与展望》，载《国际金融》2020 年第 8 期，第 69 页。
③ 吴韬：《中资企业美元债券发行方式浅析》，载《时代金融》2014 年第 21 期，第 143 页。
④ 欧阳辉、叶冬艳：《关于中资美元债的一些思考》，载《债券》2019 年第 3 期，第 16 页。
⑤ 余兆纬、李思明：《警惕重点房企等美元债的偿债风险》，载《清华金融评论》2022 年第 3 期，第 97 页。
⑥ 观点新媒体：《解局｜卓越商管为何能再发一笔美元债？》，载 https：//mp. weixin. qq. com/s/J41f9KroRTXUdER1Dfm7ZA，于 2022 年 9 月 28 日访问。
⑦ 彭博 Bloomberg：《彭博中资美元债（功夫债）月报：中资地产债的展望会变得更加复杂吗？》，载 https：//mp. weixin. qq. com/s/LdoHk_zX51gSccNBtEazoQ，于 2022 年 9 月 28 日访问。
⑧ 高盛：《中国地产美元债的违约概率》，载 https：//mp. weixin. qq. com/s/Yhr0RimMDK_eWo－7Y4ryLQ，于 2022 年 8 月 30 日访问。

（中国）有限公司控股发行的 5 只美元票据年利率均高于 10%，其中有两只债券的年利率达 14.5%。① 房企利息成本高，违约风险较大，同时易引起其他金融产品的违约，形成风险传导。

美元债违约一般会引发标的额重大、案情复杂的诉讼。除面临起诉或仲裁对象数量多、管辖和法律适用复杂等问题之外，还可能产生公共利益认定问题，相关增信措施效力和性质的认定问题，承认与执行外国民商事判决、仲裁裁决等问题。因此，相关案件裁判一经作出，往往会引发境内外高度关注，如上海金融法院审理的时和全球投资基金 SPC－时和价值投资基金申请认可和执行香港特别行政区法院民事判决案②（以下简称时和基金案）引发了境外媒体的争相报道，包括 Bloomberg（彭博新闻）③、Debtwire（债务连线）④ 在内的多家专业性财经、法律媒体以及 Hogan Lovells⑤、Linklater⑥、Akin Gump Strauss Hauer & Feld LLP⑦ 等多家一线律所对此作出分析。故此类案件的处理，不仅关系到个案当事人利益的平衡，也影响离岸债券市场乃至中国金融市场的信誉与稳定。

（三）美元债违约下债权人境内司法救助路径初探

中资美元债违约处置方式可分为债务重组、求偿诉讼、破产重整三类。其中，债务重组的过程以体现当事人意思自治为主，无需司法介入即可实现债权债务双方当事人的利益平衡。具体又可细分为债券展期、债券置换、债转股、现金折价偿还和多种方式组合等方式。求偿诉讼适用于债券到期时债务人还有一定偿付能力，不满足破产诉讼条件的情况，前文所称的时和基金案就是其中的典型代表。就求偿诉讼而言，债权人对美元债相关主体又有不同的诉讼途径，而关于管辖的约定对路径的选择有重要影响，如果债券文件中约定违约由境外法院管辖，则债券持有人可至管辖法院同时起诉发行人和担保人，取得胜诉判决后，回到中国内地法院申请承认与执

---

① 天府之声：《四川房观察》，载 https：//mp. weixin. qq. com/s/B1TtuomnyBkU4A9vJL5EVQ，于 2022 年 8 月 30 日访问。

② 上海金融法院（2019）沪 74 认港 1 号民事裁定书。

③ Bloomberg，see https：//www. bloomberg. com/news/articles/2020－05－14/how－a－keepwell－clause－protects－china－bonds－or－not－quicktake，last visit time 2022. 05. 28.

④ Debtwire，see https：//www. debtwire. com/intelligence/view/intelcms－j73rt7？shared&u＝9BD90FD2－B945－462A－AD4B－4461C59FD4E3，last visit time 2022. 05. 28.

⑤ Hogan Lovells，see https：//www. lexology. com/library/detail. aspx？g＝46ccdf9f－0626－403d－94f9－9bacb26a3280，last visit time 2022. 05. 28.

⑥ Linklater，https：//www. linklaters. com/en/knowledge/publications/alerts－newsletters－and－guides/2020/november/26/prc－court－confirms－recognition－of－a－hong－kong－default－judgment－in－relation－to－a－bond－keepwell－deed12，last visit time 2022. 05. 28.

⑦ Akin Gump Strauss Hauer & Feld LLP，see https：//www. mondaq. com/unitedstates/insolvencybankruptcy/1004026/a－step－closer－to－legal－certainty－for－holders－of－chinese－keepwell－backed－bonds，last visit time 2022. 05. 28.

行该胜诉判决，以取得内地担保人的责任财产。有的债券文件约定并不排除中国境内法院管辖，故债券持有人也可以直接到内地法院针对担保人启动司法程序。

同时，由于美元债发行数量较大，触发交叉违约可能性较高，一旦发生违约，极易导致企业出现资不抵债的情形，此后要么进入破产重整程序，如方正集团的破产重整案，要么进入破产清算，如华信集团的破产清算案。破产程序相对普通求偿诉讼更加复杂，发行人可能是位于境内的母公司，也可能是在中国香港、新加坡等地区上市且实际运营的母公司，同时该公司在中国境内有大量经营实体以及财产，也有可能是位于 BVI、CAYMAN 等离岸中心的非经营性实体（空壳公司），境内母公司对此提供增信措施。上述情况导致跨境破产程序的协调问题、跨境司法协助机制运行及跨境破产中"主要利益中心地"的认定争议。

## 二、 涉美元债违约案件的管辖问题

### （一） 美元债约定管辖现状

在通常情况下，鉴于投资者来源等因素，中资离岸美元债募集说明书往往约定选择用美国纽约州法律、英国法律等作为法律依据，同时约定境外法院对债券违约有管辖权。如刚泰集团有限公司 2018 年 3 月 15 日发布的 1 亿美元高级票据募集说明书约定的管辖法律为纽约州法律。[①]中国长城资产（国际）控股有限公司于 2022 年 4 月 21 日发行的 5 亿美元债募集说明书约定的管辖法律为英国法律并由中国香港法院排他管辖等。

### （二） 不对称管辖条款认定及效力分析

"不对称管辖条款"，即一方当事人只能接受某一特定法院的排他性管辖，但是另一方当事人可以在其他法院起诉的管辖条款。典型的"不对称管辖条款"，如"借款人/保证人承诺，如产生债券项下争议，接受某一特定司法辖区法院的排他性管辖，但是贷款人不受此限，贷款人仍可选择向其他司法辖区法院起诉借款人/保证人。"不对称管辖条款在国际金融市场被广泛运用，在国际商业活动实践中较常见。中资美元债交易文件通常也采取"不对称管辖条款"，其原因主要在于发行中资美元债的主体通常为中国境外注册的特殊目的公司（SPV），该公司名下并无可供执行的责任财产，整个交易的保障基础主要是位于中国境内的财产，因此，债券持有人在违约时的法律行动，需要控制中国境内财产。而与之相对地，债券持有人在债券交易中通常并无违约风险，并无在不同司法辖区采取诉讼的必要，故通常约定债券发行人仅能在某一特定司法辖区

---

① 刚泰集团《债券募集说明书》："与票据、子公司担保、债券契据或其他交易引起或相关的诉讼由纽约曼哈顿区内的美国联邦或纽约州法院非排他管辖""票据和适用于票据的合同均依照纽约州法律解释。"

针对债券持有人、管理人提起诉讼。① 这种交易安排能够大幅度提高债券投资人的投资意愿和信心，进而降低融资者的融资成本。我国《民事诉讼法》并无对"不对称管辖条款"的明确规定，而是通过法院的司法案例②及《全国法院涉外商事海事审判工作座谈会会议纪要》第2条③认可了"不对称管辖条款"的效力及含义。

在涉美元债案件中，不对称管辖权条款的认定主要影响到内地法院对于香港地区民商事判决的认可与执行。最高人民法院与香港特别行政区于2006年7月14日签署了《关于内地与香港特别行政区法院相互认可和执行当事人协议管辖的民商事案件判决的安排》（以下简称《2006年安排》，该安排于2008年生效）。其中第一条明确规定："内地人民法院和香港特别行政区法院在具有书面管辖协议的民商事案件中作出的须支付款项的具有执行力的终审判决，当事人可以根据本安排向内地人民法院或者香港特别行政区法院申请认可和执行。"然而值得注意的是，《2006年安排》第三条明确规定："本安排所称'书面管辖协议'，是指当事人为解决与特定法律关系有关的已经发生或者可能发生的争议，自本安排生效之日起，以书面形式明确约定内地人民法院或者香港特别行政区法院具有唯一管辖权的协议。"如果美元债约定了不对称管辖权条款，就无法解读为"唯一管辖权"，即便由中国香港法院管辖，也无法享受到《2006年安排》带来的便利。

### 三、 涉美元债境外判决承认与执行法律问题

正如前文所述，由于中资离岸美元债中准据法与管辖权的安排，大量案件的管辖法院为境外法院。当境外法院作出裁判之后，债券持有人往往会向中国法院申请承认或认可与执行相关的判决。由于准据法的不同，该过程往往会产生观点的分歧，需要进一步分析以下几个方面的法律问题。

---

① 方达律师事务所：《中资美元债券违约后的维权路径初探》，载 https：//mp. weixin. qq. com/s/pf93kIeXtiP4AlD_VeXnpg，于2022年5月3日访问。

② 如（2016）最高法民申704号案中，案涉管辖条款约定："英格兰法院具有对本《保证及赔偿函》及与其相关的非契约性义务所产生纠纷的排他管辖权。保证人不得主张英格兰法院不具有管辖权或不适合或不便宜调处纠纷。本款之制定出于建造方之利益考虑，建造方可以审慎考虑在其认为合适的（英格兰以外）任一法院提起诉讼，亦可以同时于多个司法管辖法域采取救济程序。"最高人民法院认为："该条款是附有债权人选择前提的排他管辖条款，即仅在满足债权人选择英格兰法院起诉的条件时，英格兰法院享有排他管辖权，保证人必须服从排他管辖的约定，但不排除债权人选择英格兰以外的其他法院起诉的权利。该约定不违反中国民事诉讼法的规定，应认定有效。本案原告未选择英格兰法院起诉，而是选择在中国境内起诉，故排他管辖协议的条件并不成就。"也可参见（2020）闽民辖终114号民事裁定书等。

③ 《全国法院涉外商事海事审判工作座谈会会议纪要》第2条："涉外合同或者其他财产权益纠纷的当事人签订的管辖协议明确约定一方当事人可以从一个以上国家的法院中选择某国法院提起诉讼，而另一方当事人仅能向一个特定国家的法院提起诉讼，当事人以显失公平为由主张该管辖协议无效的，人民法院不予支持；但管辖协议涉及消费者、劳动者权益或者违反民事诉讼法专属管辖规定的除外。"

（一）美元债发行中增信方式相关法律问题

1. 维好协议的缘起与效力之争。中资美元债发行通常分为直接发行和间接发行两种方式，由于严格的监管规定和较高的税收比例，公司通常选择间接发行美元债。即境内母公司一般选择首先在境外设立 SPV，其注册地多为 BVI（英属维尔京群岛），然后由该 SPV 发行美元债。

在这种发行方式下，需要提供各种各样的增信措施以增加债券购买人的信心，比如母公司为该 SPV 发行的债券提供直接担保、维好协议（keepwell Deed）、安慰函（Comfort Letter）等以提高债券信用等级、降低融资成本。母公司的直接担保当然是最好的增信措施，但是中国境内公司担保的取得不仅涉及公司的内部决议程序，还涉及外汇外债管理部门的审批。在这种情况下，维好协议横空出世，并被大量应用于海外债务的发行过程中（见图 1）。

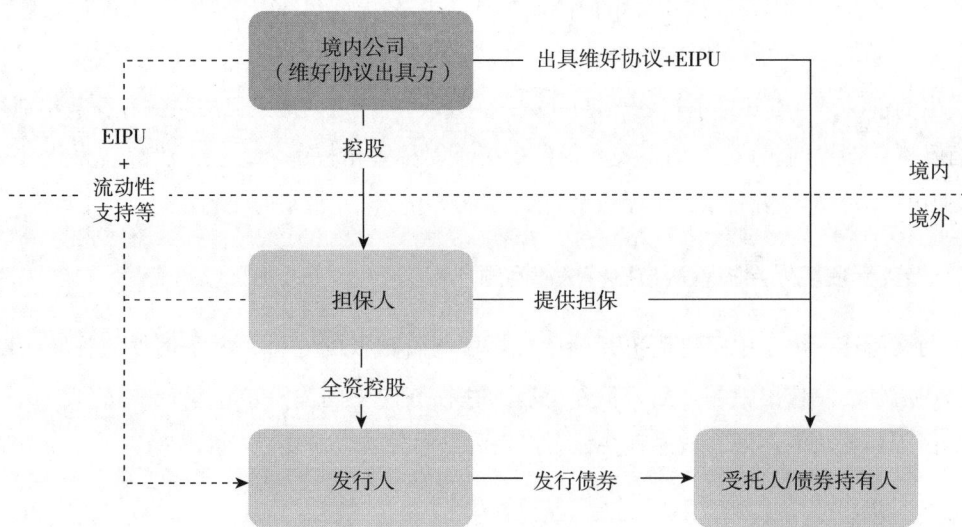

**图 1　涉维好协议美元债发行架构**

以时和基金案为例，维好协议的具体内容如下："维持合并净值及流动性：上海华信国际集团有限公司（CHINA CEFC ENERGY COMPANY LIMITED，以下简称"CEFC"）向债券持有人承诺，其将促使：（a）发行人随时保持至少 1 美元的合并净值；（b）发行人获取足够的流动性，以确保发行人及时按照债券中载明的条件及契约书中所列规定支付相关费用；（c）发行人保持偿债能力，按照注册地法律或相关会计准则持续经营。如果（A）CEFC 在任何时候认定发行人的流动性不足以履行债券中载明的到期付款义务，或者（B）CEFC 被告知或意识到（或者，与 CEFC 处于同等地位的有理性人员应当知道）发行人将要（或者合理判断下很可能）无法履行债券中载明的付款义务，CEFC 将在相关付款义务到期之前通过下列方式提供充足的资金，使得发行人在债券到期时能够全面履行付款义务：（a）对发行人已发行股本进行注资；（b）通过向发行人发放贷款或其他方式安排资金；（c）利用中国境内现金或处分中国境外其他资产或在中国境外作出合理安排，将现金、资产、资产对价或收益转让给发行人；（d）其他可行的办法。"与此同时，《维好协议》第 2 条还专门载明，"并非担保。本协议及本协议所含规定及公司依据本协议采取的行动，不得视为依据任何辖区法律偿还或履行发行人任何种类债务或责任的证明，或者公司担保或公司具有法律约束力的义务。"

维好协议源自英美法，与其说是协议，更准确地应称为"维好契据"，契据是普通法系特有的一种法律文书。与合同不同，契据不需要当事人支付对价，主要有三个作用：（1）使某项权益、权利或财产的转让生效；（2）创设在某些人之间有约束力的义务；（3）确认某些行为的发生，而这些行为导致了某项权益、权利或财产的转让。就本质而言，契据就是一种符合特定格式要件的书面法律文件。为表明其格式的重要性，经常会注明是"作为契据签署、盖印和交付"（signed，sealed and delivered as a deed）。当然，契据的出具也需要符合内部程序，如《香港公司条例》规定，若一个公司有两名及以上董事，则需两名董事或任一董事加公司秘书签署契据，若仅有一名董事，则需该董事签署。

时和基金案中，债权人时和全球投资基金 SPC——时和价值投资基金首先在香港特别行政区法院提起诉讼。在该诉讼中债权人主张 CEFC 违反了维好协议，应赔偿相应损失。但 CEFC 并未应诉。为此，香港特别行政区高等法院原讼法庭对该案作出 HCA 1712/2018 号民事判决："鉴于本案被告无意为自己辩护，本案原告放弃起诉状第（2）项的损害赔偿诉请，本院特此判决，被告向原告支付 29910000 欧元（或支付时等值港币金额），加上按年利率 8% 自传票签发之日（即 2018 年 7 月 24 日）起至实际支付日止的利息和 11045 港币的特定费用。"此后，时和基金向上海金融法院申请认可和执行香港特别行政区法院生效判决。上海金融法院作出裁定认可和执行该民事判决。

由于香港法院的判决为一项缺席判决，上海金融法院的认可与执行也是基于判决的效力，并未过多涉及维好协议在境内法律效力的实体法问题。因此，在诸多潜在的美元债案件当中，无论债券持有人向境外法院起诉，还是向中国境内法院起诉，维好协议的法律效力均有探讨的必要。

2. 增信函件的实践与效力之争。投资或者交易过程中会产生以维好协议为代表的各种增信措施，且新的增信措施将随着实务的发展被不断创设，名称也有所不同，需要区分认定对待，[1]并根据具体的条款用语进一步判断各类增信措施的法律效力。如在最高人民法院公报案例佛山市人民政府与某银行香港分行担保纠纷案[2]中，最高人民法院认定，与借贷合同无关的第三人向

---

① 朱晓喆：《增信措施担保化的反思与重构——基于我国司法裁判的实证研究》，载《现代法学》2022 年第 2 期，第 124 页。

② 最高人民法院（2004）民四终字第 5 号民事判决书。

合同债权人出具承诺函，但未明确表示承担保证责任或代为还款的，不能推定其出具承诺函的行为构成担保法意义上的保证。在某银行与辽宁省人民政府、某借款人保证合同纠纷案中，最高人民法院也认为，从该案《承诺函》的名称与内容看，辽宁省政府仅承诺"协助解决"，没有对该公司的债务作出代为清偿责任的意思表示，①《承诺函》不符合《中华人民共和国担保法》第六条有关"保证"的规定，不能构成法律意义上的保证。

英美法中，也需要法官对当事人函件内容进行分析并作出相应判断。但由于当事人用语的故意模糊化，法官解释会出现较大的分歧。如在英国的 Benson 案中，Kleinwort Benson Ltd（以下简称 KB）起诉 Malaysia Mining Corp（以下简称 MMC），KB 为一家英国银行，其在为 MMC 的全资子公司 MMC Metal 提供贷款的过程中，由 MMC 出具了《安慰函》，其中承诺"在子公司 Metal 足额兑付对 KB 的债务前，母公司不会降低对 Metal 的持股比例；母公司将尽最大努力确保子公司 Metal 的正常运营，以满足最终的债务偿付条件"。1985 年 MMC Metal 破产，KB 公司随即书面通知 MMC 履行代偿责任。法院对此判决认定 MMC 公司出具的《安慰函》具有法律约束力，并要求 MMC 代为偿还子公司欠款，理由主要在于"安慰函构成了合同所需的要件，具有法律约束力；MMC 在合同中承诺将采取积极行动以帮助子公司履行债务；安慰函中的表述是为了影响 KB 银行是否放贷的最终决定"，一审法院特别指出，本案中 MMC 公司所签署的《安慰函》不含有免责条款（disclaimer of liability），这是法庭判断的重要因素。但是，一审法院的解读并未获得二审法院的认可。在二审中，② 上诉法院认为，这份《安慰函》是对当前事实的陈述，而不是对未来行为的合同承诺。上诉法官 Ralph Gibson 论述说："法院不会仅仅因为双方将该文件称为安慰函而拒绝进一步考虑双方具体使用词语的含义。但在本案中，很明显当被告拒绝承担连带责任或提供担保时，双方只好借助于安慰函的概念，这表明双方都知道此时至少要达成一份文件以安慰原告，但这种安慰表明被告承担的不是确保偿还其子公司债务的法律责任，而只是一种道德责任。"③

---

① 最高人民法院（2014）民四终字第 37 号民事判决书。在该案中，辽宁省政府向境外贷款人出具《承诺函》承诺以下事项："……2. 我省人民政府将尽力维持借款人的存在及如常营运；3. 我省人民政府将竭尽所能，确使借款人履行其在贵行所使用的银行便利/贷款的责任及义务；4. 如借款人不能按贵行要求偿还就上述银行便利/贷款下产生的任何债务时，我省人民政府将协助解决借款人拖欠贵行的债务，不让贵行在经济上蒙受任何损失。"

② Kleinwort Benson v Malaysia Mining Corporation［1989］1 WLR 379，CA.

③ Kleinwort Benson v Malaysia Mining Corporation［1989］1 WLR 379，CA. Ralph Gibson LJ said："The court would not, merely because the parties had referred to the document as a comfort letter, refuse to give effect to the meaning of the words used. But in this case it is clear, in my judgment, that the concept of a comfort letter, to which the parties had resort when the defendants refused to assume joint and several liability or to give a guarantee, was known by both sides at least to extend to or to include a document under which the defendants would give comfort to the plaintiffs by assuming, not a legal liability to ensure repayment of the liabilities of its subsidiary, but a moral responsibility only."

3. 增信措施的归类与定性分析。随着新类型的增信措施越来越多，为了在司法实务中加以规范，2019 年的《九民纪要》第 91 条曾经试图将其类型化，[①] 2020 年《民法典》出台之后，相应的《最高人民法院关于适用〈中华人民共和国民法典〉有关担保制度的解释》第三十六条对此进行细化："第三人向债权人提供差额补足、流动性支持等类似承诺文件作为增信措施，具有提供担保的意思表示，债权人请求第三人承担保证责任的，人民法院应当依照保证的有关规定处理。第三人向债权人提供的承诺文件，具有加入债务或者与债务人共同承担债务等意思表示的，人民法院应当认定为民法典第五百五十二条规定的债务加入。前两款中第三人提供的承诺文件难以确定是保证还是债务加入的，人民法院应当将其认定为保证。第三人向债权人提供的承诺文件不符合前三款规定的情形，债权人请求第三人承担保证责任或者连带责任的，人民法院不予支持，但是不影响其依据承诺文件请求第三人履行约定的义务或者承担相应的民事责任。"也就是说，民法典希望把增信措施分为三类：保证、债务加入以及其他无法归为这两类的措施。

笔者认为，司法实践应对如何解释增信措施保持开放态度，尤其是在意思表示意义不明时，应根据具体交易细节、当事人真实意思综合考量，而不是简单地将其解释为保证。一方面，债权人之所以采取各种各样的增信措施而非保证，其真实意思就是"若触发特定条件，差额补足义务人应付款"，甚至不需要存在主债务的不履行，如此可在跨境交易中极大地节省成本。相反，若将增信措施认定为保证，则会涉及一般保证人的先诉抗辩权、公司对外担保、保证期间、混合担保中物保优先偿还等限制性规则，给跨境交易债权债务人带来诸多不便，甚至有可能损害双方利益。另一方面，当事人不愿使用标准的保证方式一般具有经济上的合理理由。如保证措施要记入企业财务会计报告，上市公司需要对保证这一或有负债进行信息披露从而违背当事人的意愿。或在外汇外债管制的国家，跨境担保需要批准或者需要经历严格的审查，导致当事人成本显著增加。此外，提供保证和其他增信措施所需经历的公司内部程序有所不同，有效的保证需要董事会、股东会等作出的内部决议，而增信措施的要求则相对宽松，也增加了当事人选择非保证方式的倾向性。

因此，正如学者所说，"若将具有担保功能的合同都朝担保的方向解释，造成'泛担保化'的理念，或将导致司法实践中法官怠于思考具体交易关系的特点，甚至罔顾当事人的行为目的而简单地靠向典型担保的解释方案，最终结果是压缩民事主体意思自治的空间，压制市场上的

---

① 《全国法院民商事审判工作会议纪要》第 91 条："信托合同之外的当事人提供第三方差额补足、代为履行到期回购义务、流动性支持等类似承诺文件作为增信措施，其内容符合法律关于保证的规定的，人民法院应当认定当事人之间成立保证合同关系。其内容不符合法律关于保证的规定的，依据承诺文件的具体内容确定相应的权利义务关系，并根据案件事实情况确定相应的民事责任。"

金融担保创新"。① 美元债当中的维好协议也是如此，在当事人约定其并非担保的情况下，应尊重双方意思表示。至于其条款用语，如果相关条款较为明确地为境内母公司设定了具体义务，比如要求"发行人随时保持至少 1 美元的合并净值"，则远远超过一般安慰函的用语。因此笔者认为，维好协议与 EIPU 应认定为具有法律约束力的增信措施，属于保证、债务加入之外的其他增信措施。债券持有人主张签署方违反此类约定的责任，在合同法与担保法这一层面应得到法院支持。

（二）承认与执行美元债外国判决中的公共政策考量

在时和基金案中，CEFC 主张虽然维好协议约定该协议并非担保，但其实质符合担保责任的构成要件，目的是规避担保法及内地金融监管体系，构成违反社会公共利益。由此也引发了对含有此类协议相关判决的承认与执行中的公共政策审查问题。为解决这一问题，必须从我国外债与外汇管制政策历史变化中窥探我国立法原意。

1. 外债管理政策演变与影响。为避免造成相应的风险，中国的外债管理政策相对较为严格。根据 2000 年《国务院办公厅转发国家计委、人民银行关于进一步加强对外发债管理意见的通知》，境内企业在境外直接发行债券需要经过国家发展改革委乃至国务院的事前审批。此后，由于企业融资的需要以及对外开放力度的加大，2015 年国家发展改革委发布了《关于推进企业发行外债备案登记制管理改革的通知》（发改外资〔2015〕2044 号），取消了额度审批的做法。该通知明确："（一）本通知所称外债，是指境内企业及其控制的境外企业或分支机构向境外举借的、以本币或外币计价、按约定还本付息的 1 年期以上债务工具，包括境外发行债券、中长期国际商业贷款等。（二）取消企业发行外债的额度审批，改革创新外债管理方式，实行备案登记制管理。通过企业发行外债的备案登记和信息报送，在宏观上实现对借用外债规模的监督管理。"

由此可见，在举借外债方面我国政策逐渐细化。2015 年之后发行外债虽然不需要额度审批，但发债主体规制的范围有所扩大。即从针对境内企业直接举债，扩大到境内企业以及控制的境外企业或分支机构。这样一来，时和基金案中 CEFC 通过海外关联子公司发债便被纳入管理范围，必须进行备案登记。事实上，一些进行海外发债的企业也进行了此类登记，以恒大为例，其债券说明文件便记载了外债登记的情形，② 债务备案登记是海外债务得以承认的重要环节。如果

---

① 朱晓喆：《增信措施担保化的反思与重构——基于我国司法裁判的实证研究》，载《现代法学》2022 年第 2 期，第 151 页。

② See "NDRC Registration With reference to the Notice on Promoting the Reform of the Filing and Registration System for Issuance of Foreign Debt by Enterprises（发改外资〔2015〕2044 号）（《国家发改委关于推行企业发行外债备案登记制管理改革的通知》）（the "NDRC Notice"）promulgated by the NDRC on September 14, 2015, we have registered the issuance of the Notes with the NDRC and obtained a certificate from the NDRC dated March 2, 2017 evidencing such registration. Pursuant to the registration certificate, we will cause relevant information relating to the issue of the Notes to be reported to the NDRC within ten PRC working days after the issue date of the Notes."

缺乏上述登记过程，极有可能会被认定为违反相应的监管政策而导致有关裁判不被内地法院认可或承认。

2. 外汇管理政策演变与影响。除了外债备案登记之外，外债归还还可能涉及外汇的使用，因此外汇管理也是实务中需要重视的环节。与外债管理相似，外汇的管理也经历了一个变化的过程，其突出表现在对外担保方面。2000 年出台的《最高人民法院关于适用〈中华人民共和国担保法〉若干问题的解释》规定："有下列情形之一的，对外担保合同无效：（一）未经国家有关主管部门批准或者登记对外担保的……"这样一来，合同的效力与外汇管理部门的批准登记直接挂钩，因此在司法实务中，没有经过登记的对外担保屡次被人民法院认定为无效。

但在 2014 年，国家外汇管理局出台了《跨境担保外汇管理规定》及操作指引，规定了事后监管的管理手段，取消了所有的事前审批，明确以登记为主要的管理手段，同时明确除内保外贷和外保内贷之外的其他跨境担保都无须进行外汇登记。最为重要的一点是，该规定明确外汇局对跨境担保合同的核准、登记或备案情况以及本规定明确的其他管理事项与管理要求，不构成跨境担保合同的生效要件。由此，合同的效力与监管审批得以脱钩。

根据上述规定，含有维好协议的对外担保不会被根据合同法直接认定无效，但这种维好协议是否构成内保外贷，仍然引起了诸多争议。笔者注意到，2014 年《跨境担保外汇管理规定》规定："内保外贷是指担保人注册地在境内、债务人和债权人注册地均在境外的跨境担保。内保外贷和外保内贷实行登记管理，而其他形式的跨境担保，当事人可自行签订合同，无需登记或备案。具备以下条件之一的跨境承诺，不按跨境担保纳入外汇管理范围：……（二）履行承诺义务的方式不包括现金交付或财产折价清偿等付款义务；（三）履行承诺义务不会同时产生与此直接对应的对被承诺人的债权。"根据这一规定，维好协议架构是否为内保外贷实际涉及条款解释的问题。从字面意义上来理解，既然维好协议的条款写明其并非"担保"，故无须登记备案。因此就规避了实务中可能出现的登记困难，以及内保外贷情形下资金使用方面的限制。但需要注意的是，上述规定提及"履行承诺义务的方式不包括现金交付或财产折价清偿等付款义务"，维好协议的履行很明显会涉及付款义务，因此仍应纳入跨境担保外汇管理。按此分析，维好协议架构实则为一种不属于内保外贷的跨境担保手段，正如惠誉评级指出其关键的不同："担保需要国家外汇管理局的登记和批准，但维好协议与 EIPU 或资产购买协议不需要。"

3. 公共政策的司法实务分析。当然，也有观点认为介于维好协议架构的特殊性，其应该被视为内保外贷管理并履行一定的登记义务，否则便应认定违反外汇管理政策，从而相关裁判不应得到承认与执行。该问题涉及我国司法实践中承认与执行外国裁判的公共政策考量，对此《中华人民共和国民事诉讼法》第二百八十二条规定，"违反中华人民共和国法律的基本原则或者国家主权、安全、社会公共利益的，不予承认和执行"。

但笔者认为，违反外汇管理政策不能简单地等同于违反公共政策。最高人民法院在针对涉外民商事仲裁裁决的承认与执行的复函中曾经对公共政策作出认定："关于公共政策问题，应仅限于承认仲裁裁决的结果将违反我国的基本法律制度、损害我国根本社会利益情形"①"只有在承认和执行外国商事仲裁裁决将导致违反我国基本法律原则、侵犯我国国家主权、危害国家及社会公共安全、违反善良风俗等危及我国根本社会公共利益的情形，才能援引公共政策事由予以拒绝承认和执行。"②

我国涉外汇外债相关司法实务中也体现了上述精神。如最高人民法院关于 ED&F 曼氏（香港）有限公司申请承认和执行伦敦糖业协会仲裁裁决案的复函 [最高人民法院（2003）民四他字第 3 号复函] 提出，违反有关外债批准及登记的法律规定的行为，并不违反我国的公共政策。最高人民法院关于不予承认与执行瑞典斯德哥尔摩商会仲裁院仲裁裁决案的请示复函 [最高人民法院（2001）民四他字第 12 号复函] 提出，违反相关法律规定，未经批准擅自从事境外期货交易的行为，不属于违反我国的公共政策的情形。在最高人民法院关于申请人天瑞酒店投资有限公司与被申请人杭州易居酒店管理有限公司申请承认仲裁裁决案的复函 [最高人民法院（2010）民四他字第 18 号复函] 中，也认为违反外资准入的备案制度的行为并不违反我国公共政策。

因此，笔者认为"社会公共利益"应作严格解释，一般情况下其仅包括承认与执行判决的结果直接违反境内公共利益之情形。外汇管理政策的规避很难认定为违反公共政策的情形之一。正因为如此，在时和基金案中法院最终认定："认可和执行该缺席判决本身亦不构成内地公共利益的违反。本案当事人在维好协议中所约定的准据法并非内地法律，不能以内地法律关于维好协议性质及效力的判断作为认可和执行该香港特别行政区判决是否违反内地社会公共利益的认定标准，而只应考量认可和执行相关判决的结果是否有悖于本案审理之时的公共利益。我国有关外汇管理的规定经历了不断变化的过程，CEFC 并未证明认可和执行本案所涉香港特别行政区判决之结果对当前我国公共利益之违反。"

（三）承认与执行美元债域外裁判中的互惠因素与影响

法院作出裁判并得到执行是诉讼程序的目的和归宿，美元债的相关纠纷也不例外。正如前文所述，美元债的债券发行文件中经常约定相关纠纷由美国纽约州法院管辖或者我国香港法院管辖，由此带来了域外裁判的承认（认可）与执行问题。对此，《中华人民共和国民事诉讼法》第二百八十八条及第二百八十九条规定："外国生效判决可依据两国参加、缔结的国际条约或者互惠原则，由有管辖权的中国法院承认和执行。"实务中，尽管美国法院作出的裁判和我国香港地区裁判都涉及司法协助，但两者的区别应引起注意。

---

① 最高人民法院关于不予承认日本商事仲裁协会东京 07 - 11 号仲裁裁决一案的请示的复函。
② 最高人民法院关于韦斯顿瓦克公司申请承认与执行英国仲裁裁决案的请示的复函。

1. 中国内地对香港法院裁判的特殊对待。香港作为中国领土的一部分，在一国两制的制度设计下，其保留了带有英国法特点的普通法系法律制度，成为一个独立司法管辖区。两个独立法域的存在，使得任一法域司法行为并不当然对另一法域产生效力，这也凸显了区际司法协助的必要性。正如前文所述，《2006 年安排》给内地与香港之间区际司法协助打开了方便之门。但问题在于，大多数美元债债券说明文件约定了"不对称管辖"条款，即便当事人在香港法院取得生效胜诉判决，也无法按照《2006 年安排》向内地法院申请认可和执行该判决。香港法院的案例也采取了同样观点。如在中国工商银行（亚洲）有限公司诉高慧国际有限公司案中，香港高等法院认为，中国工商银行（亚洲）有限公司与高慧国际有限公司之间诉争贷款协议的管辖条款实际上是"不对称管辖条款"，仅限制借款人不得在香港以外的司法区域提起诉讼，但是贷款人具有选择权，可以在香港之外的司法区域针对借款人起诉。因此，这一条款不属于《2006 年安排》《内地判决（交互强制执行）条例》项下的书面管辖协议约定香港特别行政区法院具有唯一管辖权情形。对此，笔者认为，《2006 年安排》是内地与香港之间的一种体现紧密合作、方便快捷的机制，发挥着类似条约的作用。在美元债券发生纠纷的时候，如果因管辖约定问题无法利用这一机制，而另求其他途径，会带来认可与执行上的许多不确定性。当然，内地与香港之间将来有可能产生新的安排，突破这一排他性管辖的条件限制。比如 2019 年 1 月 18 日，最高人民法院和香港特别行政区政府律政司在北京签署了《关于内地与香港特别行政区法院相互认可和执行民商事案件判决的安排》，其中就取消了唯一管辖权的限制。但截至 2022 年 10 月这一新的安排尚未生效。

2. 中美法院实践：美元债案件的结果与时间的不确定性。我国尚未与美国签订互相承认与执行民事判决的双边条约，因此目前主要依据互惠原则决定是否承认与执行域外判决，即审查中国与作出待执行判决的域外法院所在地之间是否存在相互承认和执行对方判决的先例。因此，美国是否承认中国的裁判，决定了互惠原则的适用空间。

目前，包括加利福尼亚州、纽约州等在内的大部分州都已采纳《承认外国金钱判决统一法》（*Uniform Foreign - Country Money Judgments Recognition Act*，UFMJRA），根据美国法律，各州有权自行制定承认外国判决标准的法律，位于该州的州法院或联邦法院均需遵循该州法律审理。但美国统一法律委员会（Uniform Law Commission）制定了《承认外国金钱判决统一法》（*Uniform Foreign - Country Money Judgments Recognition Act*）供各州参考与采纳。根据该法，只要相应金钱判决为终局的、结论性的、可执行的（Final and Conclusive and Enforceable），符合管辖和程序正当原则，且不存在部分特定情形，则原则上予以承认执行。目前该立法精神已被许多州参考，比如，纽约州《民事诉讼法和规则》（*Civil Practice Law and Rules*）第 53 条就参考了该统一法，制定了相关的承认规则。部分州已有承认与执行中国法院裁判的判例，比如，2011 年的 Hubei

Gezhouba Sanlian Indus. , Co. , Ltd. v. Robinson Helicopter Co. , Inc. 案中①，美国联邦第九巡回法院便承认了中国湖北省高级人民法院的判决，这也是美国法院第一次承认和执行中国法院的判决。美国加利福尼亚中区联邦地区法院于 2017 年在 Qinrong Qiu v. Hanging Zhang 案②中承认了中国江苏省苏州市中级人民法院的判决。

近年来，随着"一带一路"的建设，我国法院也在不断放宽互惠原则的标准。最高人民法院在《关于人民法院为"一带一路"建设提供司法服务和保障的若干意见》（法发〔2015〕9号）第 6 条提出，"可以考虑由我国法院先行给予对方国家当事人司法协助，积极促成互惠关系，积极倡导并逐步扩大国际司法协助范围"。湖北武汉市中级人民法院于 2017 年首次承认并执行了美国加利福尼亚州洛杉矶县高等法院的判决，③ 上海市第一中级人民法院 2018 年承认与执行了伊利诺伊州北区联邦地区法院的判决。④ 相对以往而言，中国法院开始较为宽泛地解读互惠关系。2021 年《全国法院涉外商事海事审判工作座谈会会议纪要》第 44 条进一步明确与肯定了这一做法，规定了三种情形可以认定存在互惠关系：（1）根据该法院所在国的法律，人民法院作出的民商事判决可以得到该国法院的承认和执行；（2）我国与该法院所在国达成了互惠的谅解或者共识；（3）该法院所在国通过外交途径对我国作出互惠承诺或者我国通过外交途径对该法院所在国作出互惠承诺，且没有证据证明该法院所在国曾以不存在互惠关系为由拒绝承认和执行人民法院作出的判决、裁定。

但是，《全国法院涉外商事海事审判工作座谈会会议纪要》也明确"人民法院对于是否存在互惠关系应当逐案审查确定"。中美之间裁判的承认与执行也出现了不少未被承认的案例。比如，美国法院在承认与执行方面是以州为单位单独立法，而其中部分州尚未承认过中国法院的裁判，故中国法院将美国所有的联邦法院和州法院视为一个整体还是以州为单位单独认定互惠关系存在与否，将引发不同的结果。在司法实践中，中国法院在某些案件中否认了与美国之间存在互惠关系，⑤ 拒绝承认美国法院裁判。美国法院也存在以种种理由拒绝承认中国法院的裁判的情形。尤其要注意的是，因为中美经贸摩擦以及政治因素的影响，美国法院还出现了一些倒退的做法，比如 2021 年 4 月 30 日美国纽约州纽约县高等法院在 Shanghai Yongrun Inv. Mgt. Co. , Ltd.（上海雍润投资管理有限公司）v. Kashi Galaxy Venture Capital Co. , Ltd.（喀什星河创业投资有限

---

① Hubei Gezhouba Sanlian Indus. , Co. , Ltd. v. Robinson Helicopter Co. , Inc. , 425 Fed. Appx. (9th Cir. 2011).
② Qinrong Qiu v. Hongying Zhang, CV1705446JFWJEM, 2017 WL 10574227 (C. D. Cal. 2017).
③ 武汉市中级人民法院（2015）鄂武汉中民商外初字第 00026 号民事裁定书。
④ 上海市第一中级人民法院（2017）沪 01 协外认 16 号民事裁定书。
⑤ 浙江省杭州市中级人民法院（2010）浙杭民确字第 4 号民事裁定书、江西省南昌市中级人民法院（2016）赣 01 民初 354 号民事裁定书等。

公司)① 中，明确拒绝承认中国北京市高级人民法院（2019）京民终 115 号民事判决，理由是该判决是在一个不提供公正的法庭或不符合美国的正当法律程序要求的制度下作出的判决。该案裁判不仅无视了近年来多起美国法院承认与执行中国民商事判决的先例，而且全盘否认了中国司法系统能够作出公正裁决的能力，引起了法律界的哗然。此后，雍润向美国纽约州纽约县高等法院上诉分庭（Appellate Division of the Supreme Court of the State of New York）提起上诉，请求推翻初审判决。2022 年 3 月 10 日，上诉分庭作出一致裁定，推翻了纽约初审判决。

虽然上诉审的改判遏制了中美两国司法合作关系的恶化，但初审裁决还是在法律界产生一定程度的影响。雍润案是美国纽约州法院作出的，而由于纽约是美国的金融中心，故美元债纠纷中，当事人约定的管辖法院基本上是纽约州的法院。② 如果其司法受政治因素的影响完全丧失独立性，很可能在承认与执行裁判这一司法协助领域影响互惠的认定。

除此之外，在法律体系中，对于不同类别或者案由的外国法院裁判承认与执行的宽容度可能有所不同，由此也会带来诉讼时间上的差别。比如说婚姻关系的裁判、人身侵权损害赔偿的裁判，影响的是个人的权利而非社会公众，相对来说承认与执行比较便利，但是金融领域的裁判金额往往巨大，涉及投资者众多，而且涉及不同国家的金融监管政策，因此对于外国判决的承认相对较为谨慎，至今中国在金融审判领域尚未承认与执行过美国裁判。有鉴于此，如果涉及美元债的美国裁判作出之后，当事人向中国法院申请承认与执行也面临一定的不确定性，这种不确定性尤其体现在诉讼时间成本上，③ 而这对处于困境当中的债务人和债权人来说，都并不见得是好事。

### 四、 美元债违约引发的跨境破产法律问题

由于美元债发行人与实际性用于偿债的资产一般情况下处于不同司法辖区，美元债违约引发的破产程序往往十分复杂，其具体体现在两个方面：一是美元债违约引起的破产程序不仅涉及债券发行人，而且往往波及并影响关联的母子公司甚至整个公司集团。二是发行人经常是设在离岸地比如 CAYMAN、BVI 的主体，但实际业务由中国境内的关联公司经营。以上因素使债权

---

① Shanghai Yongrun Inv. Management Co., Ltd. v. Kashi Galaxy Venture Capital Co., Ltd., No. 156328/2020, 2021 WL 1716424, at *5 (N. Y. Sup. Ct. 2021).

② 比如中国恒大集团《债券说明书》中，当事人约定："The Notes, the Indentures and the Supplements to the Intercreditor Agreement will be governed by and will be construed in accordance with the laws of the State of New York."

③ 如以某起英国海事裁判的承认与执行作参考。2022 年 3 月，上海海事法院（经最高人民法院批准）发布了一项裁决，确认英国高等法院的判决可以在中华人民共和国被承认和执行。这是中国法院第一次裁定承认英国的民事判决在中国具有法律约束力。该起承认案件于 2018 年立案，在近四年之后才获得裁定承认，可见过程之复杂。参见 Yang Yang、Patrick Lee《Gard 视角解读中国法院首次承认英国判决》，载 https://www.gard.no/web/articles? documentId = 33555008，于 2022 年 7 月 6 日访问。

确认等破产程序存在分处不同法院管辖、适用不同法律的可能性，因此程序和实体冲突难以避免，协调与合作也显得更加重要。

（一）破产程序中"主要利益中心地"的争议分析

目前，离岸美元债发行中"红筹架构模式"较为普遍，即实际控制人在境外设立离岸母公司，在中国香港等地上市并进行股、债融资，并主要在内地等开展实体经营活动，如碧桂园等。通过红筹架构模式发行的美元债一旦违约，常产生一系列复杂法律问题。下文中，笔者以美元债务缠身、极具有代表性的中国恒大集团（China Evergrande Group）为例对该类发行模式下跨境破产问题进一步分析。

据中国恒大集团①债券发行文件显示，其注册地、上市地、债券发行地、经营实体所在地等各不相同（见图2）。目前，中国恒大集团发行的美元债已经违约并极有可能引发破产程序。一旦企业集团陷入困境，而其分支机构散落在不同的司法管辖权且面对众多债权人，极有可能产生争夺资产的情形。因此该破产势必会在不同司法辖区产生巨大影响，且由于恒大主要财产位于中国境内，集团破产对于境内实体经营的子公司影响更甚，甚至可能损害境内债权人的合法权益。

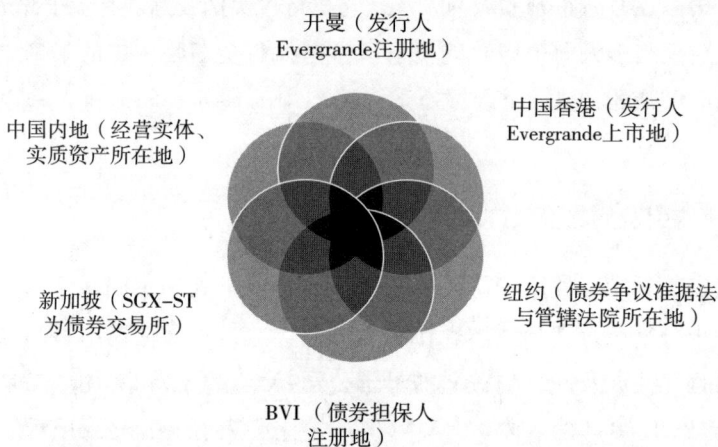

**图 2　中国恒大集团联结点分布**

为解决该类困境，跨境破产司法协助框架的建立迫在眉睫。联合国《跨境破产示范法》（*UNCITRAL Model Law on Cross-border Insolvency*）引入了"主要利益中心地"（Center of Main

---

① 中国恒大集团（HK：03333）是一家注册在开曼群岛、在香港联交所主板上市的境外公司，而恒大集团有限公司（以下简称恒大集团）则是注册在深圳的境内非上市公司。恒大集团是中国恒大集团的"曾曾孙"公司。

Interests，COMI）这个概念①，以此作为确定破产管辖权以及破产程序效力的标准。《跨境破产示范法》是跨境破产管辖普遍主义与地域主义相妥协的产物，根据《跨境破产示范法》，"外国主要程序"系指在债务人主要利益中心所在国实施的某项外国程序；"外国非主要程序"系指有别于外国主要程序的某项外国程序，该程序发生在本条（f）项含义内的债务人营业所所在的国家。主要程序具有优先性，其他司法管辖区一旦承认作为一项外国主要程序的外国程序，则会协助：（a）停止开启或停止继续进行涉及债务人资产、权利、债务或责任的个人诉讼或个人程序；（b）停止执行针对债务人资产的行动；（c）终止对债务人任何资产进行转让、质押或作其他处置的权利。《跨境破产示范法》确立了由主要程序管辖法院主导破产程序、非主要程序管辖法院辅助破产的原则，"主要利益中心地"原则的立法设计有效地避免了债权人在不同司法管辖权进行财产争夺，作为平衡整体债权人利益、符合程序效率和节约资源的最优解，成为审查破产程序启动法院管辖权标准的国际通行做法，已被欧盟、美国等近50个国家和地区认可，并被《欧盟破产规则》《美国破产法》等国内或区域立法采纳。

目前我国跨境破产承认与协助制度主要依据是《中华人民共和国企业破产法》第五条，②2021年5月，最高人民法院与香港特别行政区政府签订了《关于内地与香港特别行政区法院相互认可和协助破产程序的会谈纪要》，并颁行《最高人民法院关于开展认可和协助香港特别行政区破产程序试点工作的意见》（以下简称《试点意见》），从制度层面建立起两地跨境破产的合作机制。在《试点意见》中，我国也将"主要利益中心地标准"作为审查香港对破产程序管辖权的标准。其中第十五条规定了在人民法院认可香港破产程序后，由内地管理人辅助香港破产程序按我国《破产法》处理债务人在内地的事务和财产，同时第十九条规定"香港特别行政区和内地就同一债务人或者具有关联关系的债务人分别进行破产程序的，两地管理人应当加强沟通与合作"。

尽管如此，理论与实务上对于"主要利益中心地"问题仍有一些争议，在美元债案件中更为明显。具体分析如下：

1. 多联结点下"主要利益中心地"认定。《跨境破产示范法》引入了"主要利益中心地"这个概念，却并没有就其给出明确定义。而各国在立法时也对"主要利益中心地"进行了不同解读，如2015年《欧盟破产条例》［Council Regulation（EC）No. 1346/2000 of 29 May on Insol-

---

① 刘琨：《跨境破产协助中的管辖权问题》，载《法律适用》2021年第12期，第47页。

② 《中华人民共和国破产法》第五条："依照本法开始的破产程序，对债务人在中华人民共和国领域外的财产发生效力。对外国法院作出的发生法律效力的破产案件的判决、裁定，涉及债务人在中华人民共和国领域内的财产，申请或者请求人民法院承认和执行的，人民法院依照中华人民共和国缔结或者参加的国际条约，或者按照互惠原则进行审查，认为不违反中华人民共和国法律的基本原则，不损害国家主权、安全和社会公共利益，不损害中华人民共和国领域内债权人的合法权益的，裁定承认和执行。"

vency Proceedings〕中规定的 COMI 管辖原则系指："在公司或者法人破产的情况下，如无相反证据，公司注册所在地应被推定为 COMI，对于经营独立产业或职业活动的个体（即个体商户），若无相反证据，应假定该个体的主营业地为其 COMI，对于其他个人（破产），则若无相反证据，应假定该个人的住所地为其 COMI。"美国法在判例中更倾向于试图用"实质联系地"代替"注册地"作为 COMI，如债务人总部所在地、债务人主要资产所在地、主要债权人所在地等。①

由于离岸美元债发行的特殊性，发行人会在多个司法辖区产生联结点。如何认定其"主要利益中心地"，则涉及主要程序法院的确定。目前，我国仅在《试点意见》对"主要利益中心地"作出了明确规定：本意见适用于香港特别行政区系债务人主要利益中心所在地的香港破产程序。本意见所称"主要利益中心"，一般是指债务人的注册地。同时，人民法院应当综合考虑债务人主要办事机构所在地、主要营业地、主要财产所在地等因素认定。且在香港管理人申请认可和协助时，债务人主要利益中心应当已经在香港特别行政区连续存在 6 个月以上。这种较为抽象的规定为美元债发行人多联结点下"主要利益中心地"认定带来了困难。

以中国恒大集团为例，其注册在开曼群岛，并在香港联交所主板上市，故在债券说明书中同时标明其注册办公室（Registered Office）位于开曼，主要办公室（Principal Office）位于中国香港。同时该集团还对外使用总部（Headquarter）的概念，并在中国内地设立众多子公司，即其总部位于中国广东省广州市，主要业务也在中国内地。在中国恒大集团的经营模式下，一旦进入破产程序，集团主要利益中心地的确定势必存在诸多争议，不同司法管辖区内何为主要破产程序也值得深入探讨，以上破产程序中核心问题之争极易对司法合作设置障碍。

笔者认为，仅仅以注册地或者注册办事处来认定利益中心地缺乏合理性。中国恒大集团的主要营业与主要财产均不在开曼，由于中国与开曼之间破产司法合作尚无具体协议安排，也缺乏司法合作实务，即便在开曼强行启动破产程序，也难以有效处置集团位于中国境内的资产。而如果在香港启动破产程序并要求内地法院进行司法协助，则需要具体考虑《试点意见》第四条所确定的标准确认香港是否为主要利益中心所在地，并明确香港程序是否为主要程序，然而正如上文所述，第四条在"注册地为主要利益中心所在地"的一般情况下赋予了法院较大的自由裁量权，在综合考量中国恒大集团"主要营业地、主要财产所在地"的情况下，其主要利益所在地是否位于香港还存在较大的不确定性。

与此同时，程序竞争的前提至少要表明自己有意向启动破产程序。目前已经有债权人在香

---

① 卢林、刘智博：《粤港澳大湾区跨法域破产管辖刍议——COMI 原则与认定标准》，载 https：//mp. weixin. qq. com/s/RmcmJkuRkPVsPCmpVM7oqg，于 2022 年 10 月 10 日访问。

港地区启动对中国恒大集团的破产程序①并要求处置财产。如中国内地迟迟未启动对于恒大集团的破产程序，在面对开曼或者中国香港的破产程序时很可能陷入被动位置。一则债务人财产可能会持续流失，二则无法证明内地存在破产程序并应被认定为主要程序。在这种情况下，内地法院依据《试点意见》第二十四条之规定，及时就该问题与香港特别行政区法院积极沟通和开展合作，或许是破解目前美元债发行人破产程序竞争的难题的可行之策。

2. "主要利益中心地"的转移效力。"主要利益中心地"确定时间点的也是该问题的争议之一。目前国际上存在三类司法实践：一是在外国破产程序启动时确定"主要利益中心地"，这种确定方法主要以欧盟国家为代表，《欧盟破产规则》规定破产程序启动前，债务人的主要利益中心应当在启动国连续存续3个月以上；② 二是在外国破产程序提交承认申请时确定"主要利益中心地"，美国第五巡回上诉法院在 In re Ran 607 F 3d 1017（5th Cir, 2010）案中确定了这一方法，并在 In re Fairfield Sentry Ltd 714 F3d 127（2nd Cir, 2013）等之后的典型判决中遵循；三是以澳大利亚为代表的以承认破产申请时为"主要利益中心地"判断实践点。③ 我国《试点意见》明确以申请认可和协助的时间节点为准，并要求向内地人民法院申请认可和协助破产程序的，债务人主要利益中心应当在香港连续存续6个月以上。然而值得注意的是，当破产管理人有可能利用破产程序启动至申请认可和协助前的时间转移债务人的主要利益中心，可能会出现当事人"挑选法院"（Forum shopping）的问题，即临时变更主要利益中心以获得更有利的司法管辖区以重组公司债务。

通常情况下，当面临财务困境或潜在破产时，部分债务人可能会尽可能地隐瞒部分财产，从而在跨境破产中寻找能够实现自身利益最大化的国家，然后采取必要步骤将自身纳入其管辖范围。因此在一般情况下，挑选法院的行为被法律所否定，欧盟理事会关于破产程序的1346/2000号条例（European Union：Council Regulation No. 1346/2000 of 29 May 2000 on Insolvency Proceed-

① 参见财经十一人：《债权人申请恒大清盘，影响几何?》，载 https：//finance. sina. com. cn/chanjing/gsnews/2022 - 06 - 29/doc - imizirav1000488. shtml，于2022年10月22日访问。债权人连浩民向香港特别行政区高等法院申请将中国恒大集团清盘，以此迫使恒大偿还债务。另外，也有债权人启动处置财产程序，参见卢泳志：《恒大香港总部被"债主"接管 李嘉诚抄底计划落空》，载 https：//finance. sina. com. cn/chanjing/gsnews/2022 - 09 - 14/doc - imqmmtha7319724. shtml，于2022年10月22日访问。

② 《欧盟破产规则》引言第31段："出于同样的为了防范欺诈性或滥用性的挑选法院的目的，在公司、法人或实施独立商业经营或专业活动的个人破产的情形下，如果债务人在启动破产程序申请前3个月将其注册所在地或主要营业地变更至其他成员国的……则可以不适用主要利益中心地位于注册登记地、个人的主要营业地或者个人经常居所地的推定。"

③ Herman Jeremiah, Kia Jeng Koh：Singapore：Timing Is Everything：Different Approaches To The Relevant Date For Determining COMI In Cross - Border Recognition Proceedings, see https：//www. mondaq. com/insolvencybankruptcy/837102/timing - is - everything - different - approaches - to - the - relevant - date - for - determining - comi - in - cross - border - recognition - proceedings, last visit time 2022. 07. 02.

ings）序言中明确规定，为了保障内部市场的正常运作，有必要避免债务人为了获得更有利的法律地位而转让资产以及将司法程序从一个成员国转移到另一个成员国的行为。2017 年新修订的《欧盟破产程序条例》（the EU Regulation on insolvency proceedings，the recast EIR）坚持了这一理论，并明确"应避免同时损害债权人整体利益的'挑选法院'"。

并且，债权人的第一本能是单独执行其债权，这种被称为"追债竞赛"的行为也违背了破产法目标，随着现代破产理论的发展，破产法不再仅追求最大限度地提高债权人的回报，而是开始考虑在特定情形下帮助债务人度过暂时困境继续振兴公司。因此，当债务人以促进破产重组和价值最大化而采取"主要利益中心地转移"措施，也有可能被法院认可。如在 In re Ocean Rig UDW Inc. 案中，Ocean Rig UDW Inc.（以下简称 UDW）隶属于一大型公司集团，由于油价持续低迷集团陷入严重财务困境，UDW 及集团内其他公司制订了一项破产重整计划，并在重整计划提出之前将其注册国家从马绍尔群岛转移到开曼群岛，以避开马绍尔无重整制度的弊端，利用开曼群岛重整制度使公司存续。纽约南区美国破产法院在该案判决中指出"债务人的主要利益中心转移出于适当目的，是进行促进债务人价值最大化的重组。故其主要利益中心转移到开曼群岛是'真实的'，满足了法院在确定债务人主要利益中心时考虑的因素或标志。"①

3. 公司集团中"主要利益中心"认定。与单一公司破产案件相比，涉及集团的跨境破产案件更为复杂。近年来，国际社会就该问题展开了关于公司集团可能有多少"主要利益中心"的辩论，该辩论的实质与"普遍主义""属地主义"的争议一脉相承。"属地主义者"普遍认为集团内的每个实体都有自己的主要利益中心，如《欧盟破产程序条例》第 3 条明确规定，该观点也在部分司法判例中得到支持，代表性判例如 Eurofood 案，法院裁决构成不同法律实体的每个债务人都受其所在地法院管辖。②"普遍主义者"则认为整个集团只存在一个主要利益中心，《欧洲投资报告》序言第 53 段也对此理论进行了支持，认为公司集团破产程序规则仍应该受单一"主要利益中心"限制。

笔者认为，以中国恒大集团为代表的公司集团作为一个整体，其子公司既有可能在功能上相互整合，跨实体经营同一业务线，也有可能存在不用子公司之间财务高度整合，产生资产和债务在正常业务过程中相互交织的情况。如为跨境破产中的任何集团内子公司所在地提供单独的属地诉讼，极有可能偏离跨国集团的实际运作方式，出现资产争夺的情况。因此，应尽量确定一个法院作为破产主要程序法院，其他法院仅提供辅助性诉讼或破产程序。

（二）破产程序与美元债衍生诉讼的管辖难题

正如前文所述，除红筹发行架构外，美元债券还存在一种较为普遍的发行模式，即中国境内

---

① In re Ocean Rig UDW Inc. , 570 B. R. 687（Bankr. S. D. N. Y. 2017）.

② Case C – 341/04 Eurofoods IFSC Ltd（ECJ, 2 May 2006）.

的母公司通过在离岸地区设立的关联公司，并由该关联公司作为发行人发行债券，实践中该类发行模式以万科、北大方正等公司为典型代表。债券在公开市场发行直接体现了公司集团的信用，因此债券违约往往是发行人最后之不得已的选择，当发行人债券违约之时，其位于境内的母公司常常早已经陷入财务困境并启动了破产程序。这种情况下，破产程序与债券纠纷解决程序的跨境协调便成为亟待法院解决的问题。

根据我国《破产法》及相关司法实践，破产衍生诉讼判决主要分为两类：一是破产程序中涉及实体问题的判决，又可分为基于破产而产生的有关抵消权、撤销权、取回权的判决，通常称为狭义的衍生诉讼判决；二是并非基于破产而产生，但是与债务清偿有关的合同履行或者违约责任纠纷等引起的裁判，通常称为广义的衍生诉讼判决。① 故当母公司破产时，涉美元债券纠纷被归为破产程序中的衍生诉讼。由于破产程序具有集中性，在同一法域里破产衍生程序一般由受理破产申请的法院管辖，如我国《破产法》第二十一条规定："人民法院受理破产申请后，有关债务人的民事诉讼，由受理破产申请的人民法院集中管辖。"然而，这一集中管辖原则是否适用于跨境破产的两个法域之间，则产生了较大的争议。

该问题在美元债相关纠纷中更为突出。正如前文所述，美元债发行经常使用维好协议提供增信，而发行各方当事人一般约定维好协议适用外国法且由外国法院管辖，债券持有人基于维好协议能否对境内已经进入破产程序的母公司主张债权，这种债权确认由受理的破产法院还是约定之外国法院管辖极易纷争。而由于该协议的性质存在争议，在不同法域间可能出现截然相反的结果，因此管辖问题对于债券持有人的利益至关重要。

该典型问题出现在北大方正集团有限公司（以下简称北大方正集团）的破产案件中。2020年2月19日，北京市第一中级人民法院裁定北大方正集团进入破产重整程序。此前，北大方正集团在英属维尔京群岛的境外子公司诺熙资本有限公司和坤智有限公司发行了债券，该债券由北大方正集团在香港的两家子公司香港京慧诚有限公司和香港方正资讯有限公司提供担保。北大方正集团签署了维好协议，主要内容是承诺促使上述发行人和担保人中的每一方在任何时候都拥有至少1美元的综合净值，且有足够的流动资金以确保及时支付债券项下的任何应付款项。各方约定该维好协议以英国法为准据法，并由香港法院专属管辖。

债券违约之后，上述发行人与担保人均因无力偿债被债券持有人接管。在北大方正集团的破产重整程序中，发行人和担保人基于维好协议要求破产管理人确认其债权，理由是北大方正集团违反了维好协议义务，未能提供足够的资金让发行人向债券持有人付款。破产管理人拒绝认可该债权，但未给出理由。为此，发行人和担保人随后在香港法院对北大方正集团提起令状诉

---

① 刘琨：《跨境破产协助中的管辖权问题》，载《法律适用》2021年第12期，第57页。

讼，请求香港法院对维好协议作出裁判。而北大方正集团的破产管理人[①]则基于《最高人民法院关于开展认可和协助香港特别行政区破产程序试点工作的意见》，向香港法院申请认可和协助内地破产重整程序，同时申请搁置、停止上述香港令状诉讼程序，由此引发了受破产界关注的诺熙资本有限公司诉北大方正集团有限公司案[②]。

该案中，北大方正集团破产管理人提出了以下理由：（1）发行人和担保人在向破产管理人提交债权证明时，视为选择在内地进行诉讼，将相关诉讼事项提交内地法院管辖；（2）香港令状诉讼的判决是否会在内地得到认可或执行存在很大不确定性，故香港法院应拒绝管辖；（3）基于中国破产法的修正普遍主义原则，香港的令状诉讼应被搁置；（4）考虑到诉讼当事人和证人的最大利益和便利，内地法院显然更合适作为此类诉讼的管辖法院。中国内地的破产法学者也针对该问题在该案中提供了专家支持意见。[③]

经过审理，香港特别行政区高等法院驳回了破产管理人的申请。Jonathan Harris 法官认为，北大方正集团在内地进行的破产程序受到香港法院认可，但是该认可不能排除维好协议中专属管辖权条款的适用，故相关争议解决事宜仍应当在香港进行。香港法院在厘定英国法律有关的争议方面会比北京法院更有优势，能够为北京法院提供有效的参考信息。判决书中还区分了"债权人仅寻求争议裁决"与"债权人寻求追回债务人的海外资产"。香港法院作出的判决对签订维好协议的债权人在破产重整程序中提出索赔具有辅助价值，但并非直接决定了该类债权人是否能够依据维好协议得到相应赔偿。即香港法院仅确认债权数额，但债权人仍需要参与中国内地的破产程序并获得实际分配。

笔者认为，应在跨境破产案件中区分破产法院与特定债权管辖法院，即破产程序与美元债衍生诉讼可在不同法院进行，否则便违反了当事人的合同约定，也违背了《试点意见》中倡导的司法合作精神，多起国际司法判例表明了这一观点。如在 UBS A. G. v. OMNI Holding A. G. [④] 一案中，英格兰和威尔士高等法院（衡平法院）认为"一旦确定了英国法院的判决对处于瑞士的破产程序有真正的好处，则其他反对的理由都会缺失分量"，值得注意的是该判决还论证了英国诉讼与瑞士破产程序的关系，其认为"瑞银案主要涉及期权协议的履行，该案的法律结果决定瑞银在 Omni 清算中的债权，尽管最终分配金额必须由瑞士破产法确定，然而这并不意味着瑞银

---

① 北大方正集团破产管理人为清算组，其中中介机构代表为大成律师事务所。

② Nuoxi Capital Limited v Peking University Founder Group Company Limited〔2021〕HKCFI 3817.

③ 石静霞教授向香港高等法院提交了中国法专家意见，认为根据《中华人民共和国破产法》第二十一条的规定，应由一家法院行使统一和集中的破产管辖权，这种管辖权优先于维好协议中规定的专属管辖权，第二十一条不应区分内地和境外诉讼。即使合同中约定了其他法域的管辖权，在债务人破产时提出的索赔诉讼也应在大陆法院进行。参见 Nuoxi Capital Limited v Peking University Founder Group Company Limited〔2021〕HKCFI 3817 判决书。

④ UBS A. G. v OMNI Holding A. G.（in liquidation）〔2000〕1 WLR 916 C–G.

集团在英国诉讼中的索赔与 Omni 的清盘冲突"。在另一起涉及雷曼翻转条款诉讼的案件中①，也涉及破产管辖与合同管辖的冲突。该案涉及雷曼复杂的金融产品，其中在美国特拉华州注册的实体 Lehman Brothers Special Financing Inc.（LBSF），与某债券发行人签订了一份信用违约互换协议，LBSF 在产品到期时将向发行人支付发行人应付给债券持有人的款项，以换取发行人向 LBSF 支付相当于从担保品上获得的利息的款项。债券的发行人和受托人之间订有信托契据，规定了 LBSF 和债券持有人在担保品方面的优先权。如果违约事件未发生，LBSF 对担保品拥有优先权。反之则优先权将翻转，即债券持有人将比 LBSF 拥有优先权。该信托契据受英国法律管辖，并赋予英国法院管辖权。结果 LBSF 申请破产保护后发生了违约事件，债券持有人在英国对受托人提起诉讼，要求按照债券持有人优先权付款。LBSF 随后在美国破产法院启动诉讼程序，要求宣布翻转条款无效，理由是违反了美国破产法。最终行使合同管辖权的英国法院和行使破产管辖权的美国纽约南区破产法院达成共识，同意只作出宣告性救济以避免冲突，即英国法院仅认定翻转条款有效，以便使债券持有人优先权生效，但具体受偿应基于美国破产程序进行。

由于发行结构的特殊性，美元债纠纷中不可避免要涉及多个司法管辖区的合作。针对中国香港司法管辖区，最高人民法院发布的《关于开展认可和协助香港特别行政区破产程序试点工作的意见》在第十五条、第十九条、第二十四条分别明确："两地管理人应当加强沟通与合作""试点法院应当与香港特别行政区法院积极沟通和开展合作"。这种合作理应包括不同法律视角下的问题判断。正如 Nuoxi Capital Limited v Peking University Founder Group Company Limited 一案裁判文书所称："如果要遵守最高人民法院关于法院应尽可能进行沟通和合作的指示，则内地破产管理人及其律师有必要确保内地法院获得完整、平衡的信息。"②"这种信息，包括从香港法院以及相关准据法的角度去看待相关法律问题"③。与此同理，在处理与 BVI、CAYMAN、新加坡司法管辖区合作问题时，也需要进行如上务实性考量。在司法实践中，只有坚持遵循这种合作精神并构建出细化的合作方案，才能打破跨境破产的僵局，找到平衡破产程序中各方主体利益的最佳方案。

---

① Lehman Brothers Special Financing Inc v BNY Corporate Trustee Services Limited 422 BR 407（Bankr SDNY 2010）.

② See Nuoxi Capital Limited v Peking University Founder Group Company Limited［2021］HKCFI 3817："If the SPC's direction that courts are to communicate and cooperate to the greatest extent possible is to be complied with it is necessary for administrators and their lawyers in the Mainland to ensure that the Mainland courts receive complete and balanced information."

③ See Nuoxi Capital Limited v Peking University Founder Group Company Limited［2021］HKCFI 3817："An administrator seeking a letter of request from a Mainland court will need to be mindful of how the application will look to a Hong Kong court and the concerns the Hong Kong court may have."

# 从 "伦镍事件" 反思交易所取消交易的合理适用

■ 刘 月[*]

**摘要：**2022 年 3 月初，伦敦金属交易所（LME）镍合约价格短期内剧烈上涨，达到历史价格极值。LME 频繁采取暂停交易、取消已达成的交易等措施，引发市场震动，被称为"伦镍事件"。虽然 LME 取消交易的措施在监管规则与交易所规则层面有明确依据，但因为并未发现违规的交易行为且交易所自身交易机制存在一些漏洞，LME 取消交易的合理性受到诸多质疑。取消交易在交易所规则层面是常见手段，但相较于暂停交易、限制交易和暂缓交收等举措，取消交易对市场参与者权利影响更重大，因此在实践中极少使用，并容易引起交易参与者对交易所行为的挑战。交易所作为一类自律管理组织，作出取消交易的决定有一定强制性，应当在平衡交易确定性与市场公正性的基础上合法合理适当地适用。

**关键词：**伦镍事件 取消交易 合理适当

## 一、 问题的提出： 交易所能否取消已达成交易？

（一）"伦镍事件"回顾

2022 年 3 月初，百年交易所 LME 面临了一场信任危机：因为镍合约价格的剧烈波动，交易所频繁干预交易，采取了暂停交易、取消交易和设立涨跌幅等措施，不仅影响了期货市场参与者预期，还使得现货交易及生产链上下游企业失去了定价基准，引发了较大的市场动荡。这场危机有两个标志性事件：

第一件是交易所取消已达成的交易。镍合约价格自 2022 年 3 月起不断快速上涨，3 月 7 日一个交易日内一度暴涨超 80%。3 月 8 日开盘后，镍合约从每吨 5 万美元飙升至 10 万美元以上，接着回落至 8 万美元，随后 LME 宣布由于镍价暴涨带来系统性风险，因此暂停 8 日上午 8：15 之后的所有镍合约交易，并取消所有 8 日凌晨 00：00 之后达成的镍合约交易，同时宣布延迟交付即将到期的镍合约。

---

\* 刘月，北京大学法学院 2017 级博士研究生。

第二件是交易所设定涨跌幅限制并不断取消超出涨跌幅限制的交易。2022 年 3 月 15 日，LME 宣布镍合约在 3 月 16 日重新开始交易，但价格涨跌幅限制在前一交易日收盘价的 5%，随后一周不断放宽至 15%，但自 3 月 16 日开始交易起，镍价就不断跌停，且多个交易日都出现低于涨跌幅限制下限成交的交易，LME 宣布这些情况构成"市场干扰事件"，相关交易被取消。在 2022 年 3 月 16 日、17 日、18 日、21 日、23 日、24 日六个交易日内均发生了类似事件。

（二）"伦镍事件"后续发展

"伦镍事件"发生后，由于各方争议声音较大，英国金融行为监管局（FCA）与英格兰银行于 2022 年 4 月初宣布将就"伦镍事件"进行调查，希望从中就交易所对市场的自律监督作用总结经验教训，同时就 LME 旗下承担中央对手方（CCP）功能的 LME Clear 进行调查，探索如何让其风险管理更加稳健。

2022 年 6 月 6 日，作为 LME 母公司的香港交易及结算所有限公司集团（以下简称港交所集团）在网站发布消息称，6 月 1 日，两家对冲基金 Elliott Associates，L. P. 及 Elliott International，L. P. 已向英国高等法院提起诉讼，被告为 LME 及 LME Clear。原告认为 LME 在 3 月 8 日取消已达成的镍合约交易的举措违法，并索赔金额超 4.5 亿美元。港交所集团在公告中回应表示，LME 管理层认为诉讼请求毫无法律依据，LME 将积极抗辩。同时，公告中对 LME 采取取消交易举措的原因进行了简要阐释，LME 认为 3 月 7 日的交易是有序进行的，但 3 月 8 日的镍价格短期内大幅上升，市场出现失序，因此决定取消 3 月 8 日零时之后的交易。LME 追溯性地取消交易，是为了让市场回到 LME 可以确信市场是有序运作的最后一个时间点。LME 一直以市场的整体利益行事。

2022 年 6 月 20 日，LME 委托奥纬咨询（Oliver Wyman）对"伦镍事件"进行独立调查（以下简称第三方调查），试图查明伦镍价格异常波动的原因，并对 LME 提出相应建议。2023 年 1 月 10 日，奥纬咨询公布了调查结果和相关建议。调查认为伦镍价格异常波动原因有四个方面：一是大量空头头寸分散存在于场内市场和场外市场，可见度低，而 LME 也未严格执行持仓限制问责机制；二是镍市场本身不稳定，容易被扭曲，地缘政治危机加剧该市场流动性的紧张；三是 LME 在 3 月初镍价格已经异常波动时缺乏有效控制措施，追加保证金要求进一步导致流动性紧张；四是在前述因素影响下，多数市场参与者预期某些交易主体有违约风险，因此纷纷开展买入交易进行平仓以对冲风险，个体避险的行为导致了市场的无序。调查建议 LME 加强风险识别防止极端事件，升级对价格波动控制，同时重建市场信心。[①]

第三方调查未涉及 LME 取消交易是否合理、取消交易后产生的影响等内容，相关问题最终结论可能依赖后续监管部门调查结果。"伦镍事件"发生后一直存在许多质疑其取消交易的声

---

① Independent Review of Events in the Nickel Market in March 2022.

音，这些质疑涉及两个焦点问题：一是 LME 能否以维护市场公平秩序为理由取消已达成的交易（即合法性问题）？二是 LME 取消交易决定的作出是否合理（即合理性问题）？本文从取消交易这一手段的法律性质入手，分析"伦镍事件"中 LME 取消交易的合法性与合理性问题。并对取消交易这一行为在规则上的常见与实践中的鲜见进行分析，探讨如何合理适当地适用取消交易。

### 二、 LME 取消交易的合法性检视

（一）取消交易的法律性质分析

LME 在"伦镍事件"中强调取消交易是为了维护市场秩序、根据交易所规则作出的。那么交易所取消交易这一行为的法律属性是什么？回答这一问题的前提是厘清交易所这类"自律管理组织"（self‑regulation organization, SRO）的法律性质。交易所在漫长的发展历程中，已从单纯的市场服务者逐步变为服务者与监管者融合的身份。[①] 交易所身份兼具公私双重属性，其行为也有两种性质：一是作为市场服务的提供者，与会员签署协议，约定入会的权利义务同时收取一定对价，是平等主体间的民事行为；二是作为自律管理组织，制定交易规则，对违反交易规则的行为进行自律管理，维护市场秩序。自律管理与行政机关的监管存在一定差异，是交易所组织其会员和市场参与者共同制定规则，约束自己行为的过程，是一种"自律管理"，或称为"自我监督"。但自律管理与政府监管行为也有相似之处，表现为对上市公司、会员等市场主体实施的监督和管理带有强制性，[②] 如交易所采取警告惩戒、限制交易权限、暂停交易和取消会员资格等。这类对违规成员惩戒的强制性行为的性质在不同法域中有不同的理解，例如德国民法学界认为此类行为属于"社团罚"，是社团基于成员契约或习惯法上授权，社团行为属于私法层面自治原则的体现[③]；而在美国的司法判例中，交易所自律管理的行为与公权力行为类似，一定程度适用正当程序原则的约束，同时法官尊重交易所的自治性和专业性。[④] 虽然对自律管理组织行使的强制性行为性质有不同观点，但形成共识的是，交易所应当在充分平衡会员权利的保护和市场秩序的维护基础上，谨慎作出强制性的行为。相关行为应当符合授权行使自律管理法律规则的规定，也应在交易所规则层面有清晰规定，使市场参与者有明确预期。作出决定的程序应当规范透明，注重充分告知、说明理由，同时为会员权利救济留下空间。

（二）LME 作出取消交易的依据

1. 交易所规则。LME 取消 3 月 8 日当天交易与 3 月 16 日之后超出涨跌幅的交易，其直接依

---

① 拉里·哈里斯主编：《监管下的交易所 经济增长的强劲助推器》，中信出版社 2010 年版，第 62 页。

② 卢文道：《证券交易所及其自律管理性质的法理分析》，载张育军、徐明主编：《证券法苑（第五卷）》，法律出版社 2011 年版，第 1008 – 1009 页。

③ 袁曙宏、苏西刚：《论社团罚》，载《法学研究》2003 年第 5 期。

④ 徐明、吴伟央：《论证券交易所自律管理正当程序的有限性》，载张育军、徐明主编：《证券法苑（第三卷）》，法律出版社 2010 年版，第 315 – 317 页。

据源于交易所规则"第三部分　交易规则"的第22条"交易指令的取消和控制"。其中规定，当交易所价格在短时期内出现显著的变动时，交易所有权以发布通知的形式暂停交易或限制交易，如果交易所认为必要，还可以取消、修改或者更正已完成的交易。如果在符合《欧洲金融工具指令II》中规定的受监管的交易场所中（非交易所自身平台上）发生价格急剧变动，交易所仍然有上述暂停、取消甚至修改交易的权力。[①] 此外，LME还在该部分第17条"紧急情况"明确了交易所对市场价格异常情况的判定与处置权力。17.1条规定，如果LME特别委员会或清算所有理由怀疑某个品种存在异常事项或异常发展势头，并且认为这些不当的交易行为正在或可能影响市场，LME可在与清算所协商后，酌情采取他们认为必要的、绝对措施来遏制或纠正这个情况，并据此向相关会员作出指示。17.6条规定当交易所意外发生任何不可控事件，例如战争、革命、政治或经济状态变化，或国内政策、国际协议的制定或开始、暂停，一旦交易所认为这些情形阻止任何合约的自由交易或扭曲任何金属的价格、合约、权证或现金结算，使得指数水平不再真实，或不能代表市场的真实状况，交易所在事先咨询清算所的基础上，有下令完全停止此类交易的权力，直至交易所认为适合恢复。17.2条、17.8条都重申交易所为了保护投资者利益和金融市场的有序运作，可以酌情暂停或移除不符合交易规则的交易，并向监管部门FCA通知暂停及重启交易的决定。同时FCA也有权要求交易所暂停或移除交易。

在LME规则下，交易所可以基于维护市场公正和有序的宏观目标暂停交易，还可以在具体交易价格出现急剧波动或紧急情况下享有宽泛的处置权，可以采取暂停、终止、取消、修正、更新交易等手段。交易会员如果要接入LME交易系统，则需同意交易所规则，并随时保持系统的灵活度以适应交易所规则的变化。

2. 监管部门赋权交易所可以采取暂停、移除交易等措施。欧盟及英国监管部门赋予交易所为维持市场有序运转，可采取暂停或移除交易的手段。《欧洲金融工具指令II》（MiFID II）第2编"投资公司的许可与营运条件"中第32条、第3编"受监管的交易所"第52条分别规定了多边交易场所（MTF）及有组织的交易场所（OTF）和受监管的交易所（RM）在不影响投资者利益和市场有序运转前提下，可以暂停或移除违反交易场所规则的金融工具，并同时移除以这些金融工具为基础的衍生产品交易。[②]

FCA延续了MiFID II的精神，其在关于受监管的交易所（RIE）规则中明确交易所在保护投资者利益基础上可以暂停或移除金融工具，但可能对投资者造成重大损失或者严重影响金融市场有序运行的除外，交易所行使该项权力时应当向社会公开并向FCA报告。[③]

---

① LME Rulebook: Part 3. No. 22.
② MiFID II Article 32&52.
③ FCA Handbook, Recognised Investment Exchanges REC 2.6.6.

虽然上述规则仅规定了"暂停或移除"交易，并未明确提及交易所可以取消已达成的交易。但从规则本意来看，其赋予了交易所在维持市场秩序、保护投资者利益的前提下可以采取的各类手段，以保障交易所实现一定程度的市场监督功能。因此，不论是依据 LME 制定的交易规则还是英国对交易所自律管理的赋权规则，取消交易都有明确的依据。

### 三、 LME 取消交易的合理性检视

一些观点认为，"伦镍事件"中价格异常波动的实质是在镍库存基本面偏紧的情况下，国际投资机构利用俄乌冲突后西方国家对俄罗斯制裁的时机，对中国青山集团持有的巨额空头头寸进行的逼仓行为[①]。但"伦镍事件"结束后，LME 一直未明确宣布存在投机性逼仓行为，而将"伦镍事件"归结为空头头寸过大（尤其场外市场）、俄乌冲突和金属库存减少。[②] 因此，2022年 3 月 8 日的镍合约价格异常是市场失序的表现，交易所取消交易是维护市场秩序。一些支持 LME 暂停交易的观点也认为，取消交易不是偏袒某一方的"拉偏架"，而是避免交易所运作失序。[③] 从 LME 声明与第三方调查来看，取消交易可能合理的原因有两个方面。

（一）取消交易的合理性事由

1. 俄乌冲突背景下交易所的应急举措。根据国际镍研究小组（INSG）2021 年的数据，俄罗斯是仅次于印度尼西亚、菲律宾的全球镍矿第三大国，镍矿储存量也位居世界前列。俄罗斯镍供应主要源自俄镍公司，其产品精炼镍板是 LME 交易产品。2021 年俄镍产量占全球原生镍（包括一级镍和二级镍）产量的 6%，占全球一级镍产能的 22%。[④] 而俄乌冲突开始前的一段时期内，全球镍库存已经呈现持续下降趋势。2021 年 5 月开始，LME 镍库存持续去库，以 2021 年全球原生镍消费量来看，3 月的全球精炼镍显性库存量仅够一周的消费。[⑤] 供不应求是镍价上涨的宏观经济因素，而俄乌冲突后，西方国家对俄制裁进一步加剧了包括镍在内的多种有色金属供应的紧张：一方面是禁止俄罗斯银行使用环球同业银行金融电讯协会（SWFIT）国际结算系统，直接影响俄出口交易的结算；另一方面欧盟实施对俄港口限制及暂停海运物流等措施增加了运输事件，增加了市场对镍供应的担忧。

---

① 参见 Bloomberg：Trader Known as 'Big Shot' Battles Mystery Nickel Stockpiler – Bloomberg，2022 年 6 月 25 日访问。此外，从青山集团 2022 年 3 月 15 日发布声明来看，其已与银行债权人团体达成静默协议，银行同意不强行平仓并向青山集团提供流动性以满足保证金及结算需求，青山集团承诺将逐步合理有序减少持仓。从侧面印证了其在"伦镍事件"中因被逼仓损失较大的事实。

② LME notice：22/064.

③ 参见《上海证券报》2022 年 3 月 16 日采访前港交所总裁李小加相关报道：https://news.cnstock.com/in-dustry，rdjj – 202203 – 4845864. htm，2022 年 6 月 25 日访问。

④ 中金公司研报：伦镍上涨背后的基本面。

⑤ 银河期货研报：交割品与行业产品结构矛盾　伦镍创历史新高。

实际上，LME 在俄乌冲突开始前就对有色金属供应紧张的局面有所预判，在其 2 月 24 日发布的公告中就表明其一直密切监测冲突局势以及各国对俄罗斯的制裁，告知市场交易所有健全的程序和必要的权利可以采取任何可能需要的行动以确保市场稳定。[①] 在次日发布的围绕对俄制裁公告强调 LME 首要任务是维护市场有序，可以采取任何可能的措施应对可能波及市场的制裁行为以保障市场稳定。[②]

奥纬咨询在第三方调查中进一步指出，镍市场本身就是一个相对较小且不稳定的市场。在过去 20 年间，镍的每日价格波动是 LME 主要金属中最高的。在历史上就曾经有幅度较大的波动，曾经的最高涨幅是 2008 年 10 月 29 日的 14%，且比其他金属更频繁地出现超过 10% 的每日价格波动。俄乌冲突导致市场参与者担心重现 2018 年对俄罗斯铝生产商的制裁，多数主体对价格上涨形成一致预期，愿意开展相反交易的市场参与者寥寥。[③]

由于 LME 在俄乌冲突开始前就表示可采取任何手段确保市场稳定，结合交易规则中明确规定其有权采取暂停或移除交易以应对包括战争在内的"紧急情况"，市场参与者应在俄乌冲突后充分预期交易所可能采取的行动，3 月 8 日交易所取消交易的举措具有一定合理性。

2. 取消交易是对市场合理秩序的维护。LME 认为取消交易是对市场合理秩序的维护，体现在两个方面：一是对交易所有效定价的保护。由于 LME 报价是多数金属行业的价格基准，在大宗商品市场已经受俄乌冲突影响、供应紧张的情况下，如果因某些金融市场参与者的交易行为导致镍合约价格剧烈上涨，将严重影响现货市场中镍生产企业的价格预期，最终可能抛弃 LME 建立的交易定价机制和价格信心。欧洲钢铁生产商协会（Eurofer）曾指出，LME 镍合约交易自 3 月 7 日以后的价格飙升难以用正常市场供需或对俄制裁解释，可能发生了市场操纵行为，呼吁 LME 和英国金融监管部门采取行动，制止镍价大规模地"人为"波动。[④] 二是对市场流动性的保护。镍合约交易与铜、铝等主要金属合约交易相比，交易参与者相对有限。在镍合约快速上涨过程中，一些持空头头寸的小型投机资金难以承受价格压力可能快速离场，现货市场持续的供不应求也导致难以增加新的空头头寸，整个市场中剩下的仅有持空头头寸较大的企业或机构，期货市场的流动性整体枯竭。流动性枯竭后多空头都难以正常平仓，整个市场陷入无序状态。第三方调查数据显示，伦镍市场自 2022 年 3 月 4 日开始就有很多小型镍生产商（此前持空仓的机构）为了降低风险开展买入交易，4 日当天就有 10 家生产商开展了买入交易对冲风险，似乎是 3

---

① LME notice：22/048.

② LME notice：22/049.

③ Independent Review of Events in the Nickel Market in March 2022，pp. 30 – 31.

④ https：//www. eurofer. eu/press – releases/eurofer – urges – lme – and – fca – to – take – necessary – action – to – prevent – further – artificial – surges – in – nickel – prices/，2022 年 5 月 25 日访问。

月 8 日价格失序的开端。①

（二）取消交易合理性瑕疵

虽然 LME 规则中明确赋予交易所取消交易的权力，欧盟与英国监管规则也赋予交易所采取措施以维持市场秩序，LME 也不断声明取消交易的举措是为了维护市场秩序，但仍有很多市场参与者不认可相关行为的合理性。回顾 2022 年 3 月 8 日的 LME 取消交易的决定和事后声明，其对价格异常的具体原因及对取消交易的合理性说明并不充分。因此两家对冲基金选择对 LME 提起诉讼，认为取消已达成的交易属于对空头的偏袒，交易所也应当对自身机制缺陷承担一定的责任。LME 在质疑声中主要面临以下挑战：

1. 交易所未说明取消交易是必要手段。虽然 LME 反复表示取消交易是维护市场秩序，但未充分说明取消交易是应对 3 月 8 日价格波动必要的措施。一方面，LME 未解释使用取消交易的必要性，虽然依据交易所规则与监管规则，LME 为维护市场秩序有暂停交易、修改、更新或取消交易的权力。但各类措施对交易效力的影响不同，取消交易让已达成的交易回到自始没有达成的状态，比暂停交易或修改交易影响更大。从 LME 交易规则来看，唯一导致"取消交易"这一后果的是第 3 章第 13 条规定的交易参与者在电子盘下达交易指令时存在错误的情况，此时交易可能"无效"并被"取消"。② 其他情形下，交易取消并不是交易所唯一可以采取的手段，交易所应充分说明为何采取了对交易效力影响最大的措施，说明取消交易无法被其他应急措施所替代。另一方面，LME 并未充分说明为何 3 月 8 日之后达成的交易产生了无序状态应被取消，但 3 月 7 日镍合约的价格上涨处于合理空间。伦镍合约价格进入 2022 年 3 月一直处于快速上涨态势，在 3 月 7 日交易日最高价格达到 55000 美元/吨，收盘价格 50300 美元/吨，与前一个交易日 3 月 4 日收盘价相比，涨幅达到 72.67%。而 3 月 8 日交易日虽然盘中价格涨幅高达 101.52%，达到 101365 美元/吨，但取消交易时点的价格为 80000 美元/吨，与前一日收盘价相比涨幅为 59.04%。可以看到，3 月 7 日、8 日两天镍合约的价格波动均很大，3 月 7 日的收盘价涨幅还略高于 3 月 8 日取消交易时点的价格涨幅，但为何只取消了 3 月 8 日进行的交易，交易所并没有充分说明。若仅因为 3 月 8 日价格绝对值更高、空头经纪商履约困难为由取消交易，则容易被质疑为维护空头经纪商利益，其公正性存疑。

2. LME 自身交易机制缺乏逼仓防范机制。市场质疑 LME 的另一个重要理由是在"伦镍事件"中的具体交易指令并没有违反交易所规则。一直以来，LME 并没有强制的持仓限制或持仓报告制度，仅有控制多头持仓规模的"借出交易"规则（lending rule）和持仓问责制度。借出交易规则要求多头持仓超过一定比例的机构在市场上有反向交易需求时进行低溢价或无溢价交

---

① Independent Review of Events in the Nickel Market in March 2022, p. 15.
② LME Rulebook: Part 3 No. 13.

易，如果市场上并无反向交易的指令，则并不触发相关规则。① LME 一直将其视为依靠市场力量而非强制性规则控制持仓规模的措施，是充分尊重市场的体现。"伦镍事件"中，多头交易机构是否应当触发"借出交易"规则尚不明确，但第三方调查显示，LME 在"伦镍事件"中没有严格执行镍持仓限制的问责制度，是导致价格逐步失控的原因之一。虽然 LME 制度中规定可以对超出一定持仓量的机构启动问责程序，如要求提供交易说明、下一步交易计划等。在镍合约交易中，LME 规定了单一交割日头寸或所有交割日净头寸超过 6000 手（3.6 万吨）即可触发问责机制，交易所有权就持仓目的进行调查。事实上，截至 2022 年 3 月 4 日，前 10 大空头持仓机构中有 5 个都超过了这一门槛，但 LME 并没有采取任何行动。虽然这一持仓问责门槛比监管部门规定的交割月持仓限制 25150 手、其他月份 80300 手要严格，② 但问责机制是 LME 的权利而非义务，其可以选择不启动相关程序，历史上 LME 也从未用问责机制让交易者减仓，其问责机制的自由裁量权比其他同行交易所更宽泛。③ 缺乏事先的逼仓防范机制、事件中又未严格执行持仓问责制度，LME 对镍价的失序局面应承担一定责任。

3. 对场外交易缺乏监管，引发逼仓事件后不得已取消交易。与一般仅提供场内交易服务的交易所不同，LME 同时为场内外交易提供服务，整个市场由场内外联动的多个市场组成。一是只有一级会员（11 家）参与的圈内（RING）市场，属于场内市场。LME 成立的一百多年来，圈内市场会员通过手势公开喊价产生官方价格和收盘价。二是电子盘市场，属于场内市场，交易标准合约并匿名撮合形成，只有一级到四级会员能参与。三是办公室间市场，属于场外市场，24 小时均可交易。相比场内市场，场外交易更为灵活，产品合约可以用标准合约，也可以为客户定制，交易规模占总交易量六七成。场外市场是 LME 整体市场的重要组成部分，LME 也认识到规范场外市场的重要性，一直考虑提升场外市场透明度。2020 年，LME 曾有意出台规则增强其对场外市场交易信息进行调查的权力，包括要求会员对场外交易数据进行报送，但很多会员在政策咨询阶段提出了担忧和反对，最终 LME 承诺其调查权将只能用于确实发生市场滥用行为之时。④ 在 2021 年 LME 更新的持仓限额问责制度中，仍规定持仓报告义务不适用场外交易，⑤ 这导致交易所不掌握场外交易信息，场外交易处于监管空白地带。虽然 2022 年 3 月初就有路透、

---

① LME Rulebook：Part 3 No. 18.

② FCA 曾于 2017 年按照 MifID II 规定的持仓限制程序，向欧洲证券和市场管理局（ESMA）递交拟对镍期货市场进行限制的报告。镍持仓限制分为两类：一是交割月限制，以每年可交割量为基准，FCA 将镍每年可交割量定为 125912 手，一手为 6 吨，交割月的持仓限制为 25150 手，为可交割量的 20%；二是其他月份持仓限制，以未平仓合约为基准，镍合约未平仓合约为 381900 手，一手 6 吨，交割月以外的其他月份持仓限制为 80200 手，为未平仓合约的 21%。ESMA 认可了 FCA 的持仓限制规则，认为符合 MiFID II 及相关技术标准的要求。

③ Independent Review of Events in the Nickel Market in March 2022, p. 29.

④ LME Notices 20/182, 20/183.

⑤ LME：21/042.

彭博等多家媒体报道，一名身份不明的交易员控制了 LME 镍仓单的 50% 至 80%，且青山集团持有的大额空头信息已被市场知晓。但交易所未对相关事实加以重视，也没采取应对措施，最终导致镍价失序，不得不取消交易。

"伦镍事件"后 LME 对场外市场开展了紧急"补救式"的监管。2022 年 5 月 13 日，LME 就建立整个场外市场的持仓报送制度公开征求意见。LME 表示，为了增强自身对市场的自律监督能力并落实欧盟现有监管政策，LME 拟在场外市场对铝、铜、铅、锌、镍等金属交易种类建立每周报送头寸的制度。报送义务没有最低起报限额，所有与场内交易经济价值相似的，例如交易参考价或结算价是 LME 场内价格、以 LME 仓单或类似仓储凭证结算的以上述金属为标的场外交易，均需要将合同标的转换为每一种金属的"持仓量"进行报送，如果合同标的是金属组合，则转换为"组合持仓量"进行报送。LME 会根据具体实施效果调整报送频率，最终形成一个长效的场外市场报送制度。同时持仓限额问责制度可以将场外头寸纳入总额计算或单独计算。① 上述规则已于 2022 年 6 月 17 日实施。②

4. 中央对手方缺乏充足资源保障合约履行。LME 系统达成的交易均由集团内的清算公司（LME CLEAR）进行中央清算。中央清算是在交易达成后的资金清算环节介入交易成为买方的卖方、卖方的买方，并对资金轧差计算后进行支付，是一个保障合同履行的机制。LME 旗下的清算所采取了会员制的清算结构，清算所只负责清算会员之间的合同履行。部分清算会员（一二类会员，多为大型金融机构）交易阶段的角色是做市商，这些机构向客户报价并以自身名义与客户进行交易，在与客户签订的合同中既可以作为买方，也可以作为卖方，充当了小型交易所的角色。而进入清算环节后，这些会员一方面要与客户间交易进行清算，另一方面又要接入 LME CLEAR 系统与中央对手方开展清算。实践中，作为做市商的金融机构对大客户很多都采取授信交易，客户不需要缴纳保证金即可开展期货交易。做市商会根据客户的信用等级给予客户一定交易额度。由于一般情况下做市商只需要对不同交易方向的金额轧差后进行净额清算，实际的资金交付远远小于合约的名义本金，因此交易风险可控。但在镍合约价格急剧上涨的情况下，持空头头寸的做市商并没有充足的客户保证金继续向 LME CLEAR 追加保证金，也没有充足的符合交割条件的实物或符合现金交割的大额现金，这导致很多做市商难以向 LME CLEAR 履行合约，出现清算会员对中央对手方违约的局面。而本该在清算会员出现不能履约情形时以事先储备的风险资源保障合约履行的中央对手方 LME CLEAR，则由于风险储备资源不足，也无法按照 3 月 8 日的镍合约价格进行交割，因此无奈之下采取了取消交易的措施。

虽然 LME 已按照欧盟对 CCP 的稳健要求，建立了"违约会员保证金—违约会员的违约基

---

① LME：22/161.

② LME notice：22/145.

金—交易所自身风险储备—非违约会员的违约基金"四个层次的瀑布式（waterfall）风险应对资源体系，但仍无法按照3月8日镍合约触及的价格进行交割。在"伦镍事件"之后，LME宣布将违约基金翻一番，自11亿欧元扩大至20亿欧元。LME的风险资源不足并非在"伦镍事件"中第一次暴露，在2020年ESMA对欧盟范围内的CCP进行的压力测试中已初见端倪。该压力测试包括信用风险测试、流动性测试、集中度测试和逆向信用风险测试。信用风险测试是指选取不同时间段，测试CCP在市场价格异常和会员违约同时发生时，其风险资源是否充足。LME在ES-MA选取的2019年3月的信用风险压力测试中没有通过，且是欧盟范围内唯一没有通过的CCP。ESMA压力测试模型中表示，只要LME前两大会员违约，则其安全垫将被击穿，并可能留下超过两亿欧元的风险敞口需要向非违约会员分摊。虽然ESMA表示LME通过了其他时间段的信用风险压力测试，但仍反映出LME应对信用风险的机制存在瑕疵。①

### 四、 取消交易在规则与实践层面的呈现

#### （一）取消交易在交易所规则层面属于常见规定

与LME在交易规则中明确写入取消交易相似，很多交易所规则都规定了一些紧急情况下交易所可以取消交易，或有充分的应急措施。例如洲际交易所ICE规则手册第4.29条规定，交易所可以在特定情形下宣布交易无效：（1）不具有代表性的价格，如果交易所决定产生的价格不具有代表性，不能反映真实的市场情况；（2）违反交易规则或者监管规定；（3）无效交易将会从交易系统移除，并公开展示为无效交易。② 芝加哥交易所集团CME的规则手册402.C规定商业执行委员会如果决定发生紧急情况，可以采取以下任意措施：（1）中断、缩短、终止任何合约的交易；（2）中断、缩短、终止实体的交易、持有合约、清算等；（3）限制交易合同的清算；（4）对实体账户持有的仓位进行限制或修改；（5）为无法提货的实体提供清算或移仓；（6）限制交易价格区间；（7）调整涨跌幅限制；（8）公布合约将被清算的设定价格；（9）需要向清算所提供额外保证；（10）其他能缓解紧急情况的指令或者行为。③

我国证券市场经历"光大乌龙指"事件后，监管部门认识到，在法律与交易所规则层面缺乏取消极端异常交易的适用场景，因此在《证券法》修订中加入了相关内容。修订后的《证券法》在第一百一十一条交易所应对异常情况的条款中加入一款："因前款规定的突发性事件导致证券交易结果出现重大异常，按交易结果进行交收将对证券交易正常秩序和市场公平造成重大影响的，证券交易所按照业务规则可以采取取消交易、通知证券登记结算机构暂缓交收等措施，

---

① ESMA：3rd EU – wide CCP Stress Test, pp. 67 – 70.
② ICE Rulebook 4. 29 Invalid Trades.
③ CME Rulebook 402. C. Emergency Actions.

并应当及时向国务院证券监督管理机构报告并公告。"上海证券交易所也对标新《证券法》修改了相应条款，在《交易规则》"成交"一节 3.6.5 规定："违反本规则，严重破坏证券市场正常运行的交易，本所有权宣布取消，由此造成的损失由违规交易者承担"；在"交易异常情况处理"一节规定"因前款规定的突发性事件导致证券交易结果出现重大异常，按交易结果进行交收将对证券交易正常秩序和市场公平造成重大影响的，本所可以采取取消交易、通知证券登记结算机构暂缓交收等措施。"

（二）取消交易在实践中的鲜见与困境

虽然各国交易所规则中常见取消交易制度的表述，我国也在制度层面增加了取消交易的规定。但与暂停交易、设立涨跌幅、暂缓交收和终止交易等应急措施相比，取消交易能使已经达成的交易回到未达成的状态，直接打破交易连续性，对市场预期可能形成扭转性的结果，因此实践中真正取消已达成交易的并不多见。最近一次较著名的取消交易事件为 2010 年发生的"美国股市闪崩"：2010 年 5 月 6 日下午，道琼斯工业平均指数盘中突然急挫近千点、10 分钟内跌幅最高达到 9.2%，为历史上最大单日盘中下跌，标普 500 指数期货、各交易所 ETF 等均随之下跌，引发市场巨大恐慌，一些自动交易程序连续卖空止损，导致一些著名公司如波士顿啤酒、埃森哲公司等股票几乎失去 100% 市值。随后 SEC 与金融业监管局（FINRA）联合多家市场机构查阅、修正交易记录并确认无效交易。最终确认当日下午 2 点 40 分至 3 点之间、交易价格低于 2 点 40 分或之前的最近交易价格的 60% 的交易无效，被宣布无效的交易包括 326 只证券和 227 只 ETF 被确认为无效交易。该事件后 CFTC 与 SEC 进行联合调查，认为闪崩原因包括希腊债务危机发酵对市场负面影响、自动化程序在市场下跌时加剧流动性紧张、CME E-mini S&P 期货合约被人非法操纵等。[①] 该事件与"伦镍事件"相比有三点特殊性：一是交易价格的异常同时在现货期货市场中的多只股票、多类型产品发生，已造成整个市场的恐慌和踩踏，形成了一定的系统性风险；二是取消交易的决定由监管部门作出，是公权力部门行使市场管理职能的体现；三是在事件中发现了违法违规行为。因此取消交易后没有引起过多的市场负面情绪。

与监管部门宣布取消交易不同，交易所在实践中取消交易容易面临和"伦镍事件"相似的处境：2003 年 12 月 5 日，Nasdaq 市场一只名为 COCO 的股票发生交易异常，从早上 10：46 至 10：58 价格从 57.45 元急跌至 38.97 元，交易所发现急跌原因是某一投资者向多个电子交易平台和交易所市场下发了重复卖出指令，交易所于 10：58 暂停了该股票交易，并在 12：30 取消了上述时段内的交易，称暴跌是电子交易系统的"误用或故障"造成的。但一个机构投资者 DL capital 在被取消区间买入股票、在 10：58 至 12：30 之间卖出股票获益。在交易所取消交易后，该投资机构对交易所及交易所总裁提起诉讼，其认为交易所暂停交易后没有宣布取消的意图，也

---

① CFTC SEC: Findings Regarding the Market Events of May 6, 2010.

没有及时宣布取消，信息披露出现重大误导属于欺诈；而交易所总裁 Greifeld 作为纳斯达克的"控制人"，就纳斯达克的一般欺诈行为违反了《交易法》第 20（a）条（确定控制人责任的部分）。纳斯达克主要辩护理由：一是交易所不接受针对自律管理行为的诉讼；二是原告未向 SEC 提起权利救济，这是提起司法诉讼前提；三是《交易法》没有规定对自律管理组织行使自律管理行为负有金钱赔偿的责任。一审法院采纳了交易所的理由，原告上诉至第二巡回法院，第二巡回法院维持一审裁判，支持交易所行使自律管理职责时豁免承担民事责任。①

正是由于取消交易对交易确定性的破坏效应，可能在实践中引起争议，不论是监管部门还是交易所都极少使用。从取消交易的实践来看，取消的原因多为发生了错单交易（error trade），即俗称的"乌龙指"或"胖手指"交易。一些交易所也曾因为发生市场操纵行为取消交易。② 但"伦镍事件"中并没有出现错单交易，也没有发现任何违法行为，与曾经发生的取消交易情形有很大不同，因此取消交易的合理性备受质疑。

**五、 取消交易的适用应合法合理适当**

（一）取消交易应平衡交易确定性与市场公平性

不论交易所的股权结构、交易品种、交易规则如何变化，各国建立各类交易所的初衷都是相似的：通过建立持续的、看得见的市场，向买卖双方提供高度的确定性。这种确定性表现为可以持续进行交易，如果缺乏这种确定性，市场的可信赖度就会降低。③ 由于交易所连续撮合交易达成，虽然取消交易有特定范围，但并非仅影响被取消的某些交易，而是整个市场都可能因为交易确定性被破坏而受到影响。仅有出现一些极端情况下，如违法违规的（交易所规则）异常交易行为，导致交易必须采取措施舍弃部分交易确定性以保障市场公平性。在发生这类异常行为后，交易所应平衡交易确定性与市场公平性，例如评估异常交易行为是否会向市场传播误导信息、是否有参与者利用异常交易行为获取不当利益。如决定以维护市场公平秩序为先，则应充分考虑选取暂停交易、暂缓交收或设立涨跌幅等措施，取消交易应是其他应急措施均无法有效发挥作用时的最后选择。

（二）一个参照：取消错单交易的规则构建

如前文所述，除"伦镍事件"外，取消交易在实践中的运用多为发生了错单交易。由于错单交易并非交易主体真实意思表示，也对市场价格形成造成了干扰，相关交易应当被取消逐步

---

① DL Capital Group, LLC v. Nasdaq Stock Market, Inc.

② 印度证券交易委员会在 2015 年报告"Review of policy for trade cancellation / annulment"中提到印度国家证券交易所曾于 1996 年、1997 年两次因发生市场操纵行为取消交易。

③ 拉里·哈里斯主编：《监管下的交易所 经济增长的强劲助推器》，中信出版社 2010 年版，第 62 页。

形成共识。国际证监会组织（IOSCO）基于问卷调查，曾将错单交易定义为"因市场使用者的行为或者交易系统的失灵而被错误执行的交易"，并建议交易所构建预期明确、程序透明的错单交易规则，同时监管部门应当加强监督的。①

从全球主要交易所规则来看，错单交易几乎都会产生取消交易的后果，但其认定与处理程序均很严格：一是在认定上，多数交易所都规定，价格偏离达到一定程度才可能构成错单交易，在价格偏离幅度内不可被撤销。以香港期货交易所为例，其规定应偏离价格参数交易者才能申报为错单交易，同时规定各类产品的价格偏离指数，如股票指数短期期货偏离基准价格 3% 以上、股票期货 5% 以上等②；芝加哥期货交易所规定只有超出不可撤销价格区间才可能构成错单交易，如标普 500 期货不可撤销区间为 6 个指数点③。二是在程序上，各交易所建立了预期明确、充分保障各方交易者权益的处置程序。香港期货交易所规定，如果交易当事人声称价格有误，应当在规定时效内通知交易所，交易所随即在交易系统发布警示信息，告知交易各方。如果交易各方均同意取消，且无其他交易所参与者提出反对，相关交易将被取消。如果有交易方不同意取消，或者其他交易者提出反对，或无法联系所有交易方。则交易所必须立即召开错单交易评审委员会，委员会应当在召开后的 10 分钟内作出决定，并发布消息。④ 纽交所的错单交易处置程序与上述流程类似，建立了当事人申请审查—交易所通知各方—交易所审核—执行并裁决的程序。同时，纽交所允许受影响的交易方向执行小组提出申诉，执行小组将对申诉请求进行审查并作出决定，争议当事人还可以就决定结果提交仲裁。⑤

（三）取消交易的适用应合法合理适当

如本文开篇所述，交易所以自律管理身份行使强制性行为与行政机关的行政管理行为有相似性，一定程度受到正当程序的约束，应在平衡会员权利保护和市场公正秩序的基础上谨慎作出。而取消交易虽在交易所规则层面常见，在实践中却非常鲜见，充分说明了保障交易连续、确定的达成是交易所的核心功能，强制取消已达成的交易这一行为的行使更应当慎之又慎，符合合法合理适当原则：一是合法性，交易所取消交易的触发条件应当在交易规则层面有明确的规定，同时不违反其他强制性的法律规则。除了错单交易以外，应当达到足够引起市场秩序紊乱的程度。交易所可以参照错单交易规则，将场内价格指数浮动在一定时限内达到一定幅度规定为

---

① IOSCO：Final Report Policy On Error Trades Oct. 2005.

② 香港交易所：错单交易处理程序 https：//sc. hkex. com. hk/TuniS/www. HKEX. com. hk/Services/Trading/Derivatives/Overview/Trading – Mechanism/Error – Trades？ sc_lang = zh – CN，2022 年 7 月 9 日访问。

③ CME Rulebook 588. H.

④ 香港交易所：错价交易处理程序 https：//sc. hkex. com. hk/TuniS/www. HKEX. com. hk/Services/Trading/Derivatives/Overview/Trading – Mechanism/Error – Trades？ sc_lang = zh – CN，2022 年 7 月 9 日访问。

⑤ NYSE：Clearly Erroneous Execution（Rule 128）.

异常价格事件，交易所可进一步判定是否采取取消交易。二是适用上应当合理，依据事件的严重程度采取相应措施应当是必要的、能实现目标的对市场影响最小的举措。例如，能以暂停交易实现的就不宜进行停市交易、能以暂缓交收实现的不宜采取取消交易。三是程序正当，交易所在出现可能需要取消交易的事件时，应首先采取暂停交易的措施，随后快速建立中立客观的审查小组判定是否应当取消，取消决定前应告知交易影响各方，对取消交易的理由、事件严重程度进行说明，听取受影响各方意见。若受影响各方无法达成一致意见但仍作出取消交易的决定，应当允许受影响方提起申诉，无法调和的纠纷进入司法程序裁决。

## 结论

"伦镍事件"中 LME 宣布取消已达成交易与历史上发生的其他取消交易事件相比较为特殊，事件后并未发现违法行为，也没有错单交易的情形，而此前其他取消交易的原因多为发生了错单交易或存在违法行为等异常情形。因此，市场参与者并不认同 LME 取消交易的行为，同时将镍合约价格异常上涨原因归结于 LME 执行持仓限制规则不利、对场外市场缺乏监管、中央对手方风险资源储备不足，因此认为 LME 应当对自身交易制度的缺陷承担责任，而不是让市场买单。通过对取消交易这一行为在规则和实践层面的梳理可以看到，虽然取消交易在各大交易所规则中都有规定，但实践中鲜有应用。其原因在于取消交易是对交易所基本功能的破坏，对市场参与者预期影响重大，应当在实践中谨慎运用。交易所可对照错单交易处置规则中的认定和适用程序，在实践中合法合理适当地适用取消交易。

# 证券发行特定对象界定标准的选择

■ 郑舒倩[*]

**摘要：** 关于证券发行特定对象界定标准的选择，传统分析路径下的各个标准都有其局限性。究其原因在于，难以用某一客观标准来描述"具有自我保护能力"这一抽象、主观的要求。破局之道在于转变制度目的和法律方案的设计思路，承认仅凭特定对象标准的设置无法兼顾投资者保护和融资便利，让非公开发行发挥其便利融资的作用，并通过其他途径增强投资者保护。具体方案包括在司法救济中给予投资者程序法上的优待，以及扩大特定对象范围并引入中介机构对特定对象进行分类。

**关键词：** 特定对象　非公开发行　财富标准　金融经验

我国《证券法》第九条虽然特别规定了"针对特定对象的公开发行"，但与各国界定公开发行与非公开发行的传统思路一致，我国界定公开发行的首要因素依旧是发行对象是否特定。制度设计上，区分公开发行和非公开发行的重要意义在于针对二者的监管逻辑不同，前者强调行政监管，后者侧重契约自治和自律监管。[①]

然而，我国《证券法》未就何为特定对象进行明确，有关股票发行、公司债券发行的规定中，所谓特定对象的内容也不尽相同。如此，可能出现同一群投资者可以参与上市公司定向发行，但却不能参与债券非公开发行，出现投资者保护逻辑不一致的情况。此外，从打击金融违法犯罪层面看，司法实践中出现了不少因发行对象是否特定存疑而难以判断是否构成非法集资的问题。[②] 可见，统一并明确证券发行环节特定对象标准的内在逻辑，既是保护投资者的需要，也是维护市场秩序的需要。

从包括我国在内的各国经验看，特定对象标准不外乎摘取以下一个方面或几个方面进行构

---

* 郑舒倩，北京大学法学院 2019 级博士研究生。

① 关于针对特定对象的公开发行制度的特殊性和监管逻辑，参见彭冰：《构建针对特定对象的公开发行制度》，载《法学》2006 年第 5 期。

② 参见李有星、范俊浩：《非法集资中的不特定对象标准探析——证券私募视角的全新解读》，载《浙江大学学报（人文社会科学版）》2011 年第 5 期。

造：（1）发行对象人数（本文将此类标准称为人数标准）；（2）发行对象是否与发行人有特殊关系从而具有信息优势（本文将此类标准称为特殊关系标准）；（3）发行对象的富裕程度（本文将此类标准称为财富标准）；（4）发行人是否具有投资经验和/或金融相关知识（本文将此类标准称为金融经验标准）。比如，我国上市公司定向发行以人数来确定特定对象；① 非上市公众公司定向发行中，投资者可以凭借特殊关系、富裕程度或富裕程度＋金融经验成为特定对象；② 公司债券发行中，特定对象需符合特殊关系标准或财富标准＋金融经验标准。③ 此外，我国证券投资基金领域也有类似制度设计，《私募投资基金监督管理暂行办法》规定了以特殊关系标准和财富标准来识别合格投资者。④

关于特定对象标准的选择，传统上主要讨论如何更为客观、准确地识别具有自我保护能力的投资者。目前较为成熟的投资者适当性分类标准是美国的"获许投资者"定义，该定义以财富标准为核心，我国理论界在讨论相关问题时或多或少都会提及。然而，从美国 SEC 最新一次修改"获许投资者"定义的过程看，无法准确描述"获许投资者"这一问题仍然困扰着美国实务界和理论界。

那么，为什么有关特定对象确定的问题一直存在争议？各种标准都有何优点和缺憾？在中国法下，如何确定特定对象更合理、更可行？本文将就这些问题进行讨论。本文首先遵循传统理论分析路径对各标准的优劣势进行分析，发现现有讨论无法走出困境的症结所在，并在此基础上，重构法律解决方案。

---

① 根据《上市公司证券发行管理办法》（2020 年修正）第三十七条之规定，上市公司针对特定对象进行的公开发行所涉及的特定对象应当符合下列要求：（1）特定对象符合股东大会决议规定的条件；（2）发行对象不超过三十五名。

② 《非上市公众公司监督管理办法》（2021 年修正）第四十二条规定，非上市公众公司定向发行股票的特定对象包括：（1）公司股东；（2）公司的董事、监事、高级管理人员、核心员工；（3）符合投资者适当性管理规定的自然人投资者、法人投资者及其他经济组织。所谓"投资者适当性管理规定"指《全国中小企业股份转让系统投资者适当性管理细则》。对于法人或合伙企业，细则仅设置了财富门槛；对于自然人，细则除要求达到财富门槛外，还要具有一定金融相关经验。

③ 2021 年《公司债券发行与交易管理办法》第三十四条规定，非公开发行公司债券应当向"专业投资者"发行；其第十二条第一款规定，专业投资者的标准按照中国证监会的相关规定执行，目前，该规定指《证券期货投资者适当性管理办法》，该办法要求专业投资者同时满足财富标准和金融经验标准。此外，《公司债券发行与交易管理办法》第十二条第三款规定，"发行人的董事、监事、高级管理人员及持股比例超过百分之五的股东"可视同专业投资者。

④ 根据该暂行办法第十二条，私募基金的合格投资者需同时满足三个条件：（1）具备相应风险识别能力和风险承担能力；（2）投资于单只私募基金的金额不低于100万元；（3）符合相关财富标准。但是，逻辑上，合格投资者定义要识别的就是那些具备相应风险识别能力和风险承担能力的投资者，在实践操作方面，将"具备相应风险识别能力和风险承担能力"作为条件之一意义不大。同样地，最低认购额要求其实也是财富能力的一种体现，因此，在此不将这两个内容作为一个具体标准看待。

## 一、 关于各特定对象标准缺陷的讨论

在存在多个标准的情况下，有必要讨论现有标准是否能够实现制度目的，以及何种标准更有助于实现制度目的等问题。理论界和实务界对于各标准的利弊分析大多基于以下两个方面期待：第一，由于各国私募制度的监管重点在于确保参与私募发行的投资者有能力并且有可能进行自我保护，相应地，特定对象标准应服务于筛选出具备识别、判断和承担风险能力的投资者这一宗旨。第二，从经济效益角度，明确特定对象的外延除了可以减少不必要的监管成本，还可以减少发行人之间对投资者的竞争，从而降低融资成本，因此，经特定对象标准筛选后的投资者应能满足市场的融资需求，并且尽可能少地增加融资成本。

在此说明，本文在就各类标准进行讨论时主要以美国获许投资者定义为例。除了我国在讨论相关问题时大多涉及美国立法及实践外，选取美国为例主要考虑以下几个方面原因：首先，我国的私募立法开始较晚，除了 2021 年公司债券发行方面的特定对象标准有所调整外，① 立法对该问题没有过多处理，难以比较标准的变化对实践的影响，而美国的相关资料较为丰富。从立法史上看，美国 1933 年《证券法》和我国一样也未明确界定非公开发行，且一开始 SEC 也比较单一地采用人数标准，随着实践需求的增强，最后确立了非公开发行对象的判断标准，这一点与我国立法的趋势类似。其次，被各国普遍采用且在该问题上争议最大的财富标准起源于美国，由于该标准存在理论缺陷，其存废以及包括我国现行法中以金融经验和最低认购额等修正财富标准等方案在美国均得到较为充分的讨论。再次，美国采用的标准类型最为丰富，其立法史上出现过中国现行法中的人数标准和特殊关系标准。最后，我国的"合格投资者"定义很大程度上借鉴参考了美国 2020 年修正前的"获许投资者"定义。关于设定特定对象标准的目的，美国 SEC 的立法资料显示，对获许投资者进行定义旨在"包含那些因其金融经验以及承受损失的能力，或者自我保护能力而不需证券法的注册程序所保护的投资者"。② 我国《证券投资基金法》官方释义明确，"具备相应的识别、判断和承担风险的能力，是衡量非公开募集基金的投资者是否属于合格的根本标准"，③ 二者相似，因此，在广义证券定义的语境下，我国《证券法》在选择特定对象标准时有借鉴基础。

### （一）人数标准存在的问题

我国《证券法》在区分公开发行与非公开发行时就采取了人数标准，同时，上市公司定向

---

① 修订前，要求满足特殊关系标准或财富标准；修订后，要求满足特殊关系标准，或满足财富标准的同时满足金融经验标准。

② See Regulation D Revisions; Exemption for Certain Employee Benefit Plans, Release No. 33 – 6683（Jan. 16, 1987）[52 FR 3015（Jan. 30, 1987）].

③ 参见中国证券投资基金业协会：《〈中华人民共和国证券投资基金法〉全国人大官方网站释义》，https://www.amac.org.cn/governmentrules/xgwd/202003/P020200331823869638130.pdf，2022 年 3 月 6 日访问。

发行时的特定对象也依人数划定，此外，人数多少也是判断是否构成非法集资的重要因素。法律对公开发行进行严格监管的主要原因在于公众投资者缺乏投资知识且难以承受损失风险，但发行人数众多只能代表发行行为具有广泛性，与发行对象是否具有自我保护能力无关。

美国SEC早期也比较强调以人数标准界定公开发行。但是，在1953年SEC诉Ralston Purina一案中，人数标准受到了挑战。联邦最高法院认为，"公开"（public）是一个宽泛的概念，它没有对应一个固定的数值，它的边界数值可以是二，也可以是其他任意值。可能存在一个阈值，使得发行人数超过这个数值时不太可能是非公开发行。SEC当然可以就此确定一个固定的数值，以作为其审查特定豁免申请的阈值，但这种标准是执法标准，不应该成为法律上界定"公开"的定性标准。

除了人数标准，该案中下级法院还提到了以是否公开劝诱和发行范围作为判断标准，即在单位内部发行且不涉及公开劝诱的发行行为不属于公开发行。然而，联邦最高法院认为，以某个特征来划定一个特定人群没有意义，因为划分标准与划分目的没有关联，所以在界定"公开"时首先应考虑立法目的，进而再选择界定方法。因此，在界定"非公开发行"时，首先要考虑的是证券法为什么要对非公开发行进行豁免。立法资料显示，要求证券发行进行注册是为了确保发行人向投资者充分并公平地披露与发行相关的信息，以便投资者能够作出投资决策。而参与非公开发行的投资者不需要立法的保护。证券法的特别保护是有成本的，既然这些投资者不需要立法保护，那么此种成本是非必要的。因此，非公开发行主要面向能够自我保护（fend for themselves）的投资者。也就是说，豁免条件是：（1）发行对象是具有风险识别能力的成熟投资者（sophisticated investor）；（2）发行对象是基于某种关系，能够获取那些本来需靠注册才能获取信息的投资者（特殊关系标准）。[①]

该案中，人数标准因对于实现立法目的没有裨益而被联邦最高法院否定。该案后，人数标准虽然没有被彻底取消，但也因此没落。通常，SEC根据发行方式和发行对象来界定非公开发行。关于发行对象，则采用Ralston案确立的成熟投资者和特殊关系标准来认定。

（二）特殊关系标准存在的问题

如联邦最高法院在Ralston案中提到的，非公开发行豁免旨在纳入能够获取有关公司及非公开发行必要信息的投资者，对于此类投资者，其能够获得至少与公开发行相当的投资信息，从而进行知情投资（informed investment）。特殊关系已为投资者提供必要保护，不需要证券法的注册程序对其进行特别保护。

该标准逻辑上能够自洽，主要问题在于，需要在具体情境中对特定投资者的资格进行认定，发行人在发行前需要付出较高的确认成本。并且，由于不够客观、无法标准化，发行人无法确定

---

① See Securities & (and) Exchange Commission v. Ralston Purina Co, 346 U. S. 119, 127 (1952).

其发行属于非公开发行并享有豁免，其面临发行行为被认为构成非法集资的风险，因而不受发行人欢迎。① 经典案例"吴英非法集资案"便体现了该标准的模糊性②：吴英的直接集资对象中包括部分资金掮客，这些资金掮客与吴英之间不存在信息不对称，看起来符合特殊关系标准，但这一抗辩并未被认可，理由在于，在中国的乡土社会，以人际关系为纽带进行集资是民间融资活动的一大基本特征，若据此认可该抗辩，会有大量类似的民间融资被合法化，进而对金融秩序造成重大冲击。③

（三）财富标准的兴起及相关争议

Ralston 案中提出的"成熟投资者"虽然相较于人数标准更为合理，但其具有很强的不确定性。为解决该问题，SEC 于 1974 年发布规则 146，要求拟进行非公开发行的发行人只能向其有合理理由相信具有投资所需的必要知识和经验，或者有经济上的风险承担能力的投资者发行证券。并且，要求发行人确保受要约人在发行过程中及证券销售前有途径获取信息或已被提供信息。然而，规则 146 所细化的标准依旧具有很强的不确定性，并不能有效解决实践操作难的问题。④

1980 年，规则 242 替换了规则 146，该规则采取客观标准来降低发行豁免的不确定性，并将"获许投资者"概念引入美国《证券法》。该规则下，"获许者"（accredited person）被定义为购买 10 万美元以上（含）所发行证券的个人，发行人的董事或执行官，或特定类型的实体。1982 年，《条例 D》颁布，同时，规则 242 被撤销。《条例 D》的规则 506 允许发行人向不超过 35 名非获许投资者（non-accredited investors）以及不受数量限制的获许投资者进行非公开发行。规则 501 采取了财富标准和特殊关系标准来界定获许投资者，该规则下的标准较此前的规则 242 更为详尽。⑤

财富标准就此诞生，它是 SEC 尝试描述"成熟投资者"的产物。从 1974 年发布的规则 146 到 1980 年的规则 242，再到 1982 年的《条例 D》，发行对象的界定标准经历了从主观到客观且确定性逐渐提高的变化，这一过程在一定程度上反映了监管和市场对特定对象标准的期待。

---

① 参见彭冰：《投资型众筹的法律逻辑》，北京大学出版社 2017 年版，第 311 页。

② 虽然 2014 年颁布的《关于办理非法集资刑事案件适用法律若干问题的意见》排除了"在向亲友或者单位内部人员吸收资金的过程中，明知亲友或者单位内部人员向不特定对象吸收资金而予以放任"以及"以吸收资金为目的，将社会人员吸收为单位内部人员，并向其吸收资金的"这两种情形，但是可以看到，事前"明知"依旧是主观方面问题，模糊性仍然存在。

③ 参见李有星、范俊浩：《非法集资中的不特定对象标准探析——证券私募视角的全新解读》，载《浙江大学学报（人文社会科学版）》2011 年第 5 期。

④ See Transactions By an Issuer Deemed Not To Involve Any Public Offering, Release No. 33 - 5487（Apr. 23, 1974）[39 FR 15261（May 2, 1974）].

⑤ See Exemption of Limited Offers and Sales by Qualified Issuers, Release No. 33 - 6180（Jan. 17, 1980）[45 FR 6362（Jan. 28, 1980）].

无论对于发行人、投资者，还是监管者而言，财富标准都更容易适用。《条例D》，尤其是规则506对美国资本市场的发展及市场结构的变化起到了重要作用，[1] 推动了美国私募的蓬勃发展，自此，众多国家都走向了以财富标准来确定非公开发行对象的道路。[2] 然而，因理论上存在缺陷，该标准引发了很多争议。

财富标准的缺陷主要有两个方面。一是拥有财富并不意味着具有风险识别能力从而无需证券法提供保护。[3] 二是财富标准阻止了普通投资者通过合理投资积累财富，令富者更富、穷者更穷。详言之：

首先，财富标准可能纳入了那些不具有足够自我保护能力的投资者。富裕并不代表投资者的成熟度，更不等同于自我保护能力。[4] 投资能力是多维的，包括但不限于分析风险和回报的能力、评估/减轻/规避风险或损失的能力、合理进行投资分配的能力、获取发行人或与投资相关信息的能力、承担损失的能力。财富的积累不依赖投资（比如继承），拥有巨额财富的投资者可能不具备任何投资经验和金融知识，也就是说，财富多少充其量只能直观反映投资者承担损失的能力。因此，根据财富标准认定的投资者不一定同时具有金融经验并具有承受损失的能力。美国的安然事件和麦道夫事件都暴露了该问题。麦道夫事件爆发后，人们发现，这个庞氏骗局之所以能持续二十余年，那些最多只对项目进行了简单的形式审查就进行大额投资的获许投资者（Accredited Investors）功不可没。[5]

更重要的是，符合财富标准也不当然意味着投资者具有承受损失的能力。在投资金额或者比例不受限的情况下，即便拥有巨额财富，一旦投资额超过了所拥有的财富，投资者仍然无法承

---

[1] SEC 2019 年对获许投资者定义进行的审查报告显示，2018 年，投资者通过各种豁免筹集了大约2.9 万亿美元，远远超过了在 SEC 注册的1.4 万亿美元。此外，2018 年，公司仅使用506（b）条款就获得了1.5 万亿美元的豁免上市申请。此外，有研究显示，私募市场的发展与上市公司数量之间存在因果关系。See Proposed rule, Release Nos. 33 – 10734（Dec. 18, 2019）[17 CFR PARTS 230 and 240（Dec. 18, 2019）].

[2] 从各国及地区的立法来看，投资者分类及判定标准主要包括：（1）投资者的"成熟度"，主要考量投资者的财经知识与经验、信息获取能力等；（2）投资者的财富水平，主要考虑投资者的资产规模、收入水平等；（3）与证券发行人的关系，主要考量投资者对发行人的了解程度、信息获取获许能力等。参见张宁等：上海证券交易所合作研究计划课题报告《合格投资者制度比较研究》，2010 年 1 月，第 21 – 23 页。

[3] Howard M. Friedman, *On Being Rich, Accredited, and Undiversified: The Lacunae in Contemporary Securities Regulation*, 47 OKLA. L. REV. 291 (1994), pp. 291 – 317; Syed Haq, *Revisiting the Accredited Investor Standard*, 5 MICH. Bus. & ENTREPRENEURIAL L. REV. 59 (2015), pp. 59 – 80; Gregg Oguss, *Should Size or Wealth Equal Sophisicadon in Federal Securies Laws?*, 107 Nw. U. L. REv. 285 (2012), pp. 285 – 320. Cited in Thomas M. Selman, *Protecting Retail Investors: A New Exemption for Private Securities Offerings*, 14 Va. L. & Bus. Rev. 41 (2020), p. 41.

[4] Jennifer J. Johnson, *Private Placements, A Regulatory Black Hole*, 35 DEL. J. CORP. L. 151 (2010), p. 153.

[5] Syed Haq, *Revisiting the Accredited Investor Standard*, 5 Mich. Bus. & Entrepreneurial L. Rev. 59 (2015), pp. 70 – 71.

担风险。2008 年国际金融危机中投资者的盲目投资行为是这一观点的有力佐证。[1]

其次，财富标准限制投资者的投资机会，可能排除了那些可以依据其净资产、金融知识和投资经验、合理的资产配置结构来进行自我保护的投资者。有研究显示，在公司成长到与同类的公众公司相当的规模前，公司倾向于通过非公开方式进行融资，[2] 这期间往往是公司的高速增长阶段。如此，不具备投资资格的投资者无法参与这一高收益阶段的投资。除特殊关系标准所纳入的投资者外，还有部分投资者虽然不够富裕，但其或因学历或工作经验等其他原因对特定市场具有较深了解，具备分析风险和回报、减轻/规避风险或损失、合理进行投资分配，或获取发行人或与投资相关信息的能力。相较于空有财富却没有投资经验的投资者而言，这类投资者有更强的自我保护能力。允许不具有金融经验但具备损失承担能力的投资者参与交易，但将具有金融经验但不具备损失承担能力的投资者拒之门外，缺乏合理性。此外，个人投资者过少，使得多数投资机会被机构投资者获得，若机构投资者占据的市场份额越来越大，潜在的投资者所能供应的融资机会减少，在公司对资本的需求稳定的情况下，资本成本将相应增加。

支持财富标准的观点认为，尽管该标准在理论上存在缺陷，适用该标准可能出现在成熟度上，符合标准的投资者不如不符合标准的投资者，但是，在限制投资者承担风险方面的妥协可以促进有效的资本形成（formation）。[3] 从美国的实践看，简明易操作的财富标准在识别不需要证券法的注册程序提供保护的投资者方面起到了重要作用。[4]

最后，就财富标准本身而言，衡量财富多少的具体指标主要是总收入和净资产两种，但这两种指标其实也不能有效反映特定投资者的风险负担能力。其一，存在收入的同时存在支出，总收入高并不意味着可自由支配的收入高。其二，净资产指标只考虑总资产与总负债之间的差额，但资产有流动资产和非流动资产之分，若投资者使用流动资产进行投资且未能获得预期回报，投资者可能需要对非流动资产进行折价转化，此时，投资者可能面临流动性风险。[5]

此外，财富标准还面临对经济发展适应性低的问题。一方面，通货膨胀将使更多的投资者满

---

① Andrey D. Paviov & Susan M. Wachter, *Systemic Risk and Market Institutions*, 26 YALE J. ON REG. 445 (2009), p. 452; So-Yeon Lee, *Why the Accredited Investor Standard Fails the Average Investor*, 31 Rev. Banking & Fin. L. 987 (2012), pp. 990 – 992.

② Michael Ewens & Joan Farre-Mensa, *The Deregulation of the Private Equity Markets and the Decline in IPOs*, Nat'l Bureau of Econ. Research, Working Paper No. 26317, Sept. 2019.

③ Howard M. Friedman, *On Being Rich, Accredited, and Undiversified: The Lacunae in Contemporary Securities Regulation*, 47 OKLA. L. REV. 291 (1994), pp. 299 – 300.

④ Section IV. B of the Report on the Review of the Definition of "Accredited Investor" (Dec. 18, 2015).

⑤ So-Yeon Lee, *Why the Accredited Investor Standard Fails the Average Investor*, 31 Rev. Banking & Fin. L. 987 (2012), pp. 992 – 995.

足财富标准，其设定的阈值对投资者的保护将随之减弱。[①] 另一方面，通货减缩会减少参与私募市场的投资者，投资者之间的竞争减弱，发行人需要付出更高的成本来满足融资需求，这对于处于高速增长阶段、有较多资金需求的公司而言，更为不利。2008 年国际金融危机后，美国国会便对获许投资者标准的合理性和适应性问题作出回应，于《多德—弗兰克法案》413（b）（2）（A）要求 SEC 每四年审查一次与自然人有关的获许投资者条款，以确定是否需要对其进行调整和修改。

（四）关于财富标准的替代性方案

从美国实践看，财富标准是唯一可被广泛适用的标准，[②] 三个标准中，只有其最客观且易于操作，其地位至今不可动摇。但是，财富标准的缺陷也很明显：其一是按照该标准并不能准确筛选出无需证券法注册程序保护的投资者；其二是该标准不能及时应对社会变化；其三是该标准本身的指标不尽合理。

1. 关于废除或补充财富标准的方案。对于财富标准的诸多问题，有比较激进的学者主张废除财富标准——财富标准是次好的方案，那么倘若能有一个理论上没有缺陷，同时又足够客观从而可以普遍适用的标准，那么便可以用之替代财富标准。此类学者通常强调金融知识的重要性，[③] 并建议对投资者进行分类。关于分类标准，有不同观点，比如，有建议考虑投资者的金融知识水平和获取信息的能力，[④] 也有建议基于有关投资者对金融和商业活动的敏感度、特定投资行为等方面的综合考察进行分类。[⑤] 这一方案会带来监管成本的增加，此外，还存在具有金融知识是否就意味着有自我保护能力的问题——极端假设，若以是否通过相关考试为标准，对于一个金融系大学生而言，通过考试并不困难，但在其无固定工资收入的情况下，显然不具有风险承受能力。如此，不考虑投资者财富状况仅考察其金融知识看起来同样不合理。

另有一些学者认为应调整监管制度，要求所有投资者都通过已注册的交易商和经纪商，或者投资顾问进行交易。[⑥] 这种方案发挥了已注册机构的看门人作用，但相应地，会出现过多的私人监管者。此外，该方案还会增加这些已注册机构的合规成本。这一方案需要进一步考虑的问题

---

① Proposed rule, Release Nos. 33 – 10734（Dec. 18, 2019）［17 CFR PARTS 230 and 240（Dec. 18, 2019）］.

② 参见彭冰：《投资型众筹的法律逻辑》，北京大学出版社 2017 年版，第 311 页。

③ Wallis K. Finger, *Unsophisticated Wealth: Reconsidering the SEC's Accredited Investor Definition under the 1933 Act*, 86 Wash. U. L. Rev. 733 (2009), p. 749.

④ Stephen Choi, *Regulating Investors Not Issuers: A Market – Based Proposal*, 88 CAL. L. REV. 279 (2000), pp. 280 – 301.

⑤ C. Edward Fletcher III, *Sophisticated Investors Under the Federal Securities Laws*, DUKE L. J. 1081 (1988), pp. 1149 – 1153.

⑥ Thomas M. Selman, *Protecting Retail Investors: A New Exemption for Private Securities Offerings*, 14 Va. L. & Bus. Rev. 41 (2020), pp. 41 – 63.

还有很多，比如，这些看门人有多大的权限，其按照什么标准对投资者进行管理，其对于投资者的委托需履行多大程度的注意义务，是否需要对这些投资者进行额外保护等。

2. 关于改进财富标准及其具体指标的方案。相较于废除财富标准，更多学者认可财富标准的作用并主张辅之以其他标准或手段。就财富标准纳入了实际上不具有必要风险负担能力的投资者这一问题来看，设定投资限额可作为解决方案之一。[①] 但是，某种程度上讲，对投资者的潜在风险设置监管限制的同时，也限制了投资者的潜在收益。就识别遗漏问题来看，可以通过增加其他标准来解决。美国 SEC 在关于获许投资者定义的最新修订中增加获许投资者类别的做法即是这一方案的体现。此外，还有学者提出，可分别面向符合标准的投资者和不符合标准的投资者开放资格考试，以更准确地评估投资者的自我保护能力。[②] 这种二次筛选最大的问题是成本问题和管理问题。

对于财富标准对社会变化的适应性问题，比较受关注的替代性方案有以下几种：（1）定期对财富标准进行审查；（2）将具体数额改为比例；（3）建立与通货膨胀或通货紧缩相关的计算公式。美国采取的应对方式是方案一，此方案的优势在于可更灵活且准确应对社会变化。当然，灵活性伴随着不稳定性，且周期性审查将产生立法成本。方案二能保证法律的稳定性，但有研究表明，比例法会减少获许投资者的数量，并可能增加验证获许投资者资格及其参与发售资格相关的成本。[③] 方案三既能节省周期性审查带来的成本，又不需要频繁修改法律，但存在难以确定合理的计算方式这一技术性问题。

就财富标准指标的合理性问题来看，美国 SEC 曾考虑以最低认购额代替目前适用的总收入和净资产指标。此外，另有观点提出以可支配收入作为指标。[④] 二者具有共同的合理性来源，即新指标更能反映投资人的真实财务状况。但由于杠杆的普遍存在，最低认购额在反映风险承受能力方面也有缺陷。可支配收入指标则有认定困难的问题。

从美国获许投资者定义的最新修订看，美国立法上的倾向是扩大获许投资者定义，所采取的方案是保留财富标准并通过列举方式增加其他分类，同时通过四年一次的审查来避免标准滞后于社会发展。具体而言：（1）增加新类别，允许持有专业证书、具有专业职称或持有由美国证券交易委员会所认可机构签发的其他证书的自然人成为获许投资者；（2）就私募基金而言，

---

[①] 这里不考虑限额过低的情况。若所设置的投资限额过低，意味着投资者对损失的敏感性低，如此，公众都有风险承受能力，投资不再限于富人。但这个理论下，非公开发行类似于众筹，失去了存在的意义。

[②] Wallis K. Finger, *Unsophisticated Wealth: Reconsidering the SEC's Accredited Investor Definition under the 1933 Act*, 86 Wash. U. L. Rev. 733 (2009), pp. 733 – 767.

[③] Proposed rule, Release Nos. 33 – 10734 (Dec. 18, 2019) [17 CFR PARTS 230 and 240 (Dec. 18, 2019)].

[④] So – Yeon Lee, *Why the Accredited Investor Standard Fails the Average Investor*, 31 Rev. Banking & Fin. L. 987 (2012), p. 1011.

《投资公司法》下发行人的"知识型雇员"（knowledgeable employees）为获许投资者；（3）明确拥有500万美元资产的有限责任公司可以是获许投资者，将 SEC 和州注册的投资顾问、豁免报告义务的顾问，以及农村商业投资公司（RBIC）添加到可能符合资格的实体名单中；（4）任何根据外国法设立、拥有超过500万美元符合《投资公司法》2a51－1（b）下"投资"，且非为投资所发行证券的特定目的而成立的实体为获许投资者）；（5）所管理资产超过500万美元"家族办公室"及其"家族客户"为获许投资者；（6）在定义中增加"配偶等效"（Spousal Equivalent），以便配偶双方可以集中其资金以达到获许投资者要求。

这一做法反映了便利私募发行的立法倾向。虽然 SEC 称其希望通过界定获许投资者定义识别的是金融经验和承受损失能力兼备的投资者，但如前所述，仅凭借财富标准，可能纳入那些因缺乏投资经验而无法保护自己的投资者，而从 SEC 将证书和雇员资格这两个反映投资者成熟度的客观标准作为独立标准看，立法上关注投资者成熟度的目的更多地在于扩大获许投资者范围，而非保护此类投资者，或者说，这种做法暗含着金融经验可以在一定程度上弥补风险承受能力不足的倾向。值得一提的是，从我国当前合格投资者定义中将"金融资产"单独作为财富标准的一项指标看，我国立法上似乎也是如此。[1]

（五）小结

从以上分析可以看到：（1）以人数界定特定对象有违区分公开发行和非公开发行的初衷。（2）特殊关系标准理论上可以实现制度目的，但具有模糊性，且并非经济的方案，实践中不具有普遍适用性。（3）财富标准与制度目的有出入，其改进方案也不甚完美，但其有实践意义。（4）目前无法寻得一个能够同时准确描述金融经验和风险承受能力的客观标准。

## 二、 关于制度目的和法律方案设计思路的反思

分析至此，我们陷入了一个困境：一方面，非公开发行实践要求一个客观的、具体可操作的判断规则。另一方面，自我保护能力是一个抽象的概念，是一种基于多方面考量得出的主观判断，很难仅用金融经验和/或财富来表达，更无法对其进行标准化，因而，实际上并不存在一个能够普遍适用，又能完美实现制度目的的标准。换言之，现有的制度目标所设定的要求无法通过设置某个标准直接达到，也正因为如此，相关讨论总是能找到某一标准的可攻讦之处。

在此，重新审视制度目的。非公开发行的监管逻辑是希望通过发行对象定义识别能够自我保护的投资者，但是，这些投资者是否真的能够进行自我保护？

相较于非公开发行，公开发行提供的投资者保护主要体现在：（1）保障招股说明书等注册

---

① 假定"金融资产"能够代表投资经验，"个人年收入"也可以代表风险承受能力，投资者只要择一满足"金融资产"或"个人年收入"条件即可意味着立法上并不要求投资者同时具有金融经验和风险承受能力。

文件所反映的投资标的相关信息真实、准确、完整；（2）严格的信息披露制度减少"社会和工业顽疾"。为达到类似的效果，非公开发行的参与者需要有渠道获取充分的信息，并有能力在众多信息中筛选真实有效的信息。理论上，特殊标准下的投资者具备该能力。但在此之外，在发行人不主动提供信息的情况下，那些老练的投资者即便具有敏感的信息识别能力，其同样受制于信息不充分问题，而那些空有财富基础但投资经验不足的投资者面临的境况只会更糟。

关于限制对非公开发行进行监管的另一重要理由是，私人定制（private ordering）的投资合同，以及诸如尽职调查、声誉等非正式手段（informal means）可以减少信息不对称，从而降低投资风险。[1] 然而，通常只有大型投资者具有足够的议价能力来定制投资合同或进行全面的尽职调查。并且，若大型投资者可以通过谈判获得个人利益，其对发行人所提供格式条款质量的敏感性将降低，对条款质量影响最大的边际投资者（marginal investor）反而缺乏议价能力。[2] 也就是说，非公开发行的参与者并不如我们所想象的那般具有自我保护能力。换言之，即便我们寻得了一个能够准确描述成熟投资者的标准，经由该标准筛选出来的投资者也并不总是具有自我保护能力。[3]

如此看来，在监管投资者而非发行人的逻辑下，不论如何调整特定对象的定义，其对投资者的保护始终有疏漏。通过界定特定对象来区分投资者是否需要保护的意义不如想象中那般重大。

如果转变制度目的和评价标准，前文所述的诸多问题可能不再那么令人难以接受。总的来说，各种发行制度都是在便利融资和保护投资者之间寻求平衡。从资本市场的形成和发展看，在工业化国家，私募发行、私募市场一般都是先于公开发行、公开市场出现。以美国为例，1800年费城出现美国第一家股票交易所之前，从事制造业的公司都是通过由商人阶层认购即私募来完成融资。其后30年里，美国工业也仍然主要依赖自身积累再投资，以及与企业相关的人直接投资取得发展。直到19世纪30年代铁路开发热潮兴起带来资金需求的激增，吸引公众投资的行为才大量出现。在此期间，农夫、小商人等不成熟投资者与高风险证券的错配，以及日渐严重的欺诈问题造成市场混乱，一些州发布了铁路建设证券相关规定。20世纪伊始至大萧条期间，随着一次又一次金融问题的爆发，美国证券业经历了交易所自律、"蓝天法"约束、联邦证券法诞生这样一个监管愈加严密、越来越强调投资者保护和信息披露的过程。[4] 从发行人角度看，公开

---

[1]　Darian M. Ibrahim, *Public Or Private Venture Capital*, 94 Wash. L. Rev. 1137 (2019), pp. 1161 – 1166.

[2]　William W. Clayton, *The Private Equity Negotiation Myth*, 37 Yale J. on Reg. 67 (2020), pp. 88 – 106.

[3]　有研究显示，包括金融机构、非金融机构、政府部门在内的诸多投资者的投资行为都具有处置效应，这种情况影响成熟投资者的行为。Ryan Garvey & Anthony Murphy, *Are Professional Traders Too Slow to Realize Their Losses?*, 60 FIN. ANALYST J., 35 (2004), pp. 35 – 43.

[4]　参见郭雳、郭励弘:《私募发行在美国证券市场中的地位》，载《产权导刊》2009年第8期。我国并非如此，但这是由于我国证券立法和私募实践较晚，并不影响私募存在的意义。

发行是应发行融资需求的增加而兴起的；从投资者保护角度看，公开发行是解决非公开发行投资者保护不足的方案。而在已有公开发行制度的情况下，非公开发行又是满足交易费用减少，使证券融资行为利益最大化的方案。①

正因为如此，公开发行与非公开发行在监管方面的重要差异体现在，前者通过法律制度设计强制发行人通过核准、注册等法定程序，并通过强制公开信息披露制度来尽可能消除投资者与发行人之间，以及一般投资人与机构投资者之间的信息不对称。② 公开发行监管不可避免地会带来较高的发行成本和监管成本，一方面阻碍了企业融资便利，另一方面要求持续性投入监管资源。传统上，我们将获许投资者之类的制度作为破解保护投资者投资和便利私募发行的方案：③ 一方面，具有自我保护能力的投资者可以通过向发行人要求信息披露、分析市场上的其他信息衍生新信息等自我努力的方式降低信息不对称；另一方面，在监管资源有限的情况下，将监管资源更多地向不具有自我保护能力的投资者倾斜是更有效率的。

我们在评价此类制度时总是期望能够兼顾保护投资者和便利非公开发行，但如前所述，适用这一评价标准会遇到两种价值难以权衡的困境。这时可以参考保留非公开发行融资便利优势，并以其他制度（公开发行监管）弥补非公开发行对投资者保护的不足，当需要在两个价值之间进行取舍时，将天平倾向于其中一种价值，并以其他制度来弥补另一端的缺憾。就此有两种方案：（1）以投资者保护为重点，严格限定特定对象范围。在提升融资便利方面，有两条路径，一是减少监管，二是简化注册程序和降低发行人获客成本。但如前所述，对公开发行进行监管的重要目的在于保护投资者，减少监管与该方案侧重投资者保护的逻辑相悖，因此该方案下，宜通过第二条路径提升融资便利。（2）便利非公开发行，相对宽泛地界定特定对象范围。而对于被削弱的投资者保护，则通过其他途径弥补。

关于方案一，我国的审核制改注册制在一定程度上简化了注册程序。但是，注册制并不当然意味着降低发行成本。在注册制下，中国证监会仍应保留部分实质性审核的权力，只不过发审的核心从片面关注发行人所发证券的市场前景的"商业判断"，转向发行行为本身的"合规判断"。④ 并且，注册制对发行人的信息披露提出更高的要求。而在发行人获客成本方面，正常情况下，特定对象越稀缺，获客成本越高，而通过法律限制最高价格的方式来介入市场定价缺乏合

---

① 相关经济学理论基础，参见李有星：《中国证券非公开发行融资制度研究》，浙江大学 2007 年博士学位论文。

② 参见李有星：《中国证券非公开发行融资制度研究》，浙江大学 2007 年博士学位论文。

③ 参见梁清华：《论我国合格投资者法律制度的完善——从法定条件到操作标准》，载《证券市场导报》2015 年第 2 期。

④ 参见蒋大兴：《隐退中的"权力型"证监会——注册制改革与证券监管权之重整》，载《法学评论》2014年第 2 期。

理性基础。

关于方案二，通常来说，在有限范围内做二次筛选或者对一些特别对象加以特别关注，比在茫茫大海中寻找漏网之鱼要容易。SEC 根据 2012 年 JOBS 法案，取消私募发行的公开劝诱禁止以便利私募发行，同时要求发行人采取合理步骤确认购买人资格并阻止某些"坏人"参与公开宣传的私募发行，[①] 也是这种方案的具体体现。

这种情况下，与 Ralston 案对人数标准性质的认定类似，经相关标准筛选出的投资者大多数是具有"自我保护能力"的投资者，但这种标准是用于初步筛选的标准，其本质上并非定性标准。将其视为定性标准的合理性在于，一方面，这是一个基于现实不得不作出的次好选择，因为没有一个描述性的客观标准可以作为定性标准，相关标准是经验证明比较接近定性标准的选择。另一方面，这一标准的缺陷可以借助其他途径来弥补。

总的来说，方案二的核心是在投资者保护方面做加法。该方案下，关于改进发行对象判断标准问题转变为是否可以通过其他途径加强对特定对象的保护这一问题。

### 三、对特定对象的保护方案

经前文分析，我们并不需要过分追求一个能够同时描述金融经验和风险承受能力的标准，金融经验和风险承受能力孰轻孰重也不那么重要，同时兼顾也很难做到。如果有其他途径保护某一标准不慎纳入的"不具有自我保护能力"的投资者，那么该标准可以被采用。

这个逻辑下，首先需要说明哪些投资者值得保护。我们应排除那些主观上自愿"不理性"地投资的投资者。这包括那些应当具有风险识别能力却未能识别风险，或者已经识别风险但因主观原因过度冒险使其实际上不具有风险承受能力的投资者。特定对象获得了比其他参与者更多的投资机会，若一个堪堪符合财富标准的投资者愿意以所有财富博取更高投资回报的可能，那么其应该自负风险。这种风险或投资失败是由投资者的过度冒险带来的，与公开或非公开无关，因而不在"弥补"范围之内。市场经济下，对投资者的保护应关注如何引导投资者成为能动的自我保护者，[②] 比如避免投资者遭受欺诈并尊重投资者的投资决策，而不是父爱式地限制投资决策以防止风险的发生。不过，如前所述，我们无法通过一个客观的标准来划定这个范围，在个案中进行认定更具有可行性。

在此基础上，重新审视财富标准和金融经验标准。

（一）重新审视财富标准

财富标准下，需要保护的是那些达到财富标准，但因金融经验不足，缺乏风险识别能力的投

---

① 参见彭冰：《美国私募发行中公开劝诱禁止的取消》，载《社会科学》2017 年第 4 期。
② 参见洪艳蓉：《公共管理视野下的证券投资者保护》，载《厦门大学学报（哲学社会科学版）》2015 年第 3 期。

资者。关于具体的保护方案，由于发行行为主要涉及发行人、投资者和中介机构三方，故以下从这三个方面展开。又由于非公开发行的融资便利体现在对发行人监管的谦抑，因而，给发行人施加责任应是最劣后的选项。

从投资者视角出发，对其进行保护的手段有两类，一是行政手段，二是司法手段。围绕投资者进行的行政监管主要有两个方面，一是设置门槛，二是要求投资者更加审慎、理性地投资。关于前者，特定对象便是通过设置门槛来保护投资者的做法，但是，提高或降低门槛并不能解决投资者保护不足的问题。扩大特定对象范围带来的问题是那些不应投资高风险项目的投资者进行了不适宜的投资。这一问题无法依赖投资者自己解决。关于后者，给投资者施加义务意义不大。理性投资是一个主观的概念，难以客观化。如麦道夫事件所暴露的，尽职调查也可能流于形式，并不意味着投资是理性的。而且，在"理性投资，责任自负"原则下，我们不能也做不到要求投资者确实审慎投资。若遵循这条逻辑拟订法律方案，很可能又陷入逻辑怪圈。并且，要保证投资者的投资意愿，保障其投资机会，应授予其权利而非施加义务。因此，通过加强行政监管来加强对投资者的保护不可行。

司法救济方面，由于非公开发行投资者保护的不足主要体现在信息不对称上，可以考虑在司法救济中给予投资者程序法上的优待。比如，简化知情权诉讼/仲裁的程序、调整举证责任的分配等。本文不主张在实体法上优待非公开发行投资者。主要原因在于，非公开发行的投资者承担更大风险，但拥有更高的收益可能，倘若这些总体上更富有、更有投资经验的投资者享有更多投资机会的同时却承担与其他投资者一样甚至更低的风险，显然不公平。

需要进一步说明的是，事后救济并不会有"正义迟到"的问题。对于非公开发行的投资者，我们期待其进行事前的审慎调查，其要进行理性投资，也应该在投资前充分评估投资风险。对于那些在发行时没有披露对于特定投资者而言属于决策所必需信息的项目，该投资者应该选择不予投资。外界的干预会破坏这一市场机制，我们要保护的也并非那些"懈怠"的投资者，如前文提到的，对于这类投资者的识别和救济，可以也应该留到司法裁判时进行处理。

不过，事后救济的有效性建立在投资者理性的前提上，其解决的是信息不对称的客观问题，仍然无法有效解决特定对象范围太大，纳入不具有理性决策能力的投资者的问题。经前文分析可知，这一问题无法通过投资者自身来解决。虽然这些投资者有一部分不值得保护，但我们很难在事前用一个客观的标准去衡量特定投资者是否值得保护，为避免"筛选失误"，减少事后救济的需求，也为避免"正义迟到"，可考虑引入更专业、更了解客户的中介机构。

中介机构是市场发展出的解决信息不对称问题的方案。其中，信息中介机构处理公众投资者缺乏风险分析能力的问题，金融中介机构隔断资金提供者和资金需求者，更彻底地解决融资过程中的信息不对称问题和信任问题并可实现规模化效果，节约社会资源。[①] 引入中介机构能够加强投资者保护的原因在于，对投资者而言，与发行人和所发行证券相关的信息可以依赖中介机构的专业能力去获取，其需要获取的关键信息变为与中介机构服务质量相关的信息，而获取后者比获取前者要容易，因为投资者向中介机构购买的是能力，能力可以通过既往评价（声誉）推断，而投资者希望从发行人处得到的是收益，收益面向未来，涉及财务信息、商业逻辑等专业领域，甚至没有同类产品可作比较，较难预测。此外，中介机构的介入，特别是自我保护能力弱的投资者经由金融机构进行投资，在一定程度上能够通过规模效应增加投资者的谈判地位，促使发行人自发降低投资者的风险。[②] 对中介机构而言，相较于发行人和监管机构，其在"了解客户"方面有专业优势，更有能力引导投资者投资适宜的产品；由于其赚取的服务费是向投资者推荐优质投资产品的对价，与投资者的利益具有一致性，因此，其有动力降低投资者的风险、最大化投资回报，据此提高声誉进而提高收费。可见，中介机构正适宜解决扩大特定对象范围带来的不应投资高风险项目的投资者进行了不适宜投资这一问题——可以由信息中介机构（如投资顾问）来协助识别投资者的自我保护能力，对于自我保护能力弱的投资者，要求其通过金融中介机构进行投资。

需要澄清的是，虽然按照前述逻辑，引入中介机构，特别是金融中介机构后，所有投资者都具有了"自我保护能力"，但考虑到中介机构介入交易会产生成本，本文仅主张将其作为扩大特定对象范围可能产生问题的弥补方案，并不据此否认特定对象标准乃至区分公开与非公开的意义。

关于分类方案，可参考《证券期货投资者适当性管理办法》。由于主要的特定对象标准采用的仍然是财富标准，需要被特别保护的是缺乏经验的投资者，所以，在对投资者进行分类管理时，分类的标准应以金融经验为主。比如，具有一定年限投资经历/相关工作经历的投资者，以及金融资产达到一定规模的投资者属于自我保护能力强的投资者；金融资产低于阈值，且金融资产/所认购金额低于一定比例的投资者，属于自我保护能力较弱的投资者，需要通过金融中介机构进行投资。

（二）重新审视金融经验标准

接下来以该逻辑审视金融经验标准。若如 SEC 那般，将金融经验作为独立的标准，可能"错误地"筛选出那些虽有金融经验，但相较于其投资，财富不足以承担风险的投资者。与财富标准语境下的情况类似，我们很难在事前用一个客观的标准衡量特定投资者的金融经验是否使

---

① 参见彭冰：《投资型众筹的法律逻辑》，北京大学出版社 2017 年版，第 26 - 29、42 - 45 页。
② Stephen Choi, *Regulating Investors Not Issuers: A Market - Based Proposal*, 88 CALIF. L. REV. 279（2000），pp. 290 - 295.

其足以识别特定投资的风险。因而，依旧有进行投资者分类的必要。

分类方案方面，由于"特定对象"判断标准考虑的主要是金融经验，因此，在对投资者进行分类时，分类标准应为投资者的财富。比如，年收入或总资产达到一定金额的，属于自我保护能力强的投资者；资产规模低于阈值的，属于自我保护能力较弱的投资者，对其最高投资金额和可投产品进行限制。

需要说明的是，关于中介介入，还有诸多问题亟待解决，比如，中介机构应履行多大程度的注意义务，如何界定中介机构的责任等。但本部分要讨论的是否有其他途径可以弥补非公开发行削弱的投资者保护，因此，该等问题暂不在讨论范围内。另外，由于适当性管理是现有的制度，对于相关问题，若有必要，可以基于现有框架进行调整，并非不可解决的问题。

综上所述，将财富标准和金融经验标准作为独立的特定对象判断标准所带来的"筛选失误"有其他途径可以弥补。因此，我们在评价采取何种标准时无需要求标准同时解决投资者保护和融资便利问题。

## 结论

在不强求特定对象标准既要完美保护投资者，又要完美便利融资的情况下，特殊关系标准、财富标准和金融经验标准都是可行的标准，对于因放宽标准而不慎纳入的自我保护能力较弱的投资者，可要求其通过金融中介来投资，如此，也可以将合格投资者制度和适当性管理制度衔接起来。

具体方案上，不同于目前在非上市公众公司股票发行和公司债券发行时直接将发行环节和销售环节的要求等同起来的做法，在发行时，投资者择一满足特殊关系标准、财富标准或者金融经验标准即可，但同时，投资者所凭借成为特定对象的标准不同，其开展投资行为时的要求也有不同：（1）凭借特殊关系成为特定对象的，不对其附加更多要求；（2）同时符合财富标准和金融经验的，不对其附加更多要求；（3）对于凭借财富标准成为特定对象但金融经验不足的，需要通过金融中介进行投资；（4）对于凭借金融经验成为特定对象但财富未达到一定要求的，对其投资行为进行限制，比如对最高投资金额和可投产品进行限制。此外，在司法救济程序上宜更加便利特殊对象。

这一方案与前文讨论财富标准时提到的废除财富标准转而对投资者进行分类的方案有相似之处但也有不同，最重要的区别在于，这一方案不再纠结于财富和经验哪个更适合描述自我保护能力的问题，而是寻求一个综合性的方案来实现制度目的。

# 论泄密型内幕交易规制的问题与完善

■ 朱子琳 *

**摘要：** 泄密型内幕交易是一种内幕信息从信息源向其他主体传递的行为模式。在中国法上，对泄密型内幕交易的规制主要体现为监管者对"非法获取内幕信息的人"的行政处罚；尽管可有效打击违法行为，相应规制模式仍有立法目的、构成要件与行为证明上的疑问。在应然层面，规制泄密型内幕交易是为了禁止不公平信息优势的传递；泄密型内幕交易的主体是便利他人利用不公平信息优势或获取不当信息优势且具备相应主观意图的人；在违法行为证明上，间接证据在规制泄密型内幕交易中发挥重要作用，但需明确证据要求及证明标准，避免不当扩大规制边界。

**关键词：** 泄密　内幕交易　信义义务　市场公平　信息优势　推定

对于大多数人而言，内幕交易是个看起来很遥远的话题，似乎只存在于身居各大上市公司要职的高管层之中，是资本市场大鳄们才会接触到的犯罪游戏。但实际上，对内幕交易的打击并非如此狭窄，当内幕信息从内幕信息知情人处泄露给第三方时，泄露内幕信息的人和获悉内幕信息而交易的人即有可能构成内幕交易。这种泄露内幕信息者（以下简称泄密者）向接受内幕信息者（以下简称受密者）传递内幕信息的行为模式，即为本文所探讨的泄密型内幕交易。[①]

作为内幕交易的一种特殊形态，泄密型内幕交易涉及的主体、行为和证明有一定特殊之处：在主体上，除了内幕信息知情人，还可能有其亲人、朋友等；在行为上，既有泄密者泄露内幕信息，也多有受密者利用内幕信息交易或再次泄露内幕信息；在证明方式上，泄密型内幕交易的发生往往较隐秘，可能存在证明难题。[②] 实践中，泄密型内幕交易在中国呈现高发趋势。据笔者统计，在中

---

\* 朱子琳，北京大学法学院 2020 级法学硕士研究生。

① 对于该类发生了内幕信息传递的内幕交易行为，中国法上并无专门概念，美国法称之为"insider tipping"，可译为泄密型内幕交易。考虑到下文将对比中美规则，故本文借鉴美国法的说法，称之为泄密型内幕交易。此外，也有文献称之为传递型内幕交易。See William K. S. Wang, Marc. I. Steinberg, Insider Trading, 3rd Ed., New York, Oxford University Press, 2010, p. 1. 参见郑晖：《美国泄密型内幕交易法律责任中个人利益标准研究——兼谈泄密型内幕交易罪之中美对比》，载《证券市场导报》2017 年第 6 期；蔡奕：《内幕交易的特殊行为形态分析——兼议〈证券法〉内幕交易相关规范的修订》，载《证券法苑》2011 年第 2 期。

② 参见蔡奕：《内幕交易的特殊行为形态分析——兼议〈证券法〉内幕交易相关规范的修订》，载张育军、徐明主编：《证券法苑（第五卷）》，法律出版社 2011 年版。

国证券监督管理委员会（以下简称中国证监会或证监会）在官网上公开的所有内幕交易行政处罚决定书中，泄密型内幕交易占比接近七成。[①] 因此，对泄密型内幕交易主体范围、行为条件、证明方式等的设置，既关乎理论问题的澄清，也影响到实践中对内幕交易监管边界的界定。

尽管规制意义重大，但我国对泄密型内幕交易的监管现状仍存在诸多疑问：在构成要件上，泄密者和受密者的主体范围不明确，对二者的责任认定是否要求特定主观意图值得商榷。在违法行为证明上，当前监管者主要根据行为人与内幕信息知情人的联络接触、行为人的交易异常来推定受密者违法行为存在，对受密者不断扩大规制边界的同时，对泄密者则显关注不足。相比之下，美国对泄密型内幕交易有更为丰富的判例规则和学术研究，为对比研究提供了可能。

基于以上背景，本文以中国法对泄密型内幕交易的规制为研究对象，对比美国法律规则，分析我国泄密型内幕交易规制现状、问题与可能的完善方向。

## 一、 泄密型内幕交易规制在中国的制度与实践

### （一）规范层面

规制泄密型内幕交易，在法律层面体现为现行《中华人民共和国证券法》（以下简称《证券法》）第五十三条[②]和《中华人民共和国刑法》（以下简称《刑法》）第一百八十条，[③] 这些条文都禁止内幕信息知情人和非法获取内幕信息的人在内幕信息公开前买卖该公司的证券，或者泄露该信息，或者建议他人买卖该证券。据此，我国法上的泄密型内幕交易在主体方面包括内幕信息知情人和非法获取内幕信息的人，在泄密行为方面包括泄露内幕信息和建议他人买卖证券两种情形。[④]

在司法解释及其他规范性文件层面，主要为2011年最高人民法院出台的《关于审理证券行

---

① 全部内幕交易案件共295件，其中泄密型内幕交易案件283件。前述所有案件均来源于中国证监会在其官方网站公开的2001年至今所有内幕交易行政处罚决定书，案件时间范围为2001年1月10日至2021年12月14日（最后检索日期为2022年2月2日。此处的时间是指中国证监会行政处罚的时间，而非内幕交易发生的时间）。参见中国证券监督管理委员会，资料来源：http：//www.csrc.gov.cn/pub/zjhpublic/，2022年2月2日访问。

② 《证券法》第五十三条："证券交易内幕信息的知情人和非法获取内幕信息的人，在内幕信息公开前，不得买卖该公司的证券，或者泄露该信息，或者建议他人买卖该证券。"

③ 《刑法》第一百八十条："证券、期货交易内幕信息的知情人员或者非法获取证券、期货交易内幕信息的人员，在涉及证券的发行，证券、期货交易或者其他对证券、期货交易价格有重大影响的信息尚未公开前，买入或者卖出该证券，或者从事与该内幕信息有关的期货交易，或者泄露该信息，或者明示、暗示他人从事上述交易活动，情节严重的，处五年以下有期徒刑或者拘役，并处或者单处违法所得一倍以上五倍以下罚金；情节特别严重的，处五年以上十年以下有期徒刑，并处违法所得一倍以上五倍以下罚金。"

④ 泄露和建议行为有一定差别：前者多是直接泄露信息的具体内容，后者则是建议人根据自己对内幕信息的判断，对他人的投资决策发表建议。不论是泄露还是建议行为，都存在内幕信息从一方传递到另一方的过程（建议行为可能伴随着提及内幕信息），故本文将这两者都归入本文所称"泄密"的范围内。受密者的行为除了泄密外，也包括利用内幕信息买卖证券。另参见肖伟：《论建议型内幕交易》，载《财经法学》2016年第2期。

政处罚案件证据若干问题的座谈会纪要》（以下简称《座谈会纪要》）和 2012 年最高人民法院、最高人民检察院出台的《关于办理内幕交易、泄露内幕信息刑事案件具体应用法律若干问题的解释》（法释〔2012〕6 号）（以下简称《内幕交易刑事司法解释》）。① 其中，《座谈会纪要》对受密者违法行为的证明主要根据其证券交易活动与内幕信息的吻合程度来判断，采用了推定的方法（见表 1）。②《内幕交易刑事司法解释》则主要明确了"非法获取内幕信息的人"的范围和证明方式（见表 2）。

**表 1　《座谈会纪要》对泄密型内幕交易的规定③**

| 类型 | 第一类泄密型内幕交易行为 | 第二类泄密型内幕交易行为 |
| --- | --- | --- |
| 泄密者 | 内幕信息知情人 | 内幕信息知情人或知晓该内幕信息的人 |
| 受密者 | 内幕信息知情人的配偶、父母、子女以及其他有密切关系的人 | 内幕信息公开前与泄密者联络、接触的人 |
| 行为 | 受密者的证券交易活动与内幕信息基本吻合 | 受密者的证券交易活动与内幕信息高度吻合 |

---

① 尽管该司法解释不是证监会行政执法的直接依据，但其反映了证监会部分处罚决定的观点，也在发布后被证监会在处罚中明确引用，故有必要对之予以研究。参见中国证监会行政处罚决定书（岳远斌）〔2011〕57 号，证监会在该案中明确指出："'非法获取内幕信息的人'既包括采用盗窃、窃听、黑客、贿赂等违法手段积极获取内幕信息的人，也包括并未采取违法手段、只是因'证券交易内幕信息的知情人'的泄露行为而间接获悉内幕信息，但是本身又不具有获取内幕信息的合法资格、合法理由的人。对于后一类'非法获取内幕信息的人'来说，如果获悉内幕信息后没有买卖相关证券，也没有再泄露该信息或者建议他人买卖，则不构成违法；如果获悉内幕信息后实施了买卖相关证券、再泄露该信息或者建议他人买卖 3 种行为之一，就构成了《证券法》第二百零二条规定的违法行为。"另参见中国证监会行政处罚决定书（阳雪初）〔2019〕75 号。证监会在该案中直接援引了《内幕交易刑事司法解释》作为认定内幕信息形成和非法获取内幕信息的人的依据。另参见陈洁：《内幕交易事实认定中自由裁量权的适用及其规制》，载《清华法学》2018 年第 6 期。

② 最高人民法院《关于审理证券行政处罚案件证据若干问题的座谈会纪要》一、关于证券行政处罚案件的举证问题："会议认为，监管机构根据行政诉讼法第三十二条、最高人民法院《关于行政诉讼证据若干问题的规定》第一条的规定，对作出的被诉行政处罚决定承担举证责任。人民法院在审理证券行政处罚案件时，也应当考虑到部分类型的证券违法行为的特殊性，由监管机构承担主要违法事实的证明责任，通过推定的方式适当向原告、第三人转移部分特定事实的证明责任。"

③ 最高人民法院《关于审理证券行政处罚案件证据若干问题的座谈会纪要》五、关于内幕交易行为的认定问题："会议认为，监管机构提供的证据能够证明以下情形之一，且被处罚人不能作出合理说明或者提供证据排除其存在利用内幕信息从事相关证券交易活动的，人民法院可以确认被诉处罚决定认定的内幕交易行为成立：（一）证券法第七十四条规定的证券交易内幕信息知情人，进行了与该内幕信息有关的证券交易活动；（二）证券法第七十四条规定的内幕信息知情人的配偶、父母、子女以及其他有密切关系的人，其证券交易活动与该内幕信息基本吻合；（三）因履行工作职责知悉上述内幕信息并进行了与该信息有关的证券交易活动；（四）非法获取内幕信息，并进行了与该内幕信息有关的证券交易活动；（五）内幕信息公开前与内幕信息知情人或知晓该内幕信息的人联络、接触，其证券交易活动与内幕信息高度吻合。"

表2　《内幕交易刑事司法解释》对泄密型内幕交易的规定①

| 类型 | 第一类非法获取行为 | 第二类非法获取行为 | 第三类非法获取行为 |
|---|---|---|---|
| 泄密者 | 未明确（理论上看，包括所有知悉内幕信息的人） | 内幕信息知情人 | 内幕信息知情人 |
| 受密者 | 利用非法手段获取内幕信息的人 | 内幕信息知情人员的近亲属或者其他与内幕信息知情人员关系密切的人员 | 主动与内幕信息知情人员联络、接触的人员 |
| 行为 | 利用窃取、骗取、套取、窃听、利诱、刺探或私下交易等手段获取内幕信息 | 在内幕信息敏感期内，从事或者明示、暗示他人从事，或者泄露内幕信息导致他人从事与该内幕信息有关的证券、期货交易，相关交易行为明显异常，且无正当理由或者正当信息来源 | 在内幕信息敏感期内与内幕信息知情人员联络、接触，从事或者明示、暗示他人从事，或者泄露内幕信息导致他人从事与该内幕信息有关的证券、期货交易，相关交易行为明显异常，且无正当理由或者正当信息来源 |

值得关注的是，2019 年修订的《证券法》扩大了内幕信息知情人的范围，② 一定程度上避免了部分泄密型内幕交易的认定难题，体现出立法者强化内幕交易打击力度的态度。③ 这一倾向在实践中同样得以体现。

---

① 最高人民法院、最高人民检察院《关于办理内幕交易、泄露内幕信息刑事案件具体应用法律若干问题的解释》（法释〔2012〕6 号）第二条："有下列行为的人员应当认定为刑法第一百八十条第一款规定的'非法获取证券、期货交易内幕信息的人员'：（一）利用窃取、骗取、套取、窃听、利诱、刺探或者私下交易等手段获取内幕信息的；（二）内幕信息知情人员的近亲属或者其他与内幕信息知情人员关系密切的人员，在内幕信息敏感期内，从事或者明示、暗示他人从事，或者泄露内幕信息导致他人从事与该内幕信息有关的证券、期货交易，相关交易行为明显异常，且无正当理由或者正当信息来源的；（三）在内幕信息敏感期内，与内幕信息知情人员联络、接触，从事或者明示、暗示他人从事，或者泄露内幕信息导致他人从事与该内幕信息有关的证券、期货交易，相关交易行为明显异常，且无正当理由或者正当信息来源的。"

② 《证券法》（2019 年修订）第五十一条　证券交易内幕信息的知情人包括：（一）发行人及其董事、监事、高级管理人员；（二）持有公司百分之五以上股份的股东及其董事、监事、高级管理人员，公司的实际控制人及其董事、监事、高级管理人员；（三）发行人控股或者实际控制的公司及其董事、监事、高级管理人员；（四）由于所任公司职务或者因与公司业务往来可以获取公司有关内幕信息的人员；（五）上市公司收购人或者重大资产交易方及其控股股东、实际控制人、董事、监事和高级管理人员；（六）因职务、工作可以获取内幕信息的证券交易场所、证券公司、证券登记结算机构、证券服务机构的有关人员；（七）因职责、工作可以获取内幕信息的证券监督管理机构工作人员；（八）因法定职责对证券的发行、交易或者对上市公司及其收购、重大资产交易进行管理可以获取内幕信息的有关主管部门、监管机构的工作人员；（九）国务院证券监督管理机构规定的可以获取内幕信息的其他人员。

③ 此后，《关于上市公司内幕信息知情人登记管理制度的规定》（中国证券监督管理委员会公告〔2021〕5 号）也在操作层面加强了对内幕信息知情人信息登记的管理。

（二）实践层面

实践中，打击内幕交易的重要力量来自中国证监会的行政处罚。① 本文以中国证监会在其官方网站公开的所有内幕交易案件为基础，② 从中筛选出泄密型内幕交易案件 283 件进行研究。③ 以下分别从与泄密者、受密者相关的执法活动，以及违法行为的证明三个方面来讨论。

1. 与泄密者相关的执法活动。

（1）主体范围。从主体范围来看，受到处罚的泄密者多为内幕信息知情人，也包括从内幕信息知情人那里知悉内幕信息后又再次泄露信息的人。另一种情况是，内幕信息经一个信息源泄密后，受密者连续向下一层级的受密者传递，这种情形以下简称内幕信息多次泄露。④ 对于在信息传递中从前手泄密者处获悉内幕信息后再次泄密的人，本文称为转泄密者。对于泄密链上最后的受密者，本文称为远距离受密者。⑤

在统计案例中，共 28 件涉及内幕信息多次泄露，转泄密者多为内幕信息知情人的亲属。例如，在况勇、张蜀渝、徐琴案（以下简称况勇案）中，⑥ 况勇为内幕信息知情人，张蜀渝为其妻子，徐琴为张蜀渝的外甥女。原始泄密者况勇和转泄密者张蜀渝都因泄露内幕信息受到处罚，张蜀渝的行为还被认定构成建议他人买卖证券。⑦

（2）行为要件。在行为要件上，除泄露内幕信息或建议买卖证券外，证监会还曾在一些案件中讨论过泄密者违法行为的主观条件，但其采取的标准并不一致。

---

① 参见彭冰：《内幕交易行政处罚案例初步研究》，载张育军、徐明主编：《证券法苑（第三卷）》，法律出版社 2010 年版。

② 参见中国证券监督管理委员会，资料来源：http://www.csrc.gov.cn/pub/zjhpublic/，2022 年 2 月 2 日访问。此处的时间是指中国证监会行政处罚的时间，而非内幕交易发生的时间。根据证监会在该网站公布的信息，案件时间范围为 2001 年 1 月 10 日至 2021 年 12 月 14 日，最后检索日期 2022 年 2 月 2 日。

③ 其中 2009 年 1 件、2010 年 3 件、2011 年 1 件、2012 年 5 件、2013 年 23 件、2014 年 31 件、2015 年 17 件、2016 年 43 件、2017 年 22 件、2018 年 32 件、2019 年 47 件、2020 年 37 件、2021 年 21 件。在统计标准上，本文主要以证监会的处罚决定书为基础计算。个别案件中单一泄密者和单一受密者被分开处罚，本文将之合并计算为一个案件，如 2018 年的许海霞、严谨案。此外，2016 年张智军内幕交易案和苏嘉鸿内幕交易案虽已分别被证监会和法院撤销，但对本文研究有重要意义，故计算时也予以纳入。

④ 参见蔡奕：《内幕交易的特殊行为形态分析——兼议〈证券法〉内幕交易相关规范的修订》，载张育军、徐明主编：《证券法苑（第三卷）》，法律出版社 2010 年版。

⑤ See William K. S. Wang, Marc. I. Steinberg, Insider Trading, 3rd Ed., New York, Oxford University Press, 2010, p. 407.

⑥ 参见中国证监会行政处罚决定书（况勇、张蜀渝、徐琴）〔2010〕32 号。本案中，内幕信息知情人况勇在家中通过电话和人沟通过内幕信息有关的内容。况勇没有主动向其妻子张蜀渝说过具体细节，但张蜀渝根据其听到打电话的内容和况勇出差的地点，大致了解内幕信息涉及的重组事宜。之后，况勇的外甥女徐琴让张蜀渝推荐股票，张蜀渝就推荐了包括案涉股票在内的几只股票，并告诉徐琴有重组可能。

⑦ 参见中国证监会行政处罚决定书（况勇、张蜀渝、徐琴）〔2010〕32 号。

在况勇案中，证监会处罚了过失泄密者。况勇案中，① 证监会认为，况勇作为内幕信息知情人，应承担高度谨慎和注意义务，并做好内幕信息的保密和管理，但是况勇并没有采取必要的保密措施，导致内幕信息被泄露给其配偶，应受到处罚。② 可见，内幕信息知情人应当尽到比一般注意义务更为谨慎的义务，即使其没有泄密故意，若其不够谨慎让别人知悉内幕信息，也可能承担责任。

但在阳雪初案中，③ 证监会并未因不够谨慎而对泄密者进行处罚，而是强调其没有主观故意，故免予处罚。该案中实际交易人阳雪初在内幕信息公开前曾与内幕信息知情人李某杰频繁沟通联络，并曾询问相关上市公司近期的并购举措、相关募资及公司债的用途。在发现有大量账户购入涉案股票后，李某杰"很生气"，再也没跟阳雪初联系过。证监会此时使用了主观故意作为标准：因根据案件情况可以推断出"李某杰未有泄露内幕信息的主观故意"，故未处罚李某杰。

（3）内幕信息多次泄露时对转泄密者的处罚。在内幕信息多次泄露时，是否处罚转泄密者，实践中做法也不一致。在况勇案中，转泄密者张蜀渝受到了处罚。但在案情相近的曹冬芳案中，④ 证监会则作出了相反认定，跳过了转泄密者曹某梅、董某，只处罚了交易者曹冬芳。⑤

2. 与受密者有关的执法活动。

（1）主体范围。从主体范围来看，受处罚的受密者范围广泛，从内幕信息知情人的配偶、亲属等，逐步扩大到知情人的同学、上司或下属。⑥ 其范围与《座谈会纪要》《内幕交易刑事司法解释》中规定的内幕信息知情人的近亲属，或内幕信息敏感期内与内幕信息知情人有联络接触的人基本一致。

（2）行为要件。除实际交易行为外，在多个案件中，受密者对内幕信息的知悉是认定其违法行为成立的重要条件。例如况勇案中，⑦ 证监会在论述况勇、张蜀渝、徐琴的违法行为时，都将"知悉内幕信息"作为原《证券法》第二百零二条内幕交易法律责任的基础。⑧

① 参见中国证监会行政处罚决定书（况勇、张蜀渝、徐琴）〔2010〕32 号。

② 参见中国证监会行政处罚决定书（况勇、张蜀渝、徐琴）〔2010〕32 号。

③ 参见中国证监会行政处罚决定书（阳雪初）〔2019〕75 号。

④ 参见中国证监会行政处罚决定书（曹冬芳）〔2019〕26 号。该案中，内幕信息知情人伍某向曾在家中、微信上与其配偶曹某梅讨论与内幕信息有关的资产重组事宜，此后，曹某梅向其妹妹曹冬芳的配偶董某建议买入相关股票，曹冬芳随后借用他人账户买入了该股票。尽管转泄密者曹某梅、董某都有泄密的情节，但证监会只处罚了交易者曹冬芳。

⑤ 参见中国证监会行政处罚决定书（曹冬芳）〔2019〕26 号。

⑥ 参见吕成龙：《谁在偷偷地看牌？——中国证监会内幕交易执法的窘境与规范探讨》，载《清华法学》2017 年第 4 期。相关案件参见中国证监会行政处罚决定书（王智元）〔2016〕18 号；中国证监会行政处罚决定书（吴伟、谢霞琴）〔2013〕72 号；中国证监会行政处罚决定书（上海金瑞达资产管理股份有限公司、王敏文、刘晓霖）〔2013〕16 号。

⑦ 参见中国证监会行政处罚决定书（况勇、张蜀渝、徐琴）〔2010〕32 号。

⑧ 此处的原《证券法》是相对现行《证券法》（2019 年修订）而言，对应现行《证券法》第一百九十一条。

在个别案件中，受密者是偶然知悉内幕信息，也被认定为内幕交易。在李彩霞案中，[①] 受密者李彩霞到内幕信息知情人付某朝处做账时，偶然听到付某朝与朋友和同事谈到内幕信息相关的重大资产重组事项，也看到公司人员在那段时间忙于相关工商注册事宜。李彩霞抗辩称，自己只是偶然听见信息，但证监会认为，上述信息已经构成了内幕信息核心内容，仍追究了李彩霞的责任。不过，如果受密者是根据他人买卖证券的建议而从事相应交易活动，其并非都会被处罚。例如在吴学军案中，[②] 吴学军从内幕信息知情人单某、朱某见面联系，获知了内幕信息。此后吴学军还建议刁某、秦某、史某福买入案涉股票，刁某等人也的确进行了股票交易，但最终仅吴学军因其自己内幕交易和建议他人买卖证券的行为而受到处罚，刁某等人的行为则并未被处理。与之相比，在况勇案[③]和曹冬芳案[④]中，同样接受建议并买卖证券的徐琴和曹冬芳则受到了处罚。

（3）内幕信息多次泄露时对远距离受密者的处罚。当内幕信息多次泄露时，实际交易的远距离受密者多会被认定为内幕交易并受到处罚，例如况勇案和曹冬芳案。

3. 间接证据对违法行为的证明。

（1）受密者责任认定中的间接证据。泄密型内幕交易的发生往往较为隐秘，在没有直接证据表明泄密存在的情况下，间接证据发挥着重要作用，本文统计的283个案例中，有198个案例都是通过间接证据来认定受密者的责任，占比达到三分之二。若有证据表明行为人与内幕信息知情人有某种密切关系或双方在内幕信息敏感期内有联络、接触，行为人存在明显异常的交易行为（以下简称"某种密切关系/敏感期内联络、接触＋交易异常"），并且行为人不能提出合理解释，证监会就会认定违法行为存在。例如，在李健铭案中，[⑤] 证监会就列举了三个事实来证明被处罚者李健铭的违法行为：李健铭与内幕信息知情人李某平的联络情况，李健铭的交易情况，李健铭的交易明显异常。

此外，如果实际交易者与内幕信息知情人之间没有直接的联系，但双方都与某个特定主体有过接触，交易者也有可能受到处罚。在张琴案中，[⑥] 被处罚人张琴与内幕信息知情人王某仓之间并无直接联络接触，但两人都与袁某超有联络。证监会根据三者间的联络以及张琴的交易时间，认定张琴有内幕交易行为。

（2）泄密者责任认定中的间接证据。尽管间接证据在受密者责任认定中发挥着重要作用，

---

① 参见中国证监会行政处罚决定书（李彩霞）〔2016〕27号。
② 参见中国证监会行政处罚决定书（吴学军）〔2019〕11号。
③ 参见中国证监会行政处罚决定书（况勇、张蜀渝、徐琴）〔2010〕32号。
④ 参见中国证监会行政处罚决定书（曹冬芳）〔2019〕26号。
⑤ 参见中国证监会行政处罚决定书（李健铭）〔2019〕47号。
⑥ 参见中国证监会行政处罚决定书（张琴）〔2016〕67号。该案中，张琴与袁某超关系密切，而袁某超在内幕信息敏感期内与知情人王某仓有通信联系，并且张琴交易股票的时间与其和袁某超联络接触的时间相互吻合。

但在对泄密者责任认定中却并非如此，在缺乏直接证据表明泄密时，交易者对应的信息来源很少受到处罚。在283起泄密型内幕交易案件中，无直接证据表明泄密而泄密者被追究责任的仅有13件。在王驾宇案中，[①] 王驾宇存在异常交易行为，与其有过联系的内幕信息知情人郭某在接受调查时和听证环节就双方的通话内容作出了前后矛盾的回答。证监会据此认为王驾宇提出的理由不足以解释其交易的异常性，其行为构成内幕交易，但却未追究郭某的责任。

（3）间接证据认定模式中的问题。证监会在适用"某种密切关系/敏感期内联络、接触 + 交易异常"的认定模式过程中，也出现了程序合法性问题。苏嘉鸿案即为一例。该案中，北京市高级人民法院在二审中认为行政处罚存在若干问题，[②] 包括未穷尽所有调查手段联系到与案件事实认定密切相关的殷卫国本人，所认定的事实没有达到推定中基础事实的证明标准，[③] 没有充分保证苏嘉鸿的质证和陈述申辩权利等。据此，北京高院撤销了对苏嘉鸿的行政处罚决定和行政复议决定。此外，在周德奋案[④]和张海光案[⑤]中，相关行政处罚也分别因为剥夺被处罚人陈述申辩权利，未按规定进行质证等程序合法性问题，被法院判定为违法。

## 二、 泄密型内幕交易规制中的问题

分析现有规则和实践，可以发现泄密型内幕交易的规制面临诸多问题：首先，泄密型内幕交易的立法目的不明确；其次，受到规制的泄密者和受密者的主体范围、行为要件不清晰；最后，违法行为证明方式的正当性和适用标准也存在疑问。

（一）立法目的疑问：信义义务还是市场公平？

借助"某种密切关系/敏感期内联络、接触 + 交易异常"的认定模式，对受密者的执法边界不断扩大，这很大程度上超越了现行法的规制范围，将内幕交易执法从特定身份人扩展到知悉并利用内幕信息交易的所有人，产生了立法目的上的疑问。

对于内幕交易的立法基础，理论上大致可分为信义义务说和市场公平说两种观点。[⑥] 其中，

---

① 参见中国证监会行政处罚决定书（王驾宇）〔2019〕77号。
② 参见苏嘉鸿与中国证券监督管理委员会二审行政判决书，北京市高级人民法院（2018）京行终445号。
③ 苏嘉鸿交易与内幕信息的形成过程"较为吻合"而非"高度吻合"。
④ 参见周德奋与证监会其他一审行政判决书，北京市第一中级人民法院（2019）京01行初1120号。
⑤ 参见张海光与中国证券监督管理委员会二审行政判决书，北京市高级人民法院（2017）京行终2185号。
⑥ 参见傅穹、曹理：《内幕交易规制的立法体系进路：域外比较与中国选择》，载《环球法律评论》2011年第5期。需要说明的是，学者们对市场公平说的表述有一定差别，其他指称包括市场进路、信息平等理论等，但相关理论的基本内涵都是相同的，即着眼于内幕交易行为对市场公平的损害，而非特殊身份者信义义务的违反。参见彭冰：《内幕交易行政处罚案例初步研究》，载张育军、徐明主编：《证券法苑（第三卷）》，法律出版社2010年版；夏中宝：《从"身份中心主义"到"信息中心主义"——内幕交易主体法律规制之变迁》，载《金融服务法评论》2014年第1期。

前者主要被美国所采用，后者则被欧盟所推崇。根据信义义务说，董事高管等公司内部人对公司股东负有信义义务，因此不得利用凭借其地位获得、交易相对方并不知晓的重大信息，[①] 否则构成内幕交易。[②] 根据市场公平说，内幕交易的违法性来自其对市场公平的损害，而不局限于信义义务的违反。[③]

立法目的的判断将影响到如何处罚泄密型内幕交易行为。如采信义义务说，内幕交易的主体就要限定在负有信义义务的人的范围内，责任认定有主观条件限制。如采纳市场公平说，内幕交易的主体就无需具有特殊身份，主观状态也多不被考虑。

中国法上，《证券法》第五十一条列举了证券交易的内幕信息知情人，主要是基于特定身份、职务关系、与公司业务往来等可以合法知悉内幕信息的人，但并未涵盖所有可能合法知悉内幕信息者——比如那些通过自己的研究而获得内幕信息的人就未被包括在内。[④] 可见，《证券法》并不认为所有知悉内幕信息者都不得利用该信息交易，而是认为特定主体才应承担该义务，与信义义务说近似。[⑤]

但是，规范发展和实践又呈现出对信义义务说的偏离。一方面，《证券法》在 2019 年修订后扩大了内幕信息知情人的主体范围，纳入标准主要是相关主体知悉内幕信息的客观可能性，而非信义义务的要求。另一方面，实践中行政处罚并未明确对主观状态予以论述，而主要依据"某种密切关系/敏感期内联络、接触 + 交易异常"的基础事实，以知悉内幕信息为基础来认定内幕交易行为，向市场公平说延展。但是，对泄密者的处罚差异又与市场公平说的理念相悖。因而，有必要首先厘清规制泄密型内幕交易的立法目的，才能在此基础上探讨具体的规制规则。

（二）泄密者违法行为的认定

现有规则和实践中，对泄密者的违法行为认定关注并不充分，存在两个方面问题：一是在违法行为的构成要件层面，泄密行为的主观条件与立法目的相互关联。信义义务说下，泄密者的责任成立除了要有泄密行为外，还可能有主观状态的要求。[⑥] 在市场公平说下，不论泄密者出于何

---

① 参见杨亮：《内幕交易论》，北京大学出版社 2001 年版，第 134 页。

② See Dirks v. SEC, 463 U. S. 646, at 655. 参见曾洋：《证券内幕交易主体识别的理论基础及逻辑展开》，载《中国法学》2014 年第 2 期。

③ 参见傅穹、曹理：《内幕交易规制的立法体系进路：域外比较与中国选择》，载《环球法律评论》2011 年第 5 期。

④ 参见彭冰：《内幕交易行政处罚案例初步研究》，载张育军、徐明主编：《证券法苑（第三卷）》，法律出版社 2010 年版。

⑤ 参见吕成龙：《谁在偷偷地看牌？——中国证监会内幕交易执法的窘境与规范检讨》，载《清华法学》2017 年第 4 期。

⑥ See Dirks v. SEC, 463 U. S. 646, at 662. 参见杨亮：《内幕交易论》，北京大学出版社 2001 年版，第147 - 148 页。

种原因泄密，只要其泄露了信息，就有可能承担责任。二是当内幕信息多次泄露时，由于可能存在信息失真，各层级泄密者也可能未能充分预见到后续的信息泄露，有必要明确泄密者责任的判断标准。

（三）受密者违法行为的认定

对受密者而言，当前的执法对其打击面较大，基本以受密者知悉内幕信息作为其违法行为的标准，但对于其违法行为中的知悉要件如何理解仍有讨论空间。信义义务理论下，泄密者的违法行为成立需要其知悉内幕信息为泄密者违反信义义务所泄露。而市场公平理论下，知悉内幕信息即为不得利用内幕信息的前提。① 并且，偶然知悉内幕信息的人是否应受到处罚，内幕信息多次泄露时远距离受密者的违法行为该如何判断等问题也值得进一步讨论。

（四）使用间接证据证明违法行为的问题

泄密型内幕交易的发生往往较为隐秘，如何证明违法行为的存在是监管者面临的重要问题。现行法规定了借助联络接触、交易异常等间接证据来认定泄密型内幕交易的模式，这一认定方法在发挥重要作用的同时也存在不少疑问：

首先，对于受密者，现有"某种密切关系/敏感期内联络、接触 + 交易异常"的认定模式侧重于获取信息的客观表现，可能扩大规制边界。并且，该模式体现出推定的特点，而推定是根据基础事实直接认定推定事实的过程，② 一定程度上降低了证明的难度，对被处罚者可能不利，③ 其适用合理性和具体标准也值得讨论。

其次，上述规则侧重于"非法获取内幕信息"的认定，但对泄密者的违法行为则欠缺充分考量。既然有非法获取内幕信息，就说明有泄密行为存在，泄密者不应完全不受到任何处罚。值得注意的是，少数案件通过间接证据认定了泄密者的责任，例如李军、刘帆案；④ 还在部分案件

---

① 参见傅穹、曹理：《内幕交易规制的立法体系进路：域外比较与中国选择》，载《环球法律评论》2011 年第 5 期。

② 参见张子学：《浅析"知悉"内幕信息的证明》，载张育军、徐明主编：《证券法苑（第四卷）》，法律出版社 2011 年版；樊崇义、史立梅：《推定与刑事证明关系之分析》，载《法学》2008 年第 8 期。

③ 参见樊崇义、史立梅：《推定与刑事证明关系之分析》，载《法学》2008 年第 7 期；龙宗智：《推定的界限及适用》，载《法学研究》2008 年第 1 期。

④ 参见中国证监会行政处罚决定书（李军、刘帆）〔2019〕89 号。该案中，李军是内幕信息知情人刘帆的舅舅。在其家庭微信群中，李军及其配偶多次以"鸟""鸟儿"等为代号讨论案涉股票太阳鸟及其涨跌情况，并在太阳鸟股价下跌时抱怨刘帆"嘴上无毛，办事不牢"，还三次提到删除相关聊天内容。根据上述事实以及刘帆与李军一家的联络接触、相关交易异常情况，证监会认为"现有证据能够形成完整证据链，证明刘帆向李军泄露内幕信息"，并追究了刘帆泄露内幕信息的责任。

通过资金来源认定泄密者参与内幕交易，例如张庆华、周永发案。① 由此来看，监管对泄密者并非不愿处罚，而是缺乏依据支持其处罚。更进一步地，对于泄密者的责任能否推定、推定具体条件如何设置，也是值得考虑的问题。

最后，苏嘉鸿案暴露出行政执法认定泄密型内幕交易行为存在的程序瑕疵，包括调查取证不规范、未保障当事人的合法权益等，还需明确如何有效约束监管者在规制泄密型内幕交易中的行权。

综上所述，我国当前的泄密型内幕交易的规制在立法目的、泄密者和受密者违法行为的认定，以及证明规则等方面均存在疑问。下文第三至第六部分将分别对上述问题进行分析。

### 三、 规制泄密型内幕交易的立法目的： 禁止不公平信息优势的传递

对于为什么要规制泄密型内幕交易，市场公平说和信义义务说各有优劣，追求绝对信息公平范围太宽，而仅基于信义义务范围又太窄。本文认为，规制泄密型内幕交易是为了禁止不公平信息优势的传递，即因身份便利等原因而合法获得的内幕信息，或者采用非法手段获取的信息。这种信息优势不能被泄密者有意传递给他人，也不应被受密者采用刺探等不当方式主动获取或私自利用。

（一）中美对泄密型内幕交易的规制目的

中国法上，如前所述，对于为何处罚内幕交易，证监会在实践中坚持了市场公平说，超出了《证券法》中体现出的特定主体范围。

美国法上，对内幕交易的规制依据来源于美国《1934 年证券交易法》第 10（b）节②和美国证券交易委员会（Securities and Exchange Commission，SEC）制定的 10b - 5 规则③（以下合称反

---

① 参见中国证监会行政处罚决定书（张庆华、周永发）〔2020〕111 号。该案中，张庆华是内幕信息知情人，周永发在内幕信息敏感期内与张庆华联系密切。张庆华投资运营湖南珂信后，向周永发借款 3000 万元，此后，张庆华将上市公司股票质押融资了 3000 万元，并在内幕信息敏感期内通过湖南珂信将 3000 万元还款给周永发，周永发随后用该笔资金买入上市公司股票。根据双方上述资金往来及联络、接触情况，证监会认定两人共同控制和使用涉案账户，均构成内幕交易。但是，证监会未单独追究张庆华泄露内幕信息的责任。

② See Section 10 REGULATION OF THE USE OF MANIPULATIVE AND DECEPTIVE DEVICES： "It shall be unlawful for any person, directly or indirectly, by the use of any means or instrumentality of interstate commerce or of the mails, or of any facility of any national securities exchange—⋯ （b）To use or employ, in connection with the purchase or sale of any security ⋯ any manipulative or deceptive device or contrivance in contravention of such rules and regulations as the Commission may prescribe as necessary or appropriate in the public interest or for the protection of investors. "

③ See SEC § 240. 10b - 5 Employment of manipulative and deceptive devices： "It shall be unlawful for any person, directly or indirectly, by the use of any means or instrumentality of interstate commerce, or of the mails or of any facility of any national securities exchange, （a）To employ any device, scheme, or artifice to defraud, （b）To make any untrue statement of a material fact or to omit to state a material fact necessary in order to make the statements made, in the light of the circumstances under which they were made, not misleading, or （c）To engage in any act, practice, or course of business which operates or would operate as a fraud or deceit upon any person, in connection with the purchase or sale of any security. "

欺诈条款），这两条规则都禁止任何人在从事证券买卖有关的活动中进行欺诈。① 在上述条款下，美国在司法实践中逐渐确立了以信义义务为基础的规制体系，并先后发展出不同理论。这些理论都涉及泄密行为，下文分别介绍。

首先是以禁止违反信义义务为核心的古典理论（classical theory）。该理论最早于 1980 年在美国联邦最高法院判决的 Chiarella v. United States 案中确立，并作为美国处罚内幕交易的理论基础沿用至今。该案前，SEC 曾在 1961 年的 Cady Roberts & Co. 案中提出"披露或弃绝交易"规则：特定义务人若在证券交易中持有重大信息交易而不披露，将会因违反 10b-5 规则构成欺诈。Chiarella 案进一步提出，披露或弃绝交易义务产生于当事人之间的特殊关系：信义关系或者其他类似的信赖或保密关系。若无特殊关系，行为人利用内幕信息的行为即便不当，也不属于反欺诈条款的规制范围。②

其次是以禁止通过泄密违反信义义务为核心的信息泄露理论。该理论确立于 1983 年的 Dirks v. SEC 案中，实为古典理论被适用于泄密情形。③ 美国联邦最高法院在该案的判决中再次重申信义义务理论，④ 认为只有当受密者明知泄密者不当泄密时，其才承继了泄密者的信义义务，并因从事交易而违反该义务。⑤ 据此，受密者责任是泄密者责任的延伸，只有当能够认定受密者违反了其承继而来的信义义务时，才能对其进行处罚。

最后是以禁止违反信赖或保密义务为核心的盗用信息理论（misappropriation theory）。该理论适用于公司外部人的不当行为，公司外部人对内幕信息源负有保密义务，若其违反保密义务盗用信息交易，就构成了证券欺诈。⑥ 其原理在于受托人因委托人的信赖而对后者负有的信赖义务。⑦ 在泄密型内幕交易中，盗用信息理论的适用包括两种情形：其一，泄密者是盗用信息者，有意泄密给受密者便利其交易，泄密者和受密者的行为共同构成欺诈；⑧ 其二，泄密者尽管有泄

---

① 参见中国证券监督管理委员会组织编译：《美国〈1934 年证券交易法〉及相关证券交易委员会规则与规章》（第一册）（第二册），法律出版社 2015 年版，第 130-133 页、180-183 页；郑晖：《美国泄密型内幕交易法律责任中个人利益标准研究》，载《证券市场导报》2017 年第 6 期。

② See Chiarella v. United States, 445 U. S. 222, at 227-229.

③ 该案中，被告人 Dirks 是证券分析师，被一家公司的前任高管告知该公司欺诈情况，Dirks 在调查该信息的过程中曾与一些客户讨论，导致部分客户卖出了该公司的股票。See Dirks v. SEC, 463 U. S. 646. 参见杨亮：《内幕交易论》，北京大学出版社 2001 年版，第 106-108 页。

④ See Dirks v. SEC, 463 U. S. 646, at 655-656 and footnote 15.

⑤ See Dirks v. SEC, 463 U. S. 646, at 659-664.

⑥ See United States v. O'Hagan, 521 U. S. 642.

⑦ See Barbara Bader Aldave, Misappropriation: A General Theory of Liability for Trading on Nonpublic Information, 13 Hofstra Law Review 101 (1984), pp. 119-123.

⑧ See Barbara Bader Aldave, Misappropriation: A General Theory of Liability for Trading on Nonpublic Information, 13 Hofstra Law Review 101 (1984), pp. 120-121. Dirks 案确立的信息泄露理论同样适用于此类案件。See Salman v. United States, 137 S. Ct. 420, at 425, footnote 2.

密行为，但是希望受密者予以保密，利用该信息交易的受密者是盗用信息者，① 仅受密者因违反泄密者的信赖构成欺诈。

（二）立法目的反思

1. 规制内幕交易：市场公平还是信义义务？对比来看，中美两国对规制内幕交易及泄密行为的解释各有优劣。市场公平说的基本理念是实现投资者之间获取信息机会的平等，② 注重行为本身的不公，与内幕交易否定不公平获益相吻合。③ 但是，过分追求公平将会导致处罚范围过于宽泛：要求任何人在知悉内幕信息后都必须公开或不得利用该信息交易，④ 相当于禁止了所有的信息优势，并不合理。一方面，自己钻研获取信息的行为不应被禁止。辛勤搜集和分析信息的人付出了时间和精力，而非借助不法方式获得信息，应当允许其利用自己发现的信息获利。这既是对其努力的回报，也有利于提高证券市场资源配置的效率。⑤ 另一方面，偶然获知内幕信息的人也不应被禁止其信息优势。纯粹的好运气不应当受谴责，毕竟人人都有可能遇到。假想有人开车路过沙漠中的某家上市公司工厂，恰好看到了工厂爆炸，法律并不预期普通投资者此时会披露或放弃交易。⑥ 过分强调信息优势的禁止，也会让法律责任的边界模糊不定，⑦ 增加不必要的执法成本。

与上述理论相对，信义义务说将特殊关系作为规制基础，⑧ 限制了对信息优势的打击范围，具有一定合理性。⑨ 但该理论也存在问题：其仅强调了行为人与特定主体的诚信关系，⑩ 而忽视

---

① See Donald C. Langevoort, Insider Trading Regulation, Enforcement and Prevention, Clark Boardman Callaghan, 1997 – 2019, § 6：7.

② 在美国确立古典理论之前，部分下级法院也曾采取信息平等获取理论的观点，认为应以获悉内幕信息作为归责前提，以保障市场上所有投资者获取信息机会的平等。See SEC v. Tex. Gulf Sulphur Co., 401 F. 2d 833.

③ See Donald C. Langevoort, Insider Trading Regulation, Enforcement and Prevention, Clark Boardman Callaghan, 1997 – 2019, § 2：3.

④ See SEC v. Tex. Gulf Sulphur Co., 401 F. 2d 833, at 848.

⑤ See Victor Brudney, Insiders, Outsiders, and Informational Advantages under the Federal Securities Laws, 93 Harvard Law Review 322 (1979), p. 341.

⑥ See "The Insider Trading Sanctions Act of 1983：Hearing on H. R. 559 Before the Subcomm. on Sec. of the Senate Comm. on Banking", Housing and Urban Affairs, 98th Cong., 2d Sess. 115, 119 (1984) (statement of Faith Colish, Esq., Chairman of the Comm. on Sec. and Exchs., New York County Lawyers Association). Quoted from Barbara Bader Aldave, "Misappropriation：A General Theory of Liability for Trading on Nonpublic Information", Hofstra Law Review, Vol. 13, No. 1, 1984, pp. 122 – 123, footnotes 119, 120.

⑦ See Tex. Gulf Sulphur Co., 401 F. 2d 83, at 854 – 855.

⑧ 参见彭冰：《中国证券法学》（第2版），高等教育出版社2007年版，第379页。

⑨ 上市公司的董事高管等内部人因其特殊职位，能够获取到有关公司的重大信息，内部人若借助这些信息谋取私利，显然有悖于其所承担的信义义务。See Donald C. Langevoort, Insider Trading Regulation, Enforcement and Prevention, Clark Boardman Callaghan, 1997 – 2019, § 2：3.

⑩ See Alison Grey Anderson, "Fraud, Fiduciaries, and Insider Trading", Hofstra Law Review, Vol. 10, No. 2, 1982, p. 350.

了内幕交易行为对整个证券市场的影响。如 Cady Roberts 案所言，披露或弃绝交易义务的来源之一即利用内幕信息的不公平。这种不公平的重要体现即该行为对整个证券市场的影响：内幕交易人利用信息优势加入不知情的投资者进行交易，将使其他投资者整体遭受净损失，[1] 也可能损害证券市场的信心，危及市场整体的流动性。[2]

并且，信义义务说对信义关系的解释也有待商榷。古典理论中，信义义务被理解为基于既存信赖关系而产生的公平交易预期。该解释在面对面交易中很好理解，但在流动性极强的匿名证券交易中就会显得牵强，[3] 所谓交易相对方的合理信赖可能只存在于想象中。[4] 盗用信息理论中，盗用者欺诈的对象是不参与证券交易的信息源，实际受害的投资者又并非受欺诈方。如果存在"厚颜无耻的受托人"（brazen fiduciary），告知信息源其将利用内幕信息交易，那么由于信息源此时对盗用者不再有信赖，盗用者对信息源的欺诈也将不再存在。[5] 但不论信息源是否同意，盗用者利用内幕信息行为对证券市场公平的损害都不会改变。

因而，市场公平说实现投资者之间获取信息机会平等的理念值得肯定，但禁止所有信息优势将导致打击范围过于宽泛。信义义务说则过分关注行为人与特定主体之间的信任关系，忽视了内幕交易行为对整个证券市场造成的不利影响，同样不是解释内幕交易规制的合理理论。

2. 合理解释：禁止滥用不公平信息优势。既然市场公平说的范围太宽，信义义务说的范围又太窄，则合理的规制范围，应当在这两种理论之间划定。本文认为，处罚内幕交易是为了禁止滥用不公平的信息优势，即禁止当事人滥用其通过职位、管理优势等便利可获得，但其他投资者

① See William K. S. Wang, Marc. I. Steinberg, Insider Trading, 3rd Ed., New York, Oxford University Press, 2010, p. 67. 参见耿利航：《证券内幕交易民事责任功能质疑》，载《法学研究》2010 年第 6 期；杨亮：《内幕交易论》，北京大学出版社 2001 年版，第 8 - 15 页。

② See Victor Brudney, "Insiders, Outsiders, and Informational Advantages under the Federal Securities Laws", Harvard Law Review, Vol. 93, No. 2, 1979, p. 356. 参见杨亮：《内幕交易论》，北京大学出版社 2001 年版，第 8 - 15 页。

③ See Donald C. Langevoort, Insider Trading Regulation, Enforcement and Prevention, Clark Boardman Callaghan, 1997 - 2019, § § 2：2 - 2：3. 参见曾洋：《证券内幕交易主体识别的理论基础及逻辑展开》，载《中国法学》2014 年第 2 期。

④ See Donald C. Langevoort, Insider Trading Regulation, Enforcement and Prevention, Clark Boardman Callaghan, 1997 - 2019, § 2：2.

⑤ "full disclosure forecloses liability under the misappropriation theory: Because the deception essential to the misappropriation theory involves feigning fidelity to the source of information, if the fiduciary discloses to the source that he plans to trade on the nonpublic information, there is no 'deceptive device' and thus no § 10 (b) violation——although the fiduciary - turned - trader may remain liable under state law for breach of a duty of loyalty." See United States v. O'Hagan, 521 U. S. 642, at 655; Donna M. Nagy, Reframing the Misappropriation Theory of Insider Trading Liability: A Post - O'Hagan Suggestion, 59 Ohio State Law Journal 1223 (1998), pp. 1256 - 1259.

无法通过合法方式获得的信息优势。①

从本质来看，禁止内幕交易，是为了禁止不公平的获益（unjust enrichment）。② 公平并不意味着消除所有信息优势，还要看这样的信息优势是如何获得的。如前所述，辛勤研究发现和偶然获悉内幕信息并无不当之处，因为这些信息优势是其他投资者投入时间精力，或是运气好时也都可能获得的。相反，对于那些因为特殊职位、管理优势或者其他类似于"特权"（privilege）的原因而合法取得信息的情形，③ 对这些信息优势的利用就是不公平的。原因在于，这种信息优势来自某种特定关系，并非市场上其他投资者努力钻研就可得到，也不是运气好的结果，而是承载着相应的信义义务、信赖关系等。如果这些信息被转化为少部分人的利益，不仅背离了该信息原本的目的，也会损害投资者的信心，无益于整个市场的良性运行。因此，不应允许行为人利用上述不公平的信息优势。④ 这一理解也与《证券法》的修订趋势一致，对于内幕信息知情人规定中新增的上市公司收购人或重大资产交易方及其控股股东、董监高等主体，⑤ 其信息优势来自参与重大交易、工作职责、业务往来等，应服务于特定用途，不应被用于个人谋利。

除此之外，还有一类可能并不常见但同样应否定的信息优势，即采用盗窃等非法手段取得的内幕信息，比如黑客侵入公司计算机系统获取的信息，这对其他投资者显然也是不公平的。

因此，禁止内幕交易是为了禁止滥用不公平的信息优势，这些信息优势的享有者包括内幕信息知情人和采用盗窃等非法手段取得内幕信息的人。由于实践中采用盗窃等非法手段取得内幕信息的情况很少出现，与前一类主体的规制原理也相同，故下文仅针对内幕信息知情人作为原始泄密者的情形进行讨论。

---

① See Victor Brudney, Insiders, Outsiders, and Informational Advantages under the Federal Securities Laws, 93 Harvard Law Review 322 (1979), pp. 353 - 360.

② See Donald C. Langevoort, Insider Trading Regulation, Enforcement and Prevention, Clark Boardman Callaghan, 1997 - 2019, § 2：3.

③ See Barbara Bader Aldave, Misappropriation：A General Theory of Liability for Trading on Nonpublic Information, 13 Hofstra Law Review 101 (1984), pp. 119 - 123.

④ See Barbara Bader Aldave, Misappropriation：A General Theory of Liability for Trading on Nonpublic Information, 13 Hofstra Law Review 101 (1984), pp. 119 - 123.

⑤ 《证券法》（2019 年修订）第五十一条　证券交易内幕信息的知情人包括：（一）发行人及其董事、监事、高级管理人员；（二）持有公司百分之五以上股份的股东及其董事、监事、高级管理人员，公司的实际控制人及其董事、监事、高级管理人员；（三）发行人控股或者实际控制的公司及其董事、监事、高级管理人员；（四）由于所任公司职务或者因与公司业务往来可以获取公司有关内幕信息的人员；（五）上市公司收购人或者重大资产交易方及其控股股东、实际控制人、董事、监事和高级管理人员；（六）因职务、工作可以获取内幕信息的证券交易场所、证券公司、证券登记结算机构、证券服务机构的有关人员；（七）因职责、工作可以获取内幕信息的证券监督管理机构工作人员；（八）因法定职责对证券的发行、交易或者对上市公司及其收购、重大资产交易进行管理可以获取内幕信息的有关主管部门、监管机构的工作人员；（九）国务院证券监督管理机构规定的可以获取内幕信息的其他人员。

3. 规制泄密型内幕交易：禁止不公平信息优势的传递。基于前文，处罚泄密型内幕交易是为了禁止不公平信息优势的传递。这种传递可分为两种类型：其一，泄密者主动泄密；其二，泄密者无意传递信息，但受密者主动刺探或私自利用内幕信息。

从中美两国的规则来看，一方面，两国都禁止泄密者主动传递内幕信息。另一方面，两国也都禁止受密者有意打探或私自利用信息。在中国法上体现为《座谈会纪要》和《内幕交易刑事司法解释》中列举的"骗取、套取、利诱、刺探"或主动联络接触等情形，或是与内幕信息知情人关系密切的人的主动打探或利用行为。在美国法上则包括信息泄露理论和受密者违反对泄密者的信义义务利用内幕信息。

此外，第二类信息传递行为还包括一种可能的情形：受密者有意接近泄密者，比如酒吧里的酒保利用调酒的机会故意接近讨论相关信息的人，又如出租车司机每天在大型律师事务所外等待深夜下班的并购律师，意图在搭载其乘车时听到并购信息等。[①] 此时受密者有意借助他人之口了解到内幕信息，其获知信息既非偶然更不是自己的努力，而是纯粹的投机行为。这种信息优势对于其他投资者也并非公平，应予禁止。

综上所述，规制泄密型内幕交易的目的是禁止不公平信息优势的传递，具体针对两类行为：一是禁止行为人将通过职位或管理优势等特殊关系获得或以非法方式取得的信息优势传递给他人；二是禁止泄密者虽无意传递信息优势，但受密者采用刺探等不当方式主动获取并利用内幕信息。下文将在此基础上，分别讨论泄密者、受密者违法行为的构成要件，以及相应的证明规则。

### 四、 泄密者违法行为的认定

#### （一）泄密者违法行为的主观要件

现行法上并未明确泄密者违法行为的成立需要主观条件。但本文认为，泄露内幕信息的认定应考虑行为人的主观状态。原因在于，处罚内幕交易是为了禁止滥用不公平的信息优势，受到处罚的泄密者应是为上述行为提供了便利的人。如果完全不考虑主观心理，那么泄密型内幕交易就和违反保密义务没有差别。因而，泄密者责任主观要件的讨论是必要的。具体而言，泄密者责任的主观要件包括两个方面：其一，泄密者认识到其泄密会使得内幕信息被受密者或他人利用；其二，泄密者具有故意或重大过失。以下具体分析。

在中国法上，《证券法》和《刑法》都禁止泄露内幕信息、建议他人买卖证券。对于泄密者

---

① See John C. Jr. Coffee, Introduction: Mapping the Future of Insider Trading Law: Of Boundaries, Gaps, and Strategies, 2013 Columbia Business Law Review 281 (2013), pp. 291 - 294.

— 71 —

的行政处罚，规则没有明确的主观要件要求，实践中证监会则在不同案件里适用了不同的标准。① 对于泄密者的刑事责任，由于《刑法》并未明确规定过失可以构成内幕交易或泄露内幕信息罪，故相应罪名应以行为人存在故意为前提。②

美国法上，信息泄露理论下，泄密者违法行为的主观条件包括泄密意图和明知（scienter）要件。③ 泄密意图要件是指泄密者有从泄密中获取个人利益的目的，④ 这源于正当泄密的可能性：泄密者可能误以为信息已经被披露或者并不重大，如果内部人泄密并没有利用内幕信息为自己谋利的意图，也就没有违反信义义务。明知要件则是指泄密者的主观过错，包括对不当行为的故意追求，也包括特定情况下的轻率（reckless），即有意无视特定事实，⑤ 或明知而采用了欺诈手段。⑥

本文认为，泄密者责任以其主观上具有泄密意图为前提。但该意图并非谋取个人利益，而是认识到其泄密将会使内幕信息被受密者或他人利用以买卖证券。

美国法的个人利益标准源于公司内部人信义义务中避免利益冲突原则的要求，⑦ 有助于从客观上判断泄密者的主观心理状态，⑧ 有其合理性。不可否认，当个人利益标准被满足时，泄密者的行为显然具有可责性。但反过来看，不正当的泄密行为并非只有谋取个人利益这一种情况，即使泄密者没有获得任何回报，若其知道该信息可能会被他人利用，且其为内幕交易提供了帮助，也应受谴责。并且，个人利益标准的内涵也不清晰：泄密者有可能并无明确的获益目的，而仅仅为了提高声誉、增进感情等向他人告知信息。此时泄密者有意识地将内幕信息泄露给少数人使

① 参见本文第一部分"（二）实践层面"相关论述。

② 《刑法》第十五条："应当预见自己的行为可能发生危害社会的结果，因为疏忽大意而没有预见，或者已经预见而轻信能够避免，以致发生这种结果的，是过失犯罪。过失犯罪，法律有规定的才负刑事责任。"实践案例中，法院也会认定泄密者存在泄露内幕信息的故意。例如在杜兰库、刘乃华内幕交易，刘乃华泄露内幕信息案（指导案例第757号）中，法院在分析中指出，杜兰库、刘乃华两人主观上具有利用该内幕信息非法获利的明确故意。参见最高人民法院刑事审判一至五庭主办《刑事审判参考》2012年第2集（总第85集），法律出版社2012年版，第15页。

③ 尽管本文不认同应采信义义务说作为规制泄密型内幕交易的基础，但是其相应的判断标准可以为本文的研究提供参考，下文对受密者责任的分析也是如此。

④ "Thus, the test is whether the insider personally will benefit, directly or indirectly, from his disclosure. Absent some personal gain, there has been no breach of duty to stockholders." See Dirks v. SEC, 463 U. S. 646, at 662.

⑤ See SEC v. Obus, 693 F. 3d 276, at 286.

⑥ See Clegg v. Conk, 507 F. 2d 1351, at 1361 – 1362. Ernst & Ernst v. Hochfelder 案中美国最高法院并未明确对放任是否构成欺诈故意作出回应。

⑦ See Victor Brudney, Insiders, Outsiders, and Informational Advantages under the Federal Securities Laws, 93 Harvard Law Review 322 (1979), pp. 344 – 345. 参见甘培忠著：《企业与公司法学》，北京大学出版社2015年第7版，第259 – 266页。

⑧ See Dirks v. SEC, 463 U. S. 646, at 662.

用，有悖于信义义务和公平的要求。但上述情形却可能因不满足个人利益标准而不受处罚，并不合理。

本文认为，应以泄密者是否认识到其泄密会让受密者或其他人利用该信息买卖证券，作为其违法行为成立的主观要件，原因在于：

其一，从规制泄密行为的立法目的来看，禁止泄密行为旨在禁止不公平信息优势的传递。内幕信息知情人不应利用通过特殊职位、关系等"特权"取得的信息优势在证券市场上获取不公平收益，[1] 也不应让其他人利用该信息优势买卖。通过泄密获悉内幕信息的受密者也不应将自己获得的不公平信息优势继续传递给他人。因此，当泄密者意图让他人以某种形式利用该信息从事证券交易时，其就有意识地为少数人利用不公平信息优势的行为提供了帮助，其泄密因而是不正当的。而若没有让他人利用内幕信息交易的行为或预期，尽管泄密者违反保密义务，但是并无不公平性，不构成内幕交易。[2]

其二，从适用情形来看，上述标准不仅像美国法一样可适用于公司内部人泄密的情况，[3] 也同样适用于其他因特殊身份等原因合法获得内幕信息的人泄密的情形。当泄密者获得个人利益时，相当于其将信息卖给了受密者，满足意在让受密者使用信息的条件。当泄密者没有明确获益，若其有意让他人利用信息交易，该标准也得到满足。因此，认定泄密者责任应当以其具有泄密意图为前提，即泄密者认识到其泄密会让受密者或他人利用内幕信息买卖证券。

还需讨论的是，对于泄密者的主观过错，在刑事责任中为故意，在行政处罚中为故意和重大过失。仅一般过失不足以认定泄密者的内幕交易责任。

对于泄密者的刑事责任，根据《刑法》规定，内幕交易的刑事责任须以行为人存在故意为前提，即已经预见内幕信息有被利用的可能而持积极追求或放任不管的态度。[4] 对于泄密者的行

---

① See Victor Brudney, Insiders, Outsiders, and Informational Advantages under the Federal Securities Laws, 93 Harvard Law Review 322 (1979), pp. 353 – 361; Alison Grey Anderson, Fraud, Fiduciaries, and Insider Trading, 10 Hofstra Law Review 341 (1982), p. 373; Barbara Bader Aldave, Misappropriation: A General Theory of Liability for Trading on Nonpublic Information, 13 Hofstra Law Review 101 (1984), pp. 119 – 124.

② See Donald C. Langevoort, Rereading Cady, Roberts: The Ideology and Practice of Insider Trading Regulation, 99 Columbia Law Review 1939 (1999), p. 1334. 需要注意的是，在美国法上，内幕交易的前提是构成欺诈，应有特定信赖被违反，仅仅滥用信息优势或许是不够的。但中国法并未采用欺诈的规制框架，故本文认为无需局限在是否有特定义务被违反，而应着眼于行为本身的不当性，即泄密者是否有意识地帮助他人利用不当的信息优势。

③ 对比可以发现，美国法的个人利益标准规制其实是上述标准的一部分情形——内部人为了谋取利益而泄密。

④ 参见《刑法》第十四条："明知自己的行为会发生危害社会的结果，并且希望或者放任这种结果发生，因而构成犯罪的，是故意犯罪。"第十五条："应当预见自己的行为可能发生危害社会的结果，因为疏忽大意而没有预见，或者已经预见而轻信能够避免，以致发生这种结果的，是过失犯罪。"参见高铭暄、马克昌主编：《刑法学》，北京大学出版社2019年第9版，第102 – 113页；陈兴良主编：《刑法学》，复旦大学出版社2016年第3版，第97 – 104页。

政处罚，需要明确的是，行政违法行为与刑事犯罪行为的构成要件可能存在差别，① 刑事犯罪行为的主观恶性往往更大。② 故理论上，泄露内幕信息的覆盖范围可能比刑事责任更宽。③ 本文认为，在行政处罚中，除故意泄密外，还应将重大过失的泄密纳入规制范围。

首先，重大过失是指行为人严重违反一般注意义务，主观上极不谨慎，具有较强可责性。④ 在我国法上，"重大过失"也多与故意相提并论，而区别于一般过失。⑤ 从比较法来看，重大过失恰与前文提到美国法上的轻率相对应，二者都是"有意识的过失"，并非如一般疏忽大意是一般是"无意识的过失"，⑥ 是对危害后果有认识但持漠视态度的心理状态，因此，对该种心态具有归责的合理性。

其次，在泄密型内幕交易中，内幕信息知情人因特殊身份而负有不得将内幕信息泄露给他人的注意义务，由于信息的传递形式多种多样，内幕信息知情人也需格外谨慎。即便没有刻意说出信息让他人利用，也需注意避免他人听到后利用的情况。若内幕信息知情人认识到受密者或其他人有可能利用该信息交易，但仍以漠视态度告知信息，就近乎有意帮助他人从事内幕交易行为，有必要予以规制。

最后，如果泄密者仅仅是具有一般过失，则由于其并未意识到内幕信息可能会被他人利用，也没有不够谨慎的情形，此时其责任的主观要件就并未满足。比如上文提到专门"蹲守"内幕信息的酒保——如果酒吧的客人在聊天时恰好提到内幕信息，被旁边有意偷听的酒保所利用，此时泄密者并无泄密意图，也不知道该信息被旁人利用，其泄密就可认定为一般过失。

总的来看，泄密者的责任认定应有主观要件的限制：（1）泄密者应认识到其泄密会使得受密者或他人利用内幕信息；（2）其应具有故意或重大过失。具有一般过失的泄密者尽管违反保密义务，但并不构成内幕交易。

---

① 参见王文华：《行政违法与行政犯罪若干问题研究》，载《南都学刊》2008 年第 5 期。从实例来看，如治安管理违法行为和犯罪行为的差别主要在于主观要件，犯罪行为多增加了"故意"的要求。例如《治安管理处罚法》第六十条："有下列行为之一的，处五日以上十日以下拘留，并处二百元以上五百元以下罚款：（一）隐藏、转移、变卖或者损毁行政执法机关依法扣押、查封、冻结的财物的；…。"《刑法》第三百一十四条："隐藏、转移、变卖、故意毁损已被司法机关查封、扣押、冻结的财产，情节严重的，处三年以下有期徒刑、拘役或者罚金。"可见，刑法对"损毁"行为增加了"故意"的要求。参见姬亚平：《〈治安管理处罚法〉实施研究》，载《行政法学研究》2006 年第 4 期。

② 参见高铭暄、孙晓：《行政犯罪与行政违法行为的界限》，载《人民检察》2008 年第 15 期。

③ 参见张子学：《浅析"知悉"内幕信息的证明》，载张育军、徐明主编：《证券法苑》第四卷，法律出版社 2011 年版。

④ 参见王利明：《侵权责任法》，中国人民大学出版社 2016 年版，第 93 页。

⑤ 例如《民法总则》第四十三条："财产代管人因故意或者重大过失造成失踪人财产损失的，应当承担赔偿责任。"《侵权责任法》第七十八条："饲养的动物造成他人损害的，动物饲养人或者管理人应当承担侵权责任，但能够证明损害是因被侵权人故意或者重大过失造成的，可以不承担或者减轻责任。"

⑥ 参见叶名怡：《重大过失理论的构建》，载《法学研究》2009 年第 6 期。

（二）主观要件的证明

在证明层面，本文认为，多数情况下，信息传递行为本身即可证明泄密者具有上文所述的主观条件，但可通过反证推翻。

当泄密者与他人谈及内幕信息时，泄密者对该信息是否会被利用可能并不清楚。但是，只要信息被说出，就有被听者利用的可能性，除非受密者明确保证自己不会利用信息，或者泄密者完全不知道有人在偷听等特殊情形。如果泄密者在非特殊情况时，还是向他人传递了内幕信息，说明其对由此导致的信息利用可能性至少持漠视心理，违法行为的主观条件已经满足。因此，当泄密行为发生时，多数时候可以认定泄密者存在相应的主观过错，这也符合行政执法效率的考量。①

据此，确定泄密者的主观要件是否成立，关键在于是否有排除责任的特殊情形。一种可能的特殊情形是，受密者明确承认保密或泄密者有合理理由认为受密者会保密，但泄密者的信任应是谨慎合理的。另一种特殊情形是，泄密者没有意识到有旁人听到了相关信息，比如两个内幕信息知情人在酒吧喝酒时谈及内幕信息，恰好被旁边桌的顾客听到而利用。

根据上述标准，在况勇案②中，证监会的认定是较为合理的。但在阳雪初案中，③ 证监会以没有主观故意而对泄密者免予处罚，则有待商榷。该案中内幕信息知情人李某杰对阳雪初明显的刺探行为并未保持充分的警惕，反而多次在阳雪初询问时告知相关信息，没有尽到应有的谨慎义务，构成重大过失，应予处罚。

（三）内幕信息多次泄露

内幕信息多次泄露时，主要存在的问题是转泄密者违法行为的构成要件。本文认为，转泄密者同时具备受密者和泄密者两个身份。作为受密者，其承担责任的条件是认识到获得了尚未公开的重大信息，而非市场传言。作为泄密者，其承担责任的条件与一般泄密者相同，即知道泄露信息会被受密者或他人利用。

一方面，转泄密者并非内幕信息知情人，其对内幕信息不是由于职位、身份等特殊关系得知，而是从内幕信息知情人那里获取，故首先需认定其知悉了内幕信息。④ 另一方面，转泄密者泄露了内幕信息，此时其责任条件与一般情况下泄密者的责任条件相同，即认识到内幕信息可能被利用且对此存在故意或重大过失。根据上述标准，曹冬芳案件中，⑤ 对转泄密者曹某梅、董

---

① 参见姜明安：《行政违法行为与行政处罚》，载《中国法学》1992 年第 6 期。

② 参见中国证监会行政处罚决定书（况勇、张蜀渝、徐琴）〔2010〕32 号。

③ 参见中国证监会行政处罚决定书（阳雪初）〔2019〕75 号。

④ 这在美国法上也有所体现。See Salman v. United States, 137 S. Ct. 420; S. E. C. v. Musella, 578 F. Supp. 425 (1984).

⑤ 参见中国证监会行政处罚决定书（曹冬芳）〔2019〕26 号。

某未处罚也需检视。该案中内幕信息经历了原始泄密者伍某—配偶曹某梅—曹冬芳配偶董某—曹冬芳的四级传递过程。转泄密者曹某梅直接与伍某向在家中和微信中讨论内幕信息，并出于让曹冬芳交易的目的告诉董某。由此，曹冬芳及董某应都认识到了该交易建议是根据内幕信息作出的，违法行为已经成立。

综上所述，泄密者违法行为的成立以其认识到内幕信息可能会被受密者或者他人利用为条件，且泄密者应具有故意或重大过失。在有直接证据证明发生了泄密时，除泄密者合理相信受密者会保密等特殊情况外，可以认定泄密者的责任条件成立。当内幕信息多次泄露时，转泄密者的责任条件与泄密者相同。

### 五、 受密者违法行为的认定

（一）受密者违法行为的构成要件

从中美规制情况看，如前所述，中国法上，受密者的违法行为以其知悉内幕信息为前提。存在疑问的是，除了知悉内幕信息，受密者责任是否还有其他方面的要求。对此可以参考美国法上的规定。

美国法上，根据信息泄露理论，受密者承担责任以其知道或者有理由知道泄密者违反信义义务为前提。该要求来自返还法（law of restitution）的原理：如果受托人违反了其对受益人的义务与第三人交流保密信息，则知道该义务违反的第三人，应就其利用该信息获得的任何利益，向受益人承担推定信托人的责任。[1] 当受密者知道泄密者的不当行为时，受密者就不仅仅是信息的接受者，还是泄密者泄密行为积极的参与者，与泄密者形成了合谋，应被追究责任。[2] 不过，对受密者知悉的程度，标准则并不明确，[3] 实践做法也存在差异。[4] 此外，美国法上受密者责任认定也有明知（scienter）条件，即对于泄密者的不当泄密行为，受密者若故意或轻率地漠视了该事实，即满足该条件。[5]

---

① See Restatement（First）of Restitution § 201（2）（1937）. Quoted from Dirks v. SEC, 463 U. S. 646, at 661, footnote 20.

② See Donald C. Langevoort, Insider Trading Regulation, Enforcement and Prevention, Clark Boardman Callaghan, 1997 - 2019, § 4: 9.

③ See Dirks v. SEC, 463 U. S. 646, at 661, footnote 20.

④ 例如，在 2014 年的 United States v. Newman 案中，第二巡回区上诉法院认为受密者须认识到泄密者泄露信息收到了某些利益；而在 2016 年美国联邦最高法院审理的另一起案件 Salman v. United States 案中，公诉方所提出的标准是受密者知道泄密者为了个人利益泄露信息且泄密者预期受密者将会利用相应信息发生交易。See United States v. Newman, 773 F. 3d 438, at 449, footnote 3. See Salman v. United States, 137 S. Ct. 420, at 427.

⑤ See Donald C. Langevoort, Insider Trading Regulation, Enforcement and Prevention, Clark Boardman Callaghan, 1997 - 2019, § 4: 10.

本文认为，对受密者违法行为设置知悉条件是必要的，但无需其知悉到泄密者谋取个人利益或其自身谋取个人利益的程度，只要受密者认识到其获悉内幕信息即可。

在美国法的标准下，知悉泄密者违反信义义务的受密者是泄密者违法行为的合谋方。[①] 但是，合谋仅仅是应受规制的泄密型内幕交易情形之一，除了泄密者有意传递内幕信息外，受密者也可能主动刺探或利用信息。因而即使没有合谋，只要受密者知道自己获悉了重大的非公开信息，就已经获得了不公平的信息优势，具有归责的前提。因此，受密者并不需要知悉到泄密者不当泄密的程度，只要知悉内幕信息即可。

根据上述标准，当受密者接受他人建议而买卖证券时，其交易行为的确不一定会受到处罚。因为建议行为中泄密者告知的是买卖证券的建议，而非内幕信息。[②] 只有当受密者能判断出该建议是基于内幕信息作出时，对其才具有归责基础。在况勇案[③]和曹冬芳案[④]中，受密者徐琴、曹冬芳都是建议者的亲人，知道泄密者的身份和信息来源，对自己利用内幕信息有明确认知，构成内幕交易。但在吴学军案中，[⑤] 吴学军向朋友刁某等人建议买入相关证券，因吴学军本人并非内幕信息知情人，其也未告知朋友信息来源，故难以认定接受建议的刁某等人知悉内幕信息，因此对这三人未予处罚也是说得通的。

在主观过错上，本文认可美国法上的规则，即受密者对于内幕信息的知悉应当具有故意或者重大过失。具体而言，若受密者明知其相关信息确实或可能是内幕信息，却采取积极追求或是放任漠视的态度，[⑥] 则相应的主观过错条件即已满足。若按照受密者的合理谨慎，其并未认识到获悉了内幕信息，仅具有一般过失，就不应受到处罚。

综上所述，受密者的责任以其知悉内幕信息为前提，且其对此存在故意或重大过失。

（二）应受规制的受密者范围

明确了受密者违法行为的基本条件，也可相应确定受密者的主体范围。本文认为，受密者的处罚范围应根据其是否获得不公平信息优势判断，并排除与泄密者没有特殊关系的人偶然获得内幕信息的情况。

在中国法上，根据《座谈会纪要》《内幕交易刑事司法解释》，受密者主要分为三类：主动打探内幕信息的人，与内幕信息知情人关系密切的人，其他与内幕信息知情人有联络、接触的

---

① See Chiarella v. United States, 445 U. S. 222, at 230. See Dirks v. SEC, 463 U. S. 646, at 659 - 660.
② 参见肖伟：《论建议型内幕交易》，载《财经法学》2016 年第 2 期。
③ 参见中国证监会行政处罚决定书（况勇、张蜀渝、徐琴）〔2010〕32 号。
④ 参见中国证监会行政处罚决定书（曹冬芳）〔2019〕26 号。
⑤ 参见中国证监会行政处罚决定书（吴学军）〔2019〕11 号。
⑥ 参见张子学：《浅析"知悉"内幕信息的证明》，载张育军、徐明主编：《证券法苑》第四卷，法律出版社 2011 年版。

人。在美国法上，信息泄露理论中，应受规制的受密者与泄密者之间存在利益交换关系，当泄密者无偿泄密给从事证券交易的亲友时，可推定泄密者获得个人利益。[①] 在盗用信息理论中，受密者总体可分为与泄密者存在保密关系的人和泄密者的配偶、父母、子女、兄弟姐妹，[②] 这些受密者被纳入规制范围的基础都是其与泄密者之间的信赖关系。[③]

总的来看，中美两国法下的受密者可大致分为以下四种类型：主动获取内幕信息的人；泄密者的近亲属或其他与其关系密切的人；与泄密者有联络接触且交易异常的人；[④] 与泄密者有保密关系的人。

结合禁止不公平信息优势的传递这一立法目的，可以发现中美规则中不同类型的受密者，其实通过不同方式获取了信息优势——采用非法手段，通过特殊身份，通过保密义务，通过联络接触。因此，要确定应受规制的受密者范围，就需要分析受密者信息优势的取得是否不公平。

首先，采取刺探、利诱等方式主动获取的信息优势显然是不公平的，应当禁止。这类情况对应《内幕交易刑事司法解释》中规定的第一类非法获取人员。同时，还需根据实践情况及时补充行为人采取的其他主动获取手段，例如前文提到的主动"蹲守"内幕信息。[⑤]

其次，通过与泄密者的密切关系获取的信息优势也应予以禁止。这在中美两国的规则中都有所体现。在家庭或其他密切关系中，由于各方交流频繁、相互了解，有意无意地提到内幕信息

---

① See Dirks v. SEC, 463 U. S. 646, at 664.

② SEC 于 2000 年出台的 10b5 - 2 规则将可认定信义义务存在的情况分为三类：第一，一方同意保密；第二，交流信息双方之间存在以往分享保密信息的历史、做法或实践，使得受密者知道或应当知道泄密者希望其保密；第三，当受密者从其配偶、父母、子女或兄弟姐妹那里获得信息时，除非受密者能够证明由于不存在前两种情形，使得泄密者并不预期受密者会保密。See 17 C. F. R. § 240. 10b5 - 2 Duties of trust or confidence in misappropriation insider trading cases：" … (b) Enumerated 'duties of trust or confidence. ' For purposes of this section, a 'duty of trust or confidence' exists in the following circumstances, among others：(1) Whenever a person agrees to maintain information in confidence；(2) Whenever the person communicating the material nonpublic information and the person to whom it is communicated have a history, pattern, or practice of sharing confidences, such that the recipient of the information knows or reasonably should know that the person communicating the material nonpublic information expects that the recipient will maintain its confidentiality；or (3) Whenever a person receives or obtains material nonpublic information from his or her spouse, parent, child, or sibling；provided, however, that the person receiving or obtaining the information may demonstrate that no duty of trust or confidence existed with respect to the information, by establishing that he or she neither knew nor reasonably should have known that the person who was the source of the information expected that the person would keep the information confidential, because of the parties' history, pattern, or practice of sharing and maintaining confidences, and because there was no agreement or understanding to maintain the confidentiality of the information. "

③ See SEC v. Davis et al. , Litig. Rel. 18322, Sept. 4, 2003. Quoted from Donald C. Langevoort, Insider Trading Regulation, Enforcement and Prevention, Clark Boardman Callaghan, 1997 - 2019, § 6：7.

④ 参见陈国庆、韩耀元、王文利：《〈最高人民法院、最高人民检察院关于办理内幕交易、泄露内幕信息刑事案件具体应用法律若干问题的解释〉解读》，载《人民检察》2012 年第 11 期。

⑤ 参见本文第三部分"（二）立法目的反思"相关论述。

往往在所难免。甚至在家族企业中，对公司业务的交流本身就是家庭关系的一部分。[①] 因而，密切关系本身带来了获取内幕信息的便利条件，这样的便利无法为其他投资者所获取，也不公平。

再次，通过承诺保密义务而获得的信息优势也不应被利用来谋利。该类情形主要体现在美国的相关规则中。当受密者自己同意保守内幕信息，或泄密者有合理理由认为泄密者会保密时，受密者基于泄密者的信任而取得信息，也获得了其他投资者无法合法获得的不公平信息优势。

最后，还有可能存在其他因与泄密者联络、接触而获取内幕信息的情形。该种情况大致对应《内幕交易刑事司法解释》中规定的第三类非法获取人员。根据受密者获取信息的主动性，可以分为主动获取信息和被动获取信息两种情况，其中主动获取者应归入前文第一种信息优势取得的情况，被动获取内幕信息者则应区分情况判断其责任，主要有两种可能性：

第一，泄密者与受密者存在直接联系或接触，信息是泄密者在与受密者交流中提及，此时受密者不应利用信息谋取利益。第二，泄密者与受密者没有直接接触，信息是受密者偶然听见的，泄密者也并未意图让受密者听到信息，本文将这种情形称为"偶然获知信息"，此时受密者信息优势的获取并无不公平。上述分类的原因在于，一方面，不熟悉泄密者的人并不预期泄密者可能提到内幕信息，只是因为恰好出现在了内幕信息被说出的时间和地点才得以知悉，这种"好运气"并无可谴责之处。另一方面，不熟悉泄密者的人也没有理由相信一个陌生人说出的话可能是内幕信息，其信赖更多是个人判断，没有不公平性。

当然，偶然获知内幕信息的情形应被严格限定。这不包括受密者主动创设"偶然"知悉机会的情况，比如出租车司机每天蹲守在律师事务所外企图偷听内幕信息；也不应包括与泄密者有密切关系的受密者的知悉，否则受密者已经基于密切关系预期了泄密者有特殊信息优势，并确信自己会获悉内幕信息，具有故意利用内幕信息的心理状态。

按照上述标准重新审视李彩霞案，就会发现该案的处罚有待商榷。[②] 李彩霞是内幕信息知情人付某朝控股公司的兼职会计，到该公司做账时偶然听见了付某朝和他人谈论内幕信息。行政处罚决定书中并未列明二人此前有过任何往来，两人很有可能并不认识对方。如果李彩霞并不知道付某朝的身份也无法判断或预期付某朝说的信息是否是内幕信息，那么李彩霞利用该信息并无可谴责之处。因而，在作出处罚之前，还应结合李彩霞去该公司的时间、频率、接触公司业务的范围等，综合判断其是否有可能预期获得内幕信息。

（三）内幕信息多次泄露

在内幕信息多次泄露时，受密者的责任认定应更为谨慎。由于受密者承担责任以其知悉内幕信息为前提，而信息在经多次传递后完整性和准确性都可能受到影响。远距离受密尽管有交

---

① See United States v. Chestman, 947 F. 2d 551, at 579 - 580.

② 参见中国证监会行政处罚决定书（李彩霞）〔2016〕27 号。

易异常行为，但其可能只是认为自己知道了市场传言或者小道消息，而非内幕信息。因此，在认定远距离受密者对内幕信息的知悉时，应结合远距离受密者对信息来源的认知、信息传递的方式、信息是否失真等因素综合判断。[1]

综上所述，对受密者的处罚以其知悉内幕信息为条件，且受密者对此应具有故意或者重大过失。应受规制的受密者是那些获取了不公平信息优势的人，但排除与泄密者无密切关系的人偶然获知信息的。内幕信息多次泄露时，对远距离受密者知悉内幕信息的认定应更为谨慎。

### 六、 间接证据在违法行为证明中的作用

证明泄密行为的发生，往往需要依靠间接证据，《座谈会纪要》《内幕交易司法解释》都对此作出规定。在前文讨论的基础上，可以从以下三个方面对现有认定规则进行改进：第一，完善采用间接证据认定受密者责任的推定规则；第二，明确缺乏泄密的直接证据时，泄密者责任的认定方式；第三，加强对行政执法权力的约束。

（一） 受密者违法行为的证明

现行法上，《座谈会纪要》《内幕交易刑事司法解释》规定了受密者责任的证明规则，[2] 实践中则主要以"某种密切关系/敏感期内联络、接触"和"交易异常"两方面因素来推定受密者知悉内幕信息。

本文认为，对于与内幕信息知情人关系密切的人，以及内幕信息敏感期内与内幕信息知情人或者知悉该内幕信息的人有联络接触的人，可以采用间接证据认定其违法行为，但应排除偶然获知内幕信息的人。在明确适用标准的前提下，也可采用推定方式，推定基础事实主要包括"联络、接触"和"交易异常"两大要素，且对于不同的主体应设置梯度性的证明程度，证明也应达到清楚且有说服力的标准。

1. 间接证据证明违法行为的一般情形。中国法上，证监会曾在岳远斌案[3]对间接证据证明违法行为有较为细致的讨论。该案的间接证据包括四个方面：被处罚者岳远斌与内幕信息知情人马某之间的固有关系和惯常联系，岳远斌交易之前和马某的接触，岳远斌交易的异常情况，岳远斌交易行为与其他相关情况的吻合度。综合上述证据，证监会认为可以合理推断出岳远斌知悉内幕信息并实施了内幕交易行为。

---

[1] 参见郭佳鑫、葛康：《唐红军内幕交易案》，载中国证券监督管理委员会行政处罚委员会编：《证券期货行政处罚案例解析（第一辑）》，法律出版社2017年版，第69页。

[2] 参见劳东燕：《认真对待刑事推定》，载《法学研究》2007年第2期。

[3] 参见中国证监会行政处罚决定书（岳远斌）〔2011〕57号。值得注意的是，该案的处罚时间为2011年12月，尽管是在《座谈会纪要》出台之后，但从证监会的说理来看，其并未采取推定规则，而是根据间接证据综合判断来"推断"违法行为存在。

美国法上对间接证据的要求主要体现为附加因素规则。根据该规则，除了证明行为人与内幕信息知情人接触及交易的证据，还应有其他附加因素（plus factor）证明存在泄密，[①] 包括：（1）当事人的表现，是否存在陈述前后不一致，试图隐瞒关键信息，刻意销毁证据材料等有意欺骗行为；（2）相关时间，例如内幕信息的产生泄露和公布的时间、交易发生的时间；（3）当事人之间的关系，例如是否存在固有关系或资金往来；（4）交易的方式，包括具体程序和规模；（5）是否有合理无罪解释等。[②]

综合来看，利用间接证据认定受密者知悉内幕信息时，相关证据所指向的事实包括"联络、接触"和"交易异常"两个方面。前者体现出行为人与内幕信息知情人存在信息传递的可能性，后者体现出行为人对内幕信息的确信和利用。[③] 间接证据的类型则包括当事人之间的关系和联系、当事人在交易前后的接触、交易异常情况、交易行为与联络接触行为的吻合程度、当事人之间的资金往来、有意的隐瞒等。[④] 据此，证监会在李健铭案[⑤]中基于双方的联络接触及李健铭交易异常认定存在内幕交易行为，也是较为合理的。

2. 推定规则的适用。除了利用间接证据证明违法行为的一般情形，现行法对部分非法获取内幕信息的人采取了推定的认定方法。推定遵循从基础事实到推定事实的证明过程，一定程度上降低了证明的难度。有必要明确其适用正当性及具体标准。

（1）正当性。从理论上看，设立推定的考量因素可能有两个方面：特定事实之间的常态联系，以及社会政策的考量。[⑥] 以此来检验，对受密者责任的推定是合理的。

首先，对于可认定行为人违法行为的间接证据，其通常包括"联络、接触"和"交易异常"两个要素，"联络、接触"表明行为人具有获得内幕信息的条件，"交易异常"表明行为人很可能利用了内幕信息。故可以基于上述事实构建一般化的推定规则。

其次，推定规则符合政策考量。泄密型内幕交易的发生具有隐蔽性，根据大量间接证据来形成完整证据链条固然是可取的证明方法，但这可能会给执法者增加不必要的举证压力，有必要

① 参见张子学：《浅析"知悉"内幕信息的证明》，载张育军、徐明主编：《证券法苑（第四卷）》，法律出版社 2011 年版。

② 参见马其家：《美国证券法上"附加因素"规则及其启示》，载《东北师大学报（哲学社会科学版）》2010 年第 6 期。

③ 参见张子学：《浅析"知悉"内幕信息的证明》，载张育军、徐明主编：《证券法苑（第四卷）》，法律出版社 2011 年版；曾洋：《"知悉内幕信息"的证明》，载《证券市场导报》2014 年第 11 期。

④ 参见张子学：《浅析"知悉"内幕信息的证明》，载张育军、徐明主编：《证券法苑（第四卷）》，法律出版社 2011 年版；曾洋：《"知悉内幕信息"的证明》，载《证券市场导报》2014 年第 11 期。

⑤ 参见中国证监会行政处罚决定书（李健铭）〔2019〕47 号。

⑥ 参见樊崇义、史立梅：《推定与刑事证明关系之分析》，载《法学》2008 年第 7 期；劳东燕：《认真对待刑事推定》，载《法学研究》2007 年第 2 期。

以推定规则适当减轻证明难度。并且，推定也在一定程度上限制了执法者的自由心证空间，[①] 减少违法行为认定的任意性。

最后，考虑到推定降低了证明难度，需要对其进行合理限制，设置明确的适用条件和反驳理由，避免打击面过宽。下文将以现行法的推定规则为基础，对推定的相关要素进行讨论。

（2）推定的主体范围。结合前文讨论，本文认为泄密型内幕交易中推定的适用主体包括三类人：内幕信息知情人的近亲属或者其他与其有密切关系的人；在内幕信息敏感期内与内幕信息知情人有联络、接触的人；在内幕信息敏感期内与其他知悉该内幕信息的人有联络、接触的人。

对于第一类推定主体，这类人因与知情人有密切往来，甚至共同居住，具有获得内幕信息的便利条件。对于第二类推定主体，其因联络、接触行为而可能获得内幕信息，但应排除那些偶然获知内幕信息的人。对于第三类推定主体，该类人规定于《座谈会纪要》中，其联络接触的对象"其他知悉该内幕信息的人"不是内幕信息知情人，理论上包括其他知悉内幕信息的受密者，以及采用盗取等非法手段获得内幕信息者。

（3）推定的基础事实。推定的基础事实应为"某种密切关系/敏感期内联络、接触 + 交易异常"。针对不同的主体，基础事实中的交易异常要素应有梯度性的证明程度。在行政处罚中，基础事实的证明应清楚且有说服力的标准。

首先，证明基础事实的证据要求。对于联络、接触要素，既包括共同居住的家庭成员之间的联系，也包括未共同生活但与泄密者存在联系的人，例如同学、生意伙伴等，此时应有当事人之间的联络、接触来表明信息传递，如双方的通话、短信、就餐等。[②]

对于交易异常要素，由于受密者知悉内幕信息后，可能自己交易，也可能再次泄密，故本文认可《内幕交易刑事司法解释》中的规定，即应将"从事或者明示、暗示他人从事，或者泄露内幕信息导致他人从事与该内幕信息有关的证券交易"[③] 都作为交易异常认定。

---

① 参见刘博：《姜健内幕交易案》，中国证券监督管理委员会行政处罚委员会编：《证券期货行政处罚案例解析（第一辑）》，法律出版社 2017 年版，第 65 页。
② 参见张子学：《浅析"知悉"内幕信息的证明》，载张育军、徐明主编：《证券法苑（第四卷）》，法律出版社 2011 年版。
③ 参见最高人民法院、最高人民检察院《关于办理内幕交易、泄露内幕信息刑事案件具体应用法律若干问题的解释》（法释〔2012〕6 号）第二条："有下列行为的人员应当认定为刑法第一百八十条第一款规定的'非法获取证券、期货交易内幕信息的人员'：…（二）内幕信息知情人员的近亲属或者其他与内幕信息知情人员关系密切的人员，在内幕信息敏感期内，从事或者明示、暗示他人从事，或者泄露内幕信息导致他人从事与该内幕信息有关的证券、期货交易，相关交易行为明显异常，且无正当理由或者正当信息来源的；（三）在内幕信息敏感期内，与内幕信息知情人员联络、接触，从事或者明示、暗示他人从事，或者泄露内幕信息导致他人从事与该内幕信息有关的证券、期货交易，相关交易行为明显异常，且无正当理由或者正当信息来源的。"

在具体表现上,《内幕交易刑事司法解释》对交易异常要素有较为详细的列举,交易异常分为"时间吻合程度、交易背离程度和利益关联程度"上的异常,具体包括:(1)证券账户开户销户与内幕信息吻合;(2)账户资金变化与内幕信息吻合;(3)交易时间与内幕信息的形成、变化、公开时间吻合,与获悉内幕时间吻合;(4)交易活动与平时习惯明显不同或者背离证券公开信息反映的基本面;(5)交易资金进出与行为人或内幕信息知情人有利害关系等。①

根据上述标准,苏嘉鸿案②中行政执法的证据搜集并未达到要求。该案中证监会认定殷卫国是内幕信息知情人,该事实是认定后续苏嘉鸿联络、接触行为和交易异常行为的前提。但是证监会并没有联系到殷卫国本人,这使得苏嘉鸿联络、接触的对象是否知悉内幕信息就处于不清楚的状态,其后续的认定也就无法成立了。

其次,对基础事实的证明程度。本文认为,对于交易异常要素,应区分受密者的身份设置梯度性的标准。原因在于,行为人与内幕信息的距离远近影响着其知悉内幕信息的机会大小:行为人与内幕信息知情人关系越密切,其距离内幕信息越近,获取内幕信息越容易,③相应地,对距离内幕信息较远者,证明其交易行为明显异常的门槛应更高。在具体标准上,可借鉴《座谈会纪要》的规定:对于内幕信息知情人的近亲属或关系密切人,其交易行为与内幕信息达到"基本吻合"应足以推定其知悉并利用了内幕信息;对于内幕信息敏感期内与内幕信息知情人有联络、接触的人,其交易行为与内幕信息应为"高度吻合"才能推定。这一标准也适用于内幕信息的远距离受密者。④

---

① 最高人民法院、最高人民检察院《关于办理内幕交易、泄露内幕信息刑事案件具体应用法律若干问题的解释》第三条:"本解释第二条第二项、第三项规定的'相关交易行为明显异常',要综合以下情形,从时间吻合程度、交易背离程度和利益关联程度等方面予以认定:(一)开户、销户、激活资金账户或者指定交易(托管)、撤销指定交易(转托管)的时间与该内幕信息形成、变化、公开时间基本一致的;(二)资金变化与该内幕信息形成、变化、公开时间基本一致的;(三)买入或者卖出与内幕信息有关的证券、期货合约时间与内幕信息的形成、变化和公开时间基本一致的;(四)买入或者卖出与内幕信息有关的证券、期货合约时间与获悉内幕信息的时间基本一致的;(五)买入或者卖出证券、期货合约行为明显与平时交易习惯不同的;(六)买入或者卖出证券、期货合约行为,或者集中持有证券、期货合约行为与该证券、期货公开信息反映的基本面明显背离的;(七)账户交易资金进出与该内幕信息知情人员或者非法获取人员有关联或者利害关系的;(八)其他交易行为明显异常情形。"

② 参见苏嘉鸿与中国证券监督管理委员会二审行政判决书,北京市高级人民法院(2018)京行终445号。

③ 参见陈洁:《内幕交易事实认定中自由裁量权的适用及其规制》,载《清华法学》2018年第6期;张子学:《浅析"知悉"内幕信息的证明》,载张育军、徐明主编:《证券法苑(第四卷)》,法律出版社2011年版。

④ 可能的理解是,"高度吻合"表现为,在账户开立、资金变化、交易时间等时间点上与内幕信息的形成、变化、公开时间点或行为人可能获悉内幕信息的时间点紧密相关,行为人的交易习惯显著背离以往习惯或证券公开信息等。"基本吻合"则表现为各种时间点处于内幕信息形成与公开的时点范围内,但并非紧密承接,或在证券公开信息没有明显变化的情况下大量买卖等。参见谢杰:《最新内幕交易犯罪司法解释的缺陷与规则优化》,载《法学》2012年第10期。

最后，对基础事实的证明标准。① 本文认可证监会有关人员的观点，以"清楚的、具有说服力的证明标准"作为证券行政处罚中的证明标准，该标准为介于95%到99%的高度盖然性。② 要达到清楚且有说服力，相关证据和证明对象间应当形成明确清晰的逻辑关系，有完整证据链条，且主要事实间没有矛盾。③

（4）推定的反驳理由。在行政机关证明了基础事实后，行为人可以提出反驳理由来推翻推定，即《内幕交易刑事司法解释》中规定的"正当理由或正当信息来源"。例如，根据前文，④ 若行为人可以证明，其与内幕信息知情人并无密切关系，只是偶然获知内幕信息，那么其信息优势的取得就无不公平之处，符合正当信息来源的要求。

3. 内幕信息多次泄露。除了采用泄密型内幕交易的一般情形，如果交易异常的行为人与内幕信息知情人之间没有直接联络、接触，而是双方都与某个人或某几个人有接触，此时根据间接证据认定违法行为是有可能的，但必须是综合多个间接证据的谨慎推断过程，而不能通过多次运用推定来证明。

一方面，信息传递链条越长，信息失真的可能性越大，在利用间接证据证明时应更谨慎。只有当现有间接证据确能形成完整链条表明可能发生信息多次泄露时，才有可能对交易者和信息传递者追究责任。另一方面，不能多次运用推定来证明信息的多次传递。推定规则需以相应基础事实成立为前提，泄密者知悉内幕信息即为相应事实之一。在内幕信息多次泄露的案件中，若一方知悉内幕信息的事实来自推定，而无法被确实地证明，则基础事实本就无法成立，推定规则也难以适用。⑤

由此来看，在前文提到的张琴案中，⑥ 违法行为认定过程就显得有些简单。该案中，处罚的主要依据是中间信息传递者袁某超与内幕信息知情人王某仓的联络接触，袁某超与实际交易者张琴的密切关系，张琴交易的时点与袁某超、王某仓通话时点的一致，以及张琴交易量的加大。但是，由于张琴和王某仓之间没有直接联系，故张琴是否确信该信息为内幕信息、是否知晓该信息的来源、是否的确通过袁某超和王某仓通话知悉了内幕信息，尚不能从以上证据中推断，至少还需考察张琴对王某仓和袁某超关系的了解程度、袁某超和王某仓通话前后张琴的活动轨迹等

---

① 参见欧阳振远：《行政处罚证明标准研究》，载黄红元、徐明主编：《证券法苑》第九卷，法律出版社2013年版；蔡奕：《我国证券市场内幕交易的法学实证分析》，载《证券市场导报》2011年第7期。

② 参见欧阳振远：《行政处罚证明标准研究》，载黄红元、徐明主编：《证券法苑》第九卷，法律出版社2013年版。

③ 参见蔡奕：《我国证券市场内幕交易的法学实证分析》，载《证券市场导报》2011年第7期。

④ 参见本文第五部分"（二）应受规制的受密者范围"相关论述。

⑤ 参见高振翔：《传递型内幕交易中推定规则的理解与适用》，载蒋锋、卢文道主编：《证券法苑》第二十七卷，法律出版社2019年版。

⑥ 参见中国证监会行政处罚决定书（张琴）〔2016〕67号。

证据才能进一步判断。

4. 现有规则的改进。基于上文对受密者违法行为构成要件和证明方式的讨论，可以对现有受密者责任的认定规则作出改进。

首先，应明确受密者的主体范围。一方面，"非法获取内幕信息的人"包括内幕信息受领人和其他采用盗取、窃听等不涉及信息传递的非法手段获取内幕信息的人。另一方面，内幕信息受领人分为三类：第一类是采用刺探、骗取、套取、利诱、主动蹲守和私下交易等不当手段获取内幕信息的人；第二类是内幕信息知情人的近亲属或者其他与内幕信息知情人关系密切，并且有交易异常行为的人；第三类是在内幕信息敏感期内与内幕信息知情人或者其他知悉内幕信息的人联络、接触，并且有交易异常行为的人。①

其次，应完善不同类型受密者责任的证明要求。受密者责任以其知悉并利用内幕信息为基本条件，排除部分偶然获知内幕信息的人。其中第一类受密者需有直接证据证明，第二、第三类受密者可以通过推定证明，且都需达到清楚且有说服力的证明标准。

对于第二类受密者，如果其在内幕信息敏感期内，从事或者明示、暗示他人从事，或者泄露内幕信息导致他人从事与该内幕信息有关的证券交易，相关交易行为与内幕信息基本吻合，且无正当理由或者正当信息来源，则推定其非法获取内幕信息，构成内幕交易。

对于第三类受密者，如果其从事或者明示、暗示他人从事，或者泄露内幕信息导致他人从事与该内幕信息有关的证券交易，相关交易行为与内幕信息高度吻合，且无正当理由或者正当信息来源，则推定其非法获取内幕信息，构成内幕交易。且"其他知悉该内幕信息的人"知悉内幕信息的事实应有直接证据证明，不能通过推定认定。

最后，应明确推定规则中的证明程度和反驳理由。对于第二、第三类受密者，其交易行为与内幕信息的吻合程度要求应存在差别，后者在时间一致程度、交易背离程度和利益关联程度上标准应更高。若第三类受密者中，与泄密者没有密切关系的人偶然获知内幕信息，可被视为有正当信息来源。

（二）泄密者违法行为的证明

对于泄密者的违法行为，现行法的证明规则并没有涉及，导致实践中对泄密者处罚的不对称。本文认为，如果仅有间接证据表明行为人知悉并利用了内幕信息，可以推定发生了泄密，并且泄密者责任的主观条件已经满足，但允许泄密者举出反证来推翻。② 原因如下：

---

① 考虑到证明程度一致，此处将前文第二、第三类推定主体合并为一类，参见本小节"2. 推定规则的适用"相关论述。

② 参见高振翔：《传递型内幕交易中推定规则的理解与适用》，载蒋锋、卢文道主编：《证券法苑（第二十七卷）》，法律出版社 2019 年版。

一方面，可以认定发生了信息传递。前文已述，可根据"某种密切关系/敏感期内联络、接触＋交易异常"的基础事实来推定行为人知悉并利用了内幕信息，若行为人的交易与其和信息源联络接触的时点相互吻合，且没有其他信息来源，表明交易者知悉内幕信息只可能来自其与信息源的联系，故可以认定发生了信息泄露。如果信息源或交易者能够举出其他证据，表明双方联系与内幕信息无关，或者交易者还有其他信息渠道，则上述认定无法成立。[①]

另一方面，可以认定相应主观条件得到满足。如前所述，对于内幕信息知情人，由于其负有比一般标准更高的注意义务，其泄露信息的事实本身就能说明其主观上对内幕信息被利用至少持放任或漠视心理，没有尽到充分的注意义务，从而满足主观要件的要求。对于转泄密者，其因获取了不公平信息优势而不得将内幕信息继续泄露，信息传递行为也可表明其对泄密至少存在重大过失。

上述认定可以结合全案事实进一步印证。例如，在刘帆、李军案中，[②] 微信记录表明受密者李军是从刘帆那里获悉了内幕信息，证监会也据此认定了刘帆泄露内幕信息的行为是较为合理的。除非泄密者能够举出反证或者全案事实表明泄密者与受密者之间仅仅是刚刚认识等情况，因泄密者为便利受密者或者其他人交易的意图难以认定，基于疑罪从无的原则，应认定泄密者没有不当泄密意图。但是，泄密者仍应承担违反保密义务的责任。此外，若泄密者为受密者的交易提供资金，则泄密者对受密者的交易已经作出了实际的协助行为，甚至可能通过出资参与交易行为，也应当受到处罚，故张庆华、周永发案的认定是较为合理的。[③]

以上述标准来看，王驾宇案的认定也有待商榷。该案中，[④] 王驾宇与内幕信息知情人郭某存在日常及内幕信息敏感期内的联络接触，王驾宇的交易异常表明其很有可能利用了内幕信息。且郭某对两人是否曾沟通过内幕信息还作出了前后矛盾的陈述，更表明其可能传递了内幕信息，可以推定发生了泄密行为，应当对郭某也予以处罚。

（三）行政执法的约束

上文主要从实体方面分析了如何认定泄密型内幕交易，除此之外，要想实现对泄密型内幕交易的合理规制，还有必要在程序方面加强对监管者行政执法权限的约束，规范执法流程，强化司法监督。[⑤]

一方面，应规范相关执法程序。在内幕交易的行政处罚程序中，由于要取得行为人传递内幕

---

① 参见高振翔：《传递型内幕交易中推定规则的理解与适用》，载蒋锋、卢文道主编：《证券法苑（第二十七卷）》，法律出版社 2019 年版。

② 参见中国证监会行政处罚决定书（李军、刘帆）〔2019〕89 号。

③ 参见中国证监会行政处罚决定书（张庆华、周永发）〔2020〕111 号。

④ 参见中国证监会行政处罚决定书（王驾宇）〔2019〕77 号。

⑤ 参见陈洁：《内幕交易事实认定中自由裁量权的适用及其规制》，载《清华法学》2018 年第 6 期。

信息或联络接触、交易异常的证据，监管者势必要对行为人的活动轨迹、通话记录等进行调查。根据《中华人民共和国行政处罚法》的规定，行政机关发现行政相对人有依法应给予行政处罚的行为，"必须全面、客观、公正地调查、收集有关证据"。① 如北京高院在苏嘉鸿案中所言，这要求监管者调查取证过程中必须全面搜集各种相关证据，避免主观随意性，不应存在偏私或武断。②

另一方面，应加强法院的监督功能。在行政处罚作出后，除了行政复议的自我纠正约束外，另一个重要的约束力量来自法院的司法审查。美国法上，作为证券监管机关的 SEC 也有扩大执法边界的冲动，但屡次被法院所阻止。③ 暂且不论法院的限缩是否完全合理，这种限制作为对行政权力的制约，有利于避免对内幕交易的执法逾越法律边界。因此，有必要充分发挥法院的审查功能，避免行政执法打击泄密型内幕交易的边界过度扩张。

### 结语

规制泄密型内幕交易，既不是要消除证券市场所有的信息优势，也不仅是为了防止特定义务人违反信义义务，而是为了禁止不公平信息优势的传递。不公平的信息优势来自因职位、管理优势等原因合法获得的内幕信息。这种信息优势不应被泄密者有意传递给他人，也不应被受密者采用刺探等不当方式主动获取或私自利用。

基于上述立法目的，有必要规定泄密者和受密者违法行为的认定条件。对于泄密者，其责任应有主观条件的限制：泄密者认识到其泄露内幕信息会使得受密者或者他人利用，且其对此具有故意或者重大过失。内幕信息多次泄露时，泄密者责任认定应更为谨慎。

对于受密者，其责任以其知悉内幕信息为前提。受密者的信息优势可能是其采用非法手段，借助与泄密者的密切关系，对内幕信息承担保密义务，或者与泄密者联络接触获得。多数情况下，受密者都不应利用上述信息优势进行交易，除非是与泄密者没有密切关系的受密者偶然获知内幕信息。内幕信息多次泄露时，认定远距离受密者的违法行为也应更为谨慎，不能通过多次推定来证明。

明确了立法目的和行为要件，可相应对证明规则进行完善。一方面，对于受密者，其属于"非法获取内幕信息的人"，具体分为三类：采用刺探、骗取、套取等涉及信息传递的非法手段

---

① 《中华人民共和国行政处罚法》第三十六条："除本法第三十三条规定的可以当场作出的行政处罚外，行政机关发现公民、法人或者其他组织有依法应当给予行政处罚的行为的，必须全面、客观、公正地调查，收集有关证据；必要时，依照法律、法规的规定，可以进行检查。"

② 参见苏嘉鸿与中国证券监督管理委员会二审行政判决书，北京市高级人民法院（2018）京行终445号。

③ 参见张巍：《三十年完成一个"小目标"：内幕交易在美国》，资料来源："比较公司治理"微信公众号，https://mp.weixin.qq.com/s/roNIJjM3owUhZhuR8kUG9Q，2022年2月2日访问。

获取内幕信息的人；内幕信息知情人的近亲属或者与内幕信息知情人关系密切，并且在内幕信息敏感期内交易异常的人；在内幕信息敏感期内与内幕信息知情人或者其他知悉该内幕信息的人有联络、接触，并且交易异常的人。其中第一类受密者只能通过直接证据认定，第二、第三类受密者可以通过推定来认定。推定的基础事实包括"联络、接触"和"交易异常"两个方面，第二类受密者的交易与内幕信息应达到基本吻合，第三类受密者的交易与内幕信息应达到高度吻合。并且，应明确受密者可能被支持的反驳理由，如偶然获知内幕信息。另一方面，对于泄密者，应明确信息传递行为本身就足以表明泄密者责任的条件得到满足，除非存在责任排除情形。并且，对于第二、第三类受密者，在认定其非法获取内幕信息的同时，也可认定相应信息来源构成泄露内幕信息。此外，还应不断规范执法程序，强化执法约束。

# 证券市场禁入的制度功能与适用标准*

■ 孟 盛**

**摘要：**证券市场禁入措施是我国证监会执法实践中针对证券违法行为的强大"武器"，但我国当前立法尚存在适用标准模糊与片面的问题。从近年来证监会市场禁入执法案件可以发现，所有禁入决定中各项禁入措施皆是合并适用，在适用标准上只会机械地认定"情节严重"，但这不利于证券市场的持续健康发展。根据行政比例原则的要求，执法者应当关注和区分各项禁入措施的不同制度定位和实效功能，并在此之上确立使用标准。借鉴美国立法与执法事件的经验，应当分别以"不称职""扰乱证券行业秩序""影响交易秩序或者交易公平"为中心，重构我国公司任职禁止、证券业务禁入与证券交易禁止的使用标准。

**关键词：**行政处罚　市场禁入　公司任职禁止　证券业务禁入　证券交易禁止

　　强势有效的证券市场有赖于证券监管机关积极的执法活动。美国哥伦比亚大学法学院教授小约翰·科菲（John C. Coffee, Jr.）的研究表明，公司与证券法执行的强度是解释普通法系国家的证券市场更为发达的关键因素。[①] 证券市场禁入就是执法者规范证券市场发展与保护投资者权益的有力武器。相较于运用更为广泛的罚款、警告等处罚措施，市场禁入针对的是情节恶劣、影响重大的违法行为，是通过剥夺违法者履行原有职务或从事特定交易行为的权利，来保护市场与投资者在将来免受其侵害。与行政罚款与民事赔偿责任不同，证券市场禁入措施追求的是违法者的个人责任，而不是以公司为主要的制裁对象，因而不仅不会使发行人及其股东承受沉重的经济后果，还能有效地维护其合法权益。[②]

　　证券市场禁入的适用标准是否合理，很大程度上决定了该制度能否在实践中发挥良好的效

---

　　* 本文系浙江省社科规划重点项目（21WZQH02Z）阶段性研究成果。
　** 孟盛，浙江大学光华法学院经济法学硕士研究生。

　　① See John C. Coffee Jr. , *Law and the Market：The Impact of Enforcement*, 156 University of Pennsylvania Law Review 229 (2007), pp. 229 - 312.

　　② 参见黄辉、李海龙：《强化监管背景下的中国证券市场禁入制度研究：基于实证与比较的视角》，载《比较法研究》2018 年第 1 期。

果，然而，与发达资本市场国家的法律相比，我国当前立法尚存在适用标准模糊与片面的问题。本文将从我国证券市场禁入的立法与执法实践出发，以经验证据说明当前实践中存在的不足，并针对现实问题，提供重构证券市场禁入措施适用标准的建议。本文提出，确定适用证券市场禁入的具体标准，必须综合考虑拟被禁入对象过去违法行为的严重程度和具有未来不当行为的风险。证券市场禁入制度是以限制违法行为人职业自由选择权的方式，实现对违反行政法律规范相对人的制裁和惩戒，防止其未来再次实施此类违法行为。不同的证券市场措施限制了被禁入对象不同方面的职业自由，因此应当针对不同的违法情形分别作出，其适用标准也应当根据其制度目的和功能分别确定。

## 一、 中国证券市场禁入的立法执法实践和问题引入

### （一） 证券市场禁入立法的演进与局限

早在 1996 年，国务院就在《关于进一步加强证券监督管理工作的通知》中正式提出的"证券行业禁入"的概念，作为我国证券市场禁入制度的前身，为我国禁入制度的全面建构铺垫了坚实的政策基础。① 随后，1997 年颁布的部门规章《证券市场禁入制度暂行规定》（以下简称《暂行规定》）正式确立了我国的证券市场禁入制度。2005 年《证券法》修订，在高位阶的法律层面对该制度作了授权和认可。2006 年《证券市场禁入规定》（以下简称《2006 规定》）发布，在废止了《暂行规定》的同时还扩大了市场禁入适用主体的范围。但经过近十年的发展，《2006 规定》的主体已经不能适应证券市场出现的各种新情况，接着证监会又在 2015 年对《2006 规定》进行了修订，发布《证券市场禁入规定》（以下简称《2015 规定》）。②

2019 年《证券法》修订，又对证券市场禁入制度作出四项重要改动：一是在原《证券法》规定的业务禁止和任职禁止的基础上增加了证券交易禁止；二是增加了"禁止从事'证券服务业务'"作为禁入内容；三是将不得担任职务的机构类型由"上市公司"扩展为全体"证券发行人"；四是将以往业务禁止或者任职禁止的适用关系修改为同时适用的关系，体现了证监会打击证券违法行为的"强监管"手腕。

证券市场禁入制度在我国历经二十余年的嬗变，在禁入对象、禁入行为类型、禁入内容等方面都呈现不断扩大和完善的趋势。然而，我国有关立法始终缺乏对适用标准的关注。适用标准的模糊不清导致证监会行使了很大的裁量权，容易对当事人造成较大的负面影响。根据《证券法》（2019 年修订）第二百二十一条规定，证券市场禁入措施的适用应当满足两个条件，一是行为人

---

① 参见张林鸿：《我国证券市场禁入制度法治化的困境与出路》，载《政法学刊》2020 年第 5 期。
② 参见徐仁进：《我国证券市场禁入制度的适用标准问题研究——"赵薇案"和"马斯克案"引发的思考》，载《法律与金融》2019 年第六辑，第 64 页。

"违反法律法规和证监会规定",二是要求"情节严重"。"情节严重"这样的模糊表达赋予了证监会极大的自由裁量空间,评判标准的缺失削弱了评判标准的正当性,而且这种规定过于强调行为人过去的违法违规行为,缺乏对行为人当下与未来行为的关注。[①] 在实施细则方面,以《证券法》(2019 年修订)的新增规定为依据,证监会在 2021 年发布了最新的《证券市场禁入规定》中(以下简称《2021 规定》)。对于适用标准问题,《2021 规定》主要在第七条规定了可以被采取禁入措施的违法行为类型,然而,何谓"情节严重""情节较为严重",具体规则却仍付之阙如。

(二)证监会执法情况的经验证据及分析

通过对证监会在其官方网站发布的《中国证监会市场禁入决定书》统计和分析,可以归纳出行政机关在作出市场禁入决定时所考量的情节。笔者统计所用数据来源于证监会官网公开的全部《市场禁入决定书》,数据统计涵盖的年度范围是 2019 年至 2021 年(见表1)。需要说明的是,表 2 中所注明的法条均为 2005 年《证券法》,且新增的证券交易禁止自 2021 年 7 月 19 日开始施行,故证监会官网中尚缺乏包含该项禁止的禁入决定。此外,〔2019〕3 号、〔2019〕14 号、〔2019〕17 号、〔2019〕18 号、〔2019〕21 号、〔2021〕17 号市场禁入决定书未在证监会网站上公开。如表 1 所示,2019—2021 年,证监会每年作出禁入决定书的平均数量为 24 件,被采取禁入措施的平均人数为 49 人,并且每年决定书数量与人数都保持较稳定的水平。

**表 1　2019—2021 年禁入决定书的数量、人数与措施**

| 年份 | 禁入决定书数量(件) | 被实施禁入措施的人数(人) |
| --- | --- | --- |
| 2019 | 26 | 48 |
| 2020 | 24 | 54 |
| 2021 | 22 | 46 |

表 2 则统计了 2019—2021 年被采取禁入措施的违法行为类型的情况,信息披露违法、内幕交易、市场操纵是被采取禁入措施较多的违法行为类型,三者主要的共同特征是都严重影响了证券市场中信息的真实性。不过,其他非典型的证券违法行为也会被采取禁入措施,可见证券法各个规制领域的违法行为都可能被市场禁入的法网笼罩。可见,由于我国在立法层面通过"违反法律、行政法规或者中国证监会有关规定"和"情节严重""情节特别严重"的两把标尺来圈定违法行为的范围,证券市场禁入制度在规制行为形式上的区别被显著地消除,进而证监会在

---

① 参见陈军:《证券市场禁入的适用条件:由静态向动态的转型》,载蔡建春、卢文道主编:《证券法苑(第二十九卷)》,法律出版社 2020 年版。

执法实践中可以采用实质性的标准，使其在执法过程中可以享有更高的自由裁量权。①

表2  2019—2021年被实施禁入措施的违法行为的数量　　　　　　单位：件

| 违法行为与规范依据 | 2019 年 | 2020 年 | 2021 年 |
| --- | --- | --- | --- |
| 信息披露违法（第六十三条） | 10 | 9 | 14 |
| 内幕交易（第七十三条、第七十六条） | 1 | 4 | 0 |
| 市场操纵（第七十七条） | 2 | 4 | 5 |
| 短线交易（第四十七条） | 0 | 0 | 0 |
| 违反权益披露规则（第八十八条） | 0 | 1 | 0 |
| 妨碍证券执法（第一百八十三条） | 1 | 0 | 1 |
| 违反证券业任职规定（第四十三条） | 5 | 0 | 1 |
| 违反证券公司管理规定（第一百三十条） | 0 | 1 | 0 |
| 违反证券承销业务规定（第一百九十一条） | 1 | 0 | 0 |
| 违反基金业有关管理规定 | 1 | 5 | 0 |

表3统计了不同身份的市场主体被采取禁入措施的情况。通过数据可知，无论是在发行人中担任重要职位的人，如总经理、董事长等，还是没有任何特别身份的普通投资者，只要其对证券市场造成了严重风险，都可能被证监会采取禁入措施，规制主体的范围十分广泛。

表3  2019—2021年被实施禁入措施的人员的身份　　　　　　单位：人

| 身份 | 2019 年 | 2020 年 | 2021 年 |
| --- | --- | --- | --- |
| 董事长 | 15（含 3 个副职） | 17（含 1 个副职） | 13（含 1 个副职） |
| 总经理 | 3（含 1 个副职） | 6（含 6 个副职） | 3（含 2 个副职） |
| 财务总监 | 7 | 8 | 8 |
| 董事长秘书 | 2 | 5 | 2 |
| 独立董事 | 0 | 0 | 0 |
| 一般执行董事 | 14 | 5 | 6 |
| 控股股东/实际控制人 | 4 | 5 | 10 |
| 监事 | 2 | 1 | 1 |

① 参见徐仁进：《我国证券市场禁入制度的适用标准问题研究——"赵薇案"和"马斯克案"引发的思考》，载《法律与金融》2019年第六辑，第64页。

续表

| 身份 | 2019 年 | 2020 年 | 2021 年 |
|---|---|---|---|
| 证券交易所工作人员 | 4 | 0 | 0 |
| 基金业从业人员 | 2 | 2 | 0 |
| 证券公司从业人员 | 2 | 2 | 2 |
| 会计师/审计师 | 2 | 0 | 5 |
| 普通投资者 | 1 | 1 | 4 |

然而，表4统计的2019年被实施禁入措施次数，与违法对象和主体的广泛性形成了鲜明对比。证监会采取的任职禁止次数与业务禁止次数完全一样，所有禁入决定中两项措施皆为合并适用，没有任何区别。事实上，在所有的禁入决定书中，证监会的用语统一都是"自我会宣布决定之日起，在禁入期间内，除不得继续在原机构从事证券业务或者担任原上市公司、非上市公众公司董事、监事、高级管理人员职务外，也不得在其他任何机构中从事证券业务或者担任其他上市公司、非上市公众公司董事、监事、高级管理人员职务"。从中可见，证监会完全是将原本分属两个制度的任职禁止和业务禁止当作同样的措施"打包出售"，并未根据具体违法情况来判断施加何种禁入措施是适当的，一概认定"情节严重"，而对两个制度内部的不同制度定位和实效功能缺乏细致关注和区分。

**表4　2019年被实施禁入措施次数**　　　　单位：次

| 任职禁止 | 业务禁止 | 交易禁止 |
|---|---|---|
| 48 | 48 | 0 |
| 54 | 54 | 0 |
| 46 | 46 | 0 |

以上发现的证监会对不同类型市场禁入措施的混同适用，表明执法者对于禁入措施各自的制度功能缺乏准确的分类和定位。在这种粗略的做法下，执法者往往会将违法所得作为一个决定性的测试标准，此种衡量标尺容易导致执法者的裁量权不受限制。例如，对比证监会〔2021〕1号市场禁入决定书①与〔2021〕12号市场禁入决定书②，二者都主要属于市场操纵的案件，前者对证券市场的恶劣影响比后者要大，在规模、成交量、股票价格波动幅度、影响力方面都足以

① 《中国证监会市场禁入决定书（吴国荣）》，证监会〔2021〕1号。
② 《中国证监会市场禁入决定书（陈建铭、谢晶）》，证监会〔2021〕12号。

对其施加更高年限的市场禁入，但由于其最终亏损甚巨①，证监会反而因此对其减轻了惩罚，这几乎是把"情节严重"与违法所得之间画上了等号。此外，在违法所得难以计算的案件中，"情节严重"更是没有清晰的界定标准，证监会很少对当事人行为的严重性进行精确说明，缺乏客观、可量化、便于统一反复行使的衡量标准。"情节严重"应该具备多元化、精细化的判断标准，否则容易释放错误的政策导向和引发道德风险，不利于证券市场持续健康发展。

## 二、 证券市场禁入措施正当性适用的要求

通过梳理我国证券市场禁入措施的立法演进历程，分析其制度功能，可以发现三类证券市场禁入措施分类适用的正当性根植于行政比例原则对行政裁量权合理性的基本要求，但我国当前的做法与此有所背离。禁入措施正当性应立足于行政比例原则和分类适用的基石。

（一） 行政比例原则的要求

证券市场禁入措施无疑会对当事人产生巨大影响，除了对当事人造成声誉损害外，还会使许多有管理才华的人失去工作机会，因此许多公司高管甚至将其比作"死刑"。美国学者 Jayne Barnard 教授指出，实施禁入措施必须考虑制裁手段对公民权利造成的后果，这些权力包括公民的职业自由权，违法者获得与其情节相当的惩罚的权利，民事程序中被告不受到惩罚性责任的权利，以及股东自主任命董事会成员的权利。② 为保障私人权利不受公权力主体的过度限制，证监会在实施证券市场禁入措施时应当严格遵循比例原则的要求。③ 具体而言，根据比例原则项下的适当原则、必要性原则与均衡原则，公权力行为的手段必须：（1）能够促进所追求的目标的实现；（2）是造成损害最小的必要手段；（3）手段所增进的公共利益与其所造成的损害成比例。④ 在颇具影响的 *Steadman v. SEC*⑤ 一案（以下简称 *Steadman* 案）中，美国法院就明确要求，当 SEC 寻求禁入措施时，它必须清楚地阐述此种严厉的制裁比其他替代方案更合适的理由。⑥ 然而，证监会在既往执法实践中对不同类别的禁入措施不加选择地适用一统，而不考虑被告具体

---

① 吴国荣案实际控制 196 个证券账户，操纵期间华平股份股票价格从 6.35 元/股上涨至 7.1 元/股，涨幅 11.8%，其间最高价 8.86 元/股，6 月 19 日至 6 月 26 日股票出现多日跌停，截至 6 月 26 日，收盘价为 3.81 元/股，造成股价大幅波动，操纵期间账户组亏损 32372.33 万元。陈建铭、谢晶案控制使用 101 个证券账户，其操纵"中昌数据"期间，账户组大量减持，账户持股量减少约 100%，股价累计下跌 35.89%，共计获利 11472258.06 元。

② See Jayne W. Barnard, *The SEC's Suspension and Bar Powers in Perspective*, 76 Tulane Law Review 1253 (2002), p. 1254.

③ 参见史欣媛：《论比例原则在经济法中的适用》，载《现代法学》2022 年第 2 期。

④ 参见刘权：《目的正当性与比例原则的重构》，载《中国法学》2014 年第 4 期。

⑤ See Steadman v. SEC, 450 U. S. 91 (1981).

⑥ See Jon Carlson, *Securities, Officer and Director Bars, and the Unfitness Inquiry after Sarbanes - Oxley*, 14 Fordham Journal of Corporate and Financial Law 679 (2009), p. 689.

违法行为与制裁手段之间的关联，明显有违合理行政的要求。

（二）中国证券执法实践中正当性缺失的问题

在前述的证监会〔2021〕1号市场禁入决定书中，吴国荣使用其实际控制的196个证券账户，利用资金优势、持股优势，采用盘中连续交易等方式操纵股票价格。证监会认定其存在市场操纵、未履行发出收购要约义务、虚假减持等违法情节，并对其采取3年证券市场禁入措施，包括公司任职禁止与证券业务禁入。① 然而，吴国荣只是普通的散户投资者，既未在任何上市公司担任重要职务，也非证券服务业的从业人员，对其施加任职禁止和交易禁止显然缺乏正当性依据。对于一个非重要的、将来也不太可能产生重要影响的低级别违法者而言，证券市场禁入可能是一种无效的威慑。② 因此，任职禁止和业务禁止的制度功能与吴国荣的职业特点和违法行为的性质不相匹配，难以形成精准打击。

又例如，证监会〔2021〕5号市场禁入决定书中，李光远在得知证监会陕西证监局将开展检查的信息后，组织营销人员删除与客户的聊天记录以及制作的聊天截图等资料，导致检查基础数据丢失，严重影响检查工作的继续进行。证监会决定对李光远采取3年证券市场禁入措施。③然而，李光远案并未产生直接的违法所得，其为了应付证监局检查，指令他人删除数据资料，严重影响了检查工作的继续进行。但是证监会的禁入决定中并未具体说明他组织删除的资料是否具有重要性、在何种方面对证监局的检查造成了不便以及这些数据资料是否可以通过技术手段恢复，而只笼统模糊地下了"情节严重"的结论，难逃说理不足之嫌。同时，证监会认为李光远的行为违反了2005年《证券法》第一百八十三条，因而对其采取了禁入措施，却并未交由公安机关给予治安管理处罚，折射出了证监会打击此类违法行为的鞭长莫及。可见，在违法所得难以计算的案件中，"情节严重"更是没有清晰的界定标准，而证监会也没有对当事人行为的严重性进行精确说明，缺乏客观、可量化、便于统一反复行使的衡量标准。

在以上案件中，证监会施加证券市场禁入所欲达到的目的，与禁入的手段之间都没有形成相互促进的关系，手段追求的目的超出了法定目的，这与适当性的要求背道而驰。同时，部分违法情形轻微的散户投资者被施以禁入而非其他替代性的救济措施，如警告、罚款和没收违法所得等，其不能再在证券市场上进行交易，这样的处罚后果未免过于严重，违反了必要性原则。而证监会从未说明过"情节严重"的评判标准，从目前公开的禁入决定书中看似乎其是以违法所得作为最重要的衡量指标，而从未精确评估行为人的违法行为对证券市场的负面影响，违法所

---

① 参见《中国证监会市场禁入决定书（吴国荣）》，证监会〔2021〕1号。

② See Jon Carlson, Securities, *Officer and Director Bars, and the Unfitness Inquiry after Sarbanes - Oxley*, 14 Fordham Journal of Corporate and Financial Law 679 (2009), p. 685.

③ 参见《中国证监会市场禁入决定书（李光远）》，证监会〔2021〕5号。

得巨大的一律顶格处罚，也违反了均衡性原则。

由此可知，当前执法者对市场禁入措施的制度功能和目的尚未形成充分认知，其不分情况的混搭适用也混淆了三项禁入措施的各自适用标准。然而，市场禁入制度的威慑力如同刑罚一样来源于其严厉性，是对于个人自由权利的直接限制或剥夺，一旦在高风险与高收益并存的证券市场被滥用，将严重束缚相关主体对证券发行与交易的积极性。① 因此，为使禁入措施能在比例原则的框架下充分发挥引导证券市场健康发展的功能，需对三项禁入措施的制度功能进行清晰定位与梳理。

（三）证券市场禁入的制度功能本位回归：美国法上分类适用的要求

由于三项证券市场禁入措施服务于不同的制度功能，故根据不同的违法情形分类适用禁入措施才符合正当性适用的原则，更精准地发挥禁入措施的打击效果。与我国将各类证券市场禁入措施杂糅适用不同，在美国，三类措施都有各自的制度演进脉络，背后体现了各自不同的制度功能与政策诉求。

根据现行《证券法》第二百二十一条，市场禁入措施包含证券业务禁入、证券发行人任职禁入和证券交易禁入，而这三项制度在美国法上也均有规定。下文将以域外法的视角来深入剖析三项制度的立法目的与制度演变过程。

1. 公司任职禁止的制度功能与演进。美国最早的有关公司任职禁止的专门立法是1990年国会颁布的《证券执法救济与小额证券改革法案》（Securities Enforcement Remedies and Penny Stock Reform Act，以下简称《救济法案》）。《救济法案》向《1933 年证券法》（Securities Act of 1933）与《1934 年证券交易法》（Securities Exchange Act of 1934）分别新增第 20（e）节与第 21d（2）节，授权 SEC 向法院要求禁止"严重不适合"（substantial unfitness）任职的人员担任上市公司的董事或高管。不过，早在《救济法案》颁布之前，SEC 其实就已在实践中广泛地以寻求禁止令（Injunction）的方式变通地向被告施加任职禁止。SEC 也会在执法和解协议（consent decree）中要求被告不得再担任任何上市公司的董事或高管。如此，《救济法案》增加的任职禁止条款可以视为对 SEC 以往实践的认可和进一步支持。② 美国国会曾明确宣称，《救济法案》的立法目的在于"最大限度地增强执法活动的救济效果"与"在个案中达成最佳程度的震慑效果"。③ 立法历史表明，国会制定任职禁止条款的意图，正是保障市场不受上市公司的不当行为的影响，以增强

---

① 参见徐仁进：《我国证券市场禁入制度的适用标准问题研究——"赵薇案"和"马斯克案"引发的思考》，载《法律与金融》2019 年第六辑，第 59 页。
② See Philip F. S. Berg, Unfit to Serve: Permanently Barring People from Serving as Officers and Directors of Publicly Traded Companies After the Sarbanes-Oxley Act, 56 Vanderbilt Law Review 1871 (2003), pp. 1875–1879.
③ See House of Representatives Report No. 101–616 (1990).

公众投资者对证券市场的信心。①

2002 年，继"世通（WorldCom）案"和"安然（Enron）案"等一系列重大公司丑闻后，国会颁布了《萨班斯－奥克斯利法案》（Sarbanes－Oxley Act，以下简称《SOX 法案》），又在两个重要方面加强了 SEC 施加任职禁止的能力：其一，《SOX 法案》第 305 节将实施任职禁止的条件从"严重不适合"降低到"不适合"（unfitness）；其二，第 1105 节授权 SEC 在行政程序（administrative proceedings）中施加任职禁止，而无须每次都向法院起诉。在《SOX 法案》通过之前，SEC 的工作人员就曾公开表达了对先前难以成功施加任职禁止的不满；在与 SEC 的沟通中，国会也意识到了此前法院在判处任职禁止时表现得过于犹豫不决。于是，《SOX 法案》降低了施加任职禁止的门槛，表明了国会进一步扩大任职禁止打击范围的决心。②

从美国立法演进过程可以看出，任职禁止的制度功能就是防止那些不称职的人主掌公司经营管理的权力，从而损害公司和中小投资者的利益，因此对于改善上市公司治理与增进投资者信心具有重要意义。传统上，财产性制裁是打击上市公司欺诈行为的主要手段，但罚金对于个人财富情况不同的董事和高管产生的效果存在很大的不确定性，同样的罚款额可能对于一部分人微不足道，也可能使一部分人倾家荡产。正是由于公众对于传统手段的成效倍感失望，任职禁止才作为一种更有效的救济方法应运而生。针对不同违法行为通过精准地设置不同的禁止期间，任职禁止能够更好地使行为人的过错与其惩罚相适应，从而对未来的违法行为产生更有效的威慑和预防效果。③

2. 证券业务禁止的制度功能与演进。SEC 也很早在缺少专门立法的情况下，采取变通的方式实现与证券业务禁止相近的制裁目的。SEC 最先是在几起案件的执法和解程序中以施加业务禁止作为与被告和解的条件，并且未受到被告的反对。直到 1997 年的 *In re Blinder*④ 一案（以下简称"Blinder 案"），SEC 的业务禁止权力才在行政程序中受到挑战，这起案件也给了 SEC 一个阐明其施加业务禁止的正当性依据与其所欲达成目的的机会。SEC 认为，《1934 年证券交易法》第 15（b）（6）节允许其为维护公共利益而对证券行业中的违法者的活动"进行限制"（place limitations），若对该条进行扩大解释，也可以为业务禁止提供支撑。SEC 还强调了证券业规制的根

———————

① *See* Jon Carlson, *Securities*, *Officer and Director Bars*, *and the Unfitness Inquiry after Sarbanes－Oxley*, 14 Fordham Journal of Corporate and Financial Law 679 (2009), pp. 684－686.

② *See* Jon Carlson, Securities, *Officer and Director Bars*, *and the Unfitness Inquiry after Sarbanes－Oxley*, 14 Fordham Journal of Corporate and Financial Law 679 (2009), pp. 693－694.

③ *See* Renee M. Jones, *Unfit for Duty*: *The Officer and Director Bar as a Remedy for Fraud*, 82 University of Cincinnati Law Review 439 (2013), pp. 454－455.

④ *In re Blinder*, 53 S. E. C. 250 (1997).

本目的是保障证券行业的高水平运作，因此必须具有业务禁止的权力才能确保这一目的的实现。①

与前述公司任职禁止的立法一样，美国关于证券业务禁止的专门立法也是对上市公司重大危机的回应，即 2007 年次贷危机爆发后出台的《多德—弗兰克法案》（Dodd – Frank Act）中的第 925（a）（1）节。在该条之下，SEC 有权禁止违法者与所有受其规制的实体发生联系，相当于将违法者直接逐出整个证券服务业。② 由此可见，证券业务禁止的功能是令劣迹斑斑的证券从业者不再有与证券行业接触的机会，防止他们再度扰乱证券业的运作秩序，这对于促进证券业的健康发展和维系投资者对证券业的信心具有重要意义。

3. 证券交易禁止的制度功能与演进。虽然美国目前尚未有关于证券交易禁止的专门立法，但在实践中，SEC 仍会通过寻求禁止令或者禁制令（Cease and Desist Order）的方式对违法者施加交易禁止。例如，在 SEC v. Brethen③ 一案（以下简称"Brethen 案"）中，SEC 就试图对一名实施了内幕交易的公司高管施加禁止令，以阻止其将来再从事违法的证券交易行为。因此，只要回到禁止令与禁制令制度的一般原理，就仍可以发现证券交易禁止的制度功能。

禁止令是联邦证券法自 SEC 建立之日起赋予其的执法手段。几乎所有联邦证券法的单行法都有条款明确授权 SEC 对违法者采取禁止令措施，例如《1934 年证券交易法》第 21（d）节规定，只要 SEC "认为任何人正在或即将从事违法行为"，就可以在联邦地区法院起诉，以寻求永久或临时的禁止令。相近的法律规范还有《1933 年证券法》第 20（b）节与《1940 年投资顾问法》（Investment Advisers Act of 1940）第 209 节。根据美国法院的观点，禁止令本质上是一种救济性与预防性的措施，其根本目的是保护证券市场与投资者在将来免受伤害，而非以惩罚违法者为主要追求。④

在实践中，SEC 的禁止令大致存在四种类型：一是交还令（disgorgement order），要求被告返还其从违法行为中所收获的利益；二是针对具体违法行为的禁止令（misconduct – specific injunction），要求被告将来不得从事案涉行为；三是针对特定行为类型的禁止令（topic – specific injunction），要求被告不得从事与案涉行为近似的同类行为；四是无所不包的"遵法禁止令"（obey – the – law injunction），要求被告不得从事任何联邦证券法所禁止的行为，否则将额外受到蔑视法令的制裁。除交还令外，所有类型的禁止令都需要由 SEC 证明被告有在未来再度违法的合

---

① See Chad Howell, *Back to the Future: Applying the Collateral Bars of Section 925 of the Dodd – Frank Act to Previous Bad Acts*, 7 Journal of Business & Technology Law 285 (2012), pp. 288 – 290.

② See Margaret V. Sachs, Donna M. Nagy & Gerald J. Russello, *Securities Litigation and Enforcement in A Nutshell*, West Academic, 2016, pp. 348 – 349.

③ SEC v. Brethen, 1992 WL 420867.

④ See James D. Cox et al., *Securities Regulation: Cases and Materials*, 9th ed., Wolters Kluwer, 2020, p. 812.

理可能性。①　其中，证券交易禁止大致可以归入针对具体违法行为的禁止令或是针对特定行为类型的禁止令的类别中，因而在对违法者施加证券交易禁止的法律程序中，政府机关应当证明被告在未来有再度从事违法证券交易行为的可能性。

与禁止令相似，禁制令的效果也是防止行为再度实施违法行为，二者最重要的区别是，禁止令必须由 SEC 作为原告向法院申请，禁制令则可以由 SEC 在行政程序中自行施加。违反禁制令的行为人会被再度施加禁止令，还可能同时受到法院的民事罚款。SEC 认为，"施加禁制令的权力加强了执法机关根据特定案件事实和灵活地调整救济措施的能力"。②　与禁止令一样，禁制令的具体内容也必须建立在被告先前违法行为的基础上，因而也只有对先前实施了违法证券交易行为的被告才能以禁制令的形式实现证券交易禁止的效果。

综上可见，无论是采取司法还是行政程序，证券交易禁止制度都是为了将曾经从事了严重不当证券交易的人排除证券市场，以维护证券市场交易的公平、公正与公开，因此对于防止内幕交易、市场操纵、短线交易等违反证券市场"三公"原则的交易行为具有重要意义。③

### 三、　证券市场禁入措施适用标准的改进

在重新认识三项禁入措施制度功能的基础上，我们的讨论就能落脚到其具体的正当性适用构建层面。证券禁入措施的适用必须与其制度功能相匹配，协调手段与目的之间的理性关系，约束执法者的自由裁量权，以为执法权的行使提供合理的尺度。合理的适用也能减少实践中的纠纷和因此产生的行政诉讼，有助于构建我国资本市场疏而不漏的监管法网。

（一）公司任职禁止的适用标准探析：以"不称职"为中心

公司任职禁止的制度功能在于避免上市公司控制权落入不称职的管理者之手，从而保障上市公司治理的总体水平。对于"不称职"的界定在很大程度上决定了公司任职禁止的打击范围，打击范围过窄固然不利于保护投资者利益，但范围过宽也会使公权力过分介入公司治理，有损公司经营及管理者选任的自主性。因此，"不称职"的概念作为公司任职适用标准的核心，必须在各方因素的权衡下得到具体的界定。

在前《SOX 法案》时代，美国法院在审判中对于"严重不称职"的内涵最初采纳了 Barnard 教授提出的六要素测试：（1）被告违法行为的恶劣程度；（2）被告的"惯犯"身份；（3）被告在参与欺诈时的角色或地位；　（4）被告的故意程度；　（5）被告在违法行为中的经济利益；

---

①　See Jayne W. Barnard, *The SEC's Suspension and Bar Powers in Perspective*, 76 Tulane Law Review 1253 (2002), pp. 1257 – 1258.

②　See The Securities Law Enforcement Remedies Act of 1990, Report of the Committee on Banking, Housing and Urban Affairs, S. Rep. No. 5 – 23, 101st Cong., 2d Sess. (June 26, 1990).

③　See Alan R. Palmiter, *Securities Regulation*, 8th ed., Wolters Kluwer, 2021, pp. 588 – 589.

(6) 其行为会再次发生的可能性。① 在 "Steadman 案" 中，法院同时指出，被告违法行为的恶劣程度、故意程度和再犯可能性等因素比其他的因素应当有更重的分量；这六个因素也只是一个需要法院考虑的清单，证监会不需要证明满足全部六个因素的事实，以证明其决定是合理的。在后续的 SEC v. Patel② 一案（以下简称 "Patel 案"）中，第二巡回法院将测试中 "再犯可能性" 因素，提升到所有其他因素之上，要求 SEC 必须充分证明被告再犯可能性的事实。"Patel 案" 将 "严重不称职" 与被告的再犯可能性几乎画上了等号，极大地提高了任职禁止的实施门槛，但在很大程度上背离了国会加强 SEC 执法能力的初衷。任职禁止本是惩罚违反公众信任的公司管理者的有力手段，"Patel 案" 的裁决却使一个初犯者即使其不当行为非常恶劣也不可能被施加禁入措施，从而削弱了禁入措施的威慑作用。不过，尽管充满争议，"Patel 案" 的判决仍在全国范围内产生了极大的影响，为各地法院广泛遵循。结果是，即使是在被告实施恶劣的证券欺诈行为的情况下，法院也会拒绝 SEC 提出的施加任职禁止的请求。因此，"严重不称职" 标准成为 SEC 执法的重要障碍。③

《SOX 法案》颁布后，国会将实施任职禁止的标准从 "严重不称职" 降低到 "不称职"（unfitness）。SEC 执法部主任 Stephen Cutler 认为，在新标准下，"只要公司高管犯下了一种严重违反公众信任的行为，就应该禁止其任职"。④ 然而，这很快被证明只是 SEC 的一厢情愿，在现实中，法院其实继续沿用了 "Patel 案" 的标准。Barnard 教授曾在一篇文章中重新提出了针对 "不称职" 的九要素测试，并在 SEC v. Levine⑤（以下简称 "Levine 案"）一案中被法院所采用。⑥ 可以看出，新的九要素测试本质仍是对六要素测试的补充和修正，并未实质改变其立场；各个要素间权重如何，也主要取决于法院在实践中的判断。在后续的 SEC v. Bankosky⑦ 中，法院更是明

---

① See Jayne W. Barnard, *When Is a Corporate Executive "Substantially Unfit to Serve"*, 70 North Carolina Law Review 1489 (1992), pp. 1510 – 1522. 需要指出的是，Barnard 教授在其文章中实际上提出了 7 个方面因素的考量标准，但法院只采纳了其中 6 个，另外 1 个是 "被告对于管理者信义义务的认识程度"。

② See SEC v. Patel, 61 F. 3d 137 (2d Cir. 1995).

③ See Jon Carlson, Securities, *Officer and Director Bars, and the Unfitness Inquiry after Sarbanes – Oxley*, 14 Fordham Journal of Corporate and Financial Law 679 (2009), pp. 691 – 693.

④ See Stephen M. Cutler, Dir., SEC Div. of Enforcement, Speech by SEC Staff: Remarks at the Glasser Legal Works 20th Annual Federal Securities Institute (Feb. 15, 2002), available at http://www.sec.gov/news/speech/spch538.htm.

⑤ See SEC v. Levine, 517 F. Supp. 2d 121 (D. D. C. 2007).

⑥ 该标准认为，法院应当考虑：(1) 违法行为的性质和复杂性；(2) 被告在该违法行为中的作用；(3) 在实施该违法行为中使用的公司资源；(4) 被告从该违法行为中获得的经济利益（或避免的损失）；(5) 该违法行为给投资者和他人带来的损失；(6) 该违法行为是一个孤立的事件还是一种行为模式；(7) 违法行为的隐蔽性和隐藏性；(8) 被告的相关不当行为的历史；以及 (9) 被告对违法行为的承认及其忏悔的可信度。See Jayne W. Barnard, *Rule 10b – 5 and the Unfitness Question*, 47 Arizona Law Review 9 (2005), p. 46.

⑦ See SEC v. Bankosky, 716 F. 3d 45 (2d Cir. 2013).

确指出，《SOX 法案》立法语言的变更并不影响"*Patel* 案"标准的继续适用。[①]

总体而言，美国国会与法院都试图在任职禁止的适用标准上寻求平衡点，但因根本价值理念的不同而存在很大分歧。国会希望尽可能扩大任职禁止的打击范围，但是法院更强调保护被告的公民权利。最后的结果是，"严重不称职"或者"不称职"的认定几乎等同于对被告再犯可能性的评估，而再犯可能性又有非常严格的证明标准。在如此之高的门槛下，监管机关的执法能力受到了极大限制，大量应当被逐出上市公司的不称职管理者却仍身居高位。更深层次的问题是，美国法院实施的标准并没有触及公司任职禁止的根本制度目的，即保障上市公司权力的正当行使。美国现行标准只考虑了被告个人的违法情势，却没有更深入地关注其在公司决策层级中发挥的作用。

本文认为，任职禁止的适用标准应当充分考虑董事、高管在现代上市公司权力结构中所处的位置。上市公司中董事会职能繁多，但都可以被分入三个基本类别，即管理（management）、监控（oversight）与服务（service）。三者之间的平衡会随着公司性质与规模等因素而变化，但近几十年来上市公司中的大趋势是，董事会的监控职能越来越得到重视，其他职能则逐渐式微。董事会主要扮演监督者的角色，而公司经营管理的权力则主要由高级管理人员行使。[②] 因此，当上市公司发生违法行为时，董事既有可能是与高管合谋的直接实施者，也很可能只是监控失职。在执法活动中，直接参与重大违法决策的董事、高管和仅是监督不力的董事应当被区别对待，否则必然有失公允。

美国法院在公司法审判中，会根据公司管理者的行为区分"决策"（decision‐making）案件与"监控"（oversight）案件，并适用不同的审查标准。[③] 本文认为，同样的逻辑也可以适用于公司任职禁止的执法中。具体而言，一方面，对于董事、高管直接利用对公司事务的控制权实施违法的案件，例如通过内幕交易、不公平关联交易、财务造假、虚假陈述等行为欺诈投资者时，证监会只需根据违法行为的恶劣程度与违法者的主观故意程度施加任职禁止即可，因为这些行为本身就能表明违法者的品格恶劣，不应由其在一段时间内继续行使公司控制权。[④] 另一方面，对于董事（尤其是独立董事）监控失职的案件，证监会应当更谨慎地适用禁入措施。根据美国法院在 Stone v. Ritter 一案中的观点，只要董事会在公司中设置了一定的监控系统，并且董事承

---

① See Steven W. Shuldman, *An Officer Walks into a Bar*: *Acknowledging the Need for Deterrence in Officer and Director Bars*, 83 Fordham Law Review 333 (2014), pp. 345 – 346.

② See Stephen M. *Bainbridge*, *Corporate Governance after the Financial Crisis*, Oxford University Press, 2012, pp. 55 – 56.

③ See D. Gordon Smith, Cynthia A. Williams, *Business Organizations*: *Cases*, *Problems*, *and Case Studies*, 4th ed., Wolters Kluwer, 2019, pp. 328 – 329.

④ See Renee M. Jones, *Unfit for Duty*: *The Officer and Director Bar as a Remedy for Fraud*, 82 University of Cincinnati Law Review 439 (2013), p. 452.

担一定的监控工作，即可认为其适当地履行了监控义务。① 在此判断标准下，只有当董事违反其监控义务时，证监会才应对其采取任职禁止措施。对于任职禁止的具体实施时长，还应当考虑违法行为在没有该董事干预的情况下持续了多长时间，以及任何预警信号（red flag）被忽视的严重程度。在考虑董事的悔过情况时，执法者应判断被告是否承认自己的错误，接受责任，并表示愿意改变。②

（二）证券业务禁入的适用标准探析：以"扰乱证券行业秩序"为中心

与公司任职关注禁止违法行为与上市公司控制权的行使情况不同，证券业务禁入主要关注违法行为对证券行业秩序的影响。美国业务禁入适用标准成型的标志是 SEC 在"*Blinder* 案"中的意见。SEC 认为，施加业务禁入的根本标准是"被告在证券行业继续担任任何职务都将有悖于公共利益"。为此，SEC 认为应当判断三个方面的因素：（1）违法行为的影响遍及整个证券行业；（2）对公众投资者利益构成损害风险；（3）违法情节严重到需要一个全面的应对措施来保护公众利益。③ 在此之外，还有法院要求 SEC 考虑前述"*Steadman* 案"等案件中发展的"六要素测试"，作为衡量业务禁入严格程度的附属性因素。

本文认为，美国 SEC 提供的业务禁入的三个方面考量因素非常恰当地把握了该制度的核心理念，值得我国借鉴。如前所述，业务禁入制度保护的公共利益是整个证券服务行业的健康发展，因此只有当"违法行为的影响遍及整个证券行业"时，施加业务禁入才具有正当性；反之，如果仅是某一上市公司高管实施内幕交易，而不影响证券服务行业的运作，就没有业务禁入的适用空间。同时，由于业务禁入在根本上还是为了维护投资者对证券服务行业的信心，因而违法行为需要在实质上"对公众投资者利益构成损害风险"。最后，根据行政比例原则要求，只有在其他替代措施不足以实现目的时，才应以业务禁入作为"一个全面的应对措施来保护公众利益"。

我们可以通过 *SEC v. Sayegh*④ 一案，对 SEC 提出的业务禁入标准在实践中的适用有更深入的理解。被告 Sayegh 在证券行业工作长达 35 年之久，并且在本案案发前没有违法记录。作为一名柜台市场交易员，Sayegh 在其任职的证券公司承担做市商的工作。在做市交易中，Sayegh 将存托凭证的价格人为地保持在高位长达 17 个月，并从中获取非法利益。SEC 认为，首先，Sayegh

---

① See William T. Allen, Reinier Kraakman & Vikramaditya S. Khanna, *Commentaries and Cases on the Law of Business Organization*, 6th ed., Wolters Kluwer, 2021, pp. 277 – 303.

② See Renee M. Jones, *Unfit for Duty: The Officer and Director Bar as a Remedy for Fraud*, 82 University of Cincinnati Law Review 439 (2013), pp. 459 – 460.

③ See Chad Howell, *Back to the Future: Applying the Collateral Bars of Section 925 of the Dodd – Frank Act to Previous Bad Acts*, 7 Journal of Business & Technology Law 285 (2012), pp. 305 – 307.

④ See *SEC v. Sayegh*, 906 F. Supp. 939 (1995).

对长达 17 个月的证券价格操纵足以表明该行为"遍及整个证券行业";其次,鉴于 Sayegh 对证券监管规则的漠视,无论他将来在证券行业从事何种工作,都会产生很大的损害投资者利益的风险;最后,Sayegh 长期实施价格操纵的情节十分恶劣,他还拒绝承认自己行为的不当之处,因此必须通过业务禁入才能防止其在一定时期内再度扰乱证券行业的秩序。[①] 可见,以"扰乱证券行业秩序"为中心,证券业务禁入的三项具体适用标准层层递进,为监管机构的执法活动提供了充分的指引。

(三)证券交易禁止的适用标准探析:以"影响交易秩序或者交易公平"为中心

证券交易禁止堪称我国现行法中最严格的一项禁入措施。它剥夺的不是公民担任某一职务的特权,而是公民从事证券交易与获取证券投资收益的最基本权利。一旦被施以证券交易禁止,行为人就彻底断绝了分享一国证券市场发展红利的途径。美国没有关于证券交易禁止的专门立法,在实践中也很少被使用。我国《2021 规定》特别规定,"禁止交易的持续时间不超过 5 年",这与任职禁止和业务禁入实施期间可以长达终身的规定显著不同,也说明我国证监会已经意识到了交易禁止的强大"杀伤力"。

《2021 规定》还将交易禁止的适用对象限定在"影响证券交易秩序或者交易公平"的严重违法者,该标准十分恰当地把握了交易禁止的关键制度功能,值得赞许。如前所述,交易禁止制度旨在预防有违证券市场"三公"原则的不当交易行为,因此适用对象必然已对交易秩序和公平造成了严重影响。遗憾的是,《2021 规定》并未提供证监会在执法时具体应当纳入考量范围的各种因素,"影响证券交易秩序或者交易公平"的判断容易流于形式。尽管如此,我们仍然可以回归禁止令/禁制令(考虑到两者主要是程序上的区别,因此以下统一称为"禁令")制度的一般原理,为交易禁止的具体适用寻求参考标准。

首先,证券法中禁令的主要目的是阻止未来的违法行为,而不是惩罚违法者。因此,"为了获得禁令救济,SEC 需要超越过去违法行为的单纯事实,而必须提供积极的证据,证明不法行为有可能再次发生"。[②] 法院在评估未来违法行为的可能性时,所考虑的因素通常包括:(1)被告是否在过去实施了违法行为;(2)故意程度;(3)过去的违法行为是否是孤立的事件;(4)被告是否承认过去行为的错误性,并保证不会再发生违法行为;(5)被告的职业是否使其处于有机会进一步违法的地位。[③]

其次,禁令强调过去违法行为与被禁止的未来行为之间的关联,过去行为是未来违法风险

---

① See Chad Howell, *Back to the Future*: *Applying the Collateral Bars of Section* 925 *of the Dodd - Frank Act to Previous Bad Acts*, 7 Journal of Business & Technology Law 285 (2012), p. 307.

② *SEC v. Caterinicchia*, 613 F. 2d 102 (5th Cir. 1980).

③ See John C. Coffee, Jr., Hillary A. Sale, M. Todd Henderson, *Securities Regulation*: *Cases and Materials*, 13th ed., West Academic, p. 1407.

的证据来源。① 根据 *In re KPMG Peat Marwick LLP*② 一案的提出要求，执法者需证明，过去与未来行为的关联性应当达到"合理可能性"（reasonable likelihood）的程度，即过去的违法行为中蕴含了被禁止行为可能发生的"一定风险"（some risk）。③ 可以认为，只有当证券交易是案涉违法行为中的关键一环时，交易禁止与违法行为间才具有达到"合理可能性"程度的关联性，交易禁止才有适用空间。

最后，禁令在本质上是一种预防性的救济手段，根据传统衡平法的理念，原告在诉讼中必须证明"缺少禁令救济会使其受到不可弥补的伤害"。换言之，只有在没有其他足够的替代救济措施，以及禁令对于防止未来侵害行为是必要的情况下，法院才会准许实施禁令。如果原告是政府机关，法院确定禁令救济的适当性和必要性时，衡量的标准就是公共利益而非私人利益。④ 如前所述，交易禁止旨在保护的公共利益就是证券交易的公平、公正、公开，因此，执法者必须证明，如果缺少交易禁止，证券市场的"三公"原则就会有被侵害的风险。

综上所述，证券交易禁止的适用也呈现一个"三层结构"：第一层是对违法行为严重程度及违法者未来再犯可能性的衡量；第二层是考察具有违法行为与交易禁止之间是否具有合理可能性程度的关联性，即证券交易是否是违法行为中的关键一环；第三层是判断如果不施加交易禁止，证券市场的维护交易秩序或者交易公平是否就会面临被侵害的风险。前述"*Brethen* 案"可以很好地体现证券交易禁止适用的"三层结构"。该案中，一名公司高管判断其公司的一项并购交易不太可能发生，并利用该非公开信息实施交易。在 SEC 的调查程序中，该高管不仅作了伪证，也没有表示悔过，还被发现曾在另外两起案件中实施了内幕交易行为。显然，本案被告违法情节严重，也有较高的再犯可能性。不过，法院仍未对其施加交易禁止，因为本案公司不发生并购交易的所谓内幕信息只是被告的主观判断，而非确切的客观事实，因而被告的违法行为与交易禁止的关联无法达到合理可能性的程度，交易禁止在此也不是最适合的救济手段。⑤

四、结论

证券市场禁入措施是我国证监会执法实践中针对证券违法行为的强大"武器"，但我国当前立法尚存在适用标准模糊与片面的问题。通过对近三年（2019—2021 年）证监会市场禁入执法

---

① See Alan R. Palmiter, *Securities Regulation*, 8th ed., Wolters Kluwer, 2021, p. 589.

② See *In re KPMG Peat Marwick LLP*, Exchange Act Release No. 43, 862, 2001 SEC LEXIS 98（Jan. 19, 2001）.

③ See Jayne W. Barnard, *SEC Debarment of Officers and Directors after Sarbanes – Oxley*, 59 The Business Lawyer 391（2004）, pp. 402 – 405.

④ See Marc I. Steinberg, *SEC and Other Permanent Injunctions: Standards for Their Imposition Modification and Dissolution*, 66 Cornell Law Review 27（1980）, pp. 32 – 37.

⑤ See Daniel J. Morrissey, *Sec Injunctions*, 68 Tennessee Law Review 427（2001）, pp. 468 – 469.

案件的统计发现，虽然我国市场禁入适用的违法行为类型和主体非常广泛，但是所有禁入决定中各项禁入措施皆是合并适用，在适用标准上多认定为"情节严重"。证监会片面单一的裁量思维容易释放错误的政策导向和引发道德风险，不利于证券市场持续健康发展。行政比例原则要求我们关注和区分市场禁入制度内部各项禁入措施的不同制度定位和实效功能，并在此之上确立使用标准。具体而言：

首先，公司任职禁止的制度功能是防止不称职的人主掌公司经营管理的权力，从而损害公司和中小投资者的利益，对于改善上市公司治理与增进投资者信心具有重要意义。公司任职禁止的适用应当以"不称职"为中心，区分管理者直接利用公司控制权实施违法的案件与监控失职的案件，进而适用不同的审查标准。

其次，证券业务禁入的制度功能是令违法者不再有与证券行业接触的机会，防止其再度扰乱证券业的运作秩序，对于促进证券业的健康发展和维系投资者对证券业的信心具有重要意义。公司任职禁止的适用应当以"扰乱证券行业秩序"为中心，具体应当在违法行为的影响遍及整个证券行业，对公众投资者利益构成损害风险，以及违法情节严重到需要一个全面的应对措施来保护公众利益时得到适用。

最后，证券交易禁止的制度功能是将曾经从事了严重不当证券交易的人排除证券市场，以维护证券市场交易的公平、公正与公开。证券交易禁止的适用应当以"影响交易秩序或者交易公平"为中心，具体需要考虑违法行为严重程度及违法者未来再犯可能性，违法行为与交易禁止之间进行关联是否具有合理性，以及如果不施加交易禁止，证券市场的维护交易秩序或者交易公平是否就会面临被侵害的风险。

# 初探金融营销规制

## ——从引流型金融营销谈起

■ 于　露*

**摘要：** 随着互联网平台开始承接金融机构的营销业务，引流型金融营销俨然成为我国金融营销的主要模式，也引起监管的针对性关注。本文以水滴公司的商业模式为例，对引流型金融营销的特征和风险进行分析，指出我国金融营销规制的症结在于缺乏对金融营销的一般性规制，不应障目于"引流型"这一种营销表现形式。本文提出，一方面应当建立金融营销的一般性禁止规则，严格限定可进行金融营销的主体；另一方面从"所营销的对象"层面对"金融营销"进行精细化定义，根据金融产品/服务的风险程度差异化设定"金融营销"的规制力度。

**关键词：** 金融营销　金融推介　网络营销　金融产品　金融服务

## 引言

2021 年 5 月 7 日，水滴筹的母公司水滴公司在纽约证券交易所（以下简称纽交所）上市（股票交易代码 WDH），一时引起哗然一片。水滴筹作为大病医疗众筹平台，一直披着"公益""免费"的外衣，但企业上市的首要条件即是其具有"营利性"，二者有着明显的冲突，让人不禁质疑，一个提供免费服务的平台究竟是如何将水滴公司助推上市的？对此，水滴公司创始人、CEO 沈鹏多次解释，水滴公司的主要收入来源于其保险经纪业务平台——"水滴保"。① 水滴筹作为引流端，通过大病求助信息的发布与转发在社交平台上获得了大量用户；水滴保作为营利端，通过吸引水滴筹用户在其水滴保平台上购买保险创造营收。

水滴公司的商业模式看似创新，但实质上在我国并不鲜见，近年来拥有大量用户基础的互

---

\* 于露，北京大学法学院 2021 级经济法学硕士研究生。北京大学法学院洪艳蓉教授、彭冰教授等师友为本文的分析和行文提出了诸多恳切的批评与建议，特此致谢。本文文责作者自负。

① 《水滴公司敲钟上市：高管层谈盈利、股价，强调水滴筹不是公益组织》，资料来源：新京报（2021 年 5 月 8 日），https://www.bjnews.com.cn/detail/162043383614282.html，最后访问 2023 年 2 月 7 日。

联网平台企业开始承接金融机构的营销业务，形成了金融机构和第三方的金融营销合作。这种引流型金融营销俨然成为目前金融产品宣传推介的主要模式，也引起了监管机关的集体关注。2022 年 1 月 4 日金融监管及信息网络监管领域七部门联合颁布的《金融产品网络营销管理办法（征求意见稿）》（以下简称《征求意见稿》）。作为参与起草的监管部门最多的、目前级别最高的金融营销专项监管文件，《征求意见稿》是我国对金融营销进行体系化规制的一次尝试，也是我国探索金融营销规制路径的一个契机。

本文以水滴公司为例，提出"引流型金融营销"的概念，总结其主要特征和风险，指出金融营销规制不应囿于"引流型"这一种表现形式；再根据金融营销规制的底层逻辑及我国目前的金融营销实践，提出我国金融营销规制的核心问题；最后结合英国法的比较法研究，试探索我国金融营销一般性规则的构建。

## 一、"引流型金融营销"的概念引入及规制思路

（一）"引流型金融营销"的概念及特征：以水滴公司为例

1. 水滴公司的保险营销模式。根据水滴公司招股书的介绍及目前的运营情况，水滴公司主要有水滴筹和水滴保两大业务板块。[①] 如图 1 所示，北京水滴互保科技有限公司主要经营水滴筹平台，水滴保险经纪有限公司和泰瑞保险代理有限公司拥有保险经纪牌照和保险代理牌照，水滴公司以此为依托开展保险中介服务。

根据水滴公司招股书描述，水滴公司的营利模式是通过免费的水滴筹平台为其保险业务进行引流。水滴筹利用社交网络获取用户并使其参与其中，借此提高水滴品牌公众认知度。与此同时，水滴平台上的赠予人看到平台上由于突发意外事件或疾病而处境困厄的求助人，会萌生恐惧和忧虑，水滴公司再"通过教育和有针对性的营销"提高用户的保险意识，激励用户提高自己和家人的医疗保险覆盖率。[②] 一般情况下，赠予人在付款后水滴筹会显示水滴保的广告以及进

---

[①] 水滴公司招股书自述称其主要有三大业务板块：水滴筹、水滴保、水滴互助，参见参见 Waterdrop Inc. , *Form of prospectus disclosing information facts events covered in both forms 424B1 424B3*, Waterdrop Inc. Web（May 7, 2021）, https：//app. quotemedia. com/data/downloadFiling? webmasterId = 101533&ref = 115851582&type = PDF&formType = 424B4&dateFiled = 2021 − 05 − 07&cik = 0001823986&CK = 1823986&symbol =0001823986&companyName = , 第 1 页。由于近年银保监会对网络互助平台监管趋严，水滴互助已于 2021 年 3 月 31 日关停。水滴互助关停后，水滴公司依托妙医互联（北京）科技有限公司开拓了"水滴好药付"业务，目前水滴好药付还处在初创阶段。

[②] Waterdrop Inc. , *Form of prospectus disclosing information facts events covered in both forms 424B1 424B3*, Waterdrop Inc. Web（May 7, 2021）, https：//app. quotemedia. com/data/downloadFiling? webmasterId = 101533&ref = 115851582&type = PDF&formType = 424B4&dateFiled = 2021 − 05 − 07&cik = 0001823986&CK = 1823986&symbol = 0001823986&companyName = , p. 131.

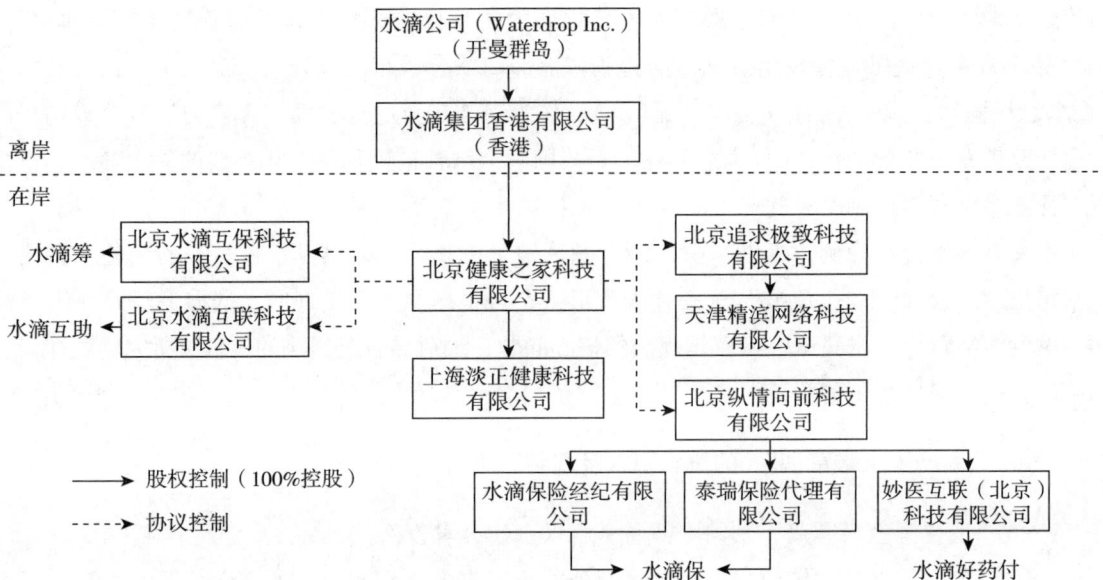

**图1　水滴公司组织架构①**

入链接，在进入某个求助信息页面时会随机弹出水滴保广告，水滴筹的微信公众平台上也有明显的水滴保险商城入口，水滴公司通过上述种种方式将水滴筹用户引流至水滴保。水滴公司招股书显示，平台上超过24%的赠予者随后购买了水滴的保险产品和/或加入了水滴的互助计划。②统而言之，"水滴筹——水滴保"构建了一种引流型金融营销模式。水滴筹作为流量来源端，为水滴保及其售卖的保险产品进行宣传推介，水滴公司最终在水滴保平台实现营利。

2. 引流型金融营销的概念引入。以水滴公司为代表的引流型金融营销商业模式近年来在我国发展非常迅速，尤其伴随着大型互联网平台的崛起，平台上巨大的潜在市场促进了金融产品和第三方营销平台的合作。但不论是"金融营销"还是"引流型金融营销"，在我国均还未形成一个清晰的既定概念，对其的探讨和规制颇为散乱。

---

① 图片信息来源于水滴公司的招股说明书，此处进行了翻译整理，并增加了相应的品牌标识。参见 Waterdrop Inc., *Form of prospectus disclosing information facts events covered in both forms 424B1 424B3*, *Waterdrop Inc. Web*（*May 7, 2021*）, *https：//app. quotemedia. com/data/downloadFiling? webmasterId = 101533&ref = 115851582&type = PDF&formType = 424B4&dateFiled = 2021 - 05 - 07&cik = 0001823986&CK = 1823986&symbol = 0001823986&companyName = ,* 第 10 页.

② Waterdrop Inc., *Form of prospectus disclosing information facts events covered in both forms 424B1 424B3*, *Waterdrop Inc. Web （May 7, 2021）, https：//app. quotemedia. com/data/downloadFiling? webmasterId = 101533&ref = 115851582&type = PDF&formType = 424B4&dateFiled = 2021 - 05 - 07&cik = 1823986&CK = 1823986&symbol = 0001823986&companyName = , p. 137.*

"金融营销"顾名思义由金融特性和营销行为两个部分组成。首先，金融营销的金融特性体现在营销对象上——对特定"金融产品和金融服务"的营销，带有金融特性。其次，金融营销本质上属于营销行为。《征求意见稿》第三条在定义"网络营销"时将"营销"描述为"商业性宣传推介的活动"，可作为我国对"营销"进行法律定义的有益尝试。"商业性"为法律的适用作了场景界定，只有具有商业目的的宣传推介才构成法律规制的"营销"；而"宣传""推介"则体现了"营销"需要具有一定说服性和引导性，以期受众会进行认购行为。

引流型金融营销作为金融营销的方式之一，具有一定特殊性。不同于产品/服务销售方进行自主营销，引流型金融营销中"营销行为主体"与"金融产品/服务提供主体"分离，形成三方模式：金融产品和服务的提供方（即金融机构，例如水滴保）、营销服务的提供方（即金融机构本身或者第三方，例如水滴筹）以及营销受众。实质上，所有由第三方开展的金融营销都带有从第三方"导流"的意味，某种程度上都可以被放入广义的"引流型金融营销"概念中。

3. 引流型金融营销的主要特征。水滴公司案例体现了引流型金融营销的典型特征：第一，营销服务提供方是拥有大量用户基础的主体，自带"流量"，营销的目的是将营销服务提供方所拥有的"流量"导引至金融产品和服务的提供方。第二，营销服务提供方大多并非持牌金融机构，本身不受金融监管；或者营销服务的提供方持有某一种金融业务牌照（例如支付业务），但是不经营其营销对象这种金融业务（例如基金销售）[①]。除引流型金融营销的典型特征之外，水滴公司案例还有其个案特点。例如作为营销服务提供方的水滴筹和作为金融服务销售方的水滴保具有关联关系，这进一步加剧了对其营销行为规制的挑战。

值得探讨的是，"网络特性"是否是引流型金融营销的典型特征。目前市面上大量的引流型金融营销的确都依托互联网平台开展，水滴筹也是如此。但是引流型金融营销并不一定需要在线上开展，例如广播电台进行的金融营销、知名纸媒刊登的金融广告都属于某种导流行为，"在第一财经日报纸质报刊上刊登基金广告"与"在第一财经网页边栏设置基金广告"本质并没有差别。单就"引流型金融营销"的概念而言，"网络特性"并非必要属性。

（二）引流型金融营销规制的思路选择：特殊规则抑或一般性规则？

随着互联网企业高速发展，阿里巴巴、腾讯、字节跳动、京东、百度等互联网平台渗透生活的方方面面，拥有了大量的用户行为数据和内容应用场景，并且开始利用其技术、流量优势承接金融营销业务。水滴公司所体现的引流型金融营销逐渐成为主流的金融营销模式，吸引了监管

---

① 支付宝为某些资管产品导流就属于这种情形。

的注意力，《征求意见稿》的出台就是一个典型代表。①

在监管来势汹汹地剑指引流型金融营销、着手设计庞杂的行为规范之际，有必要首先检视引流型金融营销的特殊性和代表性。也就是说，引流型金融营销是否与一般金融营销有根本性的不同，以至于要对其进行特殊规制。以及在我国缺乏完整、统一的金融营销一般性规范的情况下，引流型金融营销是否在我国的商业社会中具有足够的代表性，以至于针对引流型金融营销的规制可以满足我国对于金融营销规制的需求。

基于引流型金融营销特征、结合水滴公司案例，引流型金融营销的主要问题有三点。第一，由于营销服务提供方自带大量流量，因此营销服务提供方的品牌效应可能被不正当利用。例如水滴筹将"水滴"品牌打造成了一个带有"公益""免费"色彩的符号，而水滴保在引流过程中刻意让客户混淆了两个平台之间的区别，以至于其搭载了"水滴筹"品牌的顺风车——水滴保中出现大量以"水滴"命名的保险产品就体现了这一点。第二，在流量变现的过程中可能出现对有限理性的利用。由于人的注意力非常容易被分散，因此流量经济大多需要通过夸张、片面化表述等营销手段在短时间内诱导流量进行购买行为，例如，"首月0元"这种诱导性的保险价格营销。② 第三，引流型金融营销中存在责任主体困境。水滴筹这类的营销服务提供方并非金融机构，金融监管部门本身对其并没有监管权力。

逐条审视会发现，引流型金融营销的问题和一般性金融营销并无本质区别，对特殊金融营销类型的规制需要建立在一般性金融营销规则的基础之上。首先，流量来源端的品牌效应被不正当利用的本质是营销内容不清晰且存在误导性——这是金融营销利用客户行为偏差的体现之一。其次，流量变现的过程中可能会出现对有限理性的利用，而"避免利用投资者有限理性侵犯投资者权益"是整个金融营销规制的底层逻辑，而非独属于引流型金融营销。引流型金融营

---

① 《征求意见稿》的起草说明中提到，其出台的原因之一是："部分互联网平台企业利用线上场景和触达客户的优势通过参控股金融机构或与金融机构合作开展金融业务，在金融产品营销方面存在一些违规问题，侵害金融消费者权益。"

② 水滴保在2021年11月3日因采用"首月0元"等价格宣传而收到了银保监会100万元的行政处罚决定书，参见中国银行保险监督管理委员会行政处罚决定书（银保监罚决字〔2021〕36号）。但证监会目前采用的执法依据是《保险法》第一百七十条第三款，即"未按照规定使用经批准或者备案的保险条款、保险费率"。而有趣的是，根据银保监会的处罚决定书，水滴保在销售"安心财险个人住院综合医疗保险、老年综合医疗保险"时，按"首月0元""首月3元"收取，低于在银保监会备案的费率；但是在销售"太平财险承保的太平综合医疗保险"时，按照"首月3元"收取，反而高于保险产品本身备案的"首月投保0元"。由此可推测，水滴保借助于其本身聚集了多公司、多种保险产品的优势，可能在不同产品之间实现交叉补贴，对保险产品的价格进行二次调整。在这个过程中，水滴保在中间为享受"首月0元"的投保人向保险公司垫付了部分资金，再从收取价格较高的用户处得到补偿。对于保险公司而言，其所售保险产品的价格和备案价格并无不同。在上述情况下，银保监会是否还能按照《保险法》第一百七十条第三款进行处罚存在疑问。回归规制的初心，"首月0元""首月3元"这类价格标语的实质问题在于《关于防范保险诱导销售的风险提示》中提及的诱导性营销问题，并非"保险消费者支付的价格和备案价格不一致"这种形式上的问题，而对营销行为的规制体制建构则是目前监管急需回答的新命题。

销中利用有限理性的特殊性和其"流量迁移"过程纠葛在一起，但是进行流量迁移有多种途径，且在流量迁移的整个过程中，每一个环节都可能存在对有限理性的利用，金融监管机关是否应当介入每个流量迁移的节点，[①] 这涉及市场自由和监管规制的平衡，恐怕需要放回对"金融营销"的整体规制逻辑中去考量。最后，非金融机构从事金融营销的确是一个典型问题，但是金融机构自行开展营销活动也极为普遍，因此金融营销规制应当兼容这两种情形，一叶障目式地单独规制引流型金融营销可能会导致金融营销整体规制体系的内部冲突。

## 二、 我国的金融营销规制及其问题

### （一） 金融营销规制的必要性及我国的规制实践

金融营销的金融特性导致它和其他市场中的营销行为不同。有别于日用品广告或者汽车广告等，金融营销的营销对象是金融产品和服务，带有特殊的金融风险，因此需要金融业的特别规制。随着行为金融学的发展，传统的信息披露规制所依托的"理性投资者假设"受到了挑战。信息披露理论认为，只要强制性地要求发行人/金融机构提供足够的信息给投资者，投资者就可据以作出理性决策。但是行为金融学研究表明，投资者（尤其是零售投资者）往往不阅读复杂冗长的强制披露信息，而是依据广告等营销材料作出投资决策。[②] 实证研究显示，金融营销显著影响了金融产品的消费行为。[③] 并且实证研究发现，零售投资者在进行投资决策时，显示出了"有限理性"的特征。[④] 二者结合，行为金融学研究发现金融营销材料常常利用上述"有限理性"，促使消费者作出错误的投资决策。[⑤]

---

① 例如，水滴筹为"水滴保的保险中介服务"进行的营销与水滴筹为"水滴保上销售的某个保险产品"直接进行的营销是不同的。在前者情况下流量仅仅被迁移至水滴保平台，但营销活动并没有涉及对特定保险产品的购买；但在后者中，流量直接被迁移到了终端的保险消费行为中。

② Martin Brenncke, *The Legal Framework for Financial Advertising _ Curbing Behavioural Exploitation*, 19 European Business Organization Law Review 853 (2018), p. 857.

③ 美国实证研究表明，共同基金投资者的投资决策很大程度上受到明显的、引人注目的信息的影响，他们往往选择购买通过营销和广告吸引了他们注意力的基金，详见 BM Barber, T Odean & L Zheng, *Out of Sight*, *Out of Mind*: *The Effect of Expenses on Mutual Fund Flows*, 78 Journal of Business 2095 (2005); 研究发现，机构在投放广告上的花费与美股投资者数量以及美股流通率成正比，详见 G Grullon, G Kanatas & JP Weston, *Advertising*, *Breadth of Ownership*, *and Liquidity*, 17 Review of Financial Studies 439 (2004). 又见 John Armour et al., *Principles of Financial Regulation*, Oxford University Press, 2016, p. 400.

④ 例如，零售投资者倾向于适用经验法则（又称启发法和效应），且出现种种行为偏差（如代表性偏差、可获得性偏差、框架偏差等）。参见 Martin Brenncke, *The Legal Framework for Financial Advertising _ Curbing Behavioural Exploitation*, 19 European Business Organization Law Review 853 (2018), pp. 858 – 860; 又见吴秀尧：行为法经济学视角下的人性假设理论框架研究，载《时代法学》2014 年第 1 期，第 61 – 65 页。

⑤ Martin Brenncke, *The Legal Framework for Financial Advertising _ Curbing Behavioural Exploitation*, 19 European Business Organization Law Review 853 (2018), para. 3.2.

伴随着我国金融市场的快速发展，金融营销带来的误导性营销、非法金融产品大范围传播、投资者购买的产品与其风险承担能力不符等问题浮出水面，我国金融监管机关逐步开始探索对金融营销的规制。我国对金融营销的第一轮集中规制出现在 2016 年至 2018 年前后。"e 租宝""钱宝网""善林金融"相继爆雷，违法金融产品因大肆宣传推广而恣意传播，造成了大量公众损失，监管部门相应出台了一系列对"金融广告"的监管文件。[①] 但此阶段监管机构并未将"违法金融产品与服务"和"违法金融营销行为"区隔开来，而将作为营销对象的"金融产品违法"（本质上是非法开展金融业务）和"营销方式不当导致营销行为违法"混为一谈，均归类为"违法金融广告"。而在 2018 年后，在互联网平台承接金融营销外包业务的大趋势下，引流型金融营销当道，"金融营销服务"和作为营销对象的"金融产品与服务"的分离逐渐清晰，金融营销行为开始成为一个独立的规制对象。

总的来说，对金融营销进行特殊监管的正当性和必要性来源于：第一，营销行为会直接影响/导致对金融产品的消费行为。第二，金融营销往往利用投资者的有限理性以放大消费者对其产品的需求，以至于投资者购买与预期需求不符或风险承受能力不符的产品，损害投资者的权益。[②] 进一步而言，由于投资者的行为偏差是持续的、系统性的，且无法相互抵消，因此受到营销诱导、挑唆和刺激而进行的购买行为会不当地扭曲金融产品的价格，由于市场上有限的理性投资者无法抵抗大量的噪声投资者，因而会出现金融资源的错配，降低金融市场效率。[③] 除此之外，我国实践反映出我国金融营销规制的现实性考量，如限制违法金融产品传播的路径、切断金融风险传染媒介，以及限制互联网资本的无序扩张。

（二）我国金融营销规制的问题——打破"引流型金融营销"的视野桎梏

伴随着市场上金融营销带来的种种乱象，监管机关颁布了大量具体的行为准则，以应对层出不穷的营销新花样。但这样的规制方式也免不了出现"头痛医头，脚痛医脚"的碎片化问题，商业实践稍有变化规则就应对乏力；更是进一步导致我国金融营销缺乏制度整体性和贯通的底层逻辑。总的来说，我国金融营销规制体系的主要短板有三个方面。

1. 金融营销一般性规则的缺位。我国目前的《广告法》《消费者保护法》《反不正当竞争法》作为一般性规则，难以对金融营销这种带有金融特性的特殊营销行为进行妥善的回应，因此在金融监管领域构建金融营销一般性规则显得尤为迫切和必要。但我国对金融营销的规制更

---

① 参见《关于在防范和处置非法集资活动中加强金融投资理财类广告监管有关工作的实施意见》（京工商发〔2016〕28 号）、《开展互联网金融广告及以投资理财名义从事金融活动风险专项整治工作实施方案》（工商办字〔2016〕61 号）、《中国人民银行办公厅关于开展金融广告治理工作的通知》（银办发〔2017〕252 号）。

② John Armour et al., *Principles of Financial Regulation*, Oxford University Press, 2016, p. 127.

③ Martin Brenncke, *The Legal Framework for Financial Advertising_Curbing Behavioural Exploitation*, 19 European Business Organization Law Review 853 (2018), para. 4.1.

多服从了特定时期的需要，体现着强烈的特定时期特定金融乱象的烙印，目前监管对引流型金融营销的特别规制也是如此，这导致我国的金融营销规制并非基于体系性的思考，金融营销的一般性规则付之阙如。在我国金融营销的发展历程中，2019 年 12 月，人民银行、银保监会、证监会联合发布的《关于进一步规范金融营销宣传行为的通知》（以下简称 2019 年《通知》）最逼近金融营销的一般性规则。其适用于所有市场主体开展的金融营销宣传行为，在营销主体层面提出了"金融营销宣传资质要求"，设置了"不得以欺诈或引人误解的方式对金融产品或金融服务进行营销宣传"这样原则性的行为准则，依据营销行为主体的不同（金融机构或非金融机构）规定了明确的监管部门职责分工。但可惜的是，2019 年《通知》的级别非常低，且篇幅很短，未能形成完备的法律依据。而在此之后，监管迅速被引流型金融营销吸引了目光，2022 年的《征求意见稿》又变成了一个对某个具体金融乱象的回应性规制，2019 年《通知》的核心体系并没有被继承。

2. "金融营销"的定义模糊且宽泛。由于一般性规则的缺位，碎片式的规则导致我国目前对金融的宣传推介类行为并没有一个固定的指代概念。专项监管文件名称曾使用过"融投资理财类广告""金融广告""金融产品网络营销"等词汇，监管文件中更是将"广告""宣传""营销""推介"等词混用。2019 年《通知》虽对一般性规则的构建作出了尝试，却没有定义"金融营销宣传"；2022 年颁布的《征求意见稿》虽集合七部门之力，颇有一锤定音之态，但也仅仅聚焦于金融产品"网络营销"，未能提出"金融营销"这个上位概念。这导致不论是监管文件还是学术讨论，都很难形成一致性和连贯性。

上位概念的不明确很容易影响甚至误导底层的规则设计。2019 年之前，我国监管部门及学术界倾向于使用"金融广告"的概念。但"广告"受到《广告法》的影响[1]以及和词语本身"广而告之"之义的制约，不当缩限了应被规制的行为。例如，有学者刻意将"对特定人的投资劝诱"和"针对不特定人的招徕"区分开来，认为后者才构成需要特别规制的"金融广告"。[2]但实质上，金融营销的受众是否是"不特定多数人"并非问题的关键点，关键是受众是否受到影响、受到何种程度的影响、受影响后的投资行为后果，因此相较于"特定与否"，受众的"专业性"和"风险承担能力"以及被营销产品的风险高低才真正应当被作为划定规制边界、设置不同规制力度的依据。

---

① 一般认为《广告法》第二条定义的"广告"隐含"广而告之的形式"这一要件，参见宋亚辉：《虚假广告的法律治理》，北京大学出版社 2019 年版，第 35 - 36 页。

② 参见董新义：《论我国金融广告法律规制的完善》，载《上海金融》2012 年第 4 期；任超：《我国金融广告监管制度的优化——基于行为金融学和欧盟经验的考察》，载《上海财经大学学报》2021 年第 23 卷第 2 期。

近两年，全国性监管文件名称的用词逐渐以"营销"替代了"广告"，① 某种程度上解决了"营销受众的不正当缩限"问题，但对于"金融产品"的泛化解读导致监管又落入了"营销对象的过度扩张"陷阱。《征求意见稿》第三条在描述金融产品网络营销时，将"金融营销"定义为"对金融产品进行商业性宣传推介的活动"，接着进一步将"金融产品"定义为："金融机构设计、开发、销售的产品和服务"，并部分列举了"存款、贷款、资产管理产品、保险、支付、贵金属等"金融产品和服务。② 虽然《征求意见稿》所部分列举的"金融产品与服务"均是核心的金融服务及高风险金融产品，但其概括性定义却非常宽泛。

目前金融机构提供的金融服务庞杂繁复，其中包括具有高风险的、可能直接影响客户利益的核心金融服务，如支付服务、贷款服务等，也包括大量辅助性服务，如水滴保所提供的保险代理理赔。是否所有由金融机构提供的服务——不论是否属于特许业务——均被认定为属于"金融产品"的金融服务？从狭义的金融产品来讲，随着金融创新以及"金融"这个概念的泛化，金融产品类型众多，风险不一，是否应当全部不加筛选地纳入金融营销规制？若辅助性的服务、低风险非投资金融产品也被列入"金融产品"的定义，那么意味着对这些产品及服务的营销也需要遵循金融营销规则，这可能会大幅度提高企业的合规成本，阻碍市场自由，甚至妨害中小企业融资。

3. 对金融营销行为主体的控制不力。金融营销的行为主体包含两类，一是金融产品/服务的提供方自身，二是第三方，即引流型金融营销模式。第三方既有可能是其他持牌金融机构，也有可能是水滴筹这类的非持牌机构。对于经其备案审批的金融机构而言，金融监管机关拥有较强的控制力，但当非金融机构从事金融营销时，金融监管机关凭何介入其正常的经营活动？即使法律授权金融监管机关对所有金融营销行为主体进行监管，金融监管如何有效执法？这些在我国目前的规制法律上都没有得到很好的回答。

2016 年，在北京市发布的《关于在防范和处置非法集资活动中加强金融投资理财类广告监管有关工作的实施意见》中，为应对违法 P2P 的广泛传播，该意见特别提出"非金融企业不得自行设计发布含有预期收益、期限等要素的融资类产品广告"的要求。2019 年《通知》作为全国性规制文件，将此规制进一步一般化，规定"金融营销宣传是金融经营活动的重要环节，未取得相应金融业务资质的市场经营主体，不得开展与该金融业务相关的营销宣传活动"，但是

---

① 2019 年 12 月，中国人民银行、中国银行保险监督管理委员会、中国证券监督管理委员会、国家外汇管理局联合发布《中国人民银行等关于进一步规范金融营销宣传行为的通知》，在标题中采用了"金融营销"的表述。2022 年的《征求意见稿》延续了"金融营销"的措辞。但还有一些地方性的规范性文件在使用"金融广告"，例如 2020 年 9 月上海市场监管局联合市地方金融监管局等九部门共同出台《关于进一步加强金融广告监管工作的意见》。可见"金融营销"这个概念还需要级别更高的法律文件加以重申、厘清和确立。

② 详见《征求意见稿》第三条。

"信息发布平台、传播媒介等依法接受取得金融业务资质的金融产品或金融服务经营者的委托，为其开展金融营销宣传活动的除外"。此规定实质上对非金融机构开展营销活动进行了一般性禁止，在此基础上开放了"受持牌金融机构委托开展金融营销"这个唯一例外，并向作为委托人金融机构施加了"控制、管理、监测、监督"义务①。但 2019 年《通知》囿于其篇幅和文件级别，并没有明晰金融机构和第三方金融营销服务提供方之间的责任承担问题。

更遗憾的是，2022 的《征求意见稿》并没有延续 2019 年《通知》的表述。《征求意见稿》第五条规定："除法律法规、规章和规范性文件明确规定或授权外，金融机构不得委托其他机构和个人开展金融产品网络营销"，回到了限制"金融机构"的传统逻辑，而未体现对所有主体的一般性禁止。② 在此基础上，《征求意见稿》第十七条意图厘清责任承担问题，规定："金融机构委托第三方互联网平台经营者开展金融产品网络营销的，应当作为业务主体承担管理责任。"在缺乏一般性禁止条款的情况下，这样的规制存在一个疏漏：金融机构的合规义务是建立在存在"委托关系"这样一个民事法律关系前提下的，而是否进入"委托关系"属于市场主体意思自治的范畴。但如若非金融机构并非受金融机构委托，自发开展营销呢？当营销行为主体和金融产品销售主体之间存在关联关系，内部有经济催动力，可能出现表面上并无委托关系但非金融机构"自发"进行金融营销的情况，水滴筹和水滴保就是典型的例子：水滴筹作为水滴公司内的非营利板块，其运营资金来自水滴保的收入，因此水滴筹有动力为其展开金融营销。此外，金融机构也有可能出于规避监管的目的，人为绕过"委托关系"，通过其他方式使第三方机构为其进行金融营销。

也正是由于目前各类主体开展金融营销的前提条件和限制不明，因此市场中开展金融营销的主体鱼龙混杂。虽然金融监管机构设定了大量的金融营销行为规范，但是执法成本极高，执法效率极低。目前的监管执法主要依靠金融广告监测以及金融消费者投诉和举报展开，③ 但是面对市场上众多金融营销行为主体，金融监管机关难以实时、逐个监督并执法。

### 三、 英国经验的借鉴

英国金融营销的规制历史非常悠久，且自 2000 年以来建立了较为完整、成熟的金融营销规制体系。总的来说，英国的金融营销规制通过严格的一般性禁止规范、狭窄的"金融营销"定

---

① 详见 2019 年《通知》第三部分"金融营销宣传行为规范"第（一）、（二）、（三）条。

② 虽然可以试图将 2022 年的《征求意见稿》视为 2019 年《通知》基础上的进一步限制，但是《征求意见稿》为部门规章级别的文件，而 2019 年《通知》仅仅是规范性文件，效力级别远不及《征求意见稿》。而 2019 年《通知》作为一个低层级的规范性文件，也难堪"作为金融营销一般性规则"的重任。

③ 参见《中国人民银行办公厅关于开展金融广告治理工作的通知》（银办发〔2017〕252 号）。

义和差异化的行为准则设定实现了市场自由与投资者保护之间的平衡。相较于美国采取分散监管①辅以广告业自律规制②的模式，英国对金融营销一般性规则的设计为我国提供了一种可行而契合的解决思路。

（一）严格的一般性禁止：投资者保护与监管效率的考量

英国 2000 年的《金融服务与市场法案》（*Financial Services and Markets Act* 2000，以下简称 FSMA）第 21 条规定，仅 FSMA 下的受规制主体（authorized person）③ 或经受规制主体的同意（approval）才能进行金融营销（financial promotion）④。此条款构成了英国对金融营销的一般性禁止规范，且违法后果非常严重，任何非授权主体如果进行金融营销行为，都会构成刑事犯罪，且因营销行为而形成的合同也会归于无效。⑤

FSMA 第 21 条源自 1958 年的《阻止（投资）欺诈法案》（*Prevention of Fraud（investment）Act* 1958，以下简称 PF（I）A）第 14 条，其规定"监管机关授权的交易商以外的任何人不得传播邀请人们投资证券的宣传单"。而后 20 世纪 80 年代的英国金融改革中将 PF（I）A 的适用范围扩展到所有"投资广告"。⑥ 20 世纪末起草 FSMA 时，立法者意图选择一个更为"媒介中立"（media neutral）的概念，因此将"投资广告"更换为"金融营销"，以囊括进通过电话、纸媒等途径进行的金融营销行为。⑦ 在英国数次的金融改革中，对金融营销的一般性禁止被延续了下来，回溯英国的立法改革历史，这并非是简单的路径依赖，而是英国金融监管有意的选择。

首先，与我国 2016—2018 年的情况类似，英国最开始限制金融营销主要是为了弥补金融业务规制的不足。当时英国对金融业务的规制不健全，甚至存在大量领域完全不受规制，因此对投

---

① 美国金融消费者保护局（Consumer Financial Protection Bureau）一般依据 Dodd – Frank Act §1031 对金融营销进行执法；证券交易委员会（Securities and Exchange Commission）对于共同基金的营销行为设立了特殊规则，参见 1940 Security Act §34b – 1，SEC Rule 482。

② 主要指美国全国性广告自律组织广告审查委员会（National Advertising Review Council）的相关规则。

③ 这里的"authorized"是指主体因从事 FSMA 所定义的"受规制活动"（regulated activities）而需要获得相应的"授权"（authorization）。由于在中文语境下，行政机关"授权"有特定的含义，因此这里笔者没有译为"被授权主体"，而采用了经济法中"规制"的概念，意译为"受规制主体"。

④ 虽然在中文中"营销"一词普遍被认为来自英文"marketing"，而"promotion"一般被译为"推介"，但是鉴于目前我国监管文件采取了"金融营销"的措辞，因此此处将"financial promotion"对应为"金融营销"。另外英国的 financial promotion 实际上也包含了"marketing"的概念，例如 FCA 手册在定义"financial promotion"时包含了欧盟《保险零售指令》中的"marketing communication"。

⑤ Financial Services and Markets Act 2000, section 25, 30. 又见 FCA, *The Perimeter Guidance manual*, FCA Web, https：//www. handbook. fca. org. uk/handbook/PERG/8/2. pdf, Chapter 8, para. 8. 2. 1.

⑥ 参见 1986 年的《金融服务法案》（Financial Service Act 1986），section 57。"投资"的定义被列在《金融服务法案》Part 1 Schedule 1 中，除了 PF（I）A 中规制的期货合同和证券以外，还包含了其他金融产品。

⑦ Julia Bracewell & Neil Foster, *A view from the United Kingdom：New Financial Service and Market Act Takes Effect*, 119 Banking Law Journal 364（2002），p. 369.

资者的保护主要依赖严格限制金融营销材料的传播。Gower 教授在 20 世纪 80 年代受英国政府委托研究英国金融体系改革方案时提到，PF（I）A 第 14 条对于限制非持牌机构违法开展金融活动起到了最有效的规制作用。①

其次，与我国目前面对的引流型金融营销问题相仿，之所以坚持为金融营销设定一般性禁止规范，是因为金融营销的主体有可能是非金融机构，这导致了金融监管中主体监管逻辑的失效。Gower 教授在基于 PF（I）A 重新审视英国投资者保护的时候发现，许多保险公司通过某些"中介"从事销售行为，而这些中介所进行的营销活动非常难以被监管覆盖。另外，当时其他欧盟成员国的保险公司在英国销售的某些保险产品（尤其是带有投资性质的长期保险）给英国投资者带来了很高风险，但这类保险公司在英国境内不需要进行登记许可，因而在英国的营销活动受到极弱的监管限制。② 对于此乱象，Gower 教授的建议之一就是原则上禁止任何非持牌机构进行金融营销。

除此之外，由于政府和自律组织的执法资源有限，当时的金融监管体系出现了执行不力的情况。在这个大前提下，Gower 提出 FP（I）A 中对"违规投资宣传资料传播"的刑事处罚应当延续，某种程度上是为了节约执法资源、提高规制的遵守程度。③ 监管机关无须再保姆式地全天候监控市场上的所有营销活动及背后的经营者，因为原则上只有受规制主体才可以进行金融营销。而对非授权主体的营销的监管职责某种程度上被下放给了受规制主体，金融机构在同意第三方进行金融营销时需要对其营销内容和行为进行审核并后续对其进行持续监控。④

（二）狭窄的"金融营销"定义：避免金融监管过度干预市场自由

鉴于金融营销限制非常严格，且违反会构成刑事犯罪，英国法对金融营销的界定十分谨慎。FSMA 第 21 条将金融营销定义为："邀请或诱导他人参与投资活动"，英国政府在立法时曾质疑此条款过于宽泛，会影响极大数量的人群以至于难以执行。对此，英国立法会提出通过次级立法

---

① Laurence Cecil Bartlett Gower, *Review of investor protection：a discussion document*, London：H. M. S. O., 1982. 转引自 John Crosthwait, *Financial Promotion—Time for a Policy Re – Think*, 2（2）Journal of Corporate Law Studies 245（2002），p. 245.

② John Crosthwait, *Financial Promotion—Time for a Policy Re – Think*, 2（2）Journal of Corporate Law Studies 245（2002），p. 156.

③ Graham F. Pimloff, *The Reform of Investor Protection in the U. K. – An Examination of the Proposals of the Gower Report and the U. K. Government's White Paper of January* 1985, 7 Journal of Comparative Business and Capital Market Law 141（1985），p. 158.

④ 目前英国社会就受规制主体是否有能力去筛选、评判第三方开展的金融营销行为存在一些争论。因此 FCA 在 2019 年 11 月 26 日在其官网发布了《金融营销的同意》指南，以指导受规制主体对非授权主体进行审核，以决定是否要同意其进行金融营销，详见 FCA, *Approval of Financial Promotion*, FCA Web（Nov 26, 2019），https：//www. fca. org. uk/firms/financial – promotions – and – adverts/approving – financial – promotions.

来缩限条款的适用范围①，即通过 2001 年出台的《金融服务与市场法案（金融营销）命令》[*the Financial Services and Markets Act* 2000（*Financial Promotion*）*Order*，以下简称 FPO] 来限定何种"投资活动"的邀请和诱导才构成"金融营销"。

FSMA 第 21 条第 8 款将"投资活动"定义为：缔结或要约对方缔结涉及受控活动（controlled activity）的合同，或通过对受控投资（controlled investment）的行权来获取、处分、承销或转让受控投资，而 FPO 附录 1 给出了明确的"受控活动"清单以及"受控投资"清单。总的来讲，受到金融营销限制的"受控活动""受控投资"范围小于 FSMA 所规定的需要金融特许方可从事的"受规制活动"。② 也就是说，并非对所有特许金融业务进行的宣传推介均会落入对"金融营销"的规制，法律仅选取了部分风险较高的投资，以及对投资者利益影响最为直接的部分金融服务纳入规制。

这种监管逻辑某种程度上抵消了严厉的金融营销规则对市场自由所带来的冲击和限制。尤其是市场上存在大量非金融机构提供金融营销服务，这些非金融机构的主营业务并非特许金融业务，其成立和经营也不受金融监管机构规制，只有相对更为迫切的"投资者保护目的"才能合理化对这类主体的额外行为规制。以水滴筹和水滴保的营销合作为例，《金融服务与市场法案（受规制活动）命令》（*Financial Services and Markets Act* 2000（*Regulated Activities*）*Order* 2001（SI 2001/544），RAO）第 39 A 条下，保险合同管理以及辅助履行属于"受规制活动"，需要获得 FSMA 的授权许可才能经营，但是上述活动并不在"受控活动"之列。据此，虽然提供此类服务的水滴保需要获得金融监管授权，但水滴筹对水滴保"水滴保理赔管家""代报案"等保险合同辅助履行服务的营销不会落入金融营销规制范围之内。另外，虽然 RAO 的"受规制活动"和 FPO 的"受控活动"列表中均包含"组织安排投资交易"③ 及"提供投资建议"④，但是 RAO 对

---

① 参见 UK Parliament, *Hansard*: *Restrictions on Financial Promotion Volume* 344, UK Parliament Web（Feb 9, 2000）, https：//hansard. parliament. uk/commons/2000 – 02 – 09/debates/67cf7e4b – 7b7c – 4856 – 815a – c8e72cadd293/RestrictionsOnFinancialPromotion.

② FSMA 第 19 条规定，任何主体在英国从事特定金融业务（即"受规制活动"）均须取得授权或者获得特定豁免。受规制活动的具体清单列举在次级立法《金融服务与市场法案（受规制活动）命令》（Financial Services and Markets Act 2000（Regulated Activities）Order 2001（SI 2001/544），以下简称 RAO）中。需要注意的是，RAO 规定某些受规制活动可以享受"排除"（exclusion）或"豁免"（exemption），但是上述"排除"或"豁免"并不当然适用于 FPO。即如果某活动被认定为受控活动，即使此活动在 RAO 下获得豁免，也会被认定为是"金融营销"，而需要遵守金融营销规则。如果考虑"排除"和"豁免"的情形，那么受规制活动、投资的范围和受控活动、投资的范围将是两个相交的子集而非包含关系。

③ FPO Schedule 1 para. 4 (1)；RAO article 25 (1).

④ FPO Schedule 1 para. 7；RAO article 53.

"投资"的定义要广于 FPO。① 以保险合同为例，在 RAO 下所有类型的保险合同属于"投资"②；但在 FPO 下，只有人寿保险这类特定长期保险合同才落入"投资"的概念③。所以，虽然经营财产保险、短期医疗保险等的保险中介也需要获得授权许可，但向客户营销涉及财产保险的保险咨询服务并不构成金融营销。

（三）差异化的行为准则设定

在 FSMA 及其次级立法的基础上，英国金融行为监管局（Financial Conduct Authority，FCA）为金融营销行为设定了具体的行为准则。最基础也最原则性的规则是金融营销应当"清晰、不偏颇、无误导性"（clear, fair and not misleading）。④ 进一步而言，依据金融产品/服务特点的不同以及营销受众的不同，FCA 采取了差异化的行为准则设定。被营销产品的风险越高，行为准则越严格；营销对象的知识程度越高、抗风险能力越强，行为准则越宽松。

从被营销对象的视角来看，投资类产品的营销受到更严格的规制。以保险产品为例，FCA 将保险分为"投资型保险合同"（主要包括人寿保险以及长期照护保险）和"非投资型保险合同"，对于投资型保险合同，适用 FCA 手册中"商业行为资料手册"（Conduct of Business Sourcebook，COBS）的标准，而对于非投资型保险合同，适用"保险业务行为资料手册"（Insurance Conduct of Business Sourcebook，ICOBS）所设定的标准。对比而言，COBS 4.2 的标准要略高于 ICOBS 2.2，且重点关照了与投资收益、风险等投资事项有关的营销行为。⑤ 另外，在"投资产品"之中，FCA 还进一步区分了"高风险投资"，甚至对不同属性的高风险投资设定了不同的规则。⑥

从被营销受众的视角而言，FCA 区分了"零售客户"、"专业客户/适格交易向对方"以及"高净值人士/富有经验的投资者"。FCA 为零售投资者提供了更周严的保护。例如，法律特别要求营销时应当在特定时点向零售客户提供特点信息或特别提示特定风险。⑦ 另外，禁止向零售投

---

① RAO 使用的概念是"relevant investment"，而 FPO 使用的概念是"contractually based investment"。

② 详见 RAO section 3 对"relevant investment"的定义。

③ 详见 FPO Schedule 1 para. 28；参见 FCA 手册，PERG 2.6.7。

④ 参见 FCA Handbook，COBS 4.2.4，ICOBS 2.2.2。

⑤ 例如 COBS 4.2.4 对于"清晰、不偏颇、无误导性"原则的阐释中，特别要求营销者给出的投资产品收益率必须均衡考量长期预期收益和短期预期收益。

⑥ FCA 将"高风险投资"进一步分类为"易于变现的证券"（如二级市场交易的证券）、"不易于变现的证券/P2P"以及"非主流集合投资/投机性非流动证券"，营销限制相对应地逐步趋于严格。参见 FCA，*Strengthening our financial promotion rules for high - risk investments and firms approving financial promotions*，FCA Web（April, 2021），https：//www.fca.org.uk/publication/discussion/dp21 - 1.pdf#page = 11，para. 2.18 - 2.31。

⑦ 例如 COBS 4.5.2 要求机构披露特定信息给零售客户；COBS 4.5.9 要求就新型金融个人储蓄账户的营销向零售客户揭示特定风险。

资者营销特定高风险投资产品——类似于营销阶段的"投资者适当原则"。① 并且，PFO 针对向"高净值人士"以及"富有经验投资者"的营销设置了豁免规则，以避免中小企业向天使投资人争取融资时承担高昂的金融营销合规成本。②

### 四、 构建我国完善的金融营销规则意见及结论

从各个金融监管部门各自颁布的对金融宣传行为的规范，到七部门联合发布的《征求意见稿》，我国已经逐步从零碎的行为规范中拼凑出了金融营销行为准则的大致样貌。《征求意见稿》第八条要求金融网络营销"不得有重大遗漏、准确、通俗"、第九条提出金融营销宣传不得包含"虚假、欺诈或引人误解的内容"等已经基本具有了 FCA 所确立的"清晰、不偏颇、无误导性"规则的雏形。但我国金融营销规制的阿喀琉斯之踵并不在于行为规范不够繁复庞杂、不够有针对性，而是缺乏底层整体逻辑将其串联在一起，形成一个张弛有度、边界适当的规制网络，在尊重市场自由的基础上最大化地实现投资者保护目标。立足于我国现实问题的诘问，汲取英国金融规制的经验，总的来说，我国最亟待建构与完善的金融营销规制有二。

第一，明确金融营销的一般性禁止规则。虽然我国《证券法》中并没有类似于英国 PF（I）A 第 14 条的规则，③ 因而没有现存的制度基础可以直接演化生成金融营销的一般性禁止规则，但英国构建金融营销一般性禁止规则背后的理由和逻辑与我国目前的困境极为契合。以至于 2019 年《通知》中我国有意无意地尝试构建此一般性禁止规则，但立法级别过低，且在《征求意见稿》中没有予以延续。

一般性禁止规则应当要求："除非金融机构授权同意，否则任何主体④不能开展金融营销"。此规则一方面，大大缩小了可以合法开展金融营销的主体范围，对于所有市场主体具有威慑作

---

① 参见 FCA, speculative mini－bonds cannot be marketed to retail investors, FCA Web（November 2019，https：// www. fca. org. uk/publication/tpi/temporary－intervention－marketing－speculative－mini－bonds－retail－investors. pdf.

② 2021 年底，英国财政部发布《对高净值人士以及富有经验投资者的金融营销豁免：征求意见》，就金融营销豁免规则的改革向社会各界征求意见，有可能进一步开放金融营销的豁免范围，参见 HM Treasury, *Financial promotion exemptions for high net worth individuals and sophisticated investors：A consultation*，HM Treasury Web（December, 2021），https：//assets. publishing. service. gov. uk/government/uploads/system/uploads/attachment_data/file/1040979/Financial_Promotion_Exemptions_Con. pdf.

③ 我国《证券法》第二十九条只规定了证券承销中承销商不得作虚假或有误导性的广告宣传或推介活动，但未规制其他环节中其他主体的营销行为。《证券法》第二十三条第二款规定发行人不得在公告公开发行募集文件前发行证券，如果将"发行证券"广义理解为包含任何宣传行为（类似于美国 1933 年证券法 section5（c）条下 publicity 的概念），那么此条款可以被视为是静默期的规定。但静默期制度仅仅对发行文件提交公示前的营销行为进行了限制。

④ 而非仅限于 2019 年《通知》所规定的"市场经营主体"，应当涵盖任何主体（包括个人）具有商业目的的宣传、推介行为。

用，有助于防范违法金融产品与服务的传播。另一方面，当金融机构授权同意第三方主体开展金融营销时，金融机构肩负起了对相应营销内容和营销行为的管控和监督义务，有助于节省执法资源、提高监管效率。更进一步地，也只有在明确了一般性禁止规则后，才能进而根据营销受众的不同，探讨相应的豁免规则。

第二，通过有限的"金融营销对象"清单限缩概括性的"金融营销"概念。金融营销毕竟并非"金融业务"，仅仅是带有金融特性的营销行为，因此对其的规制需要严格建构在对"金融特性"的识别和分类之上，也就是对"营销对象"的精细界分上。如果"金融营销对象"的范围过于宽广，金融营销规制很可能泛化成一般的营销规制，可能和《广告法》《消费者保护法》等一般性法律产生冲突重叠，还会导致对市场主体正常商业行为的过度干涉。目前我国的监管文件中要么忽略对"金融营销"的定义，要么如《征求意见稿》一般，虽然尝试定义，但是"金融产品"的概念过广。应当对"金融产品"进行二次筛选，其中"带有投资属性的金融产品"的购买行为，以及接受"直接干涉、影响投资者利益的金融服务"才是急需进行投资者额外保护的核心地带，金融营销的限制应当聚焦于对这部分金融产品与服务的营销行为。只有这种缩限的"金融营销"定义才能与严厉的一般性禁止规则相平衡，避免金融监管规则负效应的外溢。这也有助于在对引流型金融营销进行特别规制时识别出最关键的流量迁移环节，在保护市场自由的情况下进行精准规制。① 另外，只有当监管机关不再将"金融产品"视为一个混沌的概念，而是对其进行清单化的识别与处理之后，才有可能在之后进一步地对不同性质的金融产品与服务设置差异化的营销规制，完成更进一步的精准规制。

要而言之，虽然引流型金融营销是我国目前金融营销中最显著的问题，但引流型金融营销带来的种种问题体现的是更上层金融营销整体规制的缺失。在底层规则缺位的情况下，局限地探讨某一种营销行为的具体规制方法免不了左支右绌，企图解决互联网等新媒体带来的金融营销问题变成无源之水，碎片化的规则之间更会产生不协调与冲突。具体而言，引流型金融营销最核心的特点是非金融机构开展金融营销活动，但对其引发的种种问题的具体规制需要首先构建金融营销的一般性禁止规则，厘清金融机构、金融营销服务提供方与金融监管的三方关系。而对所有市场主体施以严格的金融营销禁止规则，则需要以更缩限、精确的"金融营销"定义来平衡。只有依据以上构建起金融营销一般性规则的大框架，才有立足点进行进一步的针对性规制。

---

① 例如，《征求意见稿》第十五条禁止非银行支付机构为贷款、资产管理产品等金融产品提供营销服务。实质上监管关注的主要是"嵌套销售"行为，即"在支付页面中将贷款、资产管理产品等金融产品作为支付选项"这种极端的引流，因为其直接诱导客户缔结了相关的金融产品合同。但如果支付机构仅仅推送了某资管平台的广告，不涉及将流量直接迁移至金融产品购买合同的缔结环节，则应当放宽规制，不宜一刀切式地全盘禁止。

# 论借用证券账户的认定及其民事法律效果[*]

■ 樊 健 朱 锐[**]

**摘要：**《证券法》第五十八条禁止借用证券账户的主要规范目的在于确保发行人/上市公司等信息披露的真实性，防止规避法律和内幕交易、操纵证券市场等行为的发生。实践中，通常以交易指令是否由证券账户名义持有人作出来判断是否存在证券账户借用关系。只有违反《证券法》第五十八条规范目的的证券账户借用合同才应当被判定无效。对于证券账户借用关系无效存在主要过错的行为人不能因违法行为而获利且应承担主要的亏损。

**关键词：**证券账户借用 规范目的 合同无效

## 一、 问题的提出

在证券市场实践中，投资者基于种种原因（如为了规避监管、保护隐私或者投资安全等）借用他人证券账户进行证券交易的情形并不少见。对此，《证券法》第五十八条规定，"任何单位和个人不得违反规定，出借自己的证券账户或者借用他人的证券账户从事证券交易"。[①] 从条文文意来看，显然本条应为禁止性的强制性规定，除非有例外性的规定，[②] 否则借用证券账户[③]的行为因违反本条规定而存在法律风险。例如，根据《证券法》第一百九十五条的规定，从事该违法行为的行为人可能被处以"五十万元以下的罚款"。[④]

那么，违反本条规定的民事法律效果为何？换言之，证券账户借用的合同关系是否有效？对此，《民法典》第一百五十三条第一款虽然规定，"违反法律、行政法规的强制性规定的民事法

---

[*] 本文系上海财经大学"互联网与大数据法治问题研究"科研创新团队的阶段性成果。

[**] 樊健，法学博士，上海财经大学法学院副教授，博士生导师。朱锐，上海财经大学法学院博士研究生。

[①] 同时，《证券法》第一百零七条第三款规定，"投资者应当使用实名开立的账户进行交易。"

[②] 目前，证监会或者证券交易所并未出台规定，明确合法的证券账户借用情形。因此，如果当事人遇到纠纷并诉之法院，如何裁判，将是棘手问题。

[③] 由于出借/借用是一体两面的事情，有出借行为必有相应的借用行为，因此本文为了简略起见，以借用同时指代出借/借用。

[④] 例如，中国证券监督管理委员会上海监管局行政处罚决定书沪〔2021〕13号。

律行为无效。但是，该强制性规定不导致该民事法律行为无效的除外。"然而，从新《证券法》第五十八条规定本身来看，并不能直接推导出借用证券账户的民事法律效果到底为何。因此，需要超越规范条文文意，直指规范（立法）目的本身，才有可能准确地判断借用证券账户的民事法律效果。

## 二、 禁止借用证券账户的规范目的

大体上，本文认为禁止借用证券账户的规范目的，主要有三个：[①]

（一）确保发行人/上市公司信息披露的真实性

发行人/上市公司的股权结构信息以及董监高等管理人员的持股信息等，对于投资者而言，是作出投资决策的重要参考，因此为了确保发行人/上市公司信息披露的真实性，发行人的重要股东以及管理人员等不得借用证券账户交易股票。对此，在杉某与龚某股权转让纠纷案中，[②] 上海金融法院就指出，"上市公司披露的信息是影响股票价格的基本因素，要求上市公司在股票发行上市的过程中保证信息的真实、准确、完整，是维护证券市场有效运行的基本准则，也是广大投资者合法利益的基本保障。发行人的股权结构是影响公司经营状况的重要因素，属于发行人应当披露的重要信息。"

（二）防止出现规避法律的行为

例如，《证券法》第四十条禁止证券公司等从业人员从事证券交易，如果允许借用证券账户，那么这些被禁止交易的行为人可以通过借用证券账户来交易证券从而规避本条的禁止性规定。[③] 又例如，《证券法》第六十三条要求投资者持有上市公司股份数量达到5%之后需披露该信息。但是，披露该持股信息会暴露投资者的收购意图，增加其继续购买股份的成本，因此投资者往往采用借用证券账户的方式来避免出现单个账户持股达到5%的情形。[④] 因此，为了防止规避法律的行为出现，证券法禁止借用证券账户进行证券交易。

（三）防止内幕交易、利用未公开信息和操纵证券市场等违法行为的发生

在实践中，由于绝大多数的内幕交易、利用未公开信息和操纵证券市场等严重扰乱证券市

---

[①] 本文仅分析三个主要的规范目的，并不排除《证券法》第五十八条的其他规范目的，例如防止洗钱或者便于获得准确的统计数据等。对此可参见黄江东等：《新〈证券法〉对证券账户借用及出借规制的法理分析及适用探讨》，载《国浩视点》2020年7月14日，https://mp.weixin.qq.com/s/vtVYuNnpMnVg1yFU0sFAfw，最后访问时间2022年11月11日。

[②] 中华人民共和国上海金融法院（2018）沪74民初585号民事判决书。

[③] 例如，中国证监会行政处罚决定书（曾某山）〔2018〕63号。

[④] 例如，中国证监会行政处罚决定书（广州某投资管理有限公司、王某）〔2018〕26号。关于《证券法》第六十三条大额持股信息披露的功能，参见解正山：《大额持股披露义务规制》，载《现代法学》2018年第3期。

场秩序、损害投资者利益的违法行为都是通过借用证券账户的方式来进行的。① 这种所谓"白领犯罪"的行为人具有极强的反侦察能力，其显然不会采用真实账户来进行交易。② 此外，《证券法》第一百二十条规定融资融券业务只能由证券公司经营，而实践中有不少资金掮客通过借用证券账户的方式进行场外配资，③ 变相地从事融资业，违反了本条规定。因此，为了防止这些违法行为的发生，证券法禁止借用证券账户进行证券交易。

### 三、借用证券账户的认定

在确认借用证券账户的民事法律效果之前，首先需要解决的问题是，如何判定借用关系的存在。如前所述，不论是规避法律的行为还是内幕交易等违法行为，都是典型的"白领犯罪"行为，行为人的反侦察意识非常强，因此通常不会主动承认其借用了证券账户。行为人一般都会辩解其对证券账户并无控制权，证券交易由账户名义持有人自行作出，因而不构成借用关系。因此，在实践中，如何判断存在证券账户借用关系，是最具争议的焦点问题和前提性的问题。

对此，在证监会的行政执法中，通常会依据三个因素进行判断，足供法院参考。这三个因素分别是交易指令的作出、交易资金的流向和当事人之间的关系等。④

首先，在借用关系下，证券账户的名义持有人并不发出交易指令，该交易指令由借用人发出，该因素是判断是否成立账户借用关系的关键。证监会主要通过比对证券账户交易终端硬件信息，例如 IP、MAC、硬盘序列号、下单手机号来判断最终的账户控制人。⑤ 当然，还包括账户名义持有人的证言等。

其次，在借用关系下，账户内资金通常由借用人来提供（如操纵证券市场中的行为人），因此通过账户之间的银行转账记录，可以判断出账户资金的提供方，从而间接推断出证券账户借用关系的存在。但是，由于资金提供方可能是基于多种原因向账户（资金账户）"打款"，如为

---

① 参见彭冰：《重新定性"老鼠仓"——运动式证券监管反思》，载《清华法学》2018 年第 6 期。

② 参见陈剑等：《关于借用证券账户行为的问题分析与监管思考》，载蒋锋、卢文道主编：《证券法苑（第二十五卷）》，法律出版社 2018 年版，第 166–168 页。

③ 在郑某程等与谢某文合同纠纷上诉案中（北京市第二中级人民法院（2021）京 02 民终 4453 号民事判决书），法院认为，"场外股票融资合同是指未经金融监督管理部门批准，法人、自然人或其他组织之间约定融资方向配资方交纳一定现金或一定市值证券作为保证金，配资方按杠杆比例，将自有资金、信托资金或其他来源的资金出借给融资方用于买卖股票，并固定收取或按盈利比例收取利息及管理费，融资方将买入的股票及保证金让与给配资方作担保，设定警戒线和平仓线，配资方有权在资产市值达到平仓线后强行卖出股票以偿还本息的合同。"

④ 例如，在吕某庆等违规减持案（中国证监会行政处罚决定书（吕某庆、周某良、黄某）〔2021〕37 号）中，证监会认为，"……资金关联、交易地址关联、交易设备关联、账户间交易趋同度、银行账户资料等多维度的客观证据和多人指认的言辞证据相互印证，足以证明当事人共同控制使用涉案账户组交易'吉林森工'……"

⑤ 例如，中国证监会行政处罚决定书（王某）〔2018〕104 号。

了还债或者合作炒股等。因此，该因素仅仅是判断是否存在证券账户借用关系的辅助性证据材料。

最后，在借用关系下，当事人之间往往存在较为密切的关系，例如兄妹、父子或者上下级关系等，并且其中一方当事人往往并无证券交易的经验或者经历，该当事人所拥有的证券账户往往是出借给具有较为丰富证券交易的关系密切方使用。例如，在廖某操纵证券市场案中，[①] 证监会认为，"廖某为某轩文化、上海某琪文化传播有限公司（以下简称某琪文化）实际控制人、总经理。张某为某琪文化原股东；路某为某轩文化股东；韩某为某轩文化员工；某轩文化法定代表人柴某英是廖某的表姐，柴某玉是柴某英的妹妹；柴某美是廖某的母亲；廖某杰是廖某的哥哥；金某是廖某杰妻子的姐姐。上述人员与廖某具有亲属关系或工作关系。"从而，推断出廖某借用了前述人的证券账户。但是，显然，不能仅仅因为存在亲属关系或者工作关系就推导出该关系中的一方借用他方证券账户，该因素仅仅是判断存在证券账户借用关系的次要的辅助性证据材料。

因此，总体来讲，交易指令究竟是由谁作出是判断存在借用关系的核心标准，而资金流向和亲密关系等是辅助性判断标准。

### 四、 "规范目的说" 理论下借用证券账户的效力判定

在确认存在借用证券账户的前提下，是否所有的证券账户借用合同都因违反《证券法》第五十八条的规定而无效？

在《民法典》出台之前，通常的看法是，依据强制性规定是效力性规定还是管理性规定来判断违反该强制性规定的民事法律行为的效果。如果是前者，则民事法律行为无效；如果是后者，则有效。对此，《合同法解释（二）》第十四条规定："合同法第五十二条第（五）项规定的'强制性规定'，是指效力性强制性规定。"[②] 然而，如何判断强制性规定是效力性规定还是管理性规定，并没有明确且具有说服力的判断标准，学说纷杂，实践中互相矛盾的裁判也不少。正如有学者所言，"绝大多数强制性规定都没有明确规定违反该规定之法律行为的效力，一条强制性规定究竟是否属于效力性强制性规定，从该规定的文义中通常得不到答案。实践中，裁判者难免先入为主地预判系争法律行为应否生效，然后根据需要给相关的强制性规定贴上管理性强制性规定或者效力性强制性规定之标签。"[③] 从而，严肃的效力之争变成了"甲说、乙说、随便说"

---

① 中国证监会行政处罚决定书（廖某）〔2018〕22 号。

② 《合同法》第五十二条第五项的规定，违反法律、行政法规的强制性规定的合同无效。

③ 杨代雄：《〈民法典〉第153 条第 1 款评注》，载《法治研究》2020 年第 5 期。另参见：朱庆育：《〈合同法〉第 52 条第 5 项评注》，载《法学家》2016 年第 3 期；姚明斌：《"效力性"强制规范裁判之考察与检讨——以〈合同法解释二〉第 14 条的实务进展为中心》，载《中外法学》2016 年第 5 期。

的戏说。①

在《民法典》已经实施的背景下，应当以更加妥适的理论学说，即"规范目的说"，来作为判断违反强制性规定的民事法律行为效果的标准。"规范目的说"，是指通过分析强制性规定的规范目的，来判断违反该规定的民事法律行为的效果。如果某行为是该强制性规定所要禁止的，那么该行为即无效；否则原则上就有效。② 对此，最高人民法院 2009 年 7 月发布的《关于当前形势下审理民商事合同纠纷案件若干问题的指导意见》第十六条规定，"人民法院应当综合法律法规的意旨，权衡相互冲突的权益，诸如权益的种类、交易安全以及其所规制的对象等，综合认定强制性规定的类型。"《九民纪要》第 30 条也规定，法院应当"慎重判断'强制性规定'的性质，特别是要在考量强制性规定所保护的法益类型、违法行为的法律后果以及交易安全保护等因素的基础上认定其性质，并在裁判文书中充分说明理由。"有学者指出，"如果强制性（禁止性）法律规定针对的是民事法律行为的内容，则违反该规定的民事法律行为无效；如果强制性（禁止性）法律规定针对的是法律行为的一些外部条件，如行为的时间、地点等，原则上不能将法律行为认定为无效。"③

依据该理论，结合新《证券法》第五十八条的规范目的，对于借用证券账户的民事法律效果，大致的判断是：

1. 如果借用证券账户的结果导致发行人/上市公司重要股东（5% 的持股股东或者前十大股东）的持股数额不真实或者导致董监高等持股数额不真实，则该证券账户借用关系因违反《证券法》第五十八条的规范目的而无效。

2. 如果借用证券账户的结果导致行为人规避了法律的强制性规定，例如证券公司从业人员借用他人证券账户交易股票等，则该证券账户借用关系因违反《证券法》第五十八条的规范目的而无效。

3. 如果借用证券账户的结果导致内幕交易、操纵证券市场或者场外配资等违法行为出现的，那么显然该证券账户借用关系因违反《证券法》第五十八条的规范目的而无效。

4. 除前述情形外，自然人之间基于情谊关系、亲属关系等产生的证券账户借用关系，或者自然人之间基于委托理财关系而产生的证券账户借用关系等，由于并未违反《证券法》第五十

---

① 田蒙洁：《大法官的甲说乙说随便说》，我国台湾地区五南图书出版公司 2014 年版。

② 当然，有论者会指出，规范目的不易探究。的确，这是个问题。但是，通过整理立法历史、查看官方注释书以及综合学者学说等，大致能归纳出强制性规定的规范目的。对此讨论，参见谭津龙：《规范目的与合同效力》，载《私法研究》2017 年第 1 期。

③ 杨代雄：《〈民法典〉第 153 条第 1 款评注》，载《法治研究》2020 年第 5 期。

八条之规范目的，因而有效。① 因此，如果甲、乙两自然人约定，甲提供账户与资金，由乙来"炒股"，获利则双方均分，亏损则由甲方承担的委托理财合同，不因违反新《证券法》第五十八条之规定而无效。所以，甲方不能请求法院判定该委托理财合同无效而独吞收益。

### 五、 证券账户借用关系无效的民事法律责任

进一步分析，如果借用证券账户的民事关系被认定为无效，那么如何确定借用关系双方的民事法律责任呢？

如果甲、乙两自然人约定，甲提供账户与资金，由证券公司工作人员乙来"炒股"，获利则双方均分，亏损则由甲方承担的委托理财合同，由于违反《证券法》第五十八条之规范目的而无效。现在：

假设 1：该账户获利 100 万元，该收益如何处理？本文认为，由于本合同无效的主要原因在于乙（因为其是证券公司工作人员，明知道不能受托理财），因此乙不得从该违法行为中获利，否则会为违法行为提供负面激励，所以该 100 万元应由甲获得。当然，甲由于出借证券账户可能会被科以行政处罚。

假设 2：该账户亏损 100 万元，该损失如何处理？本文认为，根据《民法典》第一百五十七条的规定，② 由于乙作为专业人士明知其不能受托理财仍然违反规定接受甲的委托"炒股"，过错程度显然要大于甲，因此乙方应当承担 70 万元的亏损，而甲方承担 30 万元的亏损（一般而言，甲应当知道乙作为证券公司从业人员是不能接受投资者私下委托理财的）。并且，从预防证券公司从业人员从事类似违法行为的角度而言，也应当让乙承担大部分的损失。例如，在任某、刘某民间委托理财合同纠纷案中，③ 深圳中级人民法院认为，"关于损失分担比例的问题，任某、宋某与甄某之间的委托理财关系，以及任某、宋某、刘某三人与甄某之间的保底约定均为无效，各方对此均有过错。任某、宋某、刘某三人受托操作股票账户，对涉案账户内股票买卖的控制能

---

① 有论者指出，"普通亲友之间出借账户，帮忙操作，分仓打新以提高收益等行为，亦十分常见，如果没有内幕交易或操纵市场等违法情形，还是应该以积极引导为主，罚款只是作为最终的震慑措施而存在。至于分仓打新，归根结底是因为制度红利，只要红利尚存，一定会有各种办法来绕开禁令；如果真觉得这种行为不应存在，那直接在制度上把打新红利取消即可，分仓打新自然会消失。一个国家的司法资源总是有限的，法律不应该明显与已经具备普遍认知的情理伦常产生冲突，否则也会让系统不堪重负。"蔡江伟：《出借证券账户违法？别让这事搞得人心惶惶》，载《证券时报网》2020 年 5 月 12 日，https：//baijiahao. baidu. com/s? id = 1666498542385773901&wfr = spider&for = pc，最后访问时间 2022 年 11 月 11 日。

② 本条规定为，"民事法律行为无效、被撤销或者确定不发生效力后，行为人因该行为取得的财产，应当予以返还；不能返还或者没有必要返还的，应当折价补偿。有过错的一方应当赔偿对方由此所受到的损失；各方都有过错的，应当各自承担相应的责任。法律另有规定的，依照其规定。"

③ 深圳市中级人民法院（2019）粤 03 民终 14140 号民事判决书。

力更强，按常理推断，提供保底承诺也是为了吸引甄某作出委托，且任某、宋某还系作为证券从业人员违规接受委托，故三人对于损失发生的过错程度较之甄某更大，并且，股票买卖属于高风险市场中的投资行为，也不能将亏损全部归咎于账户操作方。因此，在各方约定的盈利分配比例基础上，综合以上因素，本院酌定由甄某自担30%的损失……。"①

## 六、 结论

《证券法》第五十八条禁止借用证券账户的规范目的在于确保发行人等信息披露的真实性，防止规避法律和内幕交易、操纵证券市场等行为的出现。实践中，通常以交易指令是否由证券账户名义持有人作出来判断是否存在证券账户借用关系。只有违反《证券法》第五十八条规范目的的证券账户借用关系才无效。自然人之间基于情谊关系、亲属关系等产生的证券账户借用关系，或者自然人之间基于委托理财关系而产生的证券账户借用关系等，由于并未违反新《证券法》第五十八条之规范目的，因而有效。对于证券账户借用关系无效存在主要过错的行为人不能因违法行为而获利且应承担主要的亏损。

---

① 同样，在韩磊与刘建军民间委托理财合同纠纷案［天津市南开区人民法院（2021）津0104民初4066号民事判决书］中，法院认为，"无效的合同自始没有法律约束力，故被告基于该合同关系对原告所做的承诺亦属无效。根据合同法规定，因无效合同取得的财产应当予以返还，有过错的一方应赔偿对方所受到的损失，双方都有过错的，应当各自承担相应责任。本案中，被告作为证券行业专业从业人员，具有专业认知能力，明知双方违法约定的不利后果仍接受原告委托直接进行证券交易操作并收取所谓收益，其过错程度较大，应对原告损失承担主要过错责任。而原告作为投资者明确知晓被告的从业身份以及从业禁止的规定，仍委托被告进行交易，亦对其投资损失存在一定过错。本院综合考虑本案实际情况，酌定原、被告按照2:8的比例对原告的损失进行分担。"

Financial Law Forum

# 金融法苑

2023　总第一百零九辑

# 公 司 法

# 重整中资本公积转增股本模式分析

■ 张欣然[*]

**摘要：** 以资本公积转增股本方式调整出资人权益已经成为重整中的常规手段。由于能够为重整各方提供高度自由的公司壳价值谈判空间，对出资人权益调整的手段柔和间接，并帮助债务人绕过流通股股权强制转让的难题，转增模式广受重整各方及司法与监管的青睐。该现象背后反映的是我国重整实践常常因制度供给不足而必须曲线救国的客观事实。建议于重整中豁免适用非公开发行的限制条件，扩张重整计划的效力范围，尝试为其他出资人权益调整方式提供适宜的发展空间。

**关键词：** 重整 资本公积转增 出资人权益调整

重整制度的终极目标是整合各方力量积极拯救困境公司[①]，维持与提升公司营运价值，促使公司尽可能恢复生产经营，走向复兴，而并非简单通过清算公司财产达到公平清偿债权之目的。[②] 重整程序的制度设计围绕各方利益主体的权益博弈展开，若想为公司求得重生机会，股东必然需要付出相应的对价。在相互的妥协让步中，原股东让渡出资人权益，债权人减让或免除部分债务，战略投资人注入优质资产并参与企业经营决策，最终在债权人、企业及社会整体利益交叉口上获取最优解决方案。

基于被广泛认可的成本分摊原则，对出资人权益进行调整的正当性已经为学界与司法界所公认。但股权让渡并非出资人权益调整的唯一模式，甚至随着重整方案的不断进化，资本公积转增股本模式几乎完全取代股东让渡股份，成为出资人权益调整的最重要手段，并取得了交易所、证监会、财政部及人民法院的共同认可。在部分重整案例中，即便债务人资本公积金额不足以进行转增，也会选择先通过股东捐赠、债务免除等形式充实资本公积，随后完成转增操作。自然，

---

[*] 张欣然，北京大学法学院 2019 级博士研究生。

[①] 文章讨论主要围绕上市公司资本公积转增模式而展开。考虑到行文简洁性与流畅度，文中所述"公司""企业"均指我国上市公司。

[②] 曹文兵：《上市公司重整中出资人权益调整的检视与完善——基于 51 家上市公司破产重整案件的实证分析》，载《法律适用》2018 年第 17 期。

资本公积转增具有价格确定市场化这一优势，然而这并不足以成为其在短短五年内便风靡重整实务的核心原因。本文尝试从重整中资本公积转增股本的操作模式出发，首先确定其法律性质，随后由表及里多维度阐释其快速盛行的原因，最后对上述原因进行检视，并提出使重整中出资人权益调整模式多样化的制度助推方案。

## 一、 重整中资本公积转增基本流程及法律本质

### （一）资本公积转增股本的基本流程

2008 年，北生药业首次在其重整计划中引入"资本公积转增股本"（以下简称资本公积转增或转增）这一出资人权益调整模式，并得到证监会的认可。由于环节设计精巧，协商与执行成本较低等原因，转增模式很快便赢得了诸多重整债务人的青睐，成为上市公司重整中普遍采纳的用于改善公司资产负债情况的重要手段。至 2021 年，共有 77 家上市公司的重整计划经法院批准通过，其中 55 家公司于重整计划中载明将使用资本公积转增方式进行出资人权益调整。小部分公司配合使用原持股股东无偿让渡股份、按照指定价格转让股份、缩减股份的权益调整方式，与此同时剩余大部分公司则倾向于采用单一的资本公积转增方式进行出资人权益调整。可见，转增模式已经不再是一种"适用范围比较狭窄"[①]的特殊权益调整模式，而是成为出资人权益调整的核心方式。

重整中资本公积转增的基本操作模式如下：企业以重整被受理时的总股本为基础，将资本公积按照一定比例向全体股东转增。随后，全体股东自愿将转增股份过户至管理人名下，由管理人代为持有。管理人与全体股东的角色类似，仍仅仅是股份转增的中间通道；最终管理人将依据重整计划完全处置所代持的股份。实际操作中，转增股份有三种用途：其一，管理人将转增股份作价变现，用现金即时清偿债务。其二，将转增股份分配给债权人抵偿债务，即债权人以免除债务人债务为对价获取转增股，该行为应被视作广义上的"债转股"。债权人可能获取企业重整成功后的未来收益。其三，将转增股份用于引入重整投资人，即投资人以注入优质资产为对价获取转增股，该行为事实上构成非公开发行。投资人往往能够以较低的价格获取债务人的控制权或部分控制权。

以宏盛科技为例，其重整计划清晰地勾勒了转增操作的全貌。2011 年，陕西省西安市中级人民法院裁定批准宏盛科技重整计划。依据重整计划，宏盛科技将一部分资本公积按每 10 股转增 0.5 股的比例向全体股东转增共计约 600 万股，并以不低于 4.3 元/股的价格处置或分配给符合条件的普通债权人，以提高其清偿比例；将另一部分资本公积按每 10 股转增 2 股的比例转增约 2500 万股，以换取莱茵达国际融资租赁有限公司 45% 股权，以"阶段性解决企业持续经营能力问题"。[②]

---

① 刘健、栗保东：《上市公司重整程序中出资人权益调整问题初探》，载王新欣、尹正友主编：《破产法论坛（第二辑）》，法律出版社 2009 年版，第 8 页。

② 见西安宏盛科技发展股份有限公司重整计划草案。

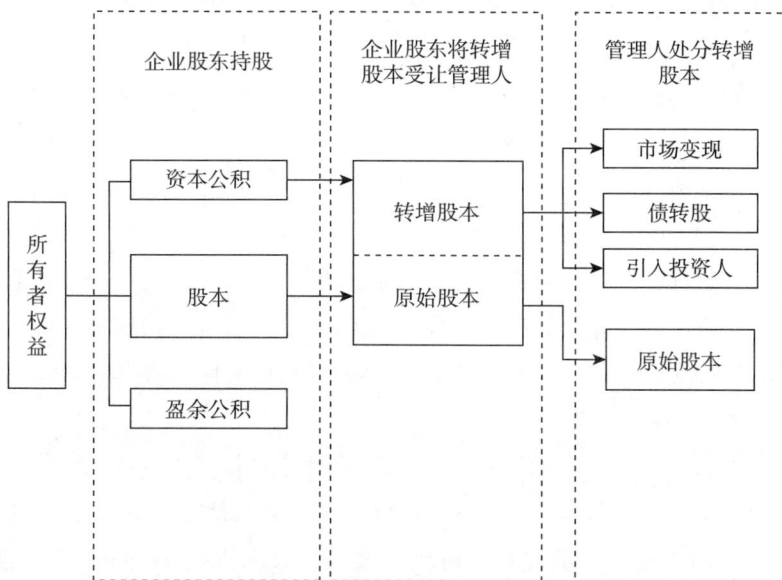

**图 1　重整中资本公积转增股本的运作流程**

（二）重整中资本公积转增股本的本质

1992 年颁布的《股份有限公司规范意见》首次提出"资本公积"的概念，最初主要包括股本溢价与接受赠与。[①] 股本溢价发生时有真实的经济利益流入公司，溢价金额的产生主要是为了能正确区分股权关系及不同时期成为公司股东之间的利益均衡，也是为了有效保护债权人的利益。[②] 实践中资本公积大体可以分为三类：一是与出资有关但不计入股本的现金或者实物流入，以股本溢价为主；二是某些意味着所有者权益增加，但是又不适宜作为收入确认的项目；三是基于会计处理方法或会计程序而引起的所有者权益的账面增长。[③] 随着现代企业经营活动以及资本运作方式的复杂化，资本公积账户反映的内容越来越多，诸多既非来自所有者出资又非源于企

---

[①]　参考《股份有限公司规范意见》第七十一条。该意见已于 2015 年被废止。

[②]　李美云：《资本公积功能的立法完善》，载《国家检察官学院学报》2014 年 22 卷第 5 期。

[③]　参考《企业会计制度》（财会〔2000〕25 号）第八十二条：资本公积包括资本（或股本）溢价、接受捐赠资产、拨款转入、外币资本折算差额等。资本公积项目主要包括：（一）资本（或股本）溢价，是指企业投资者投入的资金超过其在注册资本中所占份额的部分；（二）接受非现金资产捐赠准备，是指企业因接受非现金资产捐赠而增加的资本公积；（三）接受现金捐赠，是指企业因接受现金捐赠而增加的资本公积；（四）股权投资准备，是指企业对被投资单位的长期股权投资采用权益法核算时，因被投资单位接受捐赠等原因增加的资本公积，企业按其持股比例计算而增加的资本公积；（五）拨款转入，是指企业收到国家拨入的专门用于技术改造、技术研究等的拨款项目完成后，按规定转入资本公积的部分。企业应按转入金额入账；（六）外币资本折算差额，是指企业接受外币投资因所采用的汇率不同而产生的资本折算差额；（七）其他资本公积，是指除上述各项资本公积以外所形成的资本公积，以及从资本公积各准备项目转入的金额。债权人豁免的债务也在本项目核算。

业保留盈余的所有者权益增长被归入资本公积项下，以至于资本公积账户实际上成为一个会计上的"聚宝盆"。①

公司重整时进行资本公积转增，与公司在正常生产经营中将资本公积转增股本，存在本质不同。依据《公司法》之规定，资本公积的用途主要是转增股本。在常规的资本公积转增股本的流程中，转增形式上表现为公司增发股票并向出资人进行分配。②"转增"时没有真实的经济利益流入企业，不会为公司带来任何资产，不会实际增厚股东权益金额，公司资产负债表也不会因"转增"而有所改善。为此，当上市公司完成资本公积转增后，由于公司股本扩大而股东权益总额维持不变，公司必须按照监管部门要求及会计准则进行相应的除权操作，以维持每股净资产的稳定。

而在重整中资本公积转增股本的流程中，转增后股份并非向出资人，而是向债权人及重整投资人进行分配，后者以不同形式给付了相应对价。无论是以股抵债还是以股作价吸引投资，重整公司债务降低资产增加，资产负债状况得到了改善，股东权益实现了增长。至于除权操作，2022 年 3 月前相关司法实践一般支持重整企业不适用除权操作。2022 年 3 月深交所颁布《深圳证券交易所上市公司自律监管指引第 14 号——破产重整等事项》（以下简称《监管指引》），规定"上市公司破产重整程序中涉及权益调整方案的，应当按照本所《交易规则》的相关规定，对其股票作除权（息）处理……如权益调整方案约定的转增股份价格高于上市公司股票价格的，可以不对上市公司股票作除权（息）处理"。③ 可见，法院与监管部门认可，当转增股份未向（或全部向）原股东进行分配，转增后公司所有者权益大幅增加，且定价方案经债权人大会表决通过时，不一定必须进行或严格按照统一的除权公式进行除权操作。④

由此可见，转增股的有偿分配这一步骤，使重整中转增的法律性质由股东内部权益转换变为出资人权益调整。对出资人权益进行调整当属法之必然。在重整计划中，债权人放弃一部分严格履行破产清算程序可能得到的收益，投资人注入新鲜资产帮助债务人重新运营。如果不对出资人权益予以调整，那么出资人将以"零成本"收获重整成功的胜利果实，显然并不具备正当性。⑤ 实践中，不进行出资人权益调整的重整也很难顺利推进。通常情况下，公司从初创、扩

---

① 刘燕：《会计法（第二版）》，北京大学出版社 2009 年版，第 313 页。

② 借记资本公积，贷记股本。二科目同属所有者权益大类。

③ 《深圳证券交易所上市公司自律监管指引第 14 号——破产重整等事项》第三十九条。

④ 有关除权是否适用的相关观点，参见查达来：《上市公司破产重整公积金转增股本除权问题探究》，载《金融法苑》2020 年第 3 期；重庆市第一中级人民法院课题组：《重整中以公积金转增股本偿债可申请调整除权公式》，载《人民司法（案例）》2018 年第 32 期。

⑤ 陈景善、李魏：《上市公司破产重整中出资人权益调整机制之完善》，载《上海政法学院学报（法治论丛）》2021 年第 4 期。

张、上市到面临重整，往往积累了数倍乃至十数倍于公司原股本总额的资本公积。通过资本公积的定向受让，重整公司原出资人权益被缩减，新投资人被引入，公司控制权实现了在出资人、债权人及重整投资人之间的重新分配。从这个意义上说，重整中转增与既往的股东让渡股份、缩股等操作模式的内在逻辑实际上是一致的，均属于公司原股东缩让公司控制权以支付重整成本。

## 二、 重整中资本公积转增盛行探因

重整中资本公积转增模式作为出资人权益调整手段，日益受到重整实践的欢迎与监管的青睐。显然，其直接原因在于重整转增为重整各方提供了一个自由谈判、自由定价、表决机制与行政审查简单的公司壳价值交易窗口。在该交易模式下，投资人以适当的价格获取了上市公司控制权，债务人得以重生，债权人所持债权因股份的流动而得到更高比例的清偿，出资人所必须作出的经济利益让步更为间接，面临的情绪冲击也更为缓和。一方面，由于转增模式广为重整各方所接纳，从而有力推进了企业重整谈判，为了鼓励上市公司保壳，监管机构同样出台了支持性政策鼓励转增模式的落地执行；另一方面，受到监管政策的支持，各地方起草重整草案时也更倾向于使用转增操作。实践与监管互为因果，共同推动了转增模式的广泛快速流行。

（一）适用特殊的治理与监管标准

资本公积转增在重整实践中快速流行的直接原因，在于其作价谈判的自由程度较高，且能够依靠重整流程规避非公开发行限制性要求。

就作价谈判方面而言，在《监管指引》出台前，法律并未规定资本公积转增股本的比例要求或新增股票的作价原则。转增股份的价格由重整各方谈判确定，既不需要披露定价依据与流程，也不需要公开解释定价的合理性基础。例如，康美药业重整计划中，公司按每 10 股转增 18 股的比例实施资本公积转增，新增股本 89 亿股。重整投资人以不到 4 折的价格受让 28.79 亿股并支付对价；新亿股份重整计划中，公司按每 10 股转增 29.48 股的比例实施资本公积转增，新增股本 11.13 亿股。其中，重整投资人以 1.45 元/股的价格受让共计 10 亿股，而新亿股份停牌前的收盘价为 7.4 元/股。上述转增股份定价的基础与原则均未向外部投资者进行阐释或披露。《监管指引》出台后，要求"相关受让股份价格定价应当合理、公允，不得损害中小投资者利益"，"价格低于上市公司股票在投资协议签署当日收盘价 80% 的，应当聘请财务顾问出具专项意见并予以披露。"[①] 此后的重整实践中，天马股份转增股受让价格为 1 元/股，协议日收盘价为 2.45 元/股；方正科技转增股受让价格为 1.6 元/股，协议日收盘价为 2.34 元/股；雪莱特转增股受让价格为 1.2 元/股，协议日收盘价为 1.78 元/股。上述定价均低于八折而并未受到司法与监管的质疑。整体上说，考虑到重整面临特殊的融资环境，资本公积转增从本质上仍被视为自由投

---

① 《深圳证券交易所上市公司自律监管指引第 14 号——破产重整等事项》第二十八条。

资的市场行为，只要各方主体达成有关转增与分配的协议，监管部门对谈判结果一般持相对宽容的态度，并不倾向于对转增股作价进行过多干涉。

而就行政程序方面而言，资本公积转增为重整企业提供了绕过非公开发行监管的"道路"。依据《上市公司证券发行管理办法》（以下简称《管理办法》）之规定，上市公司董监高受到行政处罚或公开谴责，或控股股东或实际控制人严重侵害公司权益尚未消除的，不得进行非公开发行。① 然而实际情况是，绝大部分上市企业面临重整，正是因为公司实控人或董监高存在违规占用资金、违规担保、财务造假等行为。如新亿股份，其于 2016 年重整前就曾多次因违规披露、违规担保等行为受到公开处罚，原董事长周剑云因涉嫌职务侵占罪被塔城公安局立案调查。舜天船舶原董事长、副总经理因挪用公款、国有公司人员滥用职权被判处有期徒刑。康美药业更是因 300 亿元财务造假成为中国证券集体诉讼首个被告。尽管转增模式中面向投资人的部分本质上与非公开发行并无二致，但转增至少通过"表象"将实质法律关系进行了隐藏，避免了与《管理办法》出现正面冲突。当然，在转增股份受让完成后，转增股及转增股受让人便同样落入证券法而非破产法的监管范畴，对转增股的解禁及交易均应遵守证券法及非公开发行的相关规定。

（二）以壳价值吸引重整投资人

资本公积转增几乎是我国上市公司特有的重整形式，对比之下我国绝大多数有限责任公司采用股权让渡形式进行重整。这暗示着资本公积转增能够顺利推进的根本原因，在于上市公司得以其尚有的壳价值吸引重整投资人，以期获取重生机会。

重整公司以壳价值吸引重整投资人，具备牢固的合法性基础。第一，壳资源，尤其是在注册制尚未全面落地时的壳资源，因其稀缺性而具备真实的可供交换的市场价值。第二，破产法中归纳的债务人财产范围并不包括公司壳价值，因此债权人不具备分配公司壳价值的法理基础。第三，重整中的公司仍旧是股东的公司，股东拥有公司的外观也拥有公司的内在价值，其拥有的股东身份并不因其价值贬损而自然消灭。股东失去对公司剩余财产的分配请求权这一事实并不能证明剥夺其股东身份的正当性，对破产重整中的上市公司来说则表现为上市公司的壳价值依旧归属于原股东。②

当然，投资人挽救重整企业一般并非出于社会责任感，而是出于对该活动可得经济利益之考量。其一，在市场经济环境下，企业的现实价值并不完全决定于其资产与负债的比例，同时取决于企业的营利能力和在市场中综合资源的占有情况，所以一些资不抵债的企业、价值为负值的股权，仍然具有经济价值。其二，细观近年来经法院批准的重整计划，债务人与投资人协商达

---

① 《上市公司证券发行管理办法》第三十八条和第三十九条。
② 齐明：《我国上市公司重整中出资人权益强制调整的误区与出路》，载《法学》2017 年第 7 期。

成的，具有极高主观性的转增股本估值往往等于或者超过债务人资产评估作价总值，这显然与彼时债务人财务状况相悖。如果仅仅从财务会计的角度来看，当上市公司面临重整时，由于公司剩余财产已经无法全额清偿全部债务，因此无论是代表对公司剩余财产分配请求权的原股份，还是资本公积及资本公积转增的新股份，均已经不具备实际的财务价值。因此，此时投资人以注入的优质资产购买的必然是债务人的壳资源。该购买行为在公司内部法律关系上即体现为重整企业出资人权益的（大幅）调整。

（三）满足企业股本扩张需求

尽管股东无偿或以低价让渡股份引进外部投资者，同样能够实现以壳价值交换未来优质资产之目的，但相比之下，让渡股份表现为企业股本总量不变，而转增模式则同时满足了企业股本扩张的需求。当企业重整成功后，更高的股本份额能够相对增强企业股票的市场流动性，[①] 从而为接受转增股份的债权人及重整投资人留下更为宽裕的操作空间。

此外，信号理论[②]提供了这样一种解释：原股东相对于债权人与重整投资人具备信息优势，以资本公积转增代替股份转让的方式让渡出资人权益，传递了原股东对企业重整成功的信心及未来发展趋势向好的信号。原股东并非将重整企业这一"烫手山芋"丢给投资人或债权人，而是与他们一同设法帮助企业脱离财务泥沼，恢复生产经营，以最终实现盈利。市场实践表明，企业重整成功后，各方利益的确能够通过流动的股票得以补偿，在部分案例中，债权人甚至得到了超额清偿。[③]

（四）易于被各类型股东接纳

除购买壳资源的重整投资人，以及接受债务人以未来经济利益流入作偿的债权人外，转增模式也更易于被各类型的股东所接纳。

就控制性股东而言，转增模式较股权让渡的优势是显而易见的：如果说无偿让渡股票是特定股东（通常是控股股东或大股东）对自身权益的减让，那么资本公积转增则是对全体股东权益的稀释，稀释程度取决于转增比例。这意味着企业重整成本将由全体股东，而非仅由控制性股东买单——尽管实践中上市企业出现重整情况，几乎全部伴随着实际控制人违规占用资金、自我交易、违规担保、财务造假等行为。

就中小股东或者说外部投资者而言，当必须进行选择时，转增模式较股权让渡而言显得更为间接平和。由于中小股东一般来说不对企业陷入重整境地负有明显的过错，因此其常规诉求

---

① Fang GUO, Kaiguo ZHOU, Jinghan CAI, Stock Split, Liquidity, and Information Asymmetry – An Empirical Study on Tokyo Stock Exchange, Journal of the Japanese and International Economics (2008), 22 (3), pp. 417 – 438.

② 有关信号理论，参见 Micheal SPENCE, Job Market Signaling, The Quarterly Journal of Economics (1973), 87 (3), pp. 355 – 374.

③ 刘延岭，赵坤成主编：《上市公司重整案例解析》，法律出版社 2017 年版，第 50 页。

是由控股股东一力承担全部重整成本，即由其将所持股权转移给重整投资人。然而，重整制度的终极目标是整合各方力量积极拯救困境企业，维持与提升公司营运价值，促使公司早日摆脱财务困境，尽可能恢复生产经营走向复兴，[①] 不能仅因为中小股东的主张而使整个程序的运行过程中断，从而使公司进入破产的通道。[②] 因此，当重整制度要求中小股东必须进行股权削减时，转增模式较股权让渡而言便披上了一层"温情脉脉"的面纱。尽管资本公积转增这一通路从法律性质与经济本质上而言与让渡股份并无不同，但基于财产价值而非对公司的剩余控制权是中小股东的重点关注对象这一前提，可以发现，一方面，中小股东的持股比例在重整转增前就比较低，即便其持股比例被资本公积转增二次稀释，也不会对中小股东对公司的控制权产生重大影响，另一方面，由于重整中转增方案往往并不需要适用或严格适用除权规定，这意味着转增后股份价格不会产生（较大的）变动，因此对中小股东而言，其财产价值并没有被直接减损。直接要求中小股东让渡其所持有的股份，可能会引起中小股东的强烈不满，并遭到激烈反抗。但通过"转增"这一包装手段，至少从表面上看，出资人权益调整对中小股东的不利影响在一定程度上被"削减"或"隐藏"了。

（五）规避"流通股强制转让"问题

转增模式能够确保重整企业绕过"流通股股权的强制转移"这一困难，后者可能出现在以让渡股份作为出资人权益调整模式的重整方案中。以著名的"郑百文"案为例，其重整计划约定，由全体原股东无偿让渡 50% 的股份，以换取债权人的巨额债务豁免。然而，针对流通股转让而设计的"强制过户"的股权转让方式，"默示同意"的表决原则，因为于法无据，遭受了评论界铺天盖地的口诛笔伐。[③]

在转增模式中，穿透原股东无偿获得新增股份又无偿让渡这一中间环节，无论是以债权人为受让主体的债转股交易，还是以投资人为受让主体的非公开发行，显然都不会涉及对现有股权的转移，因此自然也不会触及流通股股权强制变更的问题。然而就底层逻辑而言，资本公积转增模式并未彻底解决，而仅仅是绕过了"强制调整流通股股东股权"这一核心法律问题。从股份所有权转移的角度来看，当完成资本公积转增这一操作时，新增股份实际上归全体股东所有，只是因"全体股东自愿将转增股份过户至管理人名下，由管理人代为持有"而未向全体股东分配。在后续的受让流程中，尽管交易形式表现为由管理人将转增股份划至受让人名下，但交易实

---

① 曹文兵：《上市公司重整中出资人权益调整的检视与完善——基于 51 家上市公司破产重整案件的实证分析》，载《法律适用》2018 年第 17 期。

② 叶兵兵：《再话"郑百文"——以破产重整制度为视角》，载北京大学金融法研究中心编：《金融法苑（2012 年总第八十四辑）》，中国金融出版社 2012 年版。

③ 韩长印、康伟：《"郑百文"重组的破产法分析》，载《河南大学学报（社会科学版）》2002 年第 42 卷第 6 期。

质属于全体股东将所持股份向新股东交付。转增模式通过放弃现实交付而采用简单交付的方式，配合现行重整程序中设置的出资人组表决机制，虽未解决但巧妙地规避了"郑百文"难题。

（六）得到司法与监管的广泛支持

重整牵涉的社会利益往往较为复杂，关系到地方经济与就业形势，企业尤其是国有企业进行重整时，政府的干预色彩则更加明显。因此，常规操作是由地方政府牵头进行多方斡旋，与人民法院协作为重整谈判保驾护航。法院作为对重整计划（包括重整中非公开发行）进行监管的主体，同时承担着维系社会利益平衡之责任。对于经政府主导、证券监管部门审批同意且经表决通过的重整计划，往往不设特殊限制。

相对于地方政府与人民法院的默示许可，证监会与财政部的支持态度则显得更加明确。例如，在首次使用转增模式的北生药业重整案例中，根据《上市公司非公开发行股票实施细则》以及《公开发行证券的公司信息披露编报规则第 14 号——非标准无保留审计意见及其涉及事项的处理》① 的规定，由于在上一会计年度，北生药业的财务报告经会计师事务所审计并出具了无法表示意见的审计报告，因此其本身并不满足进行定向增发的硬性要求。然而，或许是考虑到破产重整特殊的融资环境与此次定增的社会意义，证监会最终审议通过了北生药业的重整转增方案。同时，为了支持上市公司重整并避免清算，财政部于 2012 年印发了《企业会计准则解释第 5 号》，规定：企业发生破产重整，其非控股股东因执行人民法院批准的破产重整计划，通过让渡所持有的该企业部分股份向企业债权人偿债的，企业应将非控股股东所让渡股份按照其在让渡之日的公允价值计入所有者权益（资本公积），减少所豁免债务的账面价值，并将让渡股份公允价值与被豁免的债务账面价值之间的差额计入当期损益。以此规定为前提，当企业重整时采取常规债转股方式时，除股本外的差异将全部被划入资本公积账户；② 而当企业采取资本公积转增（或让渡股权）模式时，将获得巨额的重整收益。③ 按照会计规则，该收益将被计入当期损益，使企业在此会计年度获得债务重组收益，从而极大地改善企业账面利润状况。财政部以调整会计准则为窗口与手段，鼓励重整企业采取以资本公积转增为代表的出资人权益调整方式。

## 三、 对转增模式的再检视及引入其他出资人权益调整方案的制度助推

时至今日，程序优势与策略优势已经助力资本公积转增成为我国上市公司重整中一项成熟、

---

① 中国证监会于 2007 年出台的《上市公司非公开发行股票实施细则》以及于 2001 年发布的《公开发行证券的公司信息披露编报规则第 14 号——非标准无保留审计意见及其涉及事项的处理》。

② 例如，当企业以将 50 亿债务以每股 10 元转 5 亿股时，会计分录如下。借：负债——50 亿元；贷：股本——5 亿元；贷：资本公积——45 亿元。

③ 当企业首先以 5 亿元资本公积转增 5 亿元股份，随后将每股市场价格定做 2 元，以抵偿 50 亿债务时，会计分录如下。借：资本公积——5 亿元；贷：股本——5 亿元。借：负债——50 亿元；贷：资本公积——10 亿元；贷：债务重组收益——40 亿元。

广为采纳，或可被誉为"经典"的出资人权益调整模式。应当承认的是，部分"优势"，如满足企业股本扩张需求，降低中小股东进行权益调整的痛感，的确顺应了资本运作规则及人类心理特性；然而其他"优势"，如规避非公开发行监管与流通股强制转让问题，恰恰不因其本身的合理性，而是因重整制度供给的匮乏与相关规则适用的冲突方得以呈现。若因依赖转增模式，而疏于对转增模式"优势"表象下隐藏的实质性规则缺陷进行修正，则不免有一叶障目之嫌，最终阻碍重整目的的实现。

（一）重整中豁免适用非公开发行条件限制

对重整中非公开发行而言，寻找适格的发行对象，确认其投资意图与投资能力是维护重整各方利益的关键；对重整中非公开发行可能产生的投机与炒作现象进行约束而非确认上市公司运行状态是监管的核心目的。考虑到我国上市公司重整时往往面临实控人与董监高存在违法行为的切实困境，同时由于重整企业资不抵债陷入经营困境，公司控制权及意思自治主体由股东转移至债权人组，融资环境与自治环境都发生了一定的变化，具备采取特殊的治理手段的法理基础，[①] 并且针对非公开发行的监管本身就较为宽松，监管部门可以对重整中非公开发行进行豁免，将其交由债权人会议及人民法院审批程序进行规范。

适用豁免规定后，重整中资本公积转增与重整中非公开发行应当纳入统一监管框架，由人民法院与证券监管部门共同明确发行对象资质标准、谈判作价基本原则、披露及登记程序等规则，并确认方案最终适用重整计划表决与审批程序。出资人权益调整完成后，对增发股份的交易行为应落入证券法规制范畴。如此，重整交易效率能够得到提升，转增模式中涉及的非公开发行与《管理办法》的隐性冲突也能够得以消弭。

（二）重整计划中落实过错责任

从表面上看，转增模式在削减了控股股东责任承担程度的同时，也降低了对中小股东的情绪冲击，属于"双赢"。然而从实质正义的角度来看，全体股东获得的资本公积转增股份统一对外让渡，对中小投资者是不公平的；[②] 这一看似公平的做法，协助公司实控人逃避了破产惩戒，是对重整精神的背离。尽管从应然角度来看，中小投资者可以通过派生诉讼向过错股东主张权利。然而当企业行至破产重整境地时，一方面，企业资产已经捉襟见肘，对得到法院认定的现存债务尚不能足额清偿；另一方面，派生诉讼毕竟耗时日久，成本高昂，另行启动对中小股东与司法系统而言均属额外成本。重整中"公平对待"所有的出资人，不是一个简单按相同比例调整

---

① 赵泓任：《重整中上市公司非公开发行股票的相关法律问题》，载《政治与法律》2008 年第 11 期。
② 陈霖：《论上市公司破产重整中出资人权益的特殊调整形式的监管》，载蒋锋、卢文道主编：《证券法苑（第二十四卷）》，法律出版社 2018 年版。

的问题，而是一个寻求真实的出资人权益按照合理的比例和条件予以调整的问题。① 基于这一理念，重整计划应当体现过错原则，这既符合效率，也符合公平要求，是切实可行的。

过错责任原则要求出资人权益调整方案的制订必须充分考虑各股东对公司经营陷入困境所存在的过错程度或应担负责任的大小。② 当控股股东或实际控制人及其关联方因不正当行为引发企业重整时，其权益调整幅度应高于其他股东，具体程度视其行为对公司经营状况的影响程度而定。近些年，过错责任逐渐得到了重整规则与实践的认可。《重整纪要》中认为实际控制人及其关联方在上市公司破产重整程序前因违规占用、担保等行为对上市公司造成损害的，制订重整计划草案时应当根据其过错对控股股东及实际控制人支配的股东的股权作相应调整。③ 在康美药业重整实践中，原控股股东、原实际控制人及关联股东依例将全部转增股向投资人及债权人转让，与此同时登记在册的前 50 名股东之外的全体股东（即中小股东）则按比例获得了部分转增股的分配，也在事实上突出了实控人责任。

（三）扩张重整计划效力约束范围

转增模式的确能够帮助债务人回避"流通股强制转让"这一"郑百文"难题，但该问题本应当从重整制度设计的层面予以化解。鉴于重整计划的契约性质和破产法中债权人会议决议效力的规定，重整计划只能约束破产中的债务人和全体债权人，④ 在设计了战略投资人条款的前提下还可以约束战略投资人，但无法对全体股东形成普遍拘束力。⑤ 重整计划对中小股东（事实上是全体股东）的约束力，只能通过契约效力推定实现。也正是由于重整计划约束力的不足，才引发了对"法院强制执行流通股股权划转是否具备正当性"这一问题的强烈担忧。

当确认了由法院审批通过的重整计划对债务人、出资人的法律效力后，法院出具协助执行通知对包括流通股在内的出资人权益进行调整便具备了合法性基础，重整企业也就无须绕道采用转增模式。将重整计划约束范围扩展至中小股东具有一定的现实可能性与法理基础。就现实可能性而言，中小股东在整个重整流程中权利表现不突出，在实际重整操作中的参与程度也不高，因此尽管人口基数大，但其地位仍十分边缘。中小股东可以推选代表列席讨论重整计划草案的债权人会议；同时可以参与重整计划中针对出资人权益调整事项的表决。然而，可能是基于对

---

① 邹海林：《破产法——程序理念与制度结构解析》，中国社会科学出版社 2016 年版，第 425 页。

② 王卫国：《破产法精义》，法律出版社 2007 年版，第 253 页。

③ 《最高人民法院印发〈关于审理上市公司破产重整案件工作座谈会纪要〉的通知》第七项：实际控制人及其关联方在上市公司破产重整程序前因违规占用、担保等行为对上市公司造成损害的，制定重整计划草案时应当根据其过错对控股股东及实际控制人支配的股东的股权作相应调整。

④ 《中华人民共和国企业破产法》第九十二条：经人民法院裁定批准的重整计划，对债务人和全体债权人均有约束力。

⑤ 齐明：《我国上市公司重整中出资人权益强制调整的误区与出路》，载《法学》2017 年第 7 期。

中小股东"钳制"问题的担忧,①《中华人民共和国企业破产法》(以下简称《破产法》)与《关于审理上市公司破产重整案件工作座谈会纪要》(以下简称《重整纪要》)均未涉及出资人分组表决事项。《重整纪要》第七条规定,重整计划草案中涉及出资人权益调整事项的表决,经参与表决的出资人所持表决权三分之二以上通过的,即为该组通过重整计划草案。② 虽然《重整纪要》规定重整企业应当提供网络表决方式为中小投资者行使权利提供便利,以作为代替方式保护其合法的表决权,然而由于中小股东所持票数有限,参与热情较低,这使其在"资本多数决"这一原则下很难与控股股东进行抗衡,将自己的主张反映在重整草案中,"列席会议"与"表决"仅仅具备程序而非实际上的价值。就法理基础而言,一方面,重整制度实际上设计了"双重产权"的安排,在承认债务人及其出资人已有产权地位的前提下,赋予债权人以财产支配者的法律地位。在这种制度安排下,尽管出资人仍然具备股东身份,但其财产权利已经因资不抵债的现实而虚化,财产权利的虚化决定了以其为基础和前提并与之共命运的非财产权利的虚化,对公司的利益请求权实际上转移至债权人处。③ 重整制度所理解的企业,是一个多方利益的集合体,为了挽救企业与投资,各方应当结成一种利益与共的关系,不宜因中小股东张扬虚化的权利使整个重整难以推进。④ 另一方面,仅从字面意义上解释,的确无法从《破产法》第九十二条中得出重整计划效力范围及于出资人这一结论。但是,从目的解释的角度出发,重整是为了最大限度地实现社会整体利益。为了防止出现因各方争执而最终损害公共利益的情况,《破产法》第八十七条规定,法院在满足特定条件时甚至可以不顾债权人的反对,强制通过重整计划,以打破僵局平衡各方利益。《监管指引》第三十八条同样规定了出资人组二次表决不能通过重整草案的,可由债务人或管理人向法院申请强制批准。重整计划以间接的形式设定了出资人应承担的义务,而出资人权益调整是破产重整中的特有环节,是出资人对重整预期收益的让步,也是整个重整流程有序推进的初始动力。如果认定重整计划效力不及于出资人,则会从源头上阻碍重整计划的执行,与重整制度的目的相悖。在实践中,法院通常会出具协助执行通知书等具备司法执行效

---

① 所谓"钳制"问题,即在采取"全体同意"为要件的情形下,虽然全体参与人能从"同意使用较有效的方法"中获利,但某一当事人不同意,就会使整个提案不能通过而无法执行。参见汪世虎:《重整计划与债权人利益的保护》,载《法学》2007年第1期。

② 笔者认为,该规定具有合理性,因其与《中华人民共和国公司法》第四十三条"股东会会议作出修改公司章程、增加或者减少注册资本的决议,以及公司合并、分立、解散或者变更公司形式的决议,必须经代表三分之二以上表决权的股东通过"遥相呼应。虽然第四十三条并未提及公司重整事由,但可以认为公司重整与公司合并、分立、解散之重要性相当,能够通过类推适用。进一步说,当出资人组不进行分组表决时,中小股东可能无法对抗控股股东。

③ 叶兵兵:《再话"郑百文"——以破产重整制度为视角》,载北京大学金融法研究中心编:《金融法苑(2012年总第八十四辑)》,中国金融出版社2012年版。

④ 王卫国:《论重整制度》,载《法学研究》1996年第1期。

力的文件，以弥补重整计划的效力范围瑕疵。

基于上述理由，或可参考《美国破产法》第 1141（a）之规定"经法院确认的重整计划对债务人、根据该计划发行证券的任何实体、根据该计划获得财产的任何实体以及债务人的任何债权人、股权持有人或普通合伙人具有约束力，即便债权人、股权持有人或普通合伙人的债权或利益因该计划而受损，或并未表示已经接受该计划"，[①] 对重整计划效力约束范围进行扩张，彻底解决出资人权益调整问题中存在的程序瑕疵和法律障碍，实现重整制度的社会效率。考虑到我国目前的重整实践中，重整管理人往往由政府主导，司法裁判往往具有一定倾向性。进入破产重整的上市企业一般在地区有较大影响，法院在审查批准重整计划过程中，基于地方经济利益的考虑可能难以保持中立地位。[②] 可以将其修正为，经人民法院裁定批准的重整计划，对债务人及其出资人、全体债权人、重整投资人均有约束力。中小股东明确反对重整计划中出资人权益调整方案的，可由债务人按拟进行破产清算程序时出资人可能获得的每股净资产的公允价值，或停牌日股票收盘价格进行回购。此外，当重整计划效力范围扩张后，法院作为多方利益协商的组织者与确保社会本位原则的执行者，必须进一步压实公平原则，采纳并落实重整中过错责任，以保障重整效率及司法声誉。

## 四、结语

重整中资本公积转增模式为我国资本市场所特有，在展示了我国重整债权人、投资人、律师事务所及会计师事务所等市场主体交易智慧的同时，也折射出我国重整实践中因制度供给不足而必须引径规避的一系列法律问题。以强调保护社会整体利益为中心的重整程序，本不应因出资人权益调整规则的缺位及相关法律规则适用的冲突而不得不舍近求远，"绕路"规避监管方能实现其目的。通过于重整中豁免适用非公开发行限制条件，借鉴衡平居次原则压实股东及实控人、董监高过错责任，并扩大重整计划效力约束范围，其他出资人权益调整方案的弊端或可得被消弭，创新的出资人权益调整方案或可得以引入，继而资本市场及市场参与者或可获得或探究更多的重整路径选择。

---

① 11 U. S. Code § 1141（a）."Except as provided in subsections（d）（2）and（d）（3）of this section, the provisions of a confirmed plan bind the debtor, any entity issuing securities under the plan, any entity acquiring property under the plan, and any creditor, equity security holder, or general partner in the debtor, whether or not the claim or interest of such creditor, equity security holder, or general partner is impaired under the plan and whether or not such creditor, equity security holder, or general partner has accepted the plan".

② 李曙光、王佐发：《中国破产法实施三年的实证分析——立法预期与司法实践的差距及其解决路径》，载《中国政法大学学报》2011 年第 2 期。

# 公司法人格否认规则中
# "严重损害债权人利益" 标准的认定

## ——基于 339 份裁判文书的实证研究

■ 吴飞飞　刘嘉霖*

**摘要：** 实证研究表明，我国公司法人格否认纠纷的裁判实践中存在着较为普遍的对于结果要件的忽略现象，具体表现为对结果要件的论证缺失与对结果要件的判断标准混乱。对此，《九民纪要》相关规则并未能取得良好的规范引导效果。究其原因，囿于传统公司法人格观念的限制，"人格混同"情形被司法实践普遍理解为"否认情形"，加之"人格混同"本身作为一种行为情形在判断行为要件的过程中占据的绝对主导地位，导致整个类型化方法下的滥用情形偏离了行为要件的范畴，不断挤占结果要件的生存空间。此时要明确"严重损害债权人利益"的标准需要回顾规则史，将人格否认规则置于侵权责任的视野下进行分析。在此种路径下，"损害债权人利益"的定义宜延续《九民纪要》之规定，而"严重损害债权人利益"则应当指债权人遍寻常规之救济措施后仍不能实现其债权。所谓"常规之救济措施"既包括债之救济手段，也包括一般的商事合同救济手段。用尽常规救济措施后，应当依据资产负债表对公司是否具有偿债能力进行审查。类型化情形在上述适用人格否认规则的过程中只能作为连接滥用行为这一主要事实与债权人所提供之间接事实的桥梁，以经验法则的形式存在。

**关键词：** 滥用公司法人格　人格混同　刺破公司面纱　抽逃出资　严重损害债权人利益

## 一、 问题的提出

自《中华人民共和国公司法》（以下简称《公司法》）第二十条成文化地引入公司法人格否认规则以来，针对适用该规则的讨论从未停歇。[①] 以文意解释的角度视之，该条第三款包含主体

---

\* 吴飞飞，西南政法大学经济法学院副教授、硕士生导师；刘嘉霖，西南政法大学经济法学院硕士研究生。
① 许德风：《论公司债权人的体系保护》，载《中国人民大学学报》2017 年第 2 期。

要件、主观要件、行为要件、结果要件、因果关系要件。作为一项以债权人保护为目的的规则，对结果要件的讨论应当是必不可少的，但遗憾的是，无论是在实践中还是理论上都难觅主体要件和行为要件之外的讨论，论者似乎更乐于将人格否认规则置于类型化方法下进行适用。然而忽视对完整法定要件的判断无异于放宽了第二十条第三款的适用条件，与人格否认规则"最后救济手段"之规则定位背道而驰。①

2019 年发布的《全国法院民商事审判工作会议纪要》（以下简称《九民纪要》）强调了对结果要件的适用，将第二十条第三款的"损害债权人利益"定义为"公司财产不足以清偿公司债权人的债权"并且明确将"人格混同""过度支配与控制""资本显著不足"等认定为滥用行为情形。从逻辑上讲，上述行为类型仅仅是对股东滥用法人独立地位和有限责任之具体行为模式的归纳，未对结果要件等法定要件的共同审视不能满足人格否认规则的适用条件。然而实践中裁判者经常将其视为可满足人格否认规则的充分条件，导致有关"严重损害债权人利益"的判断被忽视。

基于此，本文将立足于人格否认规则的实质，通过对规则实践的回顾剖析当下实践乱象之成因，在对之进行反思的基础上提出人格否认规则之适用路径，于问题的回应中定义"严重损害债权人利益"并提出切实可行的审查标准。

## 二、 我国司法实践适用 "严重损害债权人利益" 的实证分析

为透视司法实践之现状，笔者以"法人人格否认"与"连带责任"作为关键词对应"全文"与"争议焦点"项下进行检索共得到案例 339 件，② 排除裁判结果与人格否认无关的案例及重复案例、剔除案情相同仅当事人不同的关联裁判文书后剩余有效案例 136 件，其中有经过多次审理的，以最高审级裁判结果为准。

（一）被遗忘的结果要件

在 136 件案例中，共有 62 件（45.6%）否认了公司的独立人格，其中论证结果要件的占比为 27.4%，反观不支持"否认"者，论证结果要件的比例为 47.3%。③ 差异悬殊的数据仿佛在诉说着一个令人担忧的事实：本应被全方位论证、审慎适用的人格否认规则，法官在决定支持"否认"时比拒绝时更为草率。④

---

① 王军：《中国公司法》，高等教育出版社 2015 年版，第 51 - 53 页。

② 案件来源于"北大法宝·司法案例"数据库。

③ 考虑到法官在不支持"否认"时可能仅以单一要件的不满足得出不予支持的结论，故此处统计的数据中包含了言明适用人格否认规则时需满足结果要件等多个要件，但在论证中未曾论及结果要件的案例。

④ 由于绝大多数（72.2%）论证结果要件者会兼论行为要件、因果要件、主观要件等多方面因素，而未论证结果要件的案例则多（83.0%）仅以单个行为要件完成论证。考虑到有相当一部分案件将因果要件也视为结果要件的一部分且主观要件多根据股东行为判断，笔者在此处仅以"结果要件"与"行为要件"作为特征因素对案件进行分析。

然而现实情况也许并不似上述总体数据所揭露般不堪。笔者进一步地分析发现，由于实践中大多数法官将《公司法》第六十三条理解为独立于第二十条的特殊规范：① 认为无需其他条件，只要一人有限责任公司（以下简称一人公司）之股东不能证明公司财产独立于股东自己的财产就需要承担连带责任。导致涉一人公司案件的否认率高达89.4%，进而使支持"否认"的案件中论证结果要件的比例明显被"稀释"了。因此，排除争讼主体为一人公司的案件后，支持"否认"与不支持"否认"的两类案件中论证结果要件的比例分别为55.0%与47.8%。由此可知，虽然排除主体为一人公司的案件后支持"否认"者对结果要件的论证率大幅提高，但是在两类裁判结果不同的案件中均仅有约50%的结果要件论证率也足以说明，司法实践中较为普遍地存在着对于人格否认规则之要件论证不够全面的现象。

除了论证不够全面之外，法官在论证结果要件的过程中采用的判断标准混乱的现象也十分突出。在笔者收集到的案例中，提及"严重损害债权人利益"的案件采用的判断标准大致可分为"行为类"与"偿债能力类"，两者分别占论证结果要件的案件总数的36.5%与57.7%。② 在"行为类"案件中仅存在两种具体的审查标准，一种是对于公司人格是否独立的审查，③ 另一种是对于股东行为是否具有正当性的审查。对公司人格是否独立的审查常见于支持"否认"的案件中，法官通常会一并援引《公司法》第三条或第一百七十一条以法人独立原则作为裁判依据。④ 在此类案件中，法官倾向于更为积极地保护债权人利益，类似"为避免债权人利益受损应考虑'揭开公司面纱'"的论述并不少见。⑤ 对于股东行为是否具有正当性的审查则通常为股东免于承担连带责任的依据，即只要股东行为本身合法且正当，那么无论债权人是否有损害，股东都无需承担连带责任，⑥ 在此情景下的结果要件似乎更像是在扮演因果要件的角色。

相较于"行为类"案件，"偿债能力类"案件中考量的因素更为多元，⑦ 总体上可被分为以案涉债权能否实现为审查标准和以公司资产现状为审查标准两类。前者又可再细分为"经强制执行不能实现债权"与"案涉债权到期不能实现"两种；后者则较为单一地表现为对

---

① 仅以《公司法》第六十三条"财产混同"为判断依据者占"一人公司类"案件中支持"否认"案件总量的79.6%。

② 其余为虽提及"严重损害债权人利益"但因原告未能完成举证而未进入实质判断的案件。

③ 在多数案件中公司财产是否独立被认为是判断公司人格是否独立的实质标准。

④ 《公司法》第三条"公司是企业法人，有独立的法人财产，享有法人财产权。公司以其全部财产对公司的债务承担责任。"第一百七十一条"公司除法定的会计账簿外，不得另立会计账簿。对公司资产，不得以任何个人名义开立账户存储。"

⑤ 北京市海淀区人民法院（2018）京0108民初60656号民事判决书；江苏省苏州市中级人民法院（2016）苏05民终8336号民事判决书等。

⑥ 四川省乐山市中级人民法院（2019）川11民终803号民事判决书；北京市第三中级人民法院（2017）京03民初291号民事判决书等。

⑦ 广东省清远市清新区人民法院（2020）粤1803民初185号民事判决书。

"公司是否具有偿债能力"的审查。在以"公司是否具有偿债能力"作为审查标准的案件中，几乎所有案件均以公司资产作为唯一的考量因素，但遗憾的是几乎没有案件公开具体的审查细则。

（二）失意的司法应对

通过上文分析可以发现，实践乱象主要表现为对法定要件论证不全面和对结果要件适用的审查标准混乱两个方面。自人格否认规则成文化以来，最高人民法院发布了多个指导性案例及公报案例对裁判工作作出指引，相关的裁判思路也被归纳在《九民纪要》中为法官所学习适用。然而2019年《九民纪要》的出台是否解决抑或缓解了上述实践中的裁判乱象？笔者对此的态度是消极的。

从图1可以看到，自2016年以来，[①] 论证行为要件的案件数量逐年稳定增长，但2019年后却突然呈断崖式下跌之势；与此相对，论证结果要件的案件数量在经历了2019年度的小幅下降后陡然上升。排除因收集数据时2021年案件总量明显少于此前年份所带来的影响，《九民纪要》的出台似乎如期对审判实践产生了积极的影响，但事实是否符合此处的初步判断尚需进一步检验。

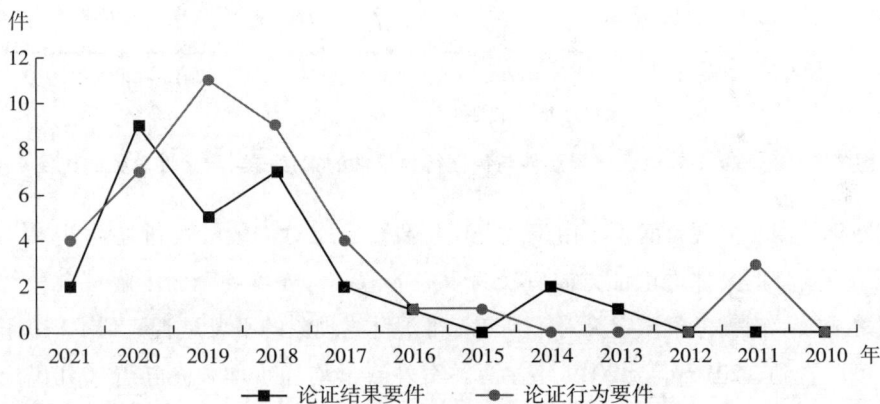

**图1　2010—2021年论证结果要件与论证行为要件的案件数量**

相较于图1的"数量图"而言，图2的"比例图"更有益于排除因不同年份案件总数不同对统计趋势造成的影响。从图2可以看到，论证结果要件的案件占当年案件总数的比例较为稳定，几乎没有受《九民纪要》的影响，甚至其后两年的比例均低于2018年（《九民纪要》出台之前）的数据。相对应地，论证行为要件的案件占当年案件总数的比例在2020年短暂下跌后于

---

① 由于2016年以前年份的案件数量过少，其在总量图中所呈现的趋势难以和其后年份的趋势产生关联，在比例图中则几乎呈现出极大和极小两个状态，故笔者在此仅讨论2016—2021年的案件。

2021 年立刻反弹，超过了以往多数年份的数值。虽然 2021 年案例相对较少，且单一年份的数据难有较强说服力，① 但是将其与统计数据相同的 2017 年进行对比可以发现，在如图 1 所示 2017 年与 2021 年两种不同类型案件的绝对数量及分布完全相同的情况下，图 2 中两类案件占当年案件总数的比例也几乎完全相同，差异仅在于 2021 年两类案件占当年案件总数的比例同时略有增加，其中论证结果要件的案件所占比例之增幅略高于（3.5%）论证行为要件的案件。总之，《九民纪要》出台后两类案件所展现出的统计学趋势并未与《九民纪要》出台前存在明显不同，其前后几乎一致的稳定趋势令人难以对《九民纪要》所应肩负的指导裁判者适用人格否认规则的任务持乐观态度。

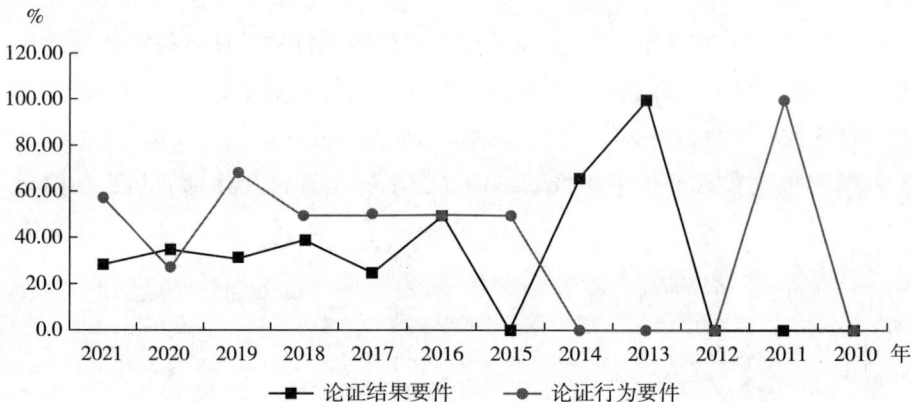

**图 2　2010—2021 年论证结果要件与论证行为要件的案件占当年案件总数的比例②**

对于判断标准混乱的现象而言，由于《九民纪要》首次对"债权人利益损害"作出了定义，可能对论证结果要件的案件之论证方向有较为重大的意义，故若要全面了解《九民纪要》于司法乱象治愈之成效，尚需考察该定义对于判断标准混乱之现象的平息是否起到了积极作用。

从图 3 可以看到，2016 年至 2019 年，两类案件数量均稳步增长。随着《九民纪要》的出台，2019 年至 2020 年，适用行为类判断标准的案件数量一改常态大幅减少，而适用偿债能力类标准的案件数量则迎来了更为迅猛的增加。颇为吊诡的是，在其后的 2021 年，适用偿债能力类判断标准的案件数量在经历了连续 4 年的大幅增长后突然跌至谷底，与同年适用行为类判断标准的案件数量保持同一水平。囿于 2021 年的案件数量较少，统计结果可能无法展现出司法实践之

---

① 2020 年的统计结果中有大量案例未论证《公司法》第二十条之法定要件，仅以未完成举证责任为由拒绝否认公司人格，导致该年度中两类案件总和论证比例远低于其他年份，偏离总体趋势过多，难以与其他年份同等视之。

② 基于上文所述一人公司对于统计结果之影响，笔者在制图过程中忽略了涉及一人公司的案件。

全貌，但出于行为类判断标准所展现出的较为连贯的统计趋势，笔者认为以上数据分析至少可以说明《九民纪要》的出台对于适用行为类判断标准之案件数量的减少起到了积极的作用。

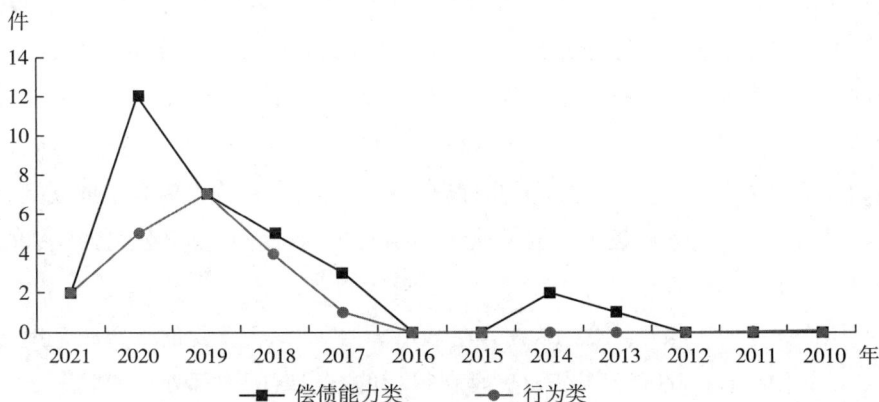

图3　2010—2021年适用偿债能力类判断标准与行为类判断标准的案件数量①

上述《九民纪要》之积极作用固然令人欣慰，但其局限也不容忽视。须知，在当下司法实践较为普遍地存在着忽视对结果要件判断的背景下，在论证中明确提及"损害债权人利益"的案件均应是对结果要件投以相当程度之重视的案件。即便如此，在此类案件之中适用行为类判断标准者占案件总数的比例从未低于25%，多数情况下接近50%。如果《九民纪要》"统一裁判思路"之效力对于已经关注"债权人利益"的法官而言尚且如此，那么对于未曾据此作出考量的法官而言，其效力又有几何?②

### 三、 对结果要件适用乱象的成因分析

从以上分析可以得出，忽视对结果要件的论证和结果要件判断标准的混乱一同构成了司法实践之乱象。若想要对"严重损害债权人利益"作出准确的界定并使其于司法实践中产生实效，首要的是对上述两个方面乱象的成因进行分析，并基于该成因针对性地提出解决方案，唯有如此司法实践之乱象方得治愈。

（一）传统公司法人格观念的束缚

笔者在对案件进行分析的过程中注意到，有相当一部分法官并没有将人格混同等情形理解为《九民纪要》所认定的"行为情形"，而是直接将其等同于"否认情形"，即只要构成此类情

---

① 基于与上文相同的案件数量原因，笔者在此仅讨论2016年至2021年的案件。
② 侯猛：《纪要如何影响审判——以人民法院纪要的性质为切入点》，载《吉林大学社会科学学报》2020年第6期。

形就满足了适用人格否认规则的条件。① 依笔者之见，之所以司法实践中会存在这种现象，首先是因为早在我国 2005 年修订《公司法》成文化地引入公司法人格否认规则之前，实践中就已出现了依据公司法之"法人独立原则"或民法之"公平原则""诚信原则"判令股东对公司债务承担连带责任的先例，② 并且《公司法草案》（2004 年 8 月稿）第十九条第二款也曾规定："实际参与公司的经营管理或者通过持有公司股份等方式，对公司的人员、财务、业务等主要决策活动施加重大影响的公司股东，应当与公司保持独立，在人员、财务、业务等方面与公司混同的，应当对公司债务承担连带责任。"尽管随后修订通过的《公司法》并没有采纳此规定，但其也能从侧面反映当时司法实践与学界较为普遍地认为只要股东的行为有损于公司独立人格那么就应当使其对公司债务承担连带责任。

其次，我国法人与股东相互独立的观念产生较晚，直到 1993 年党的十四届三中全会才首次明确提出了"法人财产权"的概念，公司更是在很长的一段时间内都处于和股东彼此不分的经营状态中。在此背景下，法官先入为主地形成了公司即股东私人财产的观念，较为普遍地倾向于通过适用人格否认规则使公司暴露其作为股东私人财产的"事实状态"，从而保护债权人利益。这种观念延续至今，当下的司法实践中仍不鲜见诸如"财产混同'可能'会损害公司债权人的合法权益，故应当适用公司法中的法人人格否认制度"的论断。③

最后，我国《中华人民共和国民法通则》（以下简称《民法通则》）曾采狭义法人之概念，认为唯有法人具有团体人格，而法人获得团体人格的必要条件便是能够独立承担责任，这便导致法人的独立人格与法人的独立责任达成了统一。④ 在此背景下，就当下公司治理实践中存在的"有限责任否认说"（人格否认之对象为有限责任）⑤ 和"人格本身否认说"（人格否认之对象为法人独立人格）两类观点而言，无论裁判者采纳何种观点，人格混同情形之出现均足以单独启动人格否认规则。由此，现行《公司法》所规定的人格否认规则与既有公司法的人格观念产生了矛盾。一方面，就传统狭义法人观念而言，依据《民法通则》之法人概念与《公司法》第二条之法人独立原则，只要法人独立人格遭受侵犯就会当然导致公司独立承担责任能力的减损，

---

① 广东省佛山市中级人民法院（2020）粤 06 民终 4084 号民事判决书；北京市朝阳区人民法院（2020）京 0105 民初 3476 号民事判决书；江苏省苏州市吴江区人民法院（原江苏省吴江市人民法院）（2013）吴江商初字第 0833 号民事判决书等。

② 海南省海口市中级人民法院（2000）民终字第 129 号民事判决书；福建省厦门市中级人民法院（2001）厦经终字第 228 号民事判决书；上海市第一中级人民法院（2003）沪一中民四（商）终字第 406 号民事判决书等。

③ 广东自由贸易区南沙片区人民法院（2020）粤 0191 民初 336 号民事判决书；贵州省纳雍县人民法院（2019）黔 0525 民初 3646 号民事判决书等。

④ 高旭军：《论"公司人格否认制度"中之"法人人格否认"》，载《比较法研究》2021 年第 6 期。

⑤ 温晓莉、王立军：《公司人格否认制度的适用原则及其异化原因》，载《法治论丛（上海政法学院学报）》2008 年第 1 期。

也就意味着可以适用人格否认规则；另一方面，依据现行《公司法》第二十条第三款之规定，法人独立人格遭受侵犯仅能说明股东存在滥用行为，要满足人格否认规则之适用条件尚需该行为对债权人造成损害。在此狭义法人观和前述司法实践的双重作用之下，《公司法》第二十条第三款所规定的结果要件被架空便显得不足为奇了。

随着《民法总则》《中华人民共和国民法典》（以下简称《民法典》）不再将《民法通则》第三十七条规定之"能够独立承担民事责任"作为取得法人人格的前提条件，标志着我国已然放弃了传统的狭义法人说，接受了法人独立人格与独立承担责任之无关性，[①] 也意味着此前学者据以主张的"人格本身否认说"再难成立，取而代之的应当是对于"有限责任否认说"的认可。[②] 自此，法人人格独立性之丧失，即人格混同，不再有作为适用人格否认规则之当然情形的理论依据。但遗憾的是，由于早期司法实践已然形成了将人格混同视为"否认情形"的裁判路径，其后无论是法官还是学者，若想摆脱路径依赖难免会遇到重重阻碍。

至此，笔者已然厘清了人格混同何以成为司法实践中所运用的"否认情形"，但这似乎尚不足以说明为何司法实践中有如此之多的案件仅论述了行为要件。毕竟，以类型化方法下的行为要件视之，除人格混同外至少还有"过度支配与控制"与"资本显著不足"两类行为情形，单一行为情形理应无法在如此大程度上影响司法实践对行为要件的判断。但事实上，于司法实践而言，在运用类型化行为情形的案件中，90.7%的案件都论及了混同情形；于学界观点而言，至今尚不乏将资本显著不足视为"否认情形"的论调；[③] 于"立法"层面而言，《九民纪要》已然在过度支配与控制情形的定义中纳入了因果关系要素与结果要素，[④] 大有将其定义为"否认情形"之意。应当说，在后狭义法人观时代，以类型化方法为人格混同寻得适用空间的做法非但没有协调好"否认情形"之既有偏颇观念与司法实践之路径依赖间的矛盾，反而使与人格混同情形相提并论的其他行为情形染上了"否认情形"的色彩，进而使"否认情形"借类型化方法之名于司法实践中重现，不断蚕食着结果要件的生存空间。正如学者所言，"公司法学理上的这一关于公司法人格滥用行为的类型化归纳实际上是一种结果要件。"[⑤]

---

① 张素华、吴亦伟：《资本显著不足不应适用于公司法人人格否认》，载《中南大学学报（社会科学版）》2018年第1期。

② 高旭军：《论"公司人格否认制度"中之"法人人格否认"》，载《比较法研究》2021年第6期。

③ 许明月、泽君茹：《公司法人格否认规则对"资本显著不足"的适用》，载《西南政法大学学报》2021年第4期。

④ 《九民纪要》第2章第4节第11条"公司控制股东对公司过度支配与控制，操纵公司的决策过程，使公司完全丧失独立性，沦为控制股东的工具或躯壳，严重损害公司债权人利益，应当否认公司人格，由滥用控制权的股东对公司债务承担连带责任。"

⑤ 石纪虎：《论股东滥用公司法人格行为的认定——兼议〈公司法〉第20条第3款之完善》，载《湘潭大学学报（哲学社会科学版）》2011年第3期。

（二）结果要件举证困难

除上述传统法律观念之束缚外，对于结果要件的举证困难构成了实践乱象的另一大成因。此处所述之举证困难实际上包含了两个方面的因素，一是债权人依现有标准难以证明公司财产不足以清偿其债权；二是法官缺乏具体判断依据，不敢轻易适用上述标准。

对于前一方面的因素，债权人受限于其"局外人"身份难以获知公司具体经营状况，即便《中华人民共和国民事诉讼法》（以下简称《民事诉讼法》）第六十四条赋予了当事人申请法院调查取证的权利，但或由于法院案件数量众多，法官分身乏术；或由于规则缺乏具体实施细则，导致权利保障过于原则化；或由于法官权利保障意识淡薄，救济程序被闲置，该权利往往在实践过程中异化，难以落到实处。[①]

对于后一方面的因素，尽管从统计数据来看，《九民纪要》将"损害债权人利益"定义为"公司财产不足以清偿公司债权人的债权"。确实导致更多法官采用了该标准，但这并不意味着该标准有助于法官作出有具体依据的判断。事实上，在以"公司是否具有偿债能力"作为审查标准的案件中，仅有三起案件具体论述了法官对公司资产状况的考量依据。这三起案件在论述的过程中主要以公司的账户余额为审查依据，案涉公司的账户余额分别为 2000 元、102.46 元和494 元，[②] 与争议债权数额相差巨大。如果说现有的审查标准仅能使法官在如此极端的情形下作出笃定的判断，那么对于该标准能够有效地帮助法官作出判断的期望就显得有些不切实际了。

综上所述，若要真正有效地促进司法实践重视对结果要件的适用，就需要对上述两个方面的成因予以回应。基于此，笔者在下文通过对现行人格否认规则的适用路径进行反思以摆脱上文所述之传统法律观念的束缚，继而厘定"严重损害债权人利益"的定义，并提出切实可行的判断标准。

## 四、"严重损害债权人利益"标准的认定

（一）侵权责任路径之回顾

狭义法人观念的转变导致了实践与法规的失调，同时也催生了类型化方法的失效，面对此种异化为"否认情形"的类型化行为情形，司法实践已在事实上失去了适用结果要件的空间。对此，单纯对某一种或某几种类型化行为情形的再定义并不能有效地解决问题，因为行为情形作为一个整体已然异化成为"否认情形"。此时要重新强调对人格否认规则各法定要件完整、恰

---

① 毋爱斌：《当事人申请调查取证制度运行的异化与回归——基于 S 法院民商事司法实践的实证分析》，载《西南政法大学学报》2014 年第 4 期。
② 湖南省长沙市中级人民法院（2019）川民再 340 号民事判决书；安徽省马鞍山市中级人民法院（2020）鄂 05 民终 1323 号民事判决书；山东省济南市中级人民法院（2019）鲁 01 民终 1221 号民事判决书。

当地适用唯有于理念层面先行，从根本上弱化对类型化方法的依赖。在此种情况下，循何种路径方能够回归人格否认规则之原旨，从而准确对其进行适用是首先需要明确的，也是对"严重损害债权人"进行有意义的定义之基础。

当现有路径不能有效解决实践问题时，首先应当做的便是溯源而上，追问人格否认规则从何而来。综观各国之规定与实践，人格否认规则之本质在于对债的救济之衡平。① 虽然此处的债不仅包含常见的侵权之债、契约之债，还应包括无因管理之债和不当得利之债等。② 但无论是大陆法系还是英美法系，均将人格否认规则中的股东责任视为一种侵权责任。③ 将目光投向国内，我国学界在引入人格否认规则之初便有了对此连带责任的性质之争，尽管有部分学者曾对其侵权责任之定性提出质疑，④ 但学界整体对于该定性还是持肯定态度的。⑤ 我国作为采民商合一立法体例的国家，商法属于民法的特别法，其二者间并不存在绝对意义上的矛盾和冲突。⑥ 诚如学者所言，"从逻辑的角度推论，控制股东对于公司债权人的责任只能是侵权责任，除非在公司法领域出现了传统民法所不能涵盖的新的债的类型，但目前还没有。"⑦ 此外，在《公司法》引入公司法人格否认规则时，第二十条第三款便采用了民法上的侵权责任之构成要件作为其规范建构的基础。⑧ 即便从体系解释的角度出发，第三款也应当和第一款、第二款联系起来被解释为股东的侵权责任条款，因为在第二十条前两款被学界公认为侵权责任条款的情境下唯有作此解释方能消解《公司法》第二十条之内部冲突。⑨

（二）"损害债权人利益"之再厘定

明确了人格否认规则之侵权理论基础后，对于何为损害就显得格外清晰。依据侵权责任填补损害之机能，⑩ 唯受害人实际受到损害时侵权责任方能成立。由此视之，诸如"偿债能力损害""可能无法偿债"等基于历史原因过分带有债权人保护主义色彩的判断标准当然不能成为债

---

① 蔡立东：《公司人格否认制度的衡平性》，载《吉林师范大学学报（人文社会科学版）》2004年第1期。
② 冯汝：《母子公司人格否认在环境侵权案件中的运用——由信宜紫金矿业溃坝事件引发的思考》，载《河北法学》2014年第2期。
③ 张宗敏：《公司法人格否认中控制股东责任性质之探讨》，载《河北法学》2006年第1期。
④ 彭熙海、曹云野：《质疑〈公司法〉第20条第3款连带责任规定之合理性》，载《求索》2007年第10期。
⑤ 曹相见：《我国商事侵权制度的现状与未来——以连带责任为中心的考察》，载《私法研究》2020年第1期。
⑥ 王道发：《论〈公司法〉中的公司主体地位——以公司法与侵权责任法的交叉关系为中心》，载《现代管理科学》2016年第10期。
⑦ 李昌玉：《控制股东对第三人民事责任的性质》，载《长江大学学报（社会科学版）》2007年第2期。
⑧ 张宗敏：《公司法人格否认中控制股东责任性质之探讨》，载《河北法学》2006年第1期。
⑨ 王道发：《论〈公司法〉中的公司主体地位——以公司法与侵权责任法的交叉关系为中心》，载《现代管理科学》2016年第10期。
⑩ 王泽鉴：《侵权行为》，北京大学出版社2009年版，第8页。

权人利益损害之判断标准。其原因在于，作为加害人的股东与作为受害人的债权人之间尚存公司之隔，即便股东之行为可能侵犯债权人之利益，首先受到侵害的也应当是公司而非债权人（否则股东之行为便构成对债权人之一般侵权责任）。此时公司之偿债能力虽有损害，但该损害之直接受体是公司而非人格否认规则所欲保护之债权人，因此公司偿债能力受损害并不当然意味着债权无法实现，更不会当然地损害债权人之利益。

综上所述，"损害债权人利益"应当被确切地指向公司不能偿债，而非公司偿债能力受损害。由于当下司法实践中法官对于公司不能偿债之判断标准存在"资产不能偿债"①"财产不能偿债"②"资本不能偿债"之观点差异，③ 故要厘定"损害债权人利益"还需清晰界分上述不同判断标准。对于以上几类观点，"资本不能偿债"，在资本信用已为学界共识所抛弃之情境下当然不能成为可行之判断标准，④ 无需再多作赘述，故争议之中心应当在于"资产"与"财产"之辨。

财产和资产虽然在内容上多有重叠，但其语义却大不相同。具体而言，在会计学领域，"资产"之范围大于"财产"。"财产"的核心意义在于静态的使用价值且在一定程度上具有企业和出资者双重所有的性质；⑤ "资产"的核心意义则在于动态的投资价值，是为企业所独有的，预期未来能为其提供效益的经济资源。⑥ 若以此视之，商事治理实践中"损害债权人利益"宜将"资产不能偿债"作为判断标准。但若以法学之视角分析，第一，"财产"包括一切物和一切财产性权利，⑦ 此定义下的"资产"已无独立存在之空间。于实践而言，其仅有的区别在于论者习惯称企业财产为"资产"，称个人财产为"财产"。但法官对企业之财产和资产不加刻意区分甚至混用的情形也并不鲜见。⑧ 第二，如本文第二部分的实证分析所示，《九民纪要》第二章第四节所采之定义"公司财产不足以清偿公司债权人的债权"已在司法实践中取得一定影响力。综上所述，笔者认为"损害债权人利益"之定义仍宜延续《九民纪要》之规定。

（三）"严重损害债权人利益"之认定

以往学界及实务界对于"严重损害"之观点可分为两类。一类观点对"严重"的判断持消

---

① 广东省珠海市中级人民法院（2020）粤 04 民终 375 号民事判决书。
② 广东省高级人民法院（2020）粤民申 6674 号民事判决书。
③ 湖北省宜昌市中级人民法院（2020）鄂 05 民终 1323 号民事判决书。
④ 陈甦：《资本信用与资产信用的学说分析及规范分野》，载《环球法律评论》2015 年第 1 期。
⑤ 葛军：《会计学基础》，科学出版社 2020 年，第 33 页。
⑥ 郑丁旺、汪泱若、黄金发：《初级会计学上册》，经济科学出版社 1988 年版，第 27 页。
⑦ 梁慧星：《民法总论》，法律出版社 2017 年版，第 160 页。
⑧ 新疆维吾尔自治区乌鲁木齐市中级人民法院（2020）新 01 民终 1648 号民事判决书；陕西省靖边县人民法院（2020）陕 0824 民初 2573 号民事判决书；广东省深圳市中级人民法院（2019）粤 03 民终 14530 号民事判决书等。

极态度，或主张"只要公司未能向公司债权人及时清偿到期债务的，都可视为造成'严重损害'。"① 或支持将判断完全交由法官，任凭法官根据当事人之情况作出裁判。② 另一类观点则积极通过客观标准确定损害之"严重"程度，此类观点通常以公司不能偿付债权之数额或比例作为"严重损害"之判断标准。③

对于前者，早有实证研究表明此类消极的判断标准可能导致法官默认"凡争诉者，损害皆重"。④ 此种观点导致结果要件在事实上被忽略，并因此使得裁判者支持适用人格否认规则的概率大幅提高。最为令人担忧的是，该观点将会因为赋予了公司债权人无需过多证明即可得到支持的救济措施，而使得人格否认规则在实质上对于股东而言具备不应存在的惩罚属性。在股东相较于债权人而言具有更为强势之地位的市场环境下，债权人利益理应在一定程度上得到倾斜保护，但此种倾斜保护若以轻易击穿作为现代商业制度之"基石"的有限责任制为代价，其合理性值得怀疑；并且此种判断标准下再次引发的双方交易实力不均衡问题是否同样会造成"私人自治"名存实亡值得反思。⑤

对于后者，无论是以数额作为判断标准还是以不能清偿部分所占总体债权数额之比例作为判断标准抑或是兼而有之，此类计算标准均是一种过于僵化的标准，不具有普适性，而任何所谓"根据债权人的经济状况决定"之修正最终都难以避免完全交由法官进行主观判断的宿命。⑥ 此外，法官能否对于"严重"作出公正的判断本身就令人怀疑。须知，严重与否的判断不同于诸如合同法上的履行不能之判断，"严重损害债权人利益"标准项下居于核心地位的判断在程度而非性质，因此判断过程带有极其强烈的主观色彩。在此情境下法官作为"局外人"所作出的判断能否反映当事人的真实状况，是否比当事人作出的判断更具合理性值得怀疑，毕竟法官并不比职业商人更适合对此类商事问题作出判断。⑦

综上所述，要提出对"严重损害债权人利益"切实可行的判断标准首先应当明确"严重损害"之"严重"并不在于损害程度，而在于债权人难以获得救济。商事活动的核心在于资源的

① 张磊：《认缴制下公司法人人格否认规则的司法适用新探》，载《法律适用（司法案例）》2018年第8期。
② 王力：《论我国公司法人人格否认制度的适用困境——解读〈公司法〉第20条》，载《黑龙江省政法管理干部学院学报》2017年第2期。
③ 高旭军：《我国公司人格否认制度适用研究：以与德国比较为视角》，法律出版社2014年版，第147页；朱慈蕴：《公司法人格否认：从法条跃入实践》，载《清华法学》2007年第2期。
④ 黄辉：《中国公司法人格否认制度实证研究》，载《法学研究》2012年第1期。
⑤ 甄子昊、李耕坤、刘道远：《国家治理现代化视阈下私法调整制度体系完善路径》，载《海南大学学报（人文社会科学版）》2020年第4期。
⑥ 高旭军：《我国公司人格否认制度适用研究：以与德国比较为视角》，法律出版社2014年版，第147-149页。
⑦ ［美］弗兰克·伊斯特布鲁克、丹尼尔·费希尔：《公司法的经济结构》，罗培新、张建伟译，北京大学出版社2014年版，第245页。

流通，而一味地追求通过数额确定"严重"之程度无异于激励公司债权人躺在权力上多睡一会儿。因为公司财产若非流向正常的外部商事经营活动便会流向谋取私利的公司内部成员，财产沉积在公司内部缺乏流动的情况是极少的，而如果公司财产已然出现了流向内部成员的情况，那么该情况通常只会日益恶化。在此情境下，由于我国《公司法》第二十条并未限定股东承担连带责任的范围，且股东滥用行为与债权人损害结果之间的因果关系是难以判定的，法官在判断过程中极有可能不重视因果要件，对其默认采"全有或全无"之态度。[①] 故对于债权人而言，若公司财产不能通过正常的商事活动增加，那么任何公司财产减少的结果均可能归因于一个已然存在滥用权力行为的股东。基于此，对于诉求可能无法得到支持的债权人而言最好的选择不是主动寻求救济以减少损失或期望公司能够回归正轨，而是祈求公司陷入更深的泥潭以便能够从股东之私人财产中获益，毕竟此种做法不会产生风险更不会使其境况更糟。这无疑将对作为现代经济活动支柱的有限责任制形成巨大冲击。因此，任何试图从数量而非性质的角度对"严重损害"作出的定义都极为可能是难以取得实效的。

基于此，笔者认为，明确何为"严重损害"（债权人难以获得救济）应当从人格否认规则之定位入手。公司人格独立和股东有限责任是公司法的基本原则，而否认公司独立人格则是股东有限责任的例外情形，[②] 故唯有债权人遍寻常规之救济措施后仍不能得到救济时方可适用人格否认规则。须知，人格否认规则之基础法律关系首先是公司与债权人之间的契约关系和公司与股东之间的侵权关系。作为一种平衡规则，以常规救济方法作为适用之前提不仅是应当的，而且是必要的。抛弃此前置条件则可能导致有限责任公司和股份有限公司的股东之法律地位与合伙企业中的普通合伙人类似，因为债权人可无条件地越过公司向股东提起诉讼。面对可能发生的债权人滥诉，[③] 即便股东之行为最终难以实际引发连带责任，但无论是无端诉累所导致的司法资源浪费还是股东个人机会成本的损失都将是巨大的，都是对社会整体利益的减损。事实上，司法实践中已有将常规救济措施作为适用前提者，2020 年 7 月广西壮族自治区高级人民法院发布的《广西壮族自治区高级人民法院民二庭关于审理公司纠纷案件若干问题的裁判指引》第四十一条指出"作为原告的债权人受到的损害必须达到'严重'程度，即不仅公司对原告的债权丧失清偿能力，且其他法律依据也无法保护债权人利益。"由此可见，以常规救济措施作为人格否认规则之适用前提不仅理念上是可行的，而且司法实践中也已对此作出了探索，并在相当程度上形成了指导性路径。

---

① 在本文收集到的案例中，几乎没有案件会专门对因果关系要件作出专门论述。
② 石少侠：《公司人格否认制度的司法适用》，载《当代法学》2006 年第 5 期。
③ 高旭军：《我国公司人格否认制度适用研究：以与德国比较为视角》，法律出版社 2014 年版，第 170 页。

### 五、"遍寻常规救济措施" 之阐释

从抽象到抽象的阐释于理念上或许可行，但于实践困境的解决却无益。要真正解决人格否认规则适用难的问题，尚需从抽象到具体的进路。基于此，笔者将对何为"遍寻常规之救济措施后仍不能得到救济"进行阐释，力求使对"严重损害债权人利益"的认定从纸面跃入实践。

（一）"常规救济措施" 之阐释

人格否认规则之立法目的在于保护公司债权人利益，尽管有限责任公司在成立后便拥有了独立的决策权，股东不能对其进行干预，但由于股东在公司中具有独特的地位，股东（尤其是控股股东）很容易将公司变为自己的"第二自我"，名义上尊重公司的独立地位但实际上将有限责任制当作自己谋取不当利益的保护伞。因此，若在公司之独立地位已然被侵蚀的情况下仍固守有限责任制很可能会对公司债权人造成损害，此时，作为有限责任之例外情形的人格否认规则便应运而生。人格否认规则是在有限责任制背景下基于债权人相对于公司的弱势地位孕育而出的倾斜保护规则。在此种意义上，人格否认规则之债权人利益保护目的被具象为一种有限责任公司之债权人所特有的，对债权人与公司之债的例外救济手段，该例外救济手段之适用并不受债权人与公司之间基础债权法律关系的限制，其适用主体包括与公司形成民事关系、劳动关系、行政关系的各类债权人。[①] 基于此种规则定位，若债权人希望援引人格否认规则便需要先寻求常规的债之救济手段。

由于在实践中发生的人格否认之诉绝大多数是民事纠纷，故笔者在此仅对民事关系项下的"常规救济措施"加以阐释。对于债权人而言，若想通过人格否认规则得到救济则应当先依据其与公司之间的基础法律关系（通常为侵权关系或合同关系）提起诉讼。在这一过程中，债权人需向法院主张行使撤销权、代位权等债的救济手段，尽可能地扩大或维持公司责任财产范围，避免出现可能导致公司财产不足以偿还债权人债务，进而满足人格否认这一例外规则之适用条件的情形。需要明确的是，此处的"债的救济手段"还应当包括《公司法》中规定的部分商事救济手段，因为此类商事救济手段并没有脱离"债的救济"这一范畴。以《解释三》第十四条为例，该条第二款规定的股东抽逃出资时对债权人的责任就带有浓重的债权人代位权色彩，其实质上是为便利债权人而设置的特殊的商法诉讼机制，但内核却依旧是代位权机制。[②]

此外，有学者主张将破产程序作为适用《公司法》第二十条第三款的前置程序，认为只

---

① 刘俊海：《公司法学》，北京大学出版社 2013 年版，第 205 页。
② 杜军：《公司资本制度的原理、演进与司法新课题》，载《法律适用》2014 年第 11 期。

有在进入破产程序后才能最终确定公司是否具有清偿能力，[①] 笔者对此并不赞同。首先，破产程序之结果是使公司人格彻底的、永久的消灭。与此相对应，人格否认规则之"否认"对象却并非公司之独立人格而是有限责任制；所谓的"否认"也并非永久性剥夺案涉公司股东之有限责任特权，而只是在个案中略过有限责任之墙，令个别股东与公司对债权人承担连带责任。如果说有限责任公司保有其人格并与股东承担连带责任的前提是杀死其法人独立人格岂不荒谬？其次，以破产程序作为人格否认规则之前置程序也并不利于保护受损害股东的利益与公共利益。根据《中华人民共和国企业破产法》（以下简称《破产法》）第四十六条之规定"未到期的债权，在破产申请受理时视为到期。"若债权人如期在主张适用人格否认规则前提出破产申请，则无异于为实现自己的债权引入"竞争对手"。现代商事经营之核心在于流通，只要企业的资产与负债不失衡，人们通常并不会认为其经营存在问题。此时若将个别债权人为实现其债权而采取的救济措施的前提限定为提出破产申请，那么无异于将企业一时不能清偿个别债权人债权的情形视为足以影响企业存续的根本性经营问题；同时，提出破产申请可能引发所有的公司债权人对实现其债权的担忧，然而如无特殊原因，企业并不可能存有大量闲置资金，而即便现金流多如银行，也难以承受未期而至的债权人挤兑。因此，以破产程序作为人格否认规则之前置程序则意味着对案涉公司的彻底放弃，默认其经营状况不可能发生好转。这不仅与债权人所期望的尽可能实现债权之目的相悖，也有损于社会经济之繁荣。最后，以破产程序作为适用《公司法》第二十条第三款的前置程序是不公平的。须知，人格否认规则之要义在于责任的个别性，即仅需具有滥用行为的股东对公司个别债务承担连带责任，与他人无涉。在认缴资本制下，股东对于未到期之认缴资本享有期限利益，而根据《破产法》第三十五条之规定，法院受理破产申请后股东之出资期限加速到期，若以破产程序作为前置条件意味着全体出资期限未满的股东均需为个别滥用股东权利和有限责任制的股东放弃期限利益，这显然是不公平的。

（二）"公司财产不足以清偿债务"的判断标准

当债权人已然遍寻常规救济措施后，法官需要对公司财产是否足以清偿债务作出判断。我国现行法有关"不能清偿"的标准主要存在两种，一种以执行程序之结果作为判断标准，另一种以资产负债表作为判断标准。具体而言，前者以担保法为代表，存在《民法典》第六百八十七条规定的"执行财产不能清偿"[②] 与《最高人民法院关于适用〈中华人民共和国担保法〉若

---

① 高旭军：《我国公司人格否认制度适用研究：以与德国比较为视角》，法律出版社 2014 年版，第 154－168 页。

② 《民法典》第六百八十七条："一般保证的保证人在主合同纠纷未经审判或者仲裁，并就债务人财产依法强制执行仍不能履行债务前，有权拒绝向债权人承担保证责任。"

干问题的解释》第一百三十一条规定的"方便执行财产不能清偿"两类标准。① 后者以破产法为代表,② 以资产负债表和实际清偿能力两个维度进行综合判断。③ 笔者认为,对于人格否认规则之"公司财产不足以清偿债务"宜参考资产负债表标准,法官依据资产负债表作出公司无法清偿债务之裁判即满足结果要件,无需按照上文第一种标准以进入强制执行程序为判断依据。理由如下。

首先,人格否认规则所指向的股东均是有逃避债务的主观目的且已作出损害行为之股东。若采"执行财产不能清偿"标准,股东很有可能利用漫长的执行程序期间转移财产,最终即便债权人胜诉也难以从股东处获得清偿,人格否认规则也将因此被架空。

其次,以强制执行作为前置程序不一定利于债权人利益保护。进入执行程序后,不仅公司的经营能力可能因为强制措施恶化,而且《民事诉讼法》第五百零八条规定的强制执行的参与分配机制也可能增加债权难以实现的概率。④ 公司不能清偿到期债务有可能是因为现金流一时难以周转,并不代表永久的偿债能力减损。而这正是强制执行程序的"盲点",强制执行程序着眼于当下债务人所拥有的财产,将来可能获得之收益并不在其考量范围内。反观"资产负债表"标准,其能够有效地避免这一盲点,就判断公司长期的偿债能力而言,资产负债表内所记载的公司长期盈利状况与资产负债比例等数据更加适合被视为"公司偿债能力"之参照,因为通过此类历史数据能够形成较为准确的、对公司未来经营状况之预期。若经研判后发现公司尚具有稳定的盈利能力,那么给予公司一定期限使之能够通过非司法途径偿还债权人之债无疑是达成保护债权人利益与维护公司正常经营之间平衡的最佳方式。因此,若能在保护债权人利益的同时维持公司的正常经营,则应尽可能避免对公司经营造成负面影响,这就意味着应当慎用"执行财产不能清偿"标准。

最后,以资产负债表作为人格否认规则的判断标准具有司法实践基础。事实上,大量法官在适用《公司法》第六十三条对一人公司是否存在人格否认情形进行判断时均引入了对于《企业

① 《最高人民法院关于适用〈中华人民共和国担保法〉若干问题的解释》第一百三十一条"本解释所称'不能清偿'指对债务人的存款、现金、有价证券、成品、半成品、原材料、交通工具等可以执行的动产和其他方便执行的财产执行完毕后,债务仍未能得到清偿的状态。"

② 《最高人民法院关于适用〈中华人民共和国企业破产法〉若干问题的规定(一)》第三条"债务人的资产负债表或者审计报告、资产评估报告等显示其全部资产不足以偿付全部负债的,人民法院应当认定债务人资产不足以清偿全部债务,但有相反证据足以证明债务人资产能够偿付全部负债的除外。"第四条"债务人账面资产虽大于负债,但存在下列情形之一的,人民法院应当认定其明显缺乏清偿能力。"

③ 张其鉴:《论认缴制下股东补充赔偿责任中的"不能清偿"标准——基于回归公司法立场的分析》,载《政治与法律》2017年第3期。

④ 张其鉴:《论认缴制下股东补充赔偿责任中的"不能清偿"标准——基于回归公司法立场的分析》,载《政治与法律》2017年第3期。

会计准则》规定的财务报表编制细则和《公司法》第一百六十四条所规定的财务会计报告披露义务的审查。① 应当说，法官并不缺乏以财务会计报告等资料判断公司经营状况的审判经验。②

## 六、 结论

公司法人格否认规则在公司治理实践中发挥着重要作用，面对当下司法实践所遇到的困境，以侵权责任路径适用人格否认规则或许并非万全之策，但却是缓解实践乱象与便利法官适用之间紧张关系的有效之策。但需要明确的是，采用侵权责任路径并不意味着要弱化甚至无视类型化方法在适用人格否认规则过程中的重要作用。如笔者在前文所述，由于债权人相较于公司的"局外人"地位，绝大多数情况下其仅能获得"股东以私人账户接收或支付案涉合同款项"等间接证据，但此类间接证据通常不足以单独证明股东存在滥用公司法人独立地位及股东有限责任的事实行为。③ 因此，如何使处于弱势地位的债权人完成举证责任便成为适用人格否认规则中不可回避的问题。对此，类型化方法是不可否认的一剂良方，当债权人提出证据后，若该证据不能直接证明股东存在滥用行为，则法官应当以"人格混同"等行为情形对其进行审视，若该证据能够证明股东存在此类情形则可推导出股东行为构成人格否认规则之行为要件，若不能证明则反之。也就是说，无论债权人提出何种证据，最后法官认定的落脚点都应在于股东的行为是否构成"滥用公司法人独立地位和股东有限责任"这一行为要件本身，而非"人格混同""过度支配与控制""资本显著不足"等行为情形，此种类型化情形只能作为论证的中介以经验法则的形式存在。④

---

① 《公司法》第一百六十三条规定"公司应当在每一会计年度终了时编制财务会计报告，并依法经会计师事务所审计。"

② 四川省眉山市中级人民法院（2021）川 14 民终 248 号民事判决书；山西省忻州地区（市）中级人民法院（2020）晋 09 民终 56 号民事判决书；广州知识产权法院（2020）粤 73 民终 1473－1483 号知识产权判决书等。

③ 辽宁省大连市中级人民法院（2020）辽 02 民终 5980 号民事判决书；辽宁省高级人民法院（2014）辽民一终字第 319 号民事判决书等。

④ 包冰锋：《民事诉讼间接证明的机理证成与模型应用》，载《法律科学（西北政法大学学报）》2020 年第 5 期。

# 信托法归入救济中的因果关系适用

■ 葛伟军　李　攀*

**摘要：**得利交出型救济适用特殊的因果关系结构，除确定不法行为与得利的因果关系外，尚需进一步审视得利与"损害"间的相关性，即被告得利是否导致原告权利受损。针对受托人非以信托利益为代价获取的利益，得利归入的正当性依据可从受托人的主观可归责程度、受信关系的特殊权力构造和《信托法》规范保护目的等角度得出。因果关系检验精度上，"若非，则无"仅为第一道因果关系检验，后续还应以可预见性规则进行校正。可预见性规则旨在处理对不利后果风险的分配，基于法规目的考量，应由受托人承担无法预见的风险，预见时点的确定延后至不法行为发生之时甚至之后。

**关键词：**因果关系　受信关系　受信权力　可预见性

## 一、 问题的提出

因果关系作为责任要件，功能为决定责任的引起与被引起关系，故应一般地适用于所有私法救济。按 Epstein 的观点，因果关系不仅是矫正正义的基本要素，甚至几乎是其全部正当性来源。[1] 我国《信托法》在第二十六条规定了归入制度，其作为一项由受托人违反忠实义务行为引发的特殊救济，原则上同样应考察行为与结果间的联系，而不应成为例外。但英美衡平法司法判例恰认为信托法下的归入在责任成立环节无须检验得利结果与不法行为间的因果关系；[2] 责任范围上可突破一般因果关系所秉持的可预见性或相当性原则，将不法行为发生后的不确定的间接得利也纳入其中。一般认为，归入属于典型的继受产物，来自对英美衡平法下相关制度的移

---

* 葛伟军，复旦大学法学院教授；李攀，上海财经大学法学院民商法专业博士研究生。

[1] David Howarth, Book Review, O Madness of Discourse, That Cause Sets Up with and Against Itself, 96 Yale L. J. 1389, 1422 (1987).

[2] Murad v Al – Saraj [2005] EWCA Civ. 959.

植,[1] 故首先应考察其特殊规则在"原产地"之所以发生的背景,以确定其借鉴价值和必要性,然后才能进一步讨论是否及如何对其进行改造。我国学术界目前对信托法归入制度缺少关注,其作为一项特殊救济的正当性依据未得到充分论证,其结果是司法实践中几无适用该种救济的具体案例,因此更有必要借他山之石攻玉,弥补我国学术界和实务领域对该问题认识的不足。

## 二、 触发救济的原因行为界定

我国《信托法》第二十六条规定,受托人"利用信托财产"为己牟利是触发归入救济的唯一原因,这种规范模式背后反映了以信托财产为中心构建权利义务体系的传统信托法理念。[2] 信托从起源上可追溯至 13 世纪,在当时被作为一种土地转让机制,用以规避普通法对财产继承的严厉限制和财务责任。这种现代信托的前身,被称为"用益制度"(Use)。[3] 其基础构造为权利人将土地转让给受让人,并由受让人在转让人有生之年,为转让人的用益而持有土地;在转让人去世后则为其选定的家族成员持有土地。如此一来,转让人可确保土地由其家族成员继承,而不被领主没收。为实现这种财产持有与财产收益的分离,英美法发展出所谓"双重所有权"制度,[4] 在针对同一标的财产上创设出法律财产权(legal ownership,或"名义所有权")和衡平财产权(equitable ownership),将之分别赋予信托受托人和信托受益人,要求受托人为受益人的利益持有信托财产。这种外观权利和实际权利的错位和分离,导致了信托制度固有的最大风险,就是受托人利用其名义上的所有权人身份而不当使用信托财产。尤其在信托发展的早期,信托制度更多地体现为一种传承财富、保管财产的工具,受托人的职能只是被动持有财产,[5] 其不当行为主要表现为侵占信托财产或财产上利益。此时将归入救济的触发原因限定于"利用信托财产所得",是对信托特定风险和受托人职权范围的适当回应。

但信托法发展至今日,"利用信托财产"已不足以概括受托人获取不当利益的不法行为类型。问题一方面来自"财产"概念本身内涵上的局限性。我国实证法上多处使用"财产"概念,

---

① 肖永平、霍政欣:《英美债法的第三支柱:返还请求权法探析》,载《比较法研究》2006 年第 3 期,第 45 - 62 页;和育东:《非法获利赔偿制度的正当性及适用范围》,载《法学》2018 年第 8 期,第 151 - 168 页。

② 格雷厄姆·弗戈:《衡平法与信托的原理》,葛伟军、李攀、方懿译,法律出版社 2018 年版,第 59 - 61 页。

③ Baker, An Introduction to English Legal History, 4th edn, Oxford: Oxford University Press, 2002, Ch. 14. 影印本。

④ 值得注意的是,我国信托法理论研究中一般称为"双重所有权"者,来自对英美信托法下"duality of ownership"一词的误译。在英美不动产法中,"ownership"或"own"实际上仅泛指财产权利的归属,其含义更接近于我们日常用语中的"有",例如"我'有'房屋土地所有权"或"我'有'房屋使用权",而并非对应大陆法上的"所有权"概念。因此,"duality of ownership"的真实内涵应理解为"双重权利",而并非两个"所有权"并存之意。参黄泷一:《英美法系的物权法定原则》,载《比较法研究》2017 年第 2 期,第 84 - 104 页。

⑤ 彭插三:《信托受托人法律地位比较研究》,北京大学出版社 2008 年版,第 249 页。

但并未设定定义规范，通常而言指由具有金钱价值的权利所构成的集合体。① 随着现代社会的发展，传统的"财产"概念未必能覆盖所有可创造经济利益的客体标的，很多处于受信关系核心的客体，如保密信息或商业机会，当其尚不具备可预见的商业利用价值时，都只有转化为财产的可能性，这种可能性尚无法以金钱形式加以定性和量化，缺乏严格的财产特征。② 另一方面，随着信托制度被日益用于商事语境和复杂财产安排目的，信托的核心功能逐渐由财产持有工具转为财产增值工具，受益人对受托人专业技能和自由裁量的依赖逐渐加深，赋予受托人更大的裁量权成为充分发挥信托制度功能的必需手段。与之相对应，受托人的职能重心由保管义务转向忠实义务和注意义务，权力滥用风险不再局限于对信托财产本身的侵占，其牟利手段更多地体现为对传统财产概念范畴外的信息、秘密、机会等的利用，或基于受信地位等抽象要素收取贿赂或秘密佣金、实施竞业行为等情形。

为扩充触发归入救济的原因行为范围，学术和立法上提出了不同的解决思路。一种方法是对"财产"概念进行扩张。典型如 Gordon Smith 提出的"关键资源"（Critical Resource）理论。③ 他认为，尽管典型的受信关系以财产让渡为中心，但事实上并非所有的受信关系都依赖特定财产的存在，如以信息保密义务为核心的受信关系即为此中典型。④ 他认为，受信关系的本质特征是受信人持有对受益人利益攸关的关键资源，并可以自由裁量权决定如何适用该资源而影响受益人的切身利益；这种资源并非一定以财产形式体现，但凡其具备派生性、自由裁量性、关键性等特征，即为受信关系之核心；一旦受托人利用关键资源为己牟利，就能触发归入救济的发生。"关键资源"理论的本质是放弃概念上的固化界定，转而用描述性定义予以代替。但这种观点可能不符合大陆民法追求概念确定的惯性思维，"资源"本身并非法学术语，且内容过于包罗万象，何谓"关键"、何谓"重大影响"均无法精确界定，可能引发实践中因定义过于宽泛而无法适用的问题。

另一种进路是摆脱"信托财产中心论"的传统思维，转而从受信关系的权力构造特征作为理论分析的出发点。与民法以抽象理性人角度出发的平等调整思维不同，⑤ 受信法的构建基础在于正视关系主体间现实存在的不平等。这种不平等体现为两个方面：一是能力上的不平等。受托人往往由具备特定能力的人士或机构担任，商业信托中尤其如此，其在专业能力、对信托财产的

---

① 王泽鉴：《民法总则》，北京大学出版社 2009 年版，第 217 - 218 页。

② Daniel Friedmann, Restitution of Benefits Obtained Through the Appropriation of Property of the Commission of Wrong, 80 Colum. L. Rev. 504, 509 (1980).

③ D. Gordon Smith, The Critical Theory of Fiduciary Duty, 55 Vanderbilt Law Review, (2002).

④ Lac Minerals Ltd v International Corona Resources Ltd [1989] 2 S. C. R. 574.

⑤ 徐国栋：《论民事屈从关系——以菲尔麦命题为中心》，载《中国法学》2011 年第 5 期，第 159 - 175 页。

控制程度、掌握信息的充分程度上，较之受益人均处于显著优势。① 这种能力上的明显强弱关系，类似于消费关系，法律应对弱者提供一定的倾斜保护。② 二是结构上的不平等。一般民事关系中当事人即使存在能力强弱，起码各持相对抗的自决权力，并承担自决之后果，责任本质上体现为"为自己行为负责"。而受信关系中，一方放弃自决而将权力交由相对方代为行使，权力间的对抗性张力减弱，结果更大程度上，甚至唯一地取决于同时持有自生权力和让渡权力的受托人的行为。③ 这种权力结构导致的最大风险，就是 Frankel 所称的"受信权力滥用"，即一方享有行使权力的裁量权，却无需为此负责。④ 滥用受信权力的后果往往未必体现为侵害他人既存利益，而是将该种本应"为他人利益"而行使的权力据为己用，从而获取自我得利。归入救济旨在处理的问题，就是受托人的权力滥用行为；转化为责任构成要件，因利用受托权力（不仅仅局限于利用信托财产）而获取的任何利益，即应归于信托所有。我国信托法立法解释上认为，就《信托法》第二十六条触发归入救济的原因行为应作扩大解释，将"利用信托财产牟利"扩大至"利用受托人地位牟利"；⑤ 日本 2006 年《信托法》也不再将受托人不法得利的原因限定于利用信托财产所得，而认为因违反忠实义务行为获取利益的，该利益均应归入信托。⑥ 其思路均为将触发救济的原因行为从单纯财产上得利扩大为利用受托权力得利。

### 三、 归入救济中的特殊因果关系结构

#### （一）得利剥夺型救济中的因果关系分段论

救济法上的一般观念认为，被告的不法行为之所以触发救济，原因在于该行为损害了原告的合法权利。⑦ 因此传统救济体系以损害为中心进行构建，以完全赔偿为原则，损害既作为事实要件触发救济，也在后果上框定救济范围：权利所受损害一经充分弥补，不法行为的后果就被视为去除完毕，救济目标即告实现。但以受害人为中心，以填补损失为目的的救济原则未必能完全

---

① Robert H. Sitkoff, The Economic Structure of Fiduciary Law, 91 (3) B. U. L. Rev. 1039–1049 (2011).
② 李游：《"买者自负"的适用逻辑与金融消费关系的"不平等"》，载《北京社会科学》2019 年第 7 期，第 38–49 页。
③ Paul B. Miller, Justifying Fiduciary Remedies, (October 28, 2012). Available at SSRN: https://ssrn.com/abstract=2167883.
④ Tamar Frankel, Fiduciary Law, 71 CAL. L. REV. 795, p. 825 (1983).
⑤ 卞耀武：《中华人民共和国信托法释义》，法律出版社 2002 年版，第 97 页：对第二十六条作扩大解释，将该内容解释为不得以受托人的地位获得利益，不得以信托财产获得利益，不得以信托交易获得利益，收取回扣的行为、贿赂、收受礼金应视为第 26 条规制的内容。
⑥ 日本《信托法》第 40 条第 3 款："受托人为违反第 30 条、第 31 条第 1 款和第 2 款、第 32 条第 1 款和第 2 款规定之行为，使受托人为其利害关系人获得利益者，推定受托人有因其行为而致信托财产发生同额之损失。"该法第 30 条、第 31 条第 1 款和第 2 款、第 32 条第 1 款和第 2 款均为忠实义务违反之规定。
⑦ 曾世雄：《损害赔偿法原理》，中国政法大学出版社 2001 年版，第 77 页。

实现实质正义,其原因在于不法行为不仅可能导致受害人损失,还可能使行为人得利。当得利小于或等于损失时,以损害为中心安排救济固无问题;但当得利大于损失时,再以损失为限确定救济范围,就意味着行为人可保留超出损失部分的得利,效果上相当于允许其以有利价格买断受害人合法权益。因此除了以损害为中心的救济方法外,还有以剥夺得利为目标构建的救济。在得利剥夺型救济中,视得利与损失之关系,可区分为三种类型:一是以损失框定得利剥夺或返还的范围。典型如不当得利制度,理论上以"权益归属说"为通说,认为制度应考虑的,并非不当得利过程即得利行为的违法性,而是保有利益的正当性;① 这在规范上体现为要求被告返还的得利不得超过原告权利所遭受的损害范围,否则反向构成原告不当得利。二是将得利推定为损失。从加害人和受害人之间"财产变动"的对应关系着手考察得利与损失间的对应关系,尽量不突破完全赔偿原则。② 典型如我国《侵权责任法》第二十条规定"被侵权人的损失难以确定,侵权人因此获得利益的,按照其获得的利益赔偿",其本质是将加害人得利解释为受害人实际损失的另一种表现方式,并未超越损害赔偿的传统理念范畴,救济效果上也与损害赔偿无异。③ 日本《信托法》处理受托人得利也采取此种思路,规定"受托人为违反第 30 条、第 31 条第 1 款和第 2 款、第 32 条第 1 款和第 2 款规定之行为,使受托人为其利害关系人获得利益者,推定受托人有因其行为而致信托财产发生同额之损失",④ 但对于受托人得利是否必然等同于损失,如有超出是否可一概推定为损失,立法上未有说明,理论界也不乏争议。⑤ 三是承认得利未必与损失对应,且可能超出实际损失范畴,但对于超出损失部分得利剥夺的正当性依据,理论上存在不同观点。如 Nicholas Sage 提出的"根本非法"(inherently wrong)概念,认为并非所有的不法行为都将导致得利剥夺,只有当被告的不法行为具有规范性质,即因故意实施不法行为而获得不法得利时,剥夺该部分利益才具有正当性。⑥ 其他学者则有从分配正义角度出发,认为并非一定需要在得利和损失间构建对应关系,对超出损失部分的得利剥夺,基础在于"享有该法益的人在受到侵害而遭受损害时,较之于那些破坏他人法益的人,更应当获得法律的保护"。⑦

得利剥夺型救济在救济规范上的特殊性,决定了其在因果关系结构上有别于以损害为中心

---

① 王泽鉴:《不当得利》,北京大学出版社 2015 年版,第 140 – 141 页。

② 周友军:《侵权法学》,中国人民大学出版社 2011 年版,第 63 页。

③ 王利明:《人格权法》,中国人民大学出版社 2009 年版,第 333 页。

④ 日本《信托法》第 30 条、第 31 条第 1 款和第 2 款、第 32 条第 1 款和第 2 款均为规范忠实义务履行之条款。

⑤ [日] 能见善久:《现代信托法》,赵廉慧译,中国法制出版社 2011 年版,第 152 – 154 页。

⑥ Nicholas W. Sage, Disgorgement——From Property to Contract, (September 16, 2015). Available at SSRN: https://ssrn.com/abstract=2661638.

⑦ [奥] 海尔姆特·库齐奥:《侵权责任法的基本问题(第一卷)——德语国家的视角》,朱岩译,北京大学出版社 2017 年版,第 42 页。

构建的救济。一般而言，因果关系的一端往往体现为损害。按王泽鉴先生的观点，责任成立上首先需考察权利受侵害是否因其原因事实（行为）而发生，民法上有谓"条件因果关系"，英美法主要以"but – for"（若无，则不）作为判断标准。① "若非，则无"在程序上属于一种反证规则，德国学说称之为假设的消除程序，其功能在于排除与造成某种结果无关的事务。② 其公式为"若 A 不存在，B 仍会发生，则 A 并非 B 的条件"，假如 B 结果体现为损失，则直接触发责任要件，盖因弥补损失、恢复原告至损害发生前的地位，本为责任法的天然目的，也是救济制度的基础目标。③ 但在得利剥夺型救济中，当 B 体现为得利，以"若非，则无"公式进行检验，即使符合标准也仅能确定得利与行为间的相关性；但仅此还不足以触发救济发生，盖因如被告之得利未造成原告之损失，那么责任是否发生以及为何发生，即需进一步予以论证。体现在因果关系结构上，在损害赔偿救济中，行为与结果间因果关系成立，可视为触发救济的充要条件；而在得利剥夺救济中，第一步为确定得利为特定行为之结果，但这仅为必要而非充分条件，还需进一步考察得利与损失间的相关性。

（二）行为与得利结果间的因果关系

衡平法下考察适用该因果关系要素的权威案例是 Murad v Al – Saraj 案。④ 在该案中，被告通过不实披露，将实际价格与披露价格间的差额占为己有。但法官经审查发现，即使被告完全履行披露义务，原告依然会同意被告取得部分利益。套用"若非，则无"因果关系检验中的"若 A 不存在，B 仍会发生，则 A 非 B 的条件"公式，若不法行为不存在（假设受托人履行披露义务），受托人依然会得到部分得利，则不法行为并非（全部）得利的条件。此时法院判决剥夺被告所有全部利润，是否满足因果关系检验？该案中的多数法官认为，衡平法下法院只关注受信义务主体是否因违反受信义务得利，而不关心"若非"违反受信义务将会发生什么；即使被告没有该不法行为，其同样可以获得利润，但这种推定不影响归入责任的成立和责任范围的确定。⑤ United Pan – Europe Communications NV v Deutsche Bank AG 案⑥采纳了与 Murad 案一致的观点。在该案中 Morritt LJ 表示："我没有发现任何正当性基础，要求利润必须是受信人'通过他的职位'而获取的。这样的条件建议了一项因果关系的要素，而这既不是原则性的，此前也并没有权威判例对此要求进行过认定。"Conaglen 在对一系列涉及因果关系的权威案例进行分析后认为，衡平

---

① 格雷厄姆·弗戈：《衡平法与信托的原理》，葛伟军、李攀、方懿译，法律出版社 2018 年版，第 790 – 796 页。

② 王泽鉴：《侵权行为》，北京大学出版社 2016 年版，第 236 – 240 页。

③ 冀宗儒：《民事救济要论》，人民法院出版社 2005 年版，第 285 页。

④ ［2005］EWCA Civ. 959［Murad］.

⑤ ［2005］EWCA Civ 959，［2005］WTLR 1573，［62］（Arden LJ）.

⑥ ［2000］2 BCLC 461.

法在该问题上的态度是"若非，则无"因果关系仅适用于损害赔偿救济，而归入救济旨在调整得利而非损失，故没有适用该因果关系的必要性。[1]

但问题是，在任何私法救济中忽略行为与结果间的因果关系，都将严重破坏其在规范构造上的正当性，故即使在衡平法体系内部也存在不同声音。英国上议院在 Regal V Gulliver 案[2]中即采纳了与 Murad 案不同的观点，认为利润必须基于受信关系产生，这显然是认为需要在责任后果（得利归入）与不法行为（受信范围内的裁量权行使）间建立某种相关性。Lionel Smith 提出，应以受托人的披露义务为桥梁构建不法行为与得利结果间的因果关系：受信法并未绝对禁止得利，只要受托人事先披露并取得受益人同意，其自我得利行为就是正当的；而受托人的不法得利之所以被剥夺，原因在于受托人未尽披露义务。故得利可视为受托人违反披露义务的直接后果，如此即可解释 Murad 案的判决结果。[3] 这种观点的问题在于：得利客观上来自受托人的牟利行为，而非来自其隐瞒行为，因此以违反披露义务行为作为得利之原因，存在逻辑上的不顺畅。但 Lionel Smith 的观点事实上提供了一个观察问题的视角，即受信关系的特殊构造会影响因果关系的适用标准。与一般法律关系中各方均自主行使权力不同，受信关系中由受托人为受益人利益代为行使权力，因此受信法的一系列制度安排，均旨在预防和消除受托人的权利滥用行为：在权利内容上，使受益人对受托权力的一切使用成果享有独占性权利；[4] 在义务设置上，使受托人负担"禁止得利"（No Profit Rule）义务；在救济安排上，要求背信受托人向信托归入一切因使用权力所获得的利益。故针对 Murad 案的情形，无论受托人本来是否可能合法得利，受托人未就得利可能和自我得利动机向受益人进行预先披露的隐瞒行为，即构成对权力之滥用；换言之，权力滥用不仅指受托人的实际牟利行为，同样包括其违反披露义务之行为。这种推导思路事实上得到了英国上诉法院在 Item Software（UK）Ltd v Fassihi 案[5]中的确认。上诉法院在该案中认为，受益人有权获得受信权力所及范围内的所有东西：当得利实际发生时，受信人负担一个为受益人持有该得利、将得利归入信托的义务；在得利仅具可能性时，则负担一个向披露受益人披露告知该得利可能（体现为机会、信息或商业秘密）的义务。[6] 如 McInnes 所言，"受信人可以通过取得实际上的同意来避免责任……但证明委托人本会同意一项特定提议，假如委托人取得这样的

---

① Conaglen, Strict fiduciary loyalty and account of profits, 65 CLJ p. 278 (2006).

② Warman International Ltd v Deyer (1995) 182 CLR 544, 599.

③ Lionel Smith, Fiduciary Relationships: Ensuring the Loyal Exercise of Judgement on Behalf of Another, (July 3, 2014). Available at SSRN: https://ssrn.com/abstract = 2559974.

④ Paul B. Miller, Justifying Fiduciary Remedies, (October 28, 2012). Available at SSRN: https://ssrn.com/abstract = 2167883.

⑤ [2005] 2B. C. L. C. 91.

⑥ Vick Vann, Causation and Breach of Fiduciary Duty, (July 14, 2006). Available at SSRN: https://ssrn.com/abstract = 1096413.

机会的话，是不够的"，① 因为委托人事实上未能取得这样一个机会，而这正是受托人滥用权力导致的结果。

与 Murad 案形成鲜明对比的是，在 Novoship（UK）Ltd v Nikitin 案②中，法院认为，该案被告并不对原告负担受信义务，被告仅作为违反受信义务的辅助人承担衡平法下的从属责任，③ 因此必须在其不法行为与得利之间建立"充分直接"的因果关系。④ 对此 Murad 案的上诉法院在附带意见中也予以确认，认为正因 Murad 案的被告为受信义务主体，其应承担的责任有别于 Novoship 案中作为背信行为辅助人的被告所承担的从属责任，因果关系上应适用不同的标准。相类似地，在 Fyffes Group Ltd v Templeman 案⑤中，Toulson J 拒绝判令被告因贿赂原告代理人而返还所有利润，原因是即使不发生贿赂，原告原本也会与行贿者达成交易，因此行贿者获得的利润与其向原告代理人行贿的行为之间，缺乏条件上的因果关系。而当被告作为受信人收受贿赂时，不仅直接触发归入责任，且责任及于以贿赂款投资所得收益。⑥ 法院认为，辅助人并不负担受信人的忠实义务，原告的得利归入主张应建立在更为严格的因果关系检验之上。⑦

（三）得利与损失间的相关性

在确立得利事实与不法行为间的因果关系后，下一步尚需考察得利与损失间的相关性，以决定责任是否被触发。Keech v Sandford 案⑧是衡平法下讨论原告无实际损失情形下可否主张归入被告得利的权威判例。该案中，信托受托人为信托利益与出租人交涉一项续租事宜，出租人明确拒绝与信托进行续约，但表示愿意和受托人自己签订租赁协议。受托人自己取得租赁合同后，信托受益人起诉要求将该租赁向其转让，并返还受托人之前取得的相关利润。问题是，在 Keech 案中，因出租人的明确拒绝，受益人本无得利可能，受托人的自我得利既然未导致其权利受损，此时责任何以触发？从救济正当性角度，所有符合矫正正义解释的救济均以恢复权利原状为目的，救济范围由权利本应处于的应然状态与受不当行为影响后的实然状态间的差值确定。但这种差

---

① McInnes, Account of Profits for Breach of Fiduciary Duty, 122 Law Q. Rev. p. 13 (2006).

② [2014] EXCA Civ 908, [2015] QB 499.

③ 衡平法下，受信关系之外的第三人具有教唆或协助违反受信义务发生的行为，需向受益人承担个人责任，责任范围为因教唆或协助行为所致损失，或因此而获直接得利。Elliott 和 Mitchell 认为这是一种从属责任，即建立在受信人违反受信义务行为之上的第二性责任。Elliott & Mitchell, The Tort of Conspiracy and Civil Secondary Liability, 49 CLJ 491, (1990).

④ Novoship (n 74) [94] – [115] (Longmore LJ), citing J McGhee (ed), Snell' Equity, 32 edn, London, Sweet & Maxwell, pp. 30 – 81 (2010).

⑤ [2000] 2 Lloyd's Rep 643.

⑥ Investments (UK) Ltd v Versailles Trade Finance Ltd, [2001] EWCA Civ 347, [2012] 1 AC 776.

⑦ [英] 保罗·S. 戴维斯、詹姆斯·佩恩主编：《衡平法、信托与商业》，葛伟军、李攀、方懿译，法律出版社 2020 年版，第 294 – 295 页。

⑧ (1726) Sel Cas 61.

值未必体现为物质上的损失，还包括原告本应获得而因被告行为而未能获得的利益，即所谓"规范损失";① 那么对于得利剥夺型救济而言，救济所需剥夺的被告得利，应等于原告遭受的规范损失。需要注意的是，权利的"原状"在不同语境关系下存在差异。如在侵权关系中，侵权行为发生前双方井水不犯河水，受害人的固有权利范围即是行为人的行为自由边界，故侵权法下救济所需恢复的权利"原状"，即为固有权利的静态原始面貌，因此救济方法上以弥补损害为原则。② 但受信关系以自由裁量权让渡为特征，受信法以处理权力滥用为重点，那么救济所需恢复的原状，就不是权利被让渡前的权利初始状态，而是假如权力未被滥用，受益人或信托本可处于的状态;而这种原本的状态，以受托人"为受益人最大利益"行使受托权力为标准。换句话说，对于救济所需恢复的权利"原状"，在其他法律关系中或者是权利受侵害前的原始面貌，或者是权利如未遭侵害的本可实现面貌，在后者，尚需以权利人本身是否具备获利能力或获利意愿施加限制，否则从规范角度也难言"损失"发生。但在信托语境下，受信关系的特殊结构要求受托人"为受益人最大利益"行使权力，且权力行使范围内的所有利益均独占性地归于信托所有。故针对 Keech 案之情形，受托人基于受托职位而了解到租约信息及续租机会，这些信息与机会均属于受信权力的覆盖范围，因此只能唯一地为受益人利益进行利用;即使出租人已明确拒绝与受益人进行续租，受托人也不得将续租机会据为己有，因为这同样构成"滥用受信权力"。正如 King LC 所言，当受托人得知无法为信托取得续租权利后，他应该让租约自然到期，而非利用该机会为自己取得续租，"受托人是全世界唯一不能取得租约的那个人"。③ 此时无需讨论受益人是否"本可"获得该利益，或对利益是否具有合理的预期，盖因通过让渡权力以获得本人原本未必能获得的增益，恰为信托制度根本功能之一。④

四、 因果关系的适用标准： 对一般可预见性标准的突破

从因果关系的检验精度上，"若非，则无"仅为第一道检验程序，其功能为肯定某一原因事实系某种后果的必要条件。但唯此尚不足以即令不法行为人就此所生后果承担责任，尚需对该原因事实是否"通常"会引发某种后果发生进行讨论。对此英美法上一般采可预见说（The fore-see - ability theory），大陆法上则以相当因果关系说（The adequate cause theory）为主，其目的均为"以合理方式将纯粹逻辑上的后果限定于可归责之范围"，以避免因果循环，牵连永无止境。⑤

---

① 和育东:《非法获利赔偿制度的正当性及适用范围》，载《法学》2018 年第 8 期，第 151 - 168 页。

② 陈忠五:《契约责任与侵权责任的保护客体》，北京大学出版社 2013 年版，第 143 - 144 页。

③ (1726) Sel Cas 61, 62.

④ 周勤:《日本〈信托法〉的两次价值选择——以意定信托委托人的权利为中心》，载《华侨大学学报（哲学社会科学版）》2010 年第 3 期，第 109 - 117 页。

⑤ 王泽鉴:《侵权行为》，北京大学出版社 2016 年版，第 245 - 246 页。

归入救济从渊源上产生于衡平法制度，故本文主要基于英美法所采的可预见说展开分析。

英美普通法以可预见标准作为限定责任的一般工具，认为责任只有在行为人可预见的范围内才能够获得救济，很少有法院将责任扩展于可预见的责任风险之外；① 但衡平法下，针对归入救济，通说观点认为从其预防和威慑功能出发，归入范围不受"直接性"或"相当性"制约，不论不法行为与得利结果间的因果关系如何稀薄，或原告对主张归入的得利是否存在合理预期，均不影响归入救济之发生。如学者举例，假设一名受托人违反忠实义务得利，然后用该不法得利购买彩票并中头奖，其必须将所得奖金交于原告。② 此时衡平法似乎只考虑条件上的因果关系，即被告不法使用资金为彩票中间在条件上的原因，但对后果发生的"相当性"——受托人以自有资金是否依然可能购买彩票，购买彩票中取头奖概率之渺茫，中头奖的可能性是否能为常人所预见——不作判断。在 Investments（UK）Ltd v Versailles Trade Finance Ltd 案③中，被告违反受信义务接受贿赂，并将受贿资金用于一项土地投资，此后土地升值。尽管因土地升值带来的投资利益源于市场行情上升，但院判依然判令被告交出该部分间接得利。该案引发的问题是，间接得利并非直接来自不法行为，且间接得利能否发生、如何发生、得利范围均存在不确定性，甚至无法为行为人所预见，要求将间接得利纳入归入范围，是否突破传统救济理念的可预见性标准和因果关系检验？其正当性依据，可由如下两个视角进行论证：

（一）主观上可归责性对可预见范围的扩大

按侵权法上理论，在故意侵害行为的情形，加害人对于不具相当因果关系或一般理性人所无法预见的损害，也应负责。其原因在于加害人对于某通常不足发生之结果，所以不必负责，系因此种结果在其可预见及可控制的事态之外。加害人既然有意使发生此种非通常的结果，自无不让其负责之理。④ 大陆信托法理论一般认为，受信人的行为边界由忠实义务下的利益冲突判定，不以受托人"过错"为要件。⑤ 但这种观点来自对侵权语境下"过错"概念的机械借用，其典型应用语境是，如受托人不具有侵害信托意图，或已有为信托利益进行考虑的动机，即视为"善意"或无"过错"。⑥ 但该种观点忽略了"过错"的评价标准并非一成不变，而与特定类型关系中行为人的注意标准要求相关。就要件功能而言，要求过错方承担责任，旨在保障行为自

---

① Seavey, Mr. Justice Cardozo and the Law of Torts, Harvard Law Review, Vol. 52, p. 387 (1939).

② ［英］格雷厄姆·弗戈：《衡平法与信托的原理》，葛伟军、李攀、方懿译，法律出版社 2018 年版，第 817 – 818 页。

③ ［2001］EWCA Civ 347，［2012］1 AC 776.

④ 王泽鉴：《侵权行为》，北京大学出版社 2016 年版，第 247 – 248 页。

⑤ ［日］能见善久：《现代信托法》，赵廉慧译，中国法制出版社 2011 年版，第 147 – 148 页。

⑥ John H. Langbein, Questioning the Trust Law Duty of Loyalty: Sole Interest or Best Interest? 114 Yale L. J. 929 (2005).

由，使行为人可以实现自我控制。[1] 类型关系对应的机会主义风险越高，滥用权力的可能性越大，行为人应被施加的注意标准就越高，主观上构成过错的标准就越低。[2] 在侵权法下，行为人和受害人之间缺乏密切的事先关系，行为人得利并非来自相对优势地位或他方让渡权力，机会主义发生的概率较低，故如欲实施对超过"规范损失"部分利益的剥夺，需以行为人故意或明知为要件，[3] 其行为注意标准设定上以不对他人合法权益构成主动侵害为底线。合同法以平等规制为基础，鼓励交易双方基于理性自我维护利益，违约责任为自决行为之后果，法律仅需考察约定是否被违反，而无须评价违约方的主观状态。但在受信关系中，为他人行使受信权力的受信人具有更大的利用机会主义为己牟利的空间，也当然负担较侵权行为人或合同当事人更高的行为注意标准：这种标准不仅要求行为人不得对他人权益构成侵害，更要求受托人"为他人利益"行使受托权力。因此，以往观点中所谓受托人"善意"或"无辜"，仅仅是依据一般注意标准（行为对权利不构成主动侵害或危害）得出的评价；但如从受信关系中的权力配置结构出发，受托人对于自己是为谁的利益行使受托权力，具体而言是为信托还是为自己实施牟利行为，主观上当然是明确的，因此为己得利必然是主观上积极追求之后果，不存在无辜或过失得利的情形。换一个角度或者可以这么认为，受信关系本身是如此脆弱，如此容易遭受机会主义的侵蚀，以至于受信人任何试图利用机会主义的行为，不论其主观上是否有害于信托，在受信法语境下都被视为具有相当于"故意"的可责性。

（二）从规范保护目的角度的解释

从法理上来说，基于双方对损害结果的预见而确定责任范围，本质上涉及对不利后果风险的分配。[4] 行为人主观上预见到或者能预见到一项行为的后果，并不必然对此承担责任；相反，必须结合规范的视角考虑基础关系对风险的合理分配。比如合同法下，各方当事人被假设在订约当时对即将到来的风险具备同等的预见能力，故违约责任由可预见范围予以限定，规范上体现了对合同自治的尊重。由此出发，合同法原则上也可容忍效率违约制度存在，盖因对故意违约后果的承担属于当事人的自决选择。与此相比较，受信关系的核心构造是本人向受托人让渡权力，由受托人为其利益代为行使受托权力，此时再假设双方对将来结果具备同等的预见能力显然是不公平的，因此信托关系在将来利益归属上约定为除非有事先约定否则一切利益归于信托。

---

① 叶金强：《相当因果关系理论的展开》，载《中国法学》2008 年第 1 期，第 40-41 页。

② Henry E. Smith, Why Fiduciary Law Is Equitable, (September 2, 2013). Available at SSRN: https://ssrn.com/abstract=2321315.

③ 比较法下立法例，美国《返还法重述》认为剥夺全部得利以行为人存在故意或重大过失为前提，参美国《返还法重述》（第三版）第 39 条；我国学术上通说观点认为，在人身和知识产权领域适用侵权得利赔偿，以行为人存在较严重的主观可归责性为前提，参王若冰：《获利返还制度之我见——对〈侵权责任法〉第 20 条的检讨》，载《当代法学》2014 年第 6 期，第 80-87 页。

④ 徐建刚：《规范保护目的理论下的统一损害赔偿》，载《政法论坛》2019 年第 4 期，第 79-92 页。

换句话说，关系双方的预见能力和预见范围因权力让渡事实而发生了变化，取得让渡权力并代为行使权力的受信人，其对权力行使所导致风险的预见能力远高于出让权力的委托人或受益人，与之相应的风险分配也应如此。[①] 从可预见性时点的确定上，预见时点设定越靠后，义务人承担的责任风险越大，因此预见时点设定同样具有风险分配的功能。[②] 如将可预见时点确定为当事人"订立契约时"，其规范背后体现的理念是认为当事人在订约当时即能够或应当预估将来发生之风险，并同意承担。而包括信托在内的受信关系以长期性和自由裁量性为特征，在受托人每一次基于自由裁量行使受托权力时，均可能出现权力被滥用的风险，故不可能要求当事人在受信关系确立之时预见，可预见时点应于不当行为发生时确定，甚至后推至不当行为发生之后，[③] 其背后体现的规范保护目的是维护弱势方合法权益。从权益保障来看，现代社会不断扩大与变化着的权益总体上朝着"主观化"与"公共化"的方向发展，在各种复杂的权益交织网中，不同权益满足人的需求程度是存在差异的。[④] 假设受托人被授权按其自由裁量使用一笔资金，其可能将该笔资金投资于股权、不动产或其他基金。那么当受托人侵占信托资金（直接得利），并通过将侵占资金投资于股权、不动产或基金份额获取投资利益（间接得利）时，其行为侵害了信托法规范所欲保护的核心权益，即受益人对权力行为后果的独占性权利；而其行为的责任后果正是以规范所欲避免的方式发生，受托人的间接得利行为本身，如投资于股权、不动产或其他基金份额等，或许并非为一般法律所禁止，但为自己利益而实施该行为即构成权力滥用，恰为受信法着重防范之禁区。

## 五、 结语

信托制度属于典型的舶来品。信托制度从产生背景和发展历程上，均体现出明显的创新性，并往往引发与固有法律体系间的冲突；这种观念冲突不仅出现在英美法系和大陆法系之间，也发生在英美法内部的普通法和衡平法之间，并事实上促成了衡平法体系的整体发展。正视这种冲突产生的原因和价值，不仅是维护信托制度功能所必需，同时也是对固有法律体系自我更新能力的检验。从评价一项继受制度的角度，首先应对其产生渊源和发展背景进行考察，以决定借

---

[①] Flannigan, Robert, The Strict Character of Fiduciary Liability, (June 17, 2006). Available at SSRN: https://ssrn. com/abstract=940659.

[②] 姚明斌：《〈合同法〉第113条第1款（违约损害的赔偿范围）评注》，载《法学家》2020年第3期，第171-190页。

[③] 如衡平法衡量损失的确定时点为庭审时，而非违反受信义务发生时；而在普通法下，不法行为发生之后产生的价值损失则不被考虑。其原因如 Mc Lachlin J 在加拿大最高法院判决的 Canson Enterprises Ltd v Boughton & Co 案中所言，是为了"发挥衡平法事后判断的充分便利性，以确保信托价值的充分恢复"，(1991) 85 DLR (4th) 129, 162.

[④] 王磊：《相当因果关系的现代变迁与本土抉择》，载《财经法学》2022年第1期，第76-89页。

鉴的必要性；然后才讨论是否以及需在何种程度上对其进行改造，以更好地融入本土法律体系。目前的信托法研究往往跳过了第一步，未能深刻认识信托法下的特殊救济理念是对受信关系特征的反映；其在适用规则上与民法现有救济所存在的差异，恰受信关系不平等特征有别于民法下一般平等法律关系在救济环节的体现。具体到归入救济中的因果关系，应确认其为责任一般构成要件，但在解释其所适用的特殊规则时需引入信托法权力结构和规范保护目的等作为正当性依据。

# 借壳上市中的控制权交易风险应对：
# 业绩补偿承诺制度及其反思

■ 李舒豪*

**摘要：** 我国证券市场中的借壳上市具有多重交易属性，但其核心在于控制权交易。具有中国特色的业绩补偿承诺制度在出台之初用于应对上市公司重大资产重组的风险。对实证法规则的考察表明，监管机构试图转变其定位，将其同时用于应对借壳上市中的控制权交易风险。分析借壳上市中业绩补偿承诺制度实际运行的直接、间接机制可知，其无法应对控制权交易的风险，甚至会向借壳方股东施加采用短视、违法经营行为的负面激励。从制度变迁的角度观察，业绩补偿承诺制度是我国资本市场既有监管规则和交易实践的一种延续。

**关键词：** 业绩补偿承诺制度 借壳上市 控制权交易 制度错位 制度变迁

公司并购是公司法与证券法学界的"顶流话题"，这尤其体现在有关控制权市场、控制权溢价的研究中。① 后来的研究者逐渐开始关注公司并购中的控制权溢价现象，并将其与法律理论中的股东平等、控股股东诚信义务（fiduciary duty）与少数股东（minority shareholder）保护等建立联系。对于刚刚"三十而立"② 的中国资本市场而言，尽管第一起上市公司控制权交易早在1993年9月就已出现，③ 且A股市场在经历2005年至2008年的股权分置改革后具备了不再区别

---

\* 李舒豪，北京大学法学院2021级经济法学硕士研究生。北京大学法学院邓峰教授、彭冰教授、洪艳蓉教授、任孝民博士等师友在本文的写作中提出了诸多恳切的批评与建议，特此致谢。文中的错误由作者自己承担。

① 开创性的研究，See Henry G. Manne, *Mergers and the Market for Corporate Control*, The Journal of Political Economy, Vol. 73, No. 2. Apr., 1965, pp. 110 - 120. 20世纪80年代有关控制权溢价的代表性研究，See Michael C. Jensen and Richard S. Ruback, *The Market for Corporate Control: The Scientific Evidence*, Journal of Financial Economics 11 (1983), pp. 5 - 50.

② 参见肖钢：《中国资本市场变革》，中信出版社2020年版，第3、23页。

③ 参见MBA智库百科："宝延风波"词条，最后访问时间为2022年10月5日。

对待流通股股东与非流通股股东的"全流通条件",控制权交易数量呈逐年递增的态势,[1] 但由于我国监管规则的限制[2]、上市公司的控股股东持股比例较高、国有股份转让的严格限制,以及监管机构对于收购方的不友好态度[3]等多方面原因,我国控制权交易的绝对数量仍然相对较少。[4]

在我国难言活跃的控制权交易市场中,由于我国政治经济体制的特点而受到企业青睐的借壳上市[5]是其中引人注目的一类控制权交易,甚至形成了核准制时代相当繁荣的控制权市场——"壳市场"[6]。借壳上市具有控制权交易和资产重组两层交易属性。对于其中的风险,拟上市公司作为借壳方,不仅是控制权交易中的买方,也同时构成并购交易中的被并购方。按照《上市公司重大资产重组管理办法》第三十五条的监管要求,借壳方需要向上市公司出具强制性的业绩补偿承诺。这类"买方对赌"式的业绩补偿承诺制度在其他法域的实践中并不存在,[7] 具有中国特色,其源起、机制和成效都亟待仔细评述。

---

① 按照公开媒体报道中的相关数据,以"控制权变更"作为判定控制权交易发生的标准,(1)2014年至2018年A股市场上分别发生了89起、85起、62起、85起、136起控制权交易,参见新京报:《A股上市公司控制权变更"降温"》,2019年6月17日电子版,B06版;(2)2019年A股市场上发生了165起控制权交易,参见中国证券报·中证网:《今年以来165家公司控制权变更:国资背景主体接盘案例增加》,https://www.cs.com.cn/ssgs/gsxw/201912/t20191225_6011550.html,2019年12月25日发布,最后访问时间为2022年10月5日;(3)2020年、2021年A股市场上都发生了220起左右的控制权交易,剔除无偿划转、继承/家族内部安排、被动减持等被动行为导致的控制权变更后,分别发生了101起、106起控制权交易,参见经济观察网:《悄然变化的A股并购生态》,http://www.eeo.com.cn/2022/0628/541162.shtml,2022年6月28日发布,最后访问时间为2022年10月5日。(4)对于2022年的情况,截至6月2日,A股市场上有66家公司的实际控制人变更,参见吴晓璐:《年内A股并购项目共2645单 数量同比增逾两成》,载《证券日报》,2022年6月3日发布,https://finance.china.com.cn/stock/zqyw/20220603/5819445.shtml,最后访问时间为2022年10月5日。

② 国内针对收购上市公司的监管规则的反思性、批评性研究,参见薛人伟:《论中国强制要约收购制度之合理性——从法经济学视角分析》,载《中外法学》2019年第5期;彭冰:《法国SEB集团收购苏泊尔案分析》,载《商事法论集》2010年第1辑。Bebchuk的研究也认为过于严格的信息披露规则不利于保护投资者和促进效率,See Lucian A Bebchuk and Robert J Jr Jackson, *The Law and Economics of Block – holder Disclosure*, (2012) 2 Harvard Business Law Review 39, pp. 39 – 60.

③ 参见人民日报全媒体:《证监会主席怒批资本市场"野蛮人"称资产管理人不能做"妖精"》,载环球网,2016年12月4日发布,https://china.huanqiu.com/article/9CaKrnJYZlY,最后访问时间为2022年7月4日。

④ 参见邓峰:《普通公司法》,中国人民大学出版社2009年版,第681页。

⑤ 参见《上市公司重大资产重组管理办法》第13条的具体规定。

⑥ 在该市场上交易的商品被称为"壳资源",参见朱宝宪、王怡凯:《1998年中国上市公司并购实践的效应分析》,载《经济研究》2002年第11期。

⑦ 例如,尽管美国、中国香港等地的证券市场中也存在借壳上市实践,还在近年来创造了类借壳上市的特殊目的公司(SPAC)形式,但并不存在类似我国业绩补偿承诺制度的监管规则。参见马骁、刘力臻:《中、美及香港证券市场借壳上市监管制度比较》,载《证券市场导报》2013年第3期。

然而，在中文学界，关注公司并购中控制权溢价问题的研究数量不多，①更遑论对借壳上市中控制权交易风险的讨论，以及对于业绩补偿承诺制度的反思；②而经济学、管理学领域的文献则侧重对经验性（empirical）证据的分析，缺乏与法学理论、法律制度的对话。本文将通过回答以下三组问题，尝试填补既有研究的不足：（1）业绩补偿承诺制度在理论上能够发挥何种功能，以及其在实证法上具有何种定位；（2）其在借壳上市所形成的控制权交易市场中具体如何运转、是否能够应对控制权交易的风险；（3）从制度变迁的角度，如何理解我国监管者在借壳上市中运用业绩补偿承诺制度的选择？

借壳亚夏汽车上市的中公教育在业绩承诺期满后旋即爆雷的案例为本文的观察提供了绝佳的市场实践样本，而控制权溢价、控股股东诚信义务、资产重组与信息不对称、制度的路径依赖等则是深入分析的理论支撑。目光往返于真实案例与理论之间，本文前三部分试图评估业绩补偿承诺制度适用于借壳上市中的正当性和实际绩效，第四部分则以业绩补偿承诺制度的"中国特色"为引，归纳我国资本市场各类监管规则、交易实践的共通特征，为监管者将业绩补偿承诺制度强制用于借壳上市的选择提供一个制度层面的初步解释。

## 一、 借壳上市的交易结构、 属性与风险

（一）概念界定与交易结构：中公教育借壳上市的实例

"借壳上市"在官方表述中的实质界定体现在《上市公司重大资产重组管理办法》第十三条，而从描述性（descriptive）的角度，可以将"借壳上市"定义为在借壳方股东与上市公司之间进行、以资产重组和反向收购的形式展开、以获取"壳资源"为目标的控制权交易。借壳上市的特殊性主要体现在以下三个方面：第一，借壳上市的目的是借壳方股东③收购上市公司的控制权④，但并不在于获得上市公司的资产、财务资源等，而是在于在我国 IPO 准入较为严格的核

---

① 主要参见甘培忠：《公司控制权的正当行使》，法律出版社 2006 年版，第 146 – 150 页、第 177 – 178 页；朱锦清：《公司法学（下）》，清华大学出版社 2017 年版，第 202 – 211 页；邓峰：《普通公司法》，中国人民大学出版社 2009 年版，第 665 – 672 页。

② 少量针对业绩补偿承诺制度如何影响借壳上市的研究，参见宁清宇：《上市公司重大资产重组中的业绩补偿制度研究》，载北京大学金融法研究中心编：《金融法苑（2015 总第九十一辑）》，中国金融出版社 2015 年版；吕晖：《论上市公司重大资产重组业绩补偿制度的取消——法律经济学的分析视角》，载彭冰主编：《金融法苑（2021 总第一百零六辑）》，中国金融出版社 2022 年版。但前述研究重点关注的仍然是业绩补偿承诺制度的资产重组交易面向，且具体的分析论证并不令人满意。

③ 在借壳上市交易中，借壳方是拟上市的公司，但取得上市公司控制权的实际上是借壳方的股东。

④ 若无特别说明，本文在 A 股市场的背景下使用"控制权"一词时，其含义参照《上市公司收购管理办法》（2020 年版）第八十四条的规定。

准制时代较为稀缺的上市公司"壳资源";① 第二,借壳上市实践中,获取控制权的方式由资产置换、股份转让、资产出售等多个步骤共同构成,区别于协议转让、间接收购、二级市场收购、要约收购、认购新股等各类传统的上市公司控制权收购手段;第三,借壳上市中,上市公司与借壳方股东进行的资产重组满足《上市公司重大资产重组管理办法》第十三条对借壳上市规定的"100%及以上"② 财务指标或其他"根本变化"的标准。

业绩补偿承诺制度在官方表述中的界定体现在《上市公司重大资产重组管理办法》第三十五条,"交易对方应当与上市公司就相关资产实际盈利数不足利润预测数的情况签订明确可行的补偿协议",即在上市公司购买、出售资产或进行其他资产交易行为构成"重大资产重组"③ 时,上市公司的交易对手方应与上市公司约定交易所涉资产的预测盈利并签订补偿协议,在实际盈利数不足预测盈利数时,依据协议向上市公司进行补偿。在《上市公司重大资产重组管理办法》外,另有两部规范文件与其相关。④ 坊间往往将该制度称为上市公司的业绩"对赌"⑤。但应当注意的是,借壳上市中的业绩补偿承诺由购买壳资源的借壳方出具,这不同于《九民纪要》第2条所强调的 PE/VC 投资过程中"对赌协议"的"卖方对赌"安排,⑥ 而更接近于一种"买方对赌"的安排。

中公教育的案例能够清晰地展现借壳上市的交易结构与业绩补偿承诺的内容。中公教育于

---

① 参见陈冬、范蕊、梁上坤:《谁动了上市公司的壳?——地方保护主义与上市公司壳交易》,载《金融研究》2016 年第 7 期。事实上,本文认为,即使在科创板、创业板已经开始实施注册制的当下(21 世纪 20 年代),中国的 IPO 准入也仍然较为严格。

② 《上市公司重大资产重组管理办法》第 13 条:"……(1)购买的资产总额占上市公司控制权发生变更的前一个会计年度经审计的合并财务会计报告期末资产总额的比例达到 100% 以上;(2)购买的资产在最近一个会计年度所产生的营业收入占上市公司控制权发生变更的前一个会计年度经审计的合并财务会计报告营业收入的比例达到 100% 以上;(3)购买的资产净额占上市公司控制权发生变更的前一个会计年度经审计的合并财务会计报告期末净资产额的比例达到 100% 以上;(4)为购买资产发行的股份占上市公司首次向收购人及其关联人购买资产的董事会决议前一个交易日的股份的比例达到 100% 以上。"

③ 重大资产重组的定义,请参照《上市公司重大资产重组管理办法》第二条:"……上市公司及其控股或者控制的公司在日常经营活动之外购买、出售资产或者通过其他方式进行资产交易达到规定的比例,导致上市公司的主营业务、资产、收入发生重大变化的资产交易行为(以下简称重大资产重组)。"

④ 《上市公司监管指引第 4 号——上市公司及其相关方承诺》,中国证券监督管理委员会公告〔2022〕16 号;《监管规则适用指引——上市类第 1 号》,中国证监会 2020 年 7 月。

⑤ 在借壳上市之外的其他上市公司重大资产重组交易中,出具业绩补偿承诺的一方是出售资产的"卖方",实际上类似于 PE/VC"对赌协议"中的"卖方对赌",但这并非本文讨论的重点。参见刘燕:《"对赌协议"的裁判路径及政策选择——基于 PE/VC 与公司对赌场景的分析》,载《法学研究》2020 年第 2 期,第 128 页;同时参见"方达律师事务所"公众号:《上市公司重大资产重组中的业绩对赌》系列文章,2020 年 11 月 16 日至 2021 年 2 月 23 日发布,最后访问时间为 2022 年 7 月 4 日。

⑥ 参见最高人民法院:《全国法院民商事审判工作会议纪要》,法〔2019〕254 号,2019 年 11 月 8 日发布,第 2 条。

2018 年以 185 亿元的价格,通过资产置换、发行股份与现金收购等多种方式借壳亚夏汽车上市,中公教育创始人李永新等 8 人签订了 3 年合计 38.8 亿元利润承诺的业绩补偿协议。然而,中公教育近况并不十分乐观。按照中公教育在 2022 年 4 月底公布年度报告的信息,其在 2021 年度的营收相较 2020 年下滑 38.30% 至 69.12 亿元,净利润则相较于 2020 年盈利 23.04 亿元的成绩下滑 202.83%,最终亏损 23.70 亿元。[①] 事实上,自 2021 年 10 月以来,中公教育便麻烦缠身,遭到来自交易所[②]和证监会[③]的关注、问询和调查。

中公教育在完成"三年之约"后的第一个年头便出现业绩滑坡,是本文选择中公教育借壳亚夏汽车上市作为交易实例进行讨论的主要原因。这一案例不仅具备借壳上市、业绩补偿承诺等要素,且中公教育采用的"协议班"模式尽管使其完成了快速的规模扩张,但高昂"合同负债"也受到了大量的质疑,其在承诺期满后即蹊跷地宣布营收下滑、利润暴跌,[④] 正契合于本文试图论证的主张:业绩补偿承诺制度在借壳上市中无法发挥效果,甚至存在不利于上市公司长期绩效和股东福利的负面后果。本部分将结合中公教育与亚夏汽车在 2018 年进行借壳上市交易时披露的信息刻画其交易结构,[⑤] 并作为后续讨论的实例参考。

---

①　中公教育:《2021 年年度报告》,2022 年 4 月 28 日发布,第 6 页。

②　交易所发出的关注函中,第一次关注请参见深交所:《关于对中公教育科技股份有限公司的关注函》(公司部关注函〔2021〕第 349 号);中公教育的回应,请参见中公教育:《关于对深圳证券交易所关注函回复的公告》,2021 年 10 月 30 日发布。第二次关注函请参见深交所:《关于对中公教育科技股份有限公司的关注函》(公司部关注函〔2021〕第 439 号);中公教育的回应,请参见中公教育:《关于对深圳证券交易所关注函回复的公告》,2021 年 12 月 29 日发布。深交所:《关于对中公教育科技股份有限公司 2021 年年报的问询函》(公司部年报问询函〔2022〕第 491 号),2022 年 6 月 8 日发布;转引自中公教育:《中公教育科技股份有限公司关于对公司 2021 年年报问询函的回复》,2022 年 6 月 22 日发布。

交易所发出的问询函,请参见深交所:《关于对中公教育科技股份有限公司 2021 年年报的问询函》(公司部年报问询函〔2022〕第 491 号),2022 年 6 月 8 日发布;转引自中公教育:《中公教育科技股份有限公司关于对公司 2021 年年报问询函的回复》,2022 年 6 月 22 日发布。

③　证监会:《立案告知书》(证监立案字第 0232021010 号),2021 年 12 月 15 日发布;转引自中公教育:《关于收到中国证券监督管理委员会立案告知书的公告》,2021 年 12 月 17 日发布。同时参见中公教育:《中公教育科技股份有限公司及相关当事人收到行政处罚决定书的公告》,2022 年 4 月 27 日发布。

④　参见王宇:《公务员考试火爆　公考培训爆雷?》,载中国新闻周刊微信公众号,访问地址为 https://mp. weixin. qq. com/s/a1HHhcvJZ_w1amWVYIc5HQ,最后访问时间为 2022 年 11 月 14 日。

⑤　由于相关资料烦琐,本文统一将刻画中公教育借壳亚夏汽车上市所涉及的实践资料归纳于此脚注下。参见亚夏汽车:《关于公司重大资产置换及发行股份购买资产暨关联交易报告书修订说明的公告》,2018 年 12 月 1 日发布;亚夏汽车:《关于公司重大资产置换及发行股份购买资产暨关联交易事项获得中国证监会上市公司并购重组审核委员会审核有条件通过暨公司股票复牌公告》,2018 年 11 月 3 日发布;亚夏汽车:《关于公司重大资产置换及发行股份购买资产暨关联交易之重大资产重组事项获得中国证券监督管理委员会核准的公告》,2018 年 12 月 1 日发布;亚夏汽车:《关于重大资产置换及发行股份购买资产暨关联交易之资产交割情况的公告》,2018 年 12 月 28 日发布;亚夏汽车:《重大资产置换及发行股份购买资产暨关联交易报告书》,2018 年 11 月发布;亚夏汽车:《重大资产置换及发行股份购买资产暨关联交易报告书摘要》,2018 年 11 月发布。

中公教育借壳亚夏汽车上市共分为三个交易步骤。首先是重大资产置换，亚夏汽车将除保留资产以外的全部资产与负债作为置出资产，与李永新等 11 名交易对方持有的中公教育 100% 股权中的等值部分进行资产置换，前者作价 133503.36 万元，后者作价为 1850000.00 万元。① 其次是发行股份购买资产，在第一步重大资产置换中，拟置入的中公教育 100% 股权这一资产与拟置出的亚夏汽车资产作价的差额部分为 1716496.64 万元，该部分由亚夏汽车以发行股份的方式从中公教育全体股东处购买；其中，发行股份的价格为 3.68 元/股（亚夏汽车的分红计划全部实施后为 3.27 元/股），不低于定价基准日前 20 个交易日股票均价的 90%，发行股份数量为 4689881528 股（亚夏汽车的分红计划全部实施后调整为 5347063429 股）。最后是股份转让，亚夏汽车的控股股东亚夏实业向中公合伙和李永新分别转让持有的 80000000 股和 72696561 股亚夏汽车股票，前者由中公合伙受让，对价为亚夏汽车置出的资产；后者由李永新受让，对价为 100000.00 万元现金。因此，整个三步骤的交易其实分为两大部分，第一大部分是中公教育股东与亚夏汽车之间的资产置换、发行新股交易；第二大部分是中公教育股东与亚夏汽车的控股股东亚夏实业之间的股份转让交易。

在交易完成后，上市公司亚夏汽车置入了中公教育 100% 的股权，亚夏汽车的第一大股东、第二大股东变更为鲁忠芳、李永新，其控股股东和实际控制人变更为李永新和鲁忠芳；亚夏汽车原控股股东亚夏实业获取了除保留资产之外的全部亚夏汽车资产，不再持有上市公司亚夏汽车股份。由此，中公教育完成了借壳亚夏汽车上市登陆深交所的交易。

此外，在中公教育的借壳上市交易中，存在两个值得关注的安排。第一，亚夏汽车与李永新等 8 名业绩补偿义务人于 2018 年 5 月 4 日签署了《盈利预测补偿协议》，业绩补偿期为 2018 年度、2019 年度和 2020 年度，业绩补偿义务人承诺本次重大资产重组实施完毕后，中公教育在 2018 年度、2019 年度和 2020 年度合并报表范围扣除非经常性损益后的归属于母公司所有者的净利润数分别不低于 93000.00 万元、130000.00 万元和 165000.00 万元。第二，交易中存在对亚夏汽车股份的不同定价。② 李永新等中公教育股东在以中公教育 100% 的股权为对价获取亚夏汽车发行新股和亚夏汽车资产的过程中，对亚夏汽车股份的定价为 3.27 元/股；而在以亚夏汽车的资产和 10 亿元现金为对价获取亚夏实业所持亚夏汽车股份的过程中，定价分别为 12.69 元/股（亚夏实业向中公合伙转让）、13.76 元/股（亚夏实业向李永新转让）。

（二）多重交易属性与风险：以控制权交易为核心

从中公教育借壳亚夏汽车上市的交易结构可知，在规范（normative）层面，标准的借壳上市

---

① 由于亚夏汽车颁布的分红计划，对于亚夏汽车的资产作价存在调整，但此处为行文简便，不再赘述。

② 尽管亚夏汽车在其公告中对这一点的合理性、合规性及利益输送情况进行了特别说明，认为两笔交易的定价基础不同，前者以亚夏汽车的股价为基础，后者则以重组完成后作为上市公司的中公教育预期股价为基础。参见亚夏汽车：《重大资产置换及发行股份购买资产暨关联交易报告书》，2018 年 11 月发布，第 34 页以下。

交易结构至少构成两个不同的交易类型,[①] 一是上市公司的并购与重大资产重组交易,二是上市公司的控制权交易。

上市公司的并购与重大资产重组交易是上市公司作为交易主体,向交易相对方购买资产的行为,主要由《上市公司重大资产重组管理办法》进行调整。其风险主要体现在购买资产的溢价过高,可能导致后续的大幅商誉减值;[②] 若资产重组同时属于关联交易,则向资产赋予高溢价可能成为购买方上市公司向关联方的利益输送(tunneling),[③] 越发增加资产定价中出现不合理高溢价的可能性。

上市公司的控制权交易则更侧重交易双方以上市公司的控制权作为标的而设计展开的交易行为,实际上反映了现代公司法中区别于一般财产组合的、"作为客体的上市公司"[④] 的观念,主要由《上市公司收购管理办法》进行调整。控制权交易的风险主要体现在两个层面:(1)原控股股东利用其控制权在交易中获取过高的溢价,尽管溢价在控股股东和小股东之间的分配经历了长期的理论争议;[⑤](2)原控股股东对小股东的排挤(squeeze out)行为、单独出售公司职位的行为(sale of corporate office),以及新控股股东的不善经营、掠夺(looting)行为,也都会

---

[①] 实际上还存在发行新股、股份转让等交易类型,但其在整体借壳上市中的辅助性明显,故在此不赘述。

[②] 参见张海晴、文雯、宋建波:《并购业绩补偿承诺与商誉减值研究》,载《证券市场导报》2020 年第 9 期,第 44 - 54、77 页。

[③] See Simon Johnson, Rafael La Porta, Florencio Lopez - De - Silanes, *Tunneling*, American Economic Review, Vol. 90, No. 2, 2000, pp. 22 - 27. 同时参见赵骏、吕成龙:《上市公司控股股东自利性并购的隧道阻遏研究》,载《现代法学》2012 年第 4 期。

[④] 参见邓峰:《普通公司法》,中国人民大学出版社 2009 年版,第 615 - 622 页。

[⑤] 对于控制权溢价的分配而言,(1)有利于中小股东的一派观点是 Andrews 主张的"均等分享派"(equal sharing approach or equal opportunity rule),最早可追溯自 Berle 处,尽管后者更为极端,认为控股股东享有的权益属于"公司资产"(corporate asset),其要求对所有股东平等地分享控制权收益,要求等比例地向购买者出售股份,See Adolf A. Berle & Gardiner C. Means, *The Modern Corporation and Private Property*, revised edition 1968, pp. 207 - 252; Adolf A. Berle, "*Control*" *in Corporate Law*, 58 Columbia Law Review 1212 (1958), pp. 1212 - 1225; Adolf A. Berle, *The Price of Power: Sale of Corporate Control*, 50 Cornell Law Quarterly 579 (1964), pp. 628 - 640; William D. Andrews, *Stockholder's Right to Equal Opportunity in the Sale of Shares*, Harvard Law Review, Vol. 78, No. 3, January 1965, pp. 505 - 563. (2)与之相对的流派是"市场派"(The Market Rule),以 Easterbrook 和 Fischel 为代表,他们的主张是控股股东有权享有控制权收益,See Frank H. Easterbrook & Daniel R. Fischel, *Corporate Control Transactions*, 91 Yale Law Journal. 698, 1982, pp. 698 - 738.; *Sale of Corporate Control*, The University of Chicago Law Review, Summer, 1952, Vol. 19, No. 4, pp. 869 - 872. (3)居中的流派则以 Bebchuk 为代表,主张前述观点各有利弊,市场派的观点有利于促进更有效的控制权交易,而均等分享派的观点则有利于防止更差的控制权交易,但 Bebchuk 则更加偏向于市场规则(Market Rule),因为市场规则总是能增加社会总福利,尽管有时候会降低某一方私人主体的福利,See Lucian Arye Bebchuk, *Efficient and Inefficient Sales of Corporate Control*, The Quarterly Journal of Economics, Nov., 1994, Vol. 109, No. 4, pp. 957 - 993.

损害公司与中小股东的利益。[①]

在形式上，对于兼具两种交易属性的借壳上市，其实际交易风险应同时来自上市公司重大资产重组与上市公司控制权交易两个方面。然而，借壳上市交易结构在我国证券市场的流行，很大程度上产生于我国监管机构过度管制 IPO 状态下的公司上市融资诉求，[②] 其实现的关键是借壳方股东能够获取上市公司的控制权。因此，借壳上市的主要交易目的在于完成上市公司的控制权转移：借壳方股东以此获取"壳资源"、使名下公司绕过 IPO 的常规程序而完成上市，上市公司原控股股东则以此获取现金或其他对价并退出上市公司。相较而言，资产重组不过是整体控制权交易的其中一个环节，前者是手段，后者是目的。

因此，借壳上市的核心交易风险实际上来源于其控制权交易的面向，如上市公司原控股股东获取不合理溢价后退出，以及新进入的借壳方股东滥用其控制权不善经营。就借壳上市的资产重组面向而言，由于此时交易的核心并非借壳方股东的资产，而是上市公司的控制权，故上市公司购买借壳方股东资产支付溢价过高的风险逻辑已经发生转变：风险并不源于资产重组中上市公司作为买方相对于卖方资产的信息不对称（information asymmetry），[③] 而是来源于原控股股东在出售上市公司控制权时与借壳方股东之间的博弈结果，甚至主要来源于双方的串谋。[④] 此外，由于借壳上市的交易双方通常不具有关联性，因此几乎不存在利益输送风险。可以说，由于以控制权的转移作为主要交易目的，且控制权的转移会导致交易方获得或失去上市公司的控股股东身份，改变各方在交易中的行为激励，因此传统上的资产重组风险不再具有单独讨论的必要性，借壳上市的主要风险依附于控制权交易中的各方博弈而产生，体现为控制权交易的风险。

## 二、 业绩补偿承诺制度的定位转变： 实证法的考察

从证监会和上交所、深交所在监管借壳上市交易时可选用的规则来看，除基于《公司法》的程式（routine）控制和诚信义务[⑤]，证券法规则体系内常见的核准制度或注册制度、信息披露

---

① 参见［美］罗伯特·W. 汉密尔顿：《公司法概要》，李存捧译，中国社会科学出版社 1999 年版，第 298 页以下；［美］罗伯特·C. 克拉克：《公司法则》，胡平、林长远、徐庆恒、陈亮译，工商出版社 1999 年版，第 390 – 408 页。See also Franklin A. Gevurtz, *Corporation Law* (second edition), WEST, pp. 662 – 675.

② 邓峰：《普通公司法》，中国人民大学出版社 2009 年版，第 261 – 262 页。

③ 讨论信息不对称的经典文献，See G. A. Akerlof, *The Market for "Lemons": Quality Uncertainty and the Market Mechanism*, Quarterly Journal of Economics, 84, 1970, pp. 488 – 500. ; Joseph E. Stiglitz, *Equilibrium in Product Markets with Imperfect Information*, American Economic Review, 69 (2), May 1979, pp. 339 – 345.

④ 针对借壳上市各方利益博弈的更详细说明，请参见本文第三部分"三、业绩补偿承诺制度在借壳上市中的监管失败"。

⑤ 一般认为，我国《公司法》第一百四十七条至第一百四十九条确立了董事和高级管理人员的诚信义务，但学界几乎没有观点认为《公司法》确立了后文将要谈及的控股股东诚信义务。

规则、资格限制规则（包括收购方与财务人员），以及在上市公司收购监管中相对特殊的要约收购、协议收购规则之外，本文所讨论的业绩补偿承诺制度是监管机构介入借壳上市交易的"抓手"。然而，研究者在肯定监管机关通过业绩补偿承诺制度应对借壳上市风险的做法之前，至少应抱有如下疑问：业绩补偿承诺制度设计之初的定位如何？业绩补偿承诺制度回应的是借壳上市中的何种风险？

借鉴 Roscoe Pound 对于"书本上的法律"（law in books）和"现实执行的法律"（law in action）的区分，[1] 对制度如何运行的考察也应一分为二：一是制度设计的初衷或原意，即规则制定者对于其如何发挥作用的本来期待；二是制度在后续运行过程中的实际作用机制及效果。[2] 制度的实际运行可能是"歪打正着"的，因此有必要考察监管机构设立这一制度的原初动机及其变迁，避免对制度的目的、绩效形成错误的认知和评价，甚至形成观念上"将错就错"式的"坏均衡"。[3]

尽管根据证监会工作人员的考察，上市公司股权分置改革方案及早期的上市公司资产重组方案中也曾出现过类似业绩补偿承诺的条款，[4] 但该制度的正式表达首次出现于 2008 年版《上市公司重大资产重组管理办法》第三十三条，[5] 且其在证监会颁布规则的实证法层面始终仅规定在《上市公司重大资产重组管理办法》的各个版本中，从未规定在《上市公司收购管理办法》《首次公开发行股票并上市管理办法》或其共同的上位法《证券法》中。那么，由业绩补偿承诺制度在实证法规则中的分布可以推断，业绩补偿承诺制度的设计初衷是用于处理资产重组问题中的风险，而并不涉及控制权交易这一面向。并且，从针对业绩补偿制度的学术讨论来看，在 2008 年正式写入规定之前，研究者就已指出这一制度主要用于应对资产并购中的高溢价支付、

---

① See Roscoe Pound, *Law in Books and Law in Action*, American Law Review, vol. 44, no. 1, January – February 1910, pp. 12 – 36.

② 参见［美］劳伦斯·弗里德曼：《碰撞：法律如何影响人的行为》，邱遥堃译，侯猛校，中国民主法制出版社 2021 年版，第 2 – 9 页。

③ See S. J. Liebowitz and Stephen E. Margolis, *Path Dependence*, *Lock – in*, *and History*, Journal of Law, Economics, & Organization, Apr. , 1995, Vol. 11, No. 1, pp. 205 – 226, at p. 207 and p. 216.

④ 参见赵立新、姚又文：《对重组盈利预测补偿制度的运行分析及完善建议》，载《证券市场导报》2014 年第 4 期，第 4 – 8、15 页。

⑤ 《上市公司重大资产重组管理办法》（2008 年版）第三十三条第二款："资产评估机构采取收益现值法、假设开发法等基于未来收益预期的估值方法对拟购买资产进行评估并作为定价参考依据的，上市公司应当在重大资产重组实施完毕后 3 年内的年度报告中单独披露相关资产的实际盈利数与评估报告中利润预测数的差异情况，并由会计师事务所对此出具专项审核意见；交易对方应当与上市公司就相关资产实际盈利数不足利润预测数的情况签订明确可行的补偿协议。"

资产减值和商誉减值风险，① 后续也有研究指出其用于保护公司利益与中小股东的利益。② 事实上，证监会工作人员的态度（尽管不能代表证监会的态度）也接近于此，"在重大资产重组中，被并购重组企业未来盈利能力的不确定性成为业绩承诺协议产生的根源。就其初衷而言，是为了尽可能地实现并购重组交易的合理和公平"③。

在理论上，上市公司与交易对方对于标的资产状况的信息不对称，以及上市公司与交易对方存在关联关系，是造成资产重组交易中溢价风险的主要原因。业绩补偿承诺制度应对资产重组风险的基本机制是通过对交易各方的激励进行调整，以控制信息不对称状态上市公司由于缺乏信息而"被动"向交易对方支付的资产溢价程度，以及上市公司控股股东与交易对方存在关联关系时上市公司因双方合谋而"主动"向交易对方支付的资产溢价程度。

具体而言，由于交易对手方与上市公司签订了包括盈利预测数、补偿要求等内容在内的业绩补偿承诺，在事前，如果交易对手方利用信息不对称或关联方合谋推高资产定价，将盈利预测确定为不合理的数额，这将会带来较大的事后补偿可能性。交易对手方或关联双方出于对事后向上市公司进行高额补偿的厌恶，存在将资产定价向资产真实价值靠近的激励。这种机制设计其实与用于房产的"哈伯格税"（Harberger Tax）④ 有类似之处，即房产或土地权人的自我评估价格作为征税价格，权利人出于对高额纳税的厌恶，存在将房产或土地定价趋近于真实定价的激励。从另一个角度看，当资产市场上存在高度信息不对称时，交易对手方针对其资产的盈利预测资产重组交易中属于表明资产质量的"信号"（signal）⑤，业绩补偿承诺机制则使补偿可能性、补偿金额与盈利预测挂钩，减弱了交易对手方发出错误信号的激励。而在事后，倘若资产存在较高的溢价，当与资产估值挂钩的盈利预测无法实现时，交易对方也会向上市公司进行兜底补偿，

---

① 例如在 2008 年首次规定业绩补偿承诺制度之前就已经发表的文章，参见张红侠：《并购溢价支付风险补偿模型的初步研究》，载《安徽工业大学学报（自然科学版）》2005 年第 1 期，第 81 - 83 页；王立杰、孙涛：《并购溢价支付风险及业绩补偿模型研究》，载《证券市场导报》2003 年第 12 期，第 20 - 23 页。

② 参见孔宁宁、吴蕾、陈绾墨：《并购重组业绩承诺实施风险与中小股东利益保护——以雅百特为例》，载《北京工商大学学报（社会科学版）》2020 年第 2 期，第 69 - 79 页；伍晓雯、柳叶：《我国上市公司重组中业绩补偿制度之完善》，载《中财法律评论》2017 年第 9 期，第 72 - 95 页。

③ 参见方重、程杨、肖媛：《并购重组业绩承诺的现况与监管》，载《清华金融评论》2016 年第 10 期，第 73 - 79 页。

④ See Arnold C. Harberger, *Issues of Tax Reform for Latin America*, in *Fiscal Policy for Economic Growth in Latin America*, Johns Hopkins University Press, 1965, cited from Eric A. Posner and E. Glen Weyl, *Radical Markets：Uprooting Capitalism and Democracy for a Just Society*, Princeton University Press, 2018, at p. 57. 对其交易制度、周转率等因素进行改进的版本是 COST（Common Ownership Self - Assessed Tax）系统，See Eric A. Posner and E. Glen Weyl, *Radical Markets：Uprooting Capitalism and Democracy for a Just Society*, Princeton University Press, 2018, pp. 30 - 79.

⑤ See Michael. Spence, *Job Market Signaling*, The Quarterly Journal of Economics, Vol. 87, No. 3 (Aug., 1973), pp. 355 - 374.；Michael. Spence, *Signaling in retrospect and the informational structure of markets*, American economic review 92 (3), 2002, pp. 434 - 459.

以此保障公司和中小股东的利益。尽管有研究者否定该制度应对资产重组交易风险的实际效果,① 认为其无法降低控股股东与公众股东间的高昂代理成本（agency cost）② 或财富转移效应③,但也有相当多的会计学和管理学研究表明,④ 业绩补偿承诺能有效地避免信息不对称造成的资产溢价对上市公司及其公众股东带来的损害。

但《上市公司重大资产重组管理办法》在 2014 年进行了修订,这表明监管机构已经转变业绩补偿承诺的制度定位。2008 年版《上市公司重大资产重组管理办法》第三十三条并未区分应适用业绩补偿承诺制度的资产重组交易范围,而在 2014 年版《上市公司重大资产重组管理办法》中,其第三十五条将上市公司收购非关联方资产且未导致控制权变更的交易排除在了强制业绩承诺的范围之外,交易各方可根据市场化原则自主协商,且这一表述在 2020 年颁布的现行版本中得到了延续。⑤ 对此可以理解为,监管机构不认为有必要对上市公司的全部重大资产重组强制施加业绩补偿承诺制度,而仅在其存在关联关系,或导致控制权变更时才予以限制。

一方面,关联关系导致的利益输送风险本就属于资产重组交易的核心风险之一,按照前文的分析,业绩补偿承诺制度能够通过调整交易各方的激励,控制关联方合谋而导致的资产溢价程度,将该制度继续用于应对存在关联关系的资产重组交易,至少符合监管机构在 2008 年时制定业绩补偿承诺规则时的初衷。

另一方面,导致控制权变更的资产重组交易具有控制权交易的属性。控制权交易的风险不

---

① 参见王建伟、钱金晶:《并购重组市场化改革问题及监管对策研究——基于深市并购重组交易的经验数据》,载《证券市场导报》2018 年第 10 期,第 44 - 51 页;张琴:《并购重组业绩承诺与公司绩效》,载《财会通讯》2019 年第 36 期,第 64 - 68 页;参见罗喜英、阳倩:《业绩承诺能否为上市公司高溢价并购买单?——基于 * ST 宇顺并购雅视科技的案例分析》,载《中国注册会计师》2017 年第 3 期,第 61 - 65 页。

② 参见许艺铧、杨野、王媚莎:《高额业绩承诺:保障机制还是套利工具》,载《商业会计》2021 年第 22 期,第 67 - 72 页;李晶晶、郭颖文、魏明海:《事与愿违:并购业绩承诺为何加剧股价暴跌风险?》,载《会计研究》2020 年第 4 期,第 37 - 44 页。

③ 参见黄小勇、王玥、刘娟:《业绩补偿承诺与中小股东利益保护——以掌趣科技收购上游信息为例》,载《江西社会科学》2018 年第 6 期,第 48 - 57 页;窦超、翟进步:《业绩承诺背后的财富转移效应研究》,载《金融研究》2020 年第 12 期,第 189 - 206 页。

④ 参见李井林、戴宛霖、姚晓林:《并购对价与支付方式:业绩承诺与风险承担——基于蓝色光标并购博杰广告的案例分析》,载《会计之友》2019 年第 20 期,第 61 - 66 页;吕长江、韩慧博:《业绩补偿承诺、协同效应与并购收益分配》,载《审计与经济研究》2014 年第 6 期,第 3 - 13 页;尹美群、吴博:《业绩补偿承诺对信息不对称的缓解效应——来自中小板与创业板的经验研究》,载《中央财经大学学报》2019 年第 10 期,第 53 - 67 页;郑忱阳、刘超、江萍、刘园:《自愿还是强制对赌?——基于证监会第 109 号令的准自然实验》,载《国际金融研究》2019 年第 5 期,第 87 - 96 页。

⑤ 《上市公司重大资产重组管理办法》(2014 年版)第三十五条第三款:"上市公司向控股股东、实际控制人或者其控制的关联人之外的特定对象购买资产且未导致控制权发生变更的,不适用本条前二款规定,上市公司与交易对方可以根据市场化原则,自主协商是否采取业绩补偿和每股收益填补措施及相关具体安排。"2020 年颁布的现行《上市公司重大资产重组管理办法》延续了这一规定。

同于传统资产重组所关注的风险，其产生的原因并非是信息不对称或关联关系，而是控制权的独特价值，以及控股股东、公司董事等相较于公司中小股东拥有的巨大决策权力。相较于非关联交易式的资产重组交易，此类交易与其在交易属性、交易风险上的本质差异是涉及控制权交易，而与资产重组的面向无关。那么，监管机构对于非关联交易式资产重组交易允许交易方自主协商业绩补偿承诺，而针对涉及控制权变动的资产重组交易则强制推行业绩补偿承诺，应理解为对于后一类别中控制权交易风险的回应。①

此外，还需要澄清的是，监管实践常常将涉及控制权变更的重大资产重组交易同时认定为上市公司与潜在控股股东之间的关联交易，② 似乎意味着，如果从资产重组的视角观察这类交易，其具有关联交易性质，强制推行业绩补偿承诺是为了回应关联交易伴随的利益输送风险。但本文认为，正是因为存在控制权交易，交易对手方才获得了潜在控股股东的地位，其与上市公司之间的"关联属性"来源是控制权交易，③ 交易双方因所谓"关联属性"产生的利益关系和行为动机，如合谋、对抗性博弈等，应纳入控制权交易的整体框架下进行分析。在这类交易中，"关联属性"是形式上的结果，控制权交易才是实质上的原因。后者才是监管机构在此类交易中强制推行业绩补偿承诺的原因。

从对业绩补偿承诺制度的实证法溯源可知，④ 其从 2005 年至 2008 年股权分置改革时期的"承诺"雏形进化而来，自 2008 年制度正式出台至 2014 年之前，业绩补偿承诺的定位是应对资产重组中的信息不对称和利益输送风险，而在 2014 年《上市公司重大资产重组管理办法》完成修订后至今，监管机构对该制度采取原则自主协商、例外强制推行的态度。需要强制给出业绩补偿承诺的情形包括两类，应一分为二地进行看待：对于关联性资产重组交易，通过该制度防范利益输送的风险，并未偏离制度在最初出台时的定位；对于涉及控制权交易的资产重组交易，监管

---

① 在讨论中，任孝民博士指出，监管机构在涉及控制权转移的资产重组交易中强制推行业绩补偿承诺制度的原因还可能在于：（1）"大股东"的承诺是中国证券市场常用的类监管手段；（2）业绩补偿承诺在借壳上市中起到了类 IPO 资质审查的效果。由于监管方并未对规则起草的原因进行正式解释，本文同意这一主张的可能性，但从业绩补偿承诺制度的实证法规则变迁过程来看，本文的观点是更为妥当的。

② "本次交易完成后，李永新和鲁忠芳将成为上市公司的控股股东及实际控制人，根据《重组管理办法》和《股票上市规则》，本次交易系上市公司与潜在控股股东之间的交易，构成关联交易"，参见亚夏汽车：《重大资产置换及发行股份购买资产暨关联交易报告书》，2018 年 11 月发布，第 115 页。本文未在该文件所引用的具体监管规则中找到将上市公司与潜在控股股东之间的交易认定为关联交易的直接规定，可能的原因是监管机构在这类交易中对关联关系进行了实质认定。

③ 可资类比的是非重大资产重组情形下的控制权交易，设若 A 公司的控股股东某甲拟将该公司出售给素昧平生的某乙，则按照"潜在控股股东与公司交易"的关联关系认定标准，这一交易似乎也属关联交易。因此应认为，"潜在控股股东与公司交易"的关联属性实际上来源于控制权交易。

④ 本文对于业绩补偿承诺制度在实证法层面的考察，以这一制度的定位在实质上发生改变为主要讨论对象，因此仅仅选择了 2008 年、2014 年、2020 年（现行有效）版本的《上市公司重大资产重组管理办法》进行分析，不涉及其他更低层级的规则。

机构则试图转变业绩补偿承诺制度的定位，将其用于应对其中的控制权交易风险。而站在借壳上市与业绩补偿承诺互动的角度观察规则的变化，借壳上市在我国资本市场的语境下几乎可以与涉及控制权交易的资产重组画上等号：借壳上市在起初由于具备资产重组交易的规范属性而落入业绩补偿承诺制度的调整范围，而在 2014 年之后，监管机构调整了业绩补偿承诺制度的定位，强调其用于应对控制权交易风险，体现了对于借壳上市的针对性。

### 三、 业绩补偿承诺制度在借壳上市中的监管失败

在借壳上市交易中，被监管机构所仰赖的业绩补偿承诺制度如何介入实际交易以应对控制权交易的风险，不妨通过中公教育借壳亚夏汽车上市的实例来进行考察。按照经济学中的理性人（rational person）假设，中公教育借壳亚夏汽车上市过程中的各方动机是：（1）亚夏汽车原控股股东亚夏实业的诉求是寻求高溢价售出其持有的控股股块（controlling block）并尽可能保留亚夏汽车的关键资产和"营业"（business）；（2）中公教育作为借壳方，其股东的首要诉求是获取"壳资源"，即亚夏汽车的控制权，使中公教育尽快上市，具体方式则是要以尽可能低的价格取得尽可能多的亚夏汽车股份并持股达到"控制"水平；（3）亚夏汽车其他公众股东则希望新注入的中公教育资产有较好的盈利前景，但这一诉求的实现相对被动，因为其无法分享亚夏实业作为控股股东享有的控制权溢价，也受限于表决权比例，无法直接影响中公教育与亚夏汽车的交易方案。

依托对于各方动机的描述，可以进一步将该起借壳上市的控制权交易刻画为三组利益冲突关系和一组利益趋同关系来加以理解。[①] 其具体表现为：第一，亚夏实业与中公教育作为上市公司亚夏汽车控制权或所谓"壳资源"的买卖双方，在控制权对价的谈判上具有博弈关系。第二，控股股东亚夏实业由于在公司控制权转让过程中享有实际的决策权力（power），这使公众股东在控制权交易中的福利状况高度受制于控股股东，二者之间构成委托—代理关系（principal—agent relationship），存在控股股东牺牲公众股东的利益以自渔的代理问题（agency problem）。[②] 尽管公司正常经营时也同样存在控股股东与公众股东的利益冲突问题，但其在控股股东即将退出公司时表现得尤为明显，这可以通过重复博弈（repeated games）的理论加以解释。在简化的有限次（finite）重复博弈模型中，当原控股股东仍在持续经营时，由于监管机构、公司机关和公众股东

---

[①] 若考虑到借壳上市同时构成资产重组交易，则作为主体的上市公司亚夏汽车实际上向中公教育股东方购买了中公教育的全部股份这一资产，上市公司亚夏汽车（而非亚夏实业）和中公教育作为资产买卖双方对于资产的对价、后续盈利情况等相关的博弈关系也属于一组利益冲突。但本文的重点并非讨论借壳上市中的资产重组交易属性，故不在正文中加以赘述。

[②] 委托代理关系的相关讨论，See Reinier Kraakman et al. , *The Anatomy of Corporate Law*: *A Comparative and Functional Approach* (Third Edition), Oxford: Oxford University Press, 2017, pp. 29 – 32.

的监督机制，其与公众股东合作（cooperate）的效用高于其背叛（betray）公众股东以自渔的效用，而公众股东也自然乐见双方合作的结果，因此此时双方进行合作的策略选择互为最优反应（best response），双方的策略组合即构成纳什均衡（Nash equilibrium）；而当控股股东在控制权交易中决策时，这一有限次重复博弈进入最后一次，此时控股股东至少在交易完成后不再或不容易受到公司机关和公众股东的监督，因此无论公众股东选择合作还是发声（voice）等策略，背叛都是控股股东的严格占优策略（strictly dominant strategy）。[1] 由此可知，在控制权交易中，原控股股东尤其可能牺牲公众股东的利益以获取更高额的控制权溢价等自我利益，大股东—小股东之间的代理问题尤其严重。第三，中公教育的股东方（李永新、鲁忠芳）在获取上市公司亚夏汽车控制权后成为其控股股东、实际控制人后，即使不考虑李永新担任董事长的事实，[2] 李永新、鲁忠芳也已经持有绝对多数比例的股份，[3] 能够直接影响上市公司的经营策略、业绩与股价表现，进而影响公众股东的福利情况，故其与上市公司的公众股东之间存在"大股东—小股东"或"董事—股东"的委托代理关系。这层委托代理关系中的代理问题在业绩补偿承诺的压力下可能表现得更为突出，新进入的控股股东可能通过各种不利于公司长期发展的手段推高公司的短期利润，有损于中小股东利益。[4] 第四，借壳上市中的利益趋同关系体现在，准备退出的原控股股东亚夏实业可能与借壳方中公教育的股东进行合谋，前者可以在股权转让交易中接受来自中公教育的控制权高溢价作为"贿赂"（bribe），利用其仍然代表亚夏汽车进行谈判的身份和权力推高估值，使中公教育获取尽可能多的亚夏汽车股份，而使中小股东的表决权比例大幅下降。[5]

前述四组利益冲突或利益趋同关系中，第一组利益冲突关系与交易双方有关资产的信息不对称有关，侧重于资产重组交易的面向。但交易双方在这组关系中的不同博弈姿态，如合谋、对抗等，会影响交易双方在其他几组利益关系中的激励，进而间接减小或放大控制权交易的风险。例如，原控股股东为了从借壳方股东处获取更多"贿赂"，与对方展开合谋，存在为推高借壳方资产定价、偏离上市公司公众股东利益的激励，借壳方股东也有进行相应配合的负向激励，更可

---

[1] 有关重复博弈（Repeated Games）的一般性说明，See Steven Tadelis, *Game Theory*: *An Introduction*, Princeton University Press, 2013, pp. 190–219. 同时参见［美］哈尔·R. 范里安：《微观经济学：现代观点》（第九版），费方域、朱保华译，格致出版社 2015 年 1 月版，第 375–376 页。

[2] 中公教育：《2021 年年度报告》，2022 年 4 月 28 日发布，第 33 页。

[3] 亚夏汽车：《重大资产置换及发行股份购买资产暨关联交易报告书》，2018 年 11 月发布，第 112 页。

[4] See Reinier Kraakman et al., *The Anatomy of Corporate Law*: *A Comparative and Functional Approach*（Third Edition）, Oxford: Oxford University Press, 2017, pp. 29–32.

[5] 根据亚夏汽车披露的信息，借壳上市交易前亚夏汽车其他股东持股 56.29%，但在借壳上市交易完成后其持股比例下降到 8.38%，参见亚夏汽车：《重大资产置换及发行股份购买资产暨关联交易报告书》，2018 年 11 月发布，第 111 页。

能造成损害上市公司和公众股东利益的局面，可能放大控制权交易中的风险。第二组、第三组、第四组利益关系则对应在控制权交易中，原控股股东获取控制权高溢价、新控股股东经营不善导致公司和公众股东利益受损的风险。

根据前文分析的业绩补偿承诺制度的定位转变过程，在2014年完成规则修订后，监管方在借壳上市中强制推行业绩补偿承诺的主要目的正是应对控制权交易的风险。但对其实际运行的直接作用机制和间接作用机制进行的考察表明，我们并不能对此抱有过高期待。

就其直接作用机制而言，业绩补偿承诺制度的本质是借壳方股东与上市公司签订合同，内容是就借壳方资产实际盈利数不足利润预测数的情况明确借壳方股东向上市公司提供利润补偿的方式和数量，故借壳方股东作为协议中约定的补偿义务人。由于合同的相对性，该协议无法对上市公司的原控股股东形成直接限制。从业绩补偿协议的常规约定内容来看，[①] 业绩补偿协议并不直接介入原控股股东与其他公众股东之间的关系，无法提供任何针对大股东的约束机制；也无法改变控制权交易作为原控股股东与小股东之间有限次重复博弈中最后一次博弈的属性；同样无法为中小股东提供介入控制权交易或分享溢价的任何可能。由此，业绩补偿协议本身无法直接处理控制权交易中控制权溢价的风险。

对于新股东进入后不善经营导致公司业绩下滑、影响公司和公众股东利益的风险，尽管借壳方股东的业绩补偿承诺提供了直接的兜底保障，但其"兜底性"显然不如传统资产重组交易中的业绩补偿承诺，原因是借壳方股东获得了上市公司的控制权。具体而言，借壳方股东控制上市公司后，不仅能够采取短期主义的公司政策和商业模式来获得快速但潜藏隐忧的业绩上涨和股价拉升，也有能力通过各类合法或违法的法律和会计处理粉饰上市公司的业绩，以满足盈利预测的要求，免去补偿义务。因此，从长期来看，业绩补偿承诺不仅无法直接为新股东经营不善的控制权交易风险提供保障，反而可能会向借壳方股东施加采用短视经营模式乃至违法商业模式的负面激励，放大新股东不善经营的风险。

控制权溢价的现象在中公教育借壳亚夏汽车上市的交易中有所体现，中公教育股东方购买新股的价格（3.27元/股）与收购亚夏实业所持股份的价格（12.69元/股、13.76元/股）存在较大差异，尽管交易公告指出其原因在于两笔交易的定价基础不同，但对于同时发生的"一揽子"借壳上市交易而言，这一解释仍然是形式主义的：将整体借壳上市交易的个别交易步骤单独拆开，每步交易细节欠缺独立的经济合理性，不会单独发生；因此，在同一时点发生、同属一个交易框架中的两笔相同性质交易应统一定价，无论是按照原亚夏汽车的股价标准，或按照中公教育借壳后的预期股价。本文认为，两笔交易的定价基础产生差距的实质原因是，若中公教育以较低的价格购买新股，则可获取相对既有公众股东更多的持股比例；而在中公教育股东向原

---

① 参见亚夏汽车：《重大资产置换及发行股份购买资产暨关联交易报告书》，第635-639页。

亚夏实业控股股东购买股份的过程中，其高价的性质更像是借壳方股东向原控股股东支付的一笔"贿赂"，同时包括"壳资源"价格与"控制权溢价"，以使亚夏实业放弃对上市公司的控制权——尽管前者在广义上也属于后者的一部分。中公教育的实例说明，业绩补偿承诺实际无法对借壳方向原控股股东支付的控制权溢价形成直接的制约。

就相对间接的作用机制而言，首先，业绩补偿承诺制度似乎能为上市公司的业绩表现和公众股东福利情况提供兜底保障，在上市公司业绩未达协议约定预期时，由新进入的控股股东向上市公司提供现金或股份补偿，稳定市场情绪和上市公司股价。然而，新进入的控股股东在承诺期内可能因业绩压力而采用短视的经营模式，忽略公司的长期利益，最终造成不利于上市公司及公众股东的结果。例如，中公教育在借壳成功后即采用"高退费协议班"[①] 等模式以追求营收和利润，但在承诺期满后即出现了大幅度的业绩跳水现象。虽然目前尚无证据能够证明中公教育签订业绩补偿协议、采取激进的经营策略或盈余管理[②]与其承诺期满业绩跳水之间的因果（causal）关系，但两个现象之间潜在的联系无疑值得警惕，表明业绩补偿承诺可能无法为上市公司的利润提供兜底保障；相反，可能造成财务造假、业绩爆雷与股价崩盘等市场风险，[③] 与公司、公众股东的长期利益相悖。

其次，业绩补偿承诺制度的另一层间接作用机制是，通过协议中业绩承诺与资产估值的挂钩、借壳方股东与原控股股东的利益博弈，间接减弱上市公司原控股股东获取高控制权溢价的激励。在业绩补偿承诺制度支持者的设想中，尽管借壳方股东可能与原控股股东合谋，原控股股东以对借壳方资产的高估值、借壳方股东能够获取的高控股比例为代价，交换借壳方股东向其支付的高额控制权溢价，但由于证监会等监管机构往往对借壳上市类重大资产重组进行实质性审查，对于资产的高估值必然伴随着与高额利润目标挂钩的业绩承诺；由此，借壳方股东可能迫于对高额利润目标的畏惧而放弃对于资产的高估值，其在与原控股股东的谈判博弈中也将尝试降低向原控股股东支付的控制权溢价。循此逻辑，业绩补偿承诺制度确能使借壳方资产的估值

---

① 参见财新网：《特稿 | 公考龙头业绩"跳水"溯源》，2021 年 10 月 31 日发布，https：//www. caixin. com/2021 – 10 – 31/101793999. html，最后访问时间为 2022 年 7 月 7 日。

② 参见张海晴、文雯、宋健波：《借壳上市中的业绩补偿承诺与企业真实盈余管理》，载《山西财经大学学报》2020 年第 5 期；陈远志、张元新：《并购业绩承诺与公司股价崩盘风险——基于应计盈余管理中介效应的检验》，载《财会通讯》2021 年第 10 期。

③ 参见每日经济新闻：《三年业绩承诺期过后就变脸 上市公司高估值并购商誉变"伤誉"》，2018 年 9 月 18 日发布，http：//www. nbd. com. cn/articles/2018 – 09 – 18/1256285. html，最后访问时间为 2022 年 7 月 7 日。相关研究，请参见王竞达、范庆泉：《上市公司并购重组中的业绩承诺及政策影响研究》，载《会计研究》2017 年第 10 期，第 71 – 77、97 页；张冀：《深市重大资产重组业绩承诺及商誉情况分析》，载《证券市场导报》2017 年第 11 期，第 28 – 32、40 页；关静怡、刘娥平：《业绩承诺增长率、并购溢价与股价崩盘风险》，载《证券市场导报》2019 年第 2 期，第 35 – 44 页。

相对合理，并间接防止控制权溢价过高的风险。但前述逻辑的关键漏洞在于，由于"壳资源"的稀缺属性，原控股股东的谈判力量相较于借壳方股东具有极大优势，借壳方股东谈判以降低控制权溢价的期待容易落空，这意味着控制权溢价很可能不受到业绩补偿承诺的间接制约。更坏的结果则是，借壳方股东尝试降低控制权溢价的数额未果后，产生了"捞一笔"的风险偏好型想法，大方地支付控制权溢价并以此为由要求提高资产估值，在获得上市公司控制权后再尝试通过激进甚至违法的经营策略和会计处理满足高额的盈利预测，最终加剧了控制权交易的风险。

### 四、 业绩补偿承诺的制度解释："承诺—免责" 模式的延续

从业绩补偿承诺制度实际运行的直接、间接机制来看，其无法应对借壳上市中的控制权交易的风险。那么，监管机构为何要在 2014 年对业绩补偿承诺制度进行目的上的调整？借用一个进化论视角下的隐喻（metaphor），"这个监管技术是一个令人迷惑的物种，在所有环境里都能迅速繁衍，但很少能达到自己的目的。那么，这些不适应环境的监管技术为什么能存活呢？"[1] 本部分尝试为其提供一个制度层面的解释。这种分析思路并不试图完全还原历史事件的全貌与其中的微观决策原因，[2] 即无意探究监管机构的决策者为何在 2014 年的具体时点选择将业绩补偿承诺制度针对性用于借壳上市交易，这显然包括很多可能性，如特定时点的集体讨论的结果、研究者与市场主体的建议、重大事件的冲击，等等；其也并非严格的因果识别或推断（causal inference），即并不试图严格测量本文所提出的主张能够为监管失败的现状提供多大的解释力与可信程度。制度层面的分析与解释，更侧重于借鉴新制度经济学（new institutional economics）视野下的宏观分析思路，[3] 从广义的制度层面（包括狭义的制度、模式、文化、社会规范等）探讨监管

---

[1] Omri Ben – Shahar and Carl E. Schneider, *More than You Wanted to Know：the Failure of Mandated Disclosure*, Princeton University Press, 2014, at p. 138.

[2] 借用赵鼎新教授的话来说，本文并不试图探究"具有转折点意义的特殊性机制"，而是试图提出一种"普遍性机制"。参见袁春希：《中国的儒法传统，为何如此根深蒂固？专访赵鼎新》，载"新京报书评周刊"公众号，2022 年 8 月 14 日发布，https：//mp. weixin. qq. com/s/YhyxFufghcJJDzaiVUNqKg，最后访问时间为 2022 年 11 月 30 日。

[3] 当然，其他学科中也有类似的主张，如政治学中的"新制度主义"，See James G. March and Johan P. Olsen, *The New Institutionalism：Organizational Factors in Political Life*, American Political Science Review, 1984, 78（September）：734 – 749.；Michael G. Roskin et al., *Political Science：An Introduction*（fourteenth edition）, Pearson Education, Inc., 2016, at pp. 15 – 22. 具体问题上的应用，See also Xue, Melanie Meng, *Autocratic Rule and Social Capital：Evidence from Imperial China*, November 7, 2021, available at SSRN：https：//ssrn. com/abstract = 2856803 or http：//dx. doi. org/10. 2139/ssrn. 2856803. 社会学中"制度学派"的相关研究，参见周雪光：《组织社会学十讲》，社会科学文献出版社 2003 年 12 月版，第 64 – 110 页；[英] 玛丽·道格拉斯：《制度如何思考》，张晨曲译，经济管理出版社 2013 年 12 月版。See also Zhou Xueguang, *Organizational Response to COVID – 19 Crisis：Reflections on the Chinese Bureaucracy and Its Resilience*, Management and Organization Review 16：3, July 2020, pp. 473 – 484.

机构采取失败或无效策略的原因。这一分析思路在法学领域也已经得到部分学者采纳,① 其中比较典型的是 Ben - Shahar 和 Schneider 对强制信息披露（mandatory disclosure）制度虽无效但持续存在的政治（politics）原因展开的分析。②

在功能意义上,业绩补偿承诺制度不仅意味着借壳方股东需要与被借壳方股东、上市公司友好合作,提供业绩补偿承诺以获得监管方对其借壳上市交易的"放行",③ 更意味着监管方能够通过促使借壳方股东提供业绩补偿承诺而"尽其责"。前者涉及传统规制研究中的监管权力与市场互动,④ 后一层含义则属于官僚组织研究的范畴,即监管者由于受到上级长官、议事机构等权力授出方的监督与压力,负有妥善监管的责任。监管方的目标或责任不仅包括市场运行的经济效率,还包括股民情绪、市场稳定⑤等。⑥ 借壳上市交易中的监管方通过强制被监管方出具业绩补偿承诺,后者在一定条件下通过股票、现金等对上市公司进行补偿,为交易完成时的上市公司财务状况、股东福利情况等提供实质保障。尽管按照前文的分析,其无法在经济效率上应对控制权交易的风险,但"兜底"式的安排至少能够稳定股民情绪,保障市场相对稳定。因此,业绩补偿承诺的达成不仅是被监管方完成交易的核心步骤,同时还意味着被监管方对交易结果的保证,更表明监管方已经履行其职责,其维持市场稳定的任务将向被监管方部分转移。

本文认为,业绩补偿承诺制度实际上构成了一种"承诺—免责"式的安排。在一般化意义上,该模式的三个要件分别是:（1）被监管方为交易结果提供实质保证的承诺是制度核心;（2）监管方的责任部分向被监管方转移;（3）被监管方以此获准交易,监管方以此部分免除其

① See Angela Huyue Zhang, *Agility Over Stability: China's Great Reversal in Regulating the Platform Economy*, Harvard International Law Journal, Vol. 63 (2), 2022.; Deng Jinting & Liu Pinxin, *Consultative Authoritarianism: The Drafting of China's Internet Security Law and E - Commerce Law*, Journal of Contemporary China, 26: 107, 679 - 695.

② See Omri Ben - Shahar and Carl E. Schneider, *More than You Wanted to Know: the Failure of Mandated Disclosure*, Princeton University Press, 2014, at pp. 138 - 151. Ben - Shahar 和 Schneider 指出, 其强制信息披露虽无效但持续存在的原因包括:（1）"灾难性叙事"（trouble story）的放大效应,政治系统总是对于真实或想象的灾难非常敏感,媒体、游说组织也会加剧这一效果;（2）政府国库（fisc）成本方面的考虑;（3）制度可能性的丰富;（4）制度与主流意识形态的相融;（5）"棘轮"（Ratchet）效应;（6）监管者的集体行动问题。

③ 根据证监会于 2016 年 2 月 25 日发布的工作文件《（行政许可事项服务指南）上市公司重大购买、出售、置换资产行为（构成借壳上市的）审批》,交易各方向证监会报送的材料中应包括"交易对方与上市公司就相关资产实际盈利数不足利润预测数的情况签订的补偿协议"。

④ 实证性规制研究的代表, See George J. Stigler, *The theory of economic regulation*, The Bell Journal of Economics and Management Science, Vol. 2, No. 1, Spring, 1971.

⑤ 参见新华社:《统筹稳增长防风险 保持资本市场平稳运行——访证监会副主席王建军》,2022 年 5 月 10 日发布, 最后访问时间为 2022 年 11 月 13 日, http://www.gov.cn/xinwen/2022 - 05/10/content_5689503.htm.

⑥ See Brunnermeier, Markus Konrad and Sockin, Michael and Xiong, Wei, *China's Model of Managing the Financial System*, Review of Economic Studies, (2022) 89, pp. 3115 - 3153.

"看护"责任。在既有的证监会监管规则和市场主体交易安排中，存在类似的先例。

证监会的监管实践中存在大量以"承诺"为核心的规则。在"北大法宝"中设定"中国证券监督管理委员会令"作为文书格式、"承诺"作为全文内容①的要求后进行检索，共有 114 个符合要求的结果，其中现行有效的结果为 45 个；设定"中国证券监督管理委员会公告"作为文书格式、"承诺"作为全文内容的要求后进行检索，共有 256 个符合要求的结果，其中现行有效的结果为 135 个。尽管多数规则并不与"承诺—免责"模式直接相关，② 但至少能够反映出证监会将承诺本身作为其事前监管、行政执法、事后监督执行的抓手之一。③ 而部分制度能够体现出"承诺—免责"模式的部分特征，如基金机构高管的选任制度要求提名人就拟任人符合任职条件出具书面承诺，④ 这实际上是要求提名人为拟任职者从事基金管理的能力作出保证，监管方据此将部分监督基金机构管理层选任的责任转移至提名人方。

由证监会推行的最为典型的"承诺—免责"监管模式，体现在 2005 年至 2008 年进行的上市公司股权分置改革中。证监会、国资委等牵头部门认为，非流通股股东作出并履行承诺有助于股权分置改革中的流通股股东分享改革红利、我国上市公司由股权分置状态向全流通时代平稳过渡的前提。⑤ 非流通股股东的承诺对其自身施加了让渡经济利益的义务，从而为交易完成后流通股股东的利益提供了兜底保障，证监会维护市场平稳运行的责任由此部分转移至非流通股股东。非流通股股东作出并履行承诺自然成为整体改革方案的重点之一，一方面作为股权分置方案通过的依据，另一方面也是监管方尽职和事后免责的要求，"……对相关当事人……兑现改革承

---

① 在"北大法宝"中将《上市公司重大资产重组办法》针对业绩补偿承诺制度使用的"补偿协议"作为检索关键词，并设定发文主体为证监会，一共仅 22 个结果，且几乎都与业绩补偿承诺制度有关，不能反映证监会使用"承诺—免责"模式的广泛性。因此，本文最终选择以"承诺"作为检索的关键词。

② 既有规则中与"承诺"相关的表述至少包括：各市场股票发行注册管理办法中要求控股股东提供的股票限售、股票锁定、减持意向、认购股份、利润分配等承诺；对于"保底保收益"等不当承诺的禁止性规定；等等。

③ 参见《上市公司监管指引第 4 号——上市公司及其相关方承诺》，中国证券监督管理委员会公告〔2022〕16 号，主要侧重承诺制度在事前日常监管中的运用；《证券期货行政执法当事人承诺制度实施规定》，中国证券监督管理委员会令第 194 号，主要侧重承诺制度在事后监督执行中的运用。同时参见高振翔：《比较法视野下证券行政执法当事人承诺制度的关键问题研究》，载《经贸法律评论》2022 年第 2 期；陈洁：《上市公司及相关主体违反公开承诺的民事责任分析——以虚假陈述型违反承诺为中心》，载《法律适用》2013 年第 8 期。

④ 参见《证券基金经营机构董事、监事、高级管理人员及从业人员监督管理办法》，中国证券监督管理委员会令第 195 号，第 10 条。

⑤ 非流通股股东往往对最低持股比例、限售期、转让股份价格、增持股份、追送其他股东股份、制定分红提案、资产重组等事项作出承诺，参见李晓红、蔡奕：《股权分置改革承诺的履行监管与股东权益保护》，载《证券市场导报》2007 年第 4 期，第 12 – 14 页。

诺……实施持续监管"①，"非流通股股东要严格履行在股权分置改革中做出的承诺"②，上交所、深交所也迅速联合出台细则予以跟进。③ 事实上，尽管股权分置改革时期中非流通股股东向流通股股东出具的承诺内容各异，但其中与业绩挂钩的承诺甚至可以认为是现行业绩补偿承诺制度的雏形版本，如深交所在其《深圳证券交易所股权分置改革承诺事项管理指引》中明确提及与具体业绩挂钩的承诺类型，④ 也有研究指出，"上市公司大规模的业绩承诺现象始于股权分置改革……证监会和各交易所特别要求股权分置改革与资产重组相结合的上市公司，需要对未来的经营目标作出明确的承诺并予以披露"。⑤

在市场主体的实践中，符合"承诺—免责"监管模式的安排是对赌协议。商事交易与组织中的委托代理关系常常需要通过董事会、监事会等公司机关⑥或当事人之间的合约安排来实现监督和风险控制。后者的体现即对赌协议，"……是指投资方与融资方在达成股权性融资协议时，为解决交易双方对目标公司未来发展的不确定性、信息不对称以及代理成本而设计的包含了股权回购、金钱补偿等对未来目标公司的估值进行调整的协议"。⑦ 以与大股东对赌的现金补偿型安排为例，拟向公司投资的小股东具有监督大股东妥善经营公司的诉求，经由对赌协议，大股东能够为对赌期限届满时的小股东利益提供保证，小股东由此将其作为公司股东的风险、作为治理参与者与投资者的监督责任部分转移给了大股东，因此，对赌协议成为整个投资交易能够达成的关键一环。对赌协议通过被投资公司或其大股东的补偿承诺安排，能够部分转移投资者的监督责任并提供经济利益的保障，在"直接融资发展水平依然偏低，特别是企业债券市场规模较小、股票融资功能有待改善"⑧ 的我国公司投融资市场上，得到了强势投资者们的高度青睐和广泛应用。

从制度比较的视角来看，借壳上市中的业绩补偿承诺制度、股改中的非流通股股东承诺制

---

① 证监会：《上市公司股权分置改革管理办法》（证监发〔2005〕86 号），2005 年 9 月 4 日发布，第 4 条。

② 证监会、国资委等：《关于上市公司股权分置改革的指导意见》（证监发〔2005〕80 号），2005 年 8 月 23 日发布，第 12 条。

③ 上交所、深交所、中国证券登记结算有限责任公司：《上市公司股权分置改革业务操作指引》（上证法字〔2005〕7 号），2005 年 9 月 6 日发布。

④ 深交所：《深圳证券交易所股权分置改革承诺事项管理指引》（深证上〔2005〕95 号），2005 年 11 月 9 日发布，第十二条、第二十一条。

⑤ 参见刘浩、杨尔稼、麻樟城：《业绩承诺与上市公司盈余管理——以股权分置改革中的管制为例》，载《财经研究》2011 年第 10 期，第 58 页。

⑥ See Melvin A. Eisenberg, *Legal Models of Management Structure in the Modern Corporation: Officers, Directors, and Accountants*, California Law Review, vol. 63, no. 2, March 1975, pp. 375 - 439.; Melvin A. Eisenberg, *The Board of Directors and Internal Control*, Cardozo Law Review, Vol. 19, 1997, pp. 237 - 264.

⑦ 《全国法院民商事审判工作会议纪要》（法〔2019〕254 号）第 2 条。

⑧ 易纲：《再论中国金融资产结构及政策含义》，载《经济研究》2020 年第 3 期，第 5 页。

度与投资实践中的对赌交易安排存在高度相似，都能够通过"承诺—免责"的模式进行解释。因此，依托于既有社会科学研究在制度变迁中所提出的路径依赖（path dependence）[①]、制度惯性或黏性（stickiness）[②] 等理论，一个大胆的猜想是：在资本市场建设的制度起点，由于问责体制、可用资源、组织特性等的制约，"承诺—免责"模式成为我国资本市场监管者和市场主体在应对复杂交易时常见的制度设计，并对后续有权机关的监管规则和市场主体自发的商事安排造成了深远的影响，后者并不完全是理性选择的结果，而体现了"承诺—免责"模式的不断复制、加强和演化。

从前文所归纳的三个要件和具体实践来看，"承诺—免责"模式的监管思路至少具有以下四重描述性的特征：（1）命令控制（command - control）[③] 式的，被监管方的承诺往往是强制性或准强制的安排；（2）非常注重交易的形式化结果，要求被监管方承诺为交易提供差强人意的保障，即使此种安排在实质上是不效率的；（3）强调责任的减免和转移，即（准）监管方能够通过这一制度安排部分摆脱潜在的责任、交易风险；（4）以市场稳定作为其核心目标。而其他国家在相似情形下的监管制度（以美国为例）则存在较大的差异，如在借壳上市对应的控制权交易风险应对中，美国资本市场不仅选择倚仗常规的董事诚信义务制度，[④] 还特别地要求控股股东向其他股东负有诚信义务，[⑤] 以保障小股东的权益不会因控制权过度溢价、掠夺式收购等受损。又如，在资本市场的投融资安排中，美国市场的基本应对方式是"分期融资机制"（staged finance），其实质是赋予投资者以一个有价值的期权，在每个阶段结束时根据目标公司经营状况选

---

[①] 参见道格拉斯·C. 诺思：《制度、制度变迁与经济绩效》，刘守英译，上海三联书店 1994 年 9 月版，第 61 页、第 121 - 139 页。See also James Mahoney, *Analyzing Path Dependence*: *Lessons from the Social Sciences*, in Andreas Wimmer and Reinhart Kössler, eds. , *Understanding Change*: *Models*, *Methodologies*, *and Metaphors*, Basingstoke: Palgrave Macmillan, 2006, pp. 129 - 139.

[②] 参见［美］保罗·皮尔逊：《时间中的政治：历史、制度与社会分析》，江苏人民出版社 2014 年版，第 1 - 19 页。

[③] See Robert Baldwin, Martin Cave, and Martin Lodge, *Understanding Regulation*: *Theory*, *Strategy*, *and Practice* (Second Edition), Oxford: Oxford University Press, pp. 106 - 111.

[④] 参见邓峰：《普通公司法》，中国人民大学出版社 2009 年版，第 472 - 476、681 - 682 页。See also James D. Cox and Thomas Lee Hazen, *Treatise on the Law of Corporations*, Dec. 2021 updated. , 10. 4 "The directors' obligation to be attentive", 10. 5 "Directors' actions should be the product of reasonable investigation and consideration" and 10. 11 "The scope of the officers' and directors' duty of loyalty".

[⑤] 参见邓峰：《普通公司法》，中国人民大学出版社，第 665 页以下。其他概括性的研究，See James D. Cox and Thomas Lee Hazen, *Treatise on the Law of Corporations*, Dec. 2021 updated. , 12. 1 "The sale of corporate control"; Stephen M. Bainbridge, *Corporate Law* (third edition), Foundation Press, pp. 185 - 207. ; Franklin A. Gevurtz, *Corporation Law* (*second edition*), WEST, pp. 662 - 675. 这里实际上还存在诚信义务指向的对象是中小股东或公司本身的分歧，本文赞成控股股东诚信义务的对象指向中小股东的观点，See Victor. Brudney, *Fiduciary Ideology in Transactions Affecting Corporate Control*, Michigan Law Review, Vol. 65, No. 2, December 1966, pp. 259 - 300.

择是否继续投资，使投资者能够"通过分期出资、及时止损的安排来降低初始投资估值过高可能带来的损失"；即使在近年来美国市场也开始出现估值调整观念，但也并非是中国版本的现金补偿，而是调整特定投资者所持有的股权比例，并通过棘轮条款（Ratchet Protection）进一步保障投资者的利益。① 对比而言，前述美国式监管模式的特点是：（1）更加灵活的相机（discretionary）决策；（2）通过各阶段更准确、细致的调整机制来保证交易的实质公平；② （3）要求监管方在交易的各个阶段都履行看护的职责，且具有一定的专业能力。

由此观之，我国的交易实践与监管实践中的"承诺—免责"模式与域外资本市场风格迥异，其三个要件、四个制度特征甚至可以被称为我国资本市场的"制度基因"（Institutional Genes）③。当证监会在抉择采取何种模式以应对借壳上市中的控制权交易风险时，降低自身监管责任与风险的刚性需求、"稳定压倒一切"④ 的明线目标、监管手段的自我更新困难⑤、继续采纳"承诺—免责"模式的较低成本，使证监会倾向于复制过往的监管模式。因此，在借壳上市中，证监会生硬地将交易的资产重组属性作为抓手，通过具有"承诺—免责"属性的强制业绩补偿承诺制度介入其中，虽然看似能够保障上市公司权益、维护市场稳定、完成监管职责，但实际上无法应对控制权交易的风险，甚至向借壳方股东施加了错误的激励，最终损害了社会总体福利。

总之，借壳上市中的业绩补偿承诺制度可以被认为是"承诺—免责"模式在我国资本市场复制与演化时的一个样本。尽管这更接近于一种假说或猜想，缺乏完整的因果机制和实证支持，但起码尚未被证伪，也能从其他学科的研究中寻求理论资源、从既有的资本市场实践中找到初步的经验证据，对于目前尚待探索的、超越具体制度层面的资本市场"中国模式"来讲，"……合乎逻辑的猜想自有其学术价值，即使它在未来可能会被部分（甚至全部）证伪"，而本部分想要提供的正是一种留待后续实证研究与理论跟进的理论（idea or theory）方向。⑥ 当然，我国资

① 参见刘燕：《对赌协议与公司法资本管制：美国实践及其启示》，载《环球法律评论》2016年第3期，第143-144页。

② 尽管学者的批评表明，特拉华州法院新近判例中的审查标准也逐渐沦为形式化，See William W. Bratton, *Fair Value as Process: A Retrospective Reconsideration of Delaware Appraisal*, October 18, 2022, U of Penn, Inst for Law & Econ Research Paper No. 22-38, University of Miami Legal Studies Research Paper Forthcoming, available at SSRN: https://ssrn.com/abstract=4251712.

③ 这个概念借用自许成钢教授撰写中的著作，Institutional Genes: Confucianism vs. Christianity with Professor Chenggang Xu, SCCEI seminar, available at https://www.youtube.com/watch?v=jkAT7GLusS8. 同时参见许成钢：《产权与制度基因》，载"大势看财经"微信公众号，2021年12月22日发布。

④ 周雪光：《中国国家治理的制度逻辑研究》，生活·读书·新知·三联书店2017年版，第379页。

⑤ See Robert Baldwin, Martin Cave, and Martin Lodge, *Understanding Regulation: Theory, Strategy, and Practice* (Second Edition), Oxford: Oxford University Press, pp. 134-135.

⑥ 张泰苏：《从"唐宋变革"到"大分流"：一种假说》，载《北京大学学报（哲学社会科学版）》2022年第4期，第83页。

本市场"承诺—免责"模式根源的更进一步探究，正如一国的董事会治理模式往往受制于或主动模仿该国的政治制度，① 也同样应当追溯至我国的官僚制度②、严格的问责模式与规避责任的强激励③、稳定居于优位的治理目标排序和"有司之事"的履职传统④等政治制度之中。

## 五、 结语

我国 A 股市场借壳上市的本质是控制权交易，监管机构所推行的类似"买方对赌"的业绩补偿承诺制度具有中国特色，但隐含着制度与风险"关公战秦琼"的错位隐忧。从实证法规则的变迁来看，业绩补偿承诺制度出台时的制度目的是用于应对资产重组交易中的资产溢价风险，但在 2014 年的规则修订中，监管机构针对性地将其用于应对借壳上市中的控制权风险，缺乏审慎的考虑，更可能是制度惯性的安排。业绩补偿承诺制度不仅无法应对借壳上市中的控制权交易风险，甚至会对上市公司的新旧控股股东造成不利于长期公司绩效和股东福利的负面激励，未经审思的监管无法通过社会效率的考验。作为本土制度，业绩补偿承诺制度尽管在一定程度上反映了我国监管者应对借壳上市中控制权交易风险的实用主义（pragmatism）⑤ 智慧，但其在制度设计上终归有"无心插柳"的偶然，这使其难免落入制度错位、监管失败的窠臼。

"大象在房间里"，对于深深嵌入"配额制"（quota system）⑥、央地关系⑦等政治经济背景的我国证券市场，即使在证监会自 2014 年以来不断收严借壳上市规则⑧、2020 年经由《证券法》修改全面铺开注册制改革的情况下，改革的渐进性质与监管机构不时的"IPO 窗口指导活动"⑨

---

① See Franklin A. Gevurtz, *The Historical and Political Origins of the Corporate Board of Directors*, Hofstra Law Review, Vol. 33, 2004, pp. 89 – 173, at pp. 91 – 92、129 – 166. 同时参见邓峰：《董事会制度的起源、演进与中国的学习》，载《中国社会科学》2011 年第 1 期；邓峰：《中国法上董事会的角色、职能及思想渊源：实证法的考察》，载《中国法学》2013 年第 3 期。

② 参见周雪光：《中国国家治理的制度逻辑研究》，生活·读书·新知·三联书店 2017 年版，第 159 – 269 页。

③ 参见邓峰：《领导责任的法律分析——基于董事注意义务的视角》，载《中国社会科学》2006 年第 3 期。

④ 参见［美］詹姆斯·威尔逊：《美国官僚政治：政府机构的行为及其动因》，张海涛等译，中国社会科学出版社 1995 年版，第 217 – 236 页。

⑤ 对实用主义的初步介绍，请参见［美］理查德·波斯纳：《法理学问题》，苏力译，中国政法大学出版社 2002 年版，第 567 – 584 页。

⑥ See Katharina Pistor and Chenggang Xu, *Governing Stock Markets in Transition Economies*: *Lessons from China*, American Law and Economics Review, Vol. 7, No. 1, pp. 184 – 210.

⑦ 参见彭冰：《中央和地方关系中的上市公司治理》，载《北京大学学报（哲学社会科学版）》2008 年第 6 期。

⑧ 参见陈选娟、安郁强、林宏妹：《借壳预期与上市公司壳资源价值》，载《经济管理》2019 年第 12 期，第 149 – 150 页。

⑨ 参见财新周刊：《IPO 为何收紧》，2020 年 12 月 7 日出版，https：//weekly.caixin.com/2020 – 12 – 05/101635961.html，最后访问时间为 2022 年 7 月 7 日。

使其仍然作为我国公司登陆公开市场的重要选择之一,[1] 借壳上市中的控制权交易风险也仍然值得关注。对于未来风险应对方案的选择,究竟是维持现行"买方义务"式的业绩补偿承诺制度,[2] 还是取消借壳上市的强制要约豁免以消除溢价可能,[3] 抑或选择以诚信义务为核心的"卖方义务"方案,[4] 亟待监管者进行回应。

法律制度是建设强大资本市场的前提已经成为共识。[5] 从制度变迁层面的作用机制来看,业绩补偿承诺制度不过是我国资本市场在应对复杂交易时常见"承诺—免责"模式的复制或延续,后者本身的利弊并未得到学界和政策界的认真对待,而其改革的方向恐怕才是我国资本市场真正进入"高质量发展"[6] 的关键。决策者应该意识到,在匮乏于理论自觉时,实用主义的智慧与对既有模式的路径依赖之间不过是一体两面的关系。

---

[1]　参见负天一:《战略新兴板搁浅　注册制延迟　借壳游戏仍将继续》,载《中国战略新兴产业》2016年第8期;肖作平、张欣哲:《壳市场复苏并非改革后退》,载《董事会》2021年第4期。

[2]　部分研究认为,业绩补偿承诺制度对于借壳上市企业的绩效和风险承担水平等具有正面效应,参见赵立新、姚又文:《对重组盈利预测补偿制度的运行分析及完善建议》,载《证券市场导报》2014年第4期,第4-8、15页;潘爱玲、吴倩、徐悦淼:《业绩补偿承诺影响借壳企业风险承担水平吗?》,载《厦门大学学报(哲学社会科学版)》2021年第6期。部分研究甚至主张,应当将业绩补偿承诺机制延伸适用于IPO审核,参见吴延坤、唐勇:《业绩承诺机制在IPO审核中的应用分析》,载《中国证券期货》2011年第12期,第116-119页。

[3]　这一观点来自彭冰教授评议本文时提出的一种可能。本文初步认为,借壳上市豁免于强制要约制度的正当性来自上市公司的股东会批准,其意义在于保证交易效率,因此对其取消应当慎重。同时,强制要约制度本身对于小股东权益保护的意义也正在受到挑战,参见蔡伟:《强制要约收购制度的再审视——效率视角下的实证分析》,载《中外法学》2013年第4期;薛人伟:《论中国强制要约收购制度之合理性——从法经济学视角分析》,载《中外法学》2019年第5期。

[4]　这主要是美国资本市场的常见方案。我国针对借壳上市的两部监管规则《上市公司收购管理办法》《上市公司重大资产重组管理办法》仅仅比较粗糙地规定了卖方董事会的义务,如《上市公司收购管理办法》第三十二条,更是完全没有确立卖方控股股东诚信义务的表述。即使在我国更广范围的公司法实践中,诚信义务在多大限度上得到确立也是值得质疑的,参见邓峰:《中国公司理论的演变和制度变革方向》,载《清华法学》2022年第2期。

[5]　See Bernard S. Black, *The Legal and Institutional Preconditions for Strong Securities Markets*, 48 UCLA Law Review 781 (2001), pp. 781-786.

[6]　参见习近平:《高举中国特色社会主义伟大旗帜　为全面建设社会主义现代化国家而团结奋斗——在中国共产党第二十次全国代表大会上的报告》,2022年10月16日,https://china.huanqiu.com/article/4ACfjprsUKU,最后访问时间为2022年11月15日。

# 实际控制人的法律规制

## ——一个体系化的建构思路*

■ 余蓁茜**

**摘要：** 公司法现有的治理逻辑下，实际控制人拥有过多显性或隐性的权利和利益，法律规则上却缺少足够的义务规制，权责不一致问题严重，围绕实际控制人的制度建设不够充分，缺乏体系化建构。控制权既是实际控制人的权力也是一种权利，仅当其滥用时才产生义务，滥用行为本质是一种对公司独立人格、公司利益和其他股东利益的侵害。通过建立公司组织法语境下对实行控制人"身份—行为—责任"的规制路径，而非泛泛对其施加信义义务去管控更能有效地保护和约束实际控制人的控制权。清晰识别实际控制人的权力边界，针对实际控制人具有"所有者+管理者"双重身份的义务责任作出明确的规定，以此形成实际控制人在公司治理结构中权责一致、规范化、体系化的制度建构。

**关键词：** 公司 实际控制人 行为 责任 公司治理

"实际控制权是游离于公司权力法律配置之外而客观存在的特殊经济现象。"[①] 在公司治理体系建立在所有权与管理权分离的基本前提下，实际控制人在公司法律制度设计中存在很大的制度缺位，面对实际控制人掌控所有权与管理权，一家独大的"权力独裁"，现有的公司治理规范下的公司机关之间分工、制衡、监督功能的失效，权力制衡监督体系土崩瓦解，公司的独立法人格也在一定程度上受到威胁。

实际控制权既是需要被有效规制的权力，也是需要被保护的权利，建立科学、合理有效的法律规范体系既要发挥实际控制人在公司治理中的积极作用，也要有效规制实际控制人的行为边界，避免实际控制人滥用控制权损害公司及其他股东的权益。

---

\* 本项研究获得国家社科基金重点项目《公司法修订中的重大问题研究——基于私人自治与公共规制之间的平衡》（项目号：2021004862）的资助。

\*\* 余蓁茜，北京大学经济法学博士研究生。

① 参见陈洁：《实际控制人公司法规制的体系性思考》，载《北京理工大学学报（社会科学版）》2022年6月。

## 一、 实际控制人现有法律制度的问题

### （一） 实际控制人行为边界不明晰

长期以来，公司法对实际控制人存在规制模糊的问题。《公司法（修订草案）》第二百五十九条规定："实际控制人，是指通过投资关系、协议或者其他安排，能够实际支配公司行为的人。"相较于之前《公司法》的规定，修订草案对实际控制人的概念界定去掉了"不是股东"的表述。但立法对何为"实际支配公司行为"仍缺乏相应的判断标准，[①] 尤其是对实际控制人的义务范围、责任承担都有待进一步解释。[②] 根据《上市公司收购管理办法》（2020 年修正）第八十四条规定，[③] 对实际控制人的判断以表决权作为控制力的判断标准，以支配性影响力作为兜底的判断原则。[④]《公司法（修订草案）》第一百九十一条："公司的控股股东、实际控制人利用其对公司的影响，指使董事、高级管理人员从事损害公司或者股东利益的行为，给公司或者股东造成损失的，与该董事、高级管理人员承担连带责任。"在修订草案中，仅规定了实际控制人"指使"董事、高级管理人员这一种情形，采取共同侵权承担连带责任的规定，对实际控制人的规制较单一。对于实际控制人更为隐秘的利用控制权，而非直接"指使"董事的行为，却缺少相应的规定。《公司法（修订草案）》第一百九十一条的规定沿用了民法上共同侵权的逻辑，它并未将控制股东对公司权力的行使纳入组织法的权责逻辑之中，并且在一定程度上脱离了组织法中职权替代、董事丧失独立判断的语境。[⑤] 被侵权的公司和其他股东的证明责任难度巨大，对于实际控制人、董事的共同侵权的行为的举证责任，要达到证明实际控制人"指使"董事、高级管理人员存在着收集证据难、证明标准不明晰等切实的问题，这无疑增加了被侵权方的维权成本。

实际控制人利用控制权掠夺公司和其他股东利益的手段行为多样，而直接指使董事的直接侵权不过是更为明显、恶劣的侵权方式之一。仅规制这一种侵权行为，显然只是一种宣誓性的管制，而非实质意义上对实际控制人进行的有效权力规制。实际控制人权力滥用的形式多样，侵犯

---

① 丁亚琪：《实质董事的规范结构：功能与定位》，载《政法论坛》2022 年第 4 期。

② 刘斌：《重塑董事范畴：从形式主义迈向实质主义》，载《比较法研究》2021 年第 5 期。

③ 《上市公司收购管理办法》（2020 年修正）第八十四条规定："具有下列情形之一的，为拥有上市公司控制权：（一）投资者为上市公司持股 50% 以上的控股股东；（二）投资者可以实际支配上市公司股份表决权超30%；（三）投资者通过实际支配上市公司股份表决权能够决定公司董事会半数以上成员选任；（四）投资者依其可实际支配的上市公司股份表决权足以对公司股东大会的决议产生重大影响；（五）中国证监会认定的其他情形。"

④ 参见周伦军：《给上市公司实际控制人一个"紧箍咒"》，载《法人》2011 年第 10 期。

⑤ 潘林：《控股股东义务的法构造》，载《南京师大学报》2022 年第 5 版。

他人利益的手段较为隐秘。常见的情况有：（1）利益排挤，① 美国 1976 年 Wilkes v. Springside Nursing Home, INC. 是典型案例；（2）排挤小股东权益（freeze - outs）②；（3）股东压迫行为③，拥有控制权的股东利用资本多数决的议事规则，加上股东退出机制的匮乏，④ 使得股东压迫成为中小股东面临的困境之一。（4）"掏空"（tunnel）行为⑤；（5）剥夺公司机会的行为⑥。面对实际控制人花样百出的滥权行为，公司法却没有在制度上作出有效的反击，造成实际支配公司行为的权力边界模糊。

（二）权力制衡机制的失效

1. 权力监管的中空问题突出。"目前我国公司法缺少有效的权力制衡机制的建设，实际上并无明确的权力中心，进一步造成公司业务中决策主体的缺位、义务设定的落空和责任识别的困难，权力责任不统一乃至'有权者无责任，有责者无权'现象突出，缺失了公司业务中的决策权威。"⑦ 我国的公司机关分权模式，既非股东会中心主义，又非董事会中心主义，监事会制度

---

① 利益排挤：通常指股东利用在公司具有的战略地位，获取的内部消息和控制权，通过法律机制的设计达到完全排除某些股东对公司之所有权或参与权，或者是仅对某些股东排除其参与权、减少其盈余分派请求权或剥夺其商业收益的不完全利益排挤。See F. Hodge O'Neal & Robert B. Thompson, O'NEAL'S OPPRESSION OF MINORITY SHAREHOLDERS § 1: 01 (West Group, 2nd ed., 2003).

② 排挤小股东权益：通常指控制股东透过某种交易，以使少数股东丧失或改变其股东权益及股东地位，乃至于被迫收回其对公司的投资。例如通过经营者收购、母子公司之简易合并及逆向股票分割等方法，如少数股东以支付现金作为合并之对价，乃至于使少数股东之持股单位低于完整交易单位，即可能达到迫使少数股东退出投资之效果。See Douglas K. Moll, shareholder Oppression in Close Corporations: The Unanswered of Perspective, 53 VANDERBILT LAW review 749, 757 - 758 (April, 2000) (stating that Common freeze - out techniques include the termination of a minority shareholder's employment, the refusal to declare dividends, the removal of a minority shareholder from a position of management, and the siphoning off of corporate earnings through high compensation to the majority shareholder).

③ 股东压迫行为：通常指控股股东不公平地对待小股东，针对少数股东参与公司经营管理权的限制与剥夺，包括公司治理、任职安排、利润分配等诸多方面。参见翁小川：《受压迫股东的救济路径研究：股东受信义务与法定压迫救济制度》，载《比较法研究》2021 年第 4 期。股东压迫行为，也称股东压制，是针对少数股东参与公司经营管理权的限制与剥夺，包括公司治理、任职安排、利润分配等诸多方面。

④ See Daniel Prentice, The closely - held company and minority oppression, Oxford Journal of Legal Studies, Vol. 3, 1983, p. 417 ff.

⑤ 掏空行为：控股股东掏空上市公司，主要通过以下集中方式：（1）强令上市公司违法为母公司提供担保或在母公司支配下向关联法人提供担保；（2）以关联交易套用资金；（3）直接占用资金。参见王保树主编：《转型中的公司法的现代化》，社会科学文献出版社 2006 年版，汤欣：《控股股东的受信义务——从美国法上移植》，载王保树主编：《转型中的公司法的现代化》，社会科学文献出版社 2006 年版，第 535 页。

⑥ 剥夺公司机会行为：公司机会规则肇始于英美法，其基本内涵在于禁止公司的董事、高管和雇员利用获取的信息，从公司具有期待权利、财产权利或依照公平原则属于公司的商业机会中谋取个人利益。See Bryan A. Garner, Black Law dictionary, 10th ed., Saint Paul: Thomson Reuters, 2014, p. 415. 我国《公司法》第一百四十八条规定："董事、高级管理人员不得有下列行为：……（五）未经股东会或者股东大会同意，利用职务便利为自己或者他人谋取属于公司的商业机会"。

⑦ 参见潘林：《论公司机关决策权力的配置》，载《中国法学》2022 年第 1 期。

又长期形骸化,① 在这种混合模式中出现公司监管机制叠床架屋②和监管中空的问题。公司治理架构的股东会、董事会、监事会并没有实质上形成有效的权力运行的合作与监督,三权分立体系的制度架构在实际运行中没有达到权力制衡的立法预期效用。

2. 实际控制人与董事制度、法定代表人制度衔接不足。实际控制人与董事制度、法定代表人制度的衔接的缺位,本质上也是由我国现有公司分权制度的不明晰所导致。设置董事会与股东会的权力机制,是为了有效地分割和反映公司所有权与经营权的分离。但在具体的职权设置中又缠绕不清,"股东会的职权包括了部分经营管理性质的权力"③,这就导致实际控制人的身份与事实董事、影子董事重叠。存在大量法定代表人的"形骸化",④ 也让实际控制人通过挂名法定代表人来规避法律风险的情况层出不穷。最后实际控制人就处于公司权力规制的真空地带,行使操控公司经营等各项行为,成为事实董事抑或影子董事,却规避了董事选任的资格条件要求,⑤ 缺少股东质询的监督⑥董事勤勉和忠实义务的束缚。

3. 中小股东权益救济不足。资本多数决原则决定了公司决策机制受到实际控制人掌控,把持股东会,操控董事会,极大地利用公司独立人格制度的有限责任保护,肆意圈夺公司利益以及中小股东利益。股东之间的地位出现实质性不平等,而矫正机制的股东直接诉讼制度制约性力度不足,使得公司决议等一系列公司民主制度成为"公司暴政"的形式化合法的外衣。各国公司法为了解决公司暴政的问题主要通过规定股东受信义务和压迫救济制度,⑦ 而这些制度目前也存在着缺位。

（三）公司独立人格受到极大威胁

法律推定公司独立于股东,⑧ 公司整个权力设置架构的意义和目的之一就是维护公司的独立人格,但客观上却受到另一个主体实际上的支配和控制,权力机构设计却出现真正集权者被忽视的制度漏洞。无论是研究还是立法,公司理论都受制于公司是股东的手臂延伸的集合财产理论,否认公司独立存在的利益和权力,或者受制于产权—不完全合同理论更多将公司模拟成合

---

① 冯果、吴雅璇：《一元制公司治理结构下董事会的功能检视与再造》,载《北京理工大学学报（社会科学版）》2022 年 9 月第 24 卷第 5 期。

② 邓峰：《中国法上董事会的角色、职能及思想渊源：实证法的考察》,载《中国法学》2013 年第 3 期。

③ 许可：《股东会与董事会分权制度研究》,载《中国法学》2017 年第 2 期。

④ 参见刘道远：《公司法定代表人的角色、制度渊源及其完善》,载《比较法研究》2022 年第 4 期。

⑤ 参见《公司法》第一百四十六条的规定,有下列情形之一的,不得担任公司的董事、监事、高级管理人员：…'以及《公司法（修订草案）》第 179 条规定,有下列情形之一的,不得担任公司的董事、监事、高级管理人员：…。

⑥ 参见《公司法》第一百五十条第一款规定："股东会或者股东大会要求董事、监事、高级管理人员列席会议的,董事、监事、高级管理人员应当列席并接受股东的质询。"《公司法（修订草案）》第 181 条规定："股东会要求董事、监事、高级管理人员列席会议的,董事、监事、高级管理人员应当列席并接受股东的质询。"

⑦ See Pamela Hanrahan, Ian Ramsay & Geof Stapledon, Commercial Applications of Company Law 20.

⑧ See Southern Electrical Supply Co. v. Raleigh County National Bank, 173 W. Va. 780 (1984).

伙式的"直接民主"。① 虽然我国采取的是职权法定主义，或称职权专属主义，《公司法》分别规定股东会、董事会和经理各自的专属权力，不同机构之间不得互相让渡权力。② 但实际控制人的问题却让原本不予许让渡的权力，发生了权力的竞合，本质上动摇了公司人格独立的根基，让实际控制人事实掌控公司的财务、人员、经营决策各个方面的权力。在实际控制人掌管的公司语境下，公司治理的主要矛盾从解决股东与董事之间的代理问题转变为实际控制人与公司和其他中小股东的利益冲突，实践中出现许多"大股东犯错、小股东买单"的现象。③

## 二、 实际控制人法律规制的思路

实际控制人的控制权本质上既是一种权力又是权利。④ 控制权作为实控人的权利，必然利用控制权为自己谋取利益。实控人正当地行使控制权本身也是公司法需要维护的权益。实际控制人利用绝对占优的表决权操控和决定着公司的重大事项，并基于其表决权的延伸性的权力对董事的选任、解聘等来对公司经营产生实质性的影响力。⑤ 控制权的行使使得公司经营决策权、人事决策权都集中到实际控制人手中，这就导致有实际控制人的公司在公司运营实践中，存在从"双重权利下沉"⑥ 现象演变成"双重权力集中"的怪象，股东会和董事会的决策权力统统都被实际控制人把持，经理或公司法定代表人均成为实际控制人的"傀儡"，因而这在本质上改变了公司治理结构创设的股东会、董事会、监事会的三权分立、各司其职的公司治理分权机制。因而当实际控制人控制公司经营，在公司人格、公司形式与公司程序的前提下，实际控制人的经营权行使是基于管理者身份，此时在功能上已替代董事职权而成为"事实董事""影子董事"。⑦ 实际控制人把控着作为"权力机构"的股东会，股东会又对诸多事项拥有最终决策权力，这就导致决策主体不明晰，决策标准缺少依托，导致决策责任难以识别。⑧ 面对实际控制人的问题，公司治理的解决办法之一是赋予实际控制人信义义务的"紧箍咒"，或是给实际控制人的行动范围划定一个圈。

---

① 参见邓峰：《中国法上董事会的角色、职能及思想渊源：实证法的考察》，载《中国法学》2013 年第 3 期。
② 梁上上：《公司权力的归属》，载《政法论坛》2021 年第 5 期。
③ 郑彧：《上市公司实际控制人法律责任的反思与重构》，载《法学研究》2021 年第 2 期。
④ 邢梅：《公司实际控制人的法律解释》，北京大学 2014 年博士研究生论文，第 31 页。
⑤ 参见朱大明、[日] 行冈睦彦：《控制股东滥用影响力的法律规制——以中日公司法的比较为视角》，载《清华法学》2019 年第 2 期。
⑥ 蒋大兴：《公司董事会的职权再造——基于"夹层代理"及现实主义的逻辑》，载《现代法学》2020 年第 4 期。蒋教授在此文提到"双重权利下沉"现象："一方面，股东会的职权经常以授权方式下沉到董事会；另一方面，董事会的职权也经常以授权的方式下沉到经理层。"
⑦ 参见邓峰：《普通公司法》，中国人民大学出版社 2009 年版，第 531 页。
⑧ 参见潘林：《论公司机关决策权力的配置》，载《中国法学》2022 年第 1 期。

（一）实际控制人信义义务证明力不充分

实际控制人信义义务的论证缺乏制度证明力。目前，无论是我国还是在普通法国家，确立实际控制人、控股股东的信义义务都存在巨大争议。这一条路在理论层面依然很难与公司最基本的资本制度构建的资本多数决、股东自由行使表决权的权益等公司基本制度相背离。

首先，在同股同权、股权平等的基本逻辑前提下，无论实际控制人是通过直接持股还是间接持股的方式获得控制权，作为公司股东之一，他的义务对象都是公司，股东之间是平等的，相互之间没有义务。① 作为公司法中的帝王规则，"股权平等"原则本身就是这种生态规则的反映，所谓"股权平等"尽管包括绝对性平等和比例性平等的内涵，但主要是一种比例性平等——即按照股东所持有的资本的比例赋予权利的平等。②

其次，控股股东滥用控制权侵犯公司抑或其他中小股东的关系，本质是一种侵权行为。受信义务是根据合同关系产生，但股东之间的权利义务划分是通过公司章程来规定的。章程中如果没有一方接受另一方委托而作出明示或者默示的承诺，受信义务也就不存在。③ 澳大利亚明确表示股东之间不具有受信义务，以保持公司理论的连贯性。④ 在公司治理中，信义义务是一种非常严格的义务，对股东权利构成约束，甚至侵犯股东基本的自利权。⑤

再者，控股股东具有受信义务，本质上违背了公司制度建设的资本多数决的决议原则理论。⑥ 既然公司决策逻辑资本多数决的基本前提依然成立，那么控股股东对非控股股东的信义义务的证明力不仅有失公允，也会破坏商业运行的资本逻辑。在整个商业领域，会极大地影响并购市场的活跃度，造成控制权溢价的下降，更加抑制并购的积极性。⑦ 控制地位本身并不附加义务，一个正常运转的市场必然会为能力或投资方面的优势带来回报。除非存在显失公平、欺诈或者胁迫，法律通常并不干预商业世界中财富、议价能力、成熟度等方面的不平等、不均衡。⑧ 法律制度的建设，不能为了保护所谓的弱者，而强行给相对强者赋予额外的义务，这在本质上是一

---

① 蒋大兴：《反对少数股东的保护——探寻股东权利构造的基本面》，载王保树主编：《转型中的公司法的现代化》，社会科学文献出版社 2006 年版，第 553 – 555 页。

② 蒋大兴：《反对少数股东的保护——探寻股东权利构造的基本面》，载王保树主编：《转型中的公司法的现代化》，社会科学文献出版社 2006 年版，第 553 页。

③ See Pamela Hanrahan, Ian Ramsay & Geof Stapledon, Commercial Applications of Company Law 20 (13th ed., CCH Australia 2012).

④ 翁小川：《受压迫股东的救济路径研究：股东受信义务与法定压迫救济制度》，载《比较法研究》2021 年第 4 期。

⑤ Sandra K. Miller, How Should U. K. and U. S. Minority Shareholder Remedies for Unfairly Prejudicial or Oppressive Conduct Be Reformed, 36 Am. Bus. L. J. 579, 627 (1999).

⑥ 王继远：《控股股东对公司和股东的信义义务》，法律出版社 2010 年版，第 138 页。

⑦ Paula J. Dalley, The Misguided Doctrine of Stockholder Fiduciary Duties, 33 Hofstra L. Rev. 175, 221 (2004).

⑧ See Paula J. Dalley, The Misguided Doctrine of Stockholder Fiduciary Duties, 33 Hofstra L. REV. 175 (2004).

种更大的不公平。过于强调少数股东的保护违背了股东权利构造的基本面。①

正义的法，保证法律制度规制的对象权利义务的公平性。拥有控制权，本身是资本运行的结果。一个股东付出了更多的股本，本身就承担了更多的风险，那么他从中获取更多受益本身就是一种朴实的正义理念。拥有权利并非被规制的理由，不正当的行使权利才是被规制的落脚点。因而我们不能想当然地预设实际控制人会滥用控制权，而应当明确实际控制人在什么样的情况下是在滥用控制权，滥用的后果是什么。因此，"大股东大权利，小股东小权利"的原则是按照资本多寡决定权利大小的股权配置标准，是财货稀缺时代股权配置的生态规则，这样的标准具有经济合理性和自然合理性，也有助于维持公司内部的生态平衡。公司的本质并不在于公司本身，而在于公司各利害相关方行为的集合体。② 从行为的角度切入对实际控制人的权力束缚或许比简单地赋予实际控制人信义义务更为妥帖的制度选择。

（二）建立实际控制人"身份—行为—责任"的权责体系

公司法作为组织法和行为法的结合，制度设计本身也包含了法律设计中"身份—行为—责任"的底层逻辑。身份是嵌入在组织体系中的角色定位。一种"身份"的获得不仅反映个人的自由意志，同时在社会意义层面上来说是一种法律制度上的创设，最典型的就是法人独立人格的身份。因而在公司治理的语境下，无论是股东、董事、监事、法定代表人或者独立董事等这一系列组织体里的"身份"，都是法律制度的另一种体现。当一个人成为一个公司的股东或者实际控制人，意味着他选择进入一个国家公司制度的商业总体的规则架构中，以及选择了契合他个体利益的具体目标公司团体。公司治理上各种身份的诞生，本质上是一种商业交易在法律层面的身份定格，也或者说是身份认同。身份建立的法律目的就是赋予身份法律属性的权利和义务，因而股东有了在公司治理体系里的知情权、分红权等各种设置，董事有了勤勉尽职的义务等。身份的制度创设，就是要去识别界定这个自然人在公司架构中的位置，然后对处在不同角色的自然人行为进行不同程度的约束和限制，然后不断完善"身份"所赋予的权利和义务。整个法律评价系统，首先是识别身份，在此基础上再进一步评价行为。比如一个杀人行为，首先要界定这个人的身份是完全民事行为能力人还是限制民事行为能力人，或是无民事行为能力人。自然人具有不同法律身份，所以会对他们相同的行为赋予不同的法律评价和惩戒力度。法律通过对社会中人们行为的评价，来对各种行为进行引导，从而形成法的社会效应。

目前公司法对实际控制人的规定，仅简单地定义了身份，但在公司治理的整体架构设计中

---

① 蒋大兴：《反对少数股东的保护——探寻股东权利构造的基本面》，载王保树主编：《转型中的公司法的现代化》，社会科学文献出版社 2006 年版，第 546 页。

② 参见［日］落合诚一：《公司法概论》，吴婷等译，法律出版社 2011 年版，第 49 页。

却存在制度性缺位，在整个公司法条文中，仅出现了三次。[①] 控制权行使与权利滥用成为公司治理的核心问题，控股股东未被分配任何法定的公司治理权。从权力义务的对等角度来看，公司法对控股股东给的关注和规制远远不够，因而需要完整识别实际控制人在公司实际运作中所作出的行为，然后针对实际控制人所做的行为，对其行为进行识别和定位。再根据实际控制人的具体行为作出法律上的判断此行为的责任效果，形成"识别—定责"的一体化的规制闭环。

（三）实际控制人"行为边界"：确保公司独立人格

公司独立性的第一个含义是公司具有与其他股东和其他利益相关者分离且独立的法律认可的（合格）人格。[②] 公司治理的整个制度设计是在寻求所有公司参与者权利义务的平衡。公司的本质是多元利益主体的集合体，包括公司本身、股东、经营管理人员、雇员、债权人等参与方，他们之间存在明显的利益异质性。公司权力机构的相互制衡设计就是为了平衡公司治理体系中各方参与主体的利益异质性，寻求公司发展的制度效率。"公司利益是公司独立人格的基础，公司决策自主性是公司利益独立的保障，不当影响决策自主性就可能影响公司的独立人格。"[③]

实际控制人的行为边界把控制权限缩在不影响公司独立人格的边界线上。公司的独立人格本质上是两个方面内容：一是公司利益的独立性，二是公司意志或公司决策的独立性。因而在判断实际控制人行为是否侵犯公司利益的时候，应该是一个整体性判断。

### 三、实际控制人归责的体系化建构

按照"身份—行为—责任"的规范逻辑，对实际控制人控制权的范围区分为三个层次，划定两条"红线"（见图1）。

（一）第一条红线：实质董事的认定

对于实际控制人正当行使控制权的行为，应当给予保护和尊重。实际控制人的行为开始越过第一条"红线"表现为：干预、操控公司的经营决策行为，即实控人的控制权开始涵盖公司的经营权。因为在公司的权力制衡制度设计体系中，经营权是分配给董事的权力，当实际控制人实际上行使或掌控了董事的职权，实际控制人的身份就发生了叠加，成为实质意义上的董事。

1. 实际控制人在公司治理体系中的身份叠加。伯利和米恩斯对公司控制形态分为五种：（1）近乎全部所有权实施的控制；（2）多数所有权控制；（3）不具备多数所有权，但通过合法

---

① 参见赵旭东：《公司治理中的控股股东及其法律规制》，载《法学研究》2020年（第4期），第96页。

② ［美］斯蒂芬·M. 班布里奇、M. 托德·亨德森：《有限责任：法律与经济分析》，李诗鸿译，上海人民出版社2019年版，第15页。

③ 石一峰：《关联公司人格否认动态判断体系的构建》，载《环球法律评论》2022年第3期。

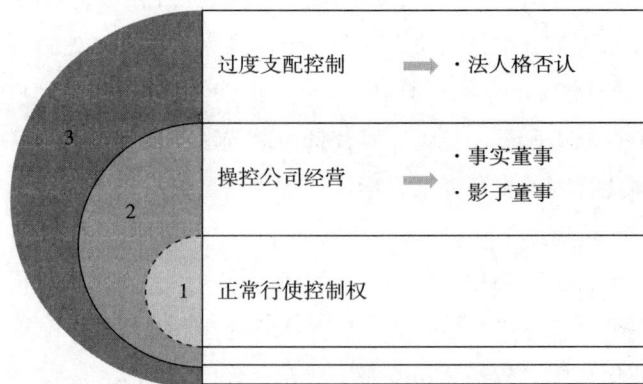

**图 1　实际控制人控制权的范围**

手段实施的控制；（4）少数所有权控制；（5）经营者控制。① 当实际控制人仅是作为控股股东，作为公司所有者并不负有将公司与少数股东利益置于自身利益至上的忠实义务，也不负有知情决策等对公司和股东利益的高度注意义务。②

当实际控制人从所有者身份切换到公司管理者时，对公司经营权进行实际操控，实际控制人发生了身份叠加就具有了"所有者＋管理者"的双重身份属性。比较法上规制控制股东的一种路径就在于将操纵董事判断和决策的控制股东识别为实质意义上的董事，进而使控制股东承担董事的义务与责任。③ 双重身份的实际控制人就对公司利益具有了董事一样的忠实义务，"免于自我交易、恶意行为、欺诈和抢夺公司机会"④。在证监会行政处罚案件中也运用了"双重身份意味着双重义务与双重责任"的双重身份理论，比如在北京无线天利移动信息技术股份有限公司、钱永耀信息披露违法违规行政处罚案件，⑤ 匹凸匹信息披露违法违规行政处罚案⑥中对实

---

① ［美］阿道夫·伯利、加德纳·米恩斯：《现代公司与私有财产》，甘华鸣译，商务印书馆 2005 年版，第 79 – 80 页。

② 潘林：《控股股东义务的法构造》，载《南京师大学报（社会科学版）》2022 年第 5 期。

③ 潘林：《控股股东义务的法构造》，载《南京师大学报（社会科学版）》2022 年第 5 期。

④ See James D. Cox and Thomas Lee Hazen, Cox & Hazen on Corporations: Including Unincorporated Forms of Doing Business, (Second Edition), New York: Aspen Publishers, 2003, p. 519.

⑤ 参见《中国证监会行政处罚决定书（北京无线天利移动信息技术股份有限公司、钱永耀）》（〔2016〕81 号）。证监会指出："作为控股股东、实际控制人，这些人士是上市公司外部治理的关键，…双重身份意味着双重义务与双重责任，仅从上市公司信息披露违法的角度看，既可能触发作为上市公司董事长的失职，又可能触发作为上市公司控股股东、实际控制人的指使或者隐瞒行为"。

⑥ 参见《中国证监会行政处罚决定书（匹凸匹金融信息服务（上海）股份有限公司、鲜言）》（〔2017〕51 号）。证监会直接依据"双重身份理论"，对涉案公司的实际控制人采取了双罚措施：以直接负责的主管人员（法定代表人）身份罚款 30 万元，以实际控制人的身份罚款 60 万元。

际控制人采取了双罚措施。① 在公司组织法的利益谱系中，公司利益作为价值权重最优的独立利益，成为链接各方参与者财富欲望与公司决策者理性行为的价值桥梁。"② 公司利益涉及公司本质问题，但《公司法》并未对公司利益作出明确确定，③ 而是采用物权式的"所有权"标准，常常用股东利益替代公司利益。④ 因而在实际控制人规制体系的建构中需要明确亮明，公司利益不等同于股东利益。因而面对冲突交易，双重身份的实际控制人就需要证明利益冲突的交易的正当性，⑤ 援引"商业判断规则"作为抗辩。

实际控制人并非《公司法》权力制衡体系中的规制主体，对于公司法大量规制的精力都放在对"董事行为规制"上，因而从实际角度出发，当实际控制人控制的手段、程度突破公司治理的权力平衡壁垒时，可以将其身份重新定位为事实董事。通过与法定代表人、董事制度的衔接做到对实际控制人行为的有效规制。当实际控制人认定为董事之后，就可以将规定董事的勤勉尽责义务放置在实际控制人身上。

2. 董事义务的补充。董事承担公司事务的主要决策和实际执行，对公司的整个运行起着举足轻重的作用，其义务规制设计的好坏直接影响到公司制度的目标能否达成。⑥ 因而董事义务的设计也可以成为制衡实际控制人不正当攫取利益的公司治理的防御手段。被操控的董事由于顺从实际控制人，让实际控制人操控行为背离了公司利益最大化目标，董事管理权的失职也同时违反了对公司的义务。董事只对公司负有义务，对股东、债权人和雇员不负有义务。⑦ 董事与公司之间存在受信关系，但是此种关系有别于信托中的受信关系，董事只对公司负有义务。⑧ 因而当董事成为实际控制人的"傀儡董事"，就违背了董事与公司之间的忠实义务。因而这里暗含了这样的一种禁止义务，董事虽然在事实上可能成为控股股东或实际控制人的代理人，但在公司法律制度上这样的代理是禁止的。公司的利益与实际控制人的利益是分离的，董事不能"双重代理"两者的利益。因而，当发生傀儡董事的时候，对于公司而言，该董事就违反了忠实义务。

---

① 参见郑彧：《上市公司实际控制人法律责任的反思与构建》，载《法学研究》2021年第2期。
② 傅穹：《公司利益范式下的董事义务改革》，载《中国法学》2022年第6期。
③ 甘培忠、周游：《公司利益保护的裁判现实与理性反思》，载《法学杂志》2014年第3期。
④ 参见邓峰：《公司利益缺失下的利益冲突规则——基于法律文本和实践的反思》，载《法学家》2009年第4期。
⑤ 在美国法上，利益冲突交易的一般准则是，满足以下条件即视为正当：(1)按照公司的程式，内部人向有关的公司机关作出了充分的信息披露；(2)由无利害关系的有权决策人作出了批准；(3)交易交割是公正的；(4)股东在得到相关的事实之后以多数确认交易。引自邓峰：《公司利益缺失下的利益冲突规则——基于法律文本和实践的反思》，载《法学家》2009年第4期。
⑥ 林少伟：《董事异质化对传统董事义务规制的冲击及其法律应对——以代表董事为研究视角》，载《中外法学》2015年第3期。
⑦ 葛伟军：《英国公司法原理与判例》，中国法制出版社2007年版，第181页。
⑧ 葛伟军：《英国公司法要义》，法律出版社2014年版，第236页。

（二）第二条红线：公司法人格独立

公司独立人格的标准之一，就是公司行为产生的组织逻辑。从实际控制人滥用控制权的路径方式考察，实际控制人通常是借由控制权操作股东大会的表决权，对公司的事权进行不正当干预，或者直接利用控制权作为事实董事管控公司活动。再者实际控制人控制董事会使其成为实际控制人谋取私利的工具。[①] 综合来看，都是通过操作公司的决策机制，干预了公司真正的意思自治和治理体系的董事会机构的代理职责导致的侵权。实际控制人对于公司以及其他股东承担义务与责任的法理基础界定为侵权。[②]

1. 法人格否认制度。实际控制人过度支配和控制，触犯第二条红线，根据《九民纪要》第11条规定，"公司控制股东对公司过度支配与控制，操纵公司的决策过程，使公司完全丧失独立性，沦为控制股东的工具或躯壳，严重损害公司债权人利益，应当否认公司人格，由滥用控制权的股东对公司债务承担连带责任。"公司法人格否认制度是为了在公司法人制度被滥用造成公司利益体系的失衡时，在具体的法律关系中对公司法人格进行否认，以达到实质公正的法律目的。[③] 我国的公司法人格否认制度适用范围较窄，就原告范围而言我国只有"债权人"才能提起刺破公司面纱的诉讼，并且满足的要件较为严格。[④] 因而对于公司独立人格的保护力度和范围来看，远远不够。现实中实际控制人的身份与隐名持股的情况存在现实重合的情况，应当通过法人格否认制度来规范实际控制人的行为，来维持公司的独立人格。

实际控制人过度支配和控制的行为，本质上是在侵犯公司利益。利益是一种价值判断，也是一种权利确认。利益是主体对客体之间所存在某种关系的一种价值形成，是被主体所获得或肯定的积极的价值。[⑤] 在公司利益缺失的背景下，中国公司法的利益冲突规则存在以产权规则代替责任规则，以及用僵硬、机械的事前权利义务配置规则规制利益冲突的问题。[⑥] 由于公司利益的不确定性，为有关内部人以公肥私提供了空间。[⑦]

2. 实际控制人举证责任的分配。证明责任的分配是民事诉讼响应分配正义原则和当事人平等原则的要求。[⑧] 证明责任的分配需要考虑到组织体的特殊性，如果仅是沿用一般的民事诉讼的

---

① 陈洁：《实际控制人公司法规制的体系性思考》，载《北京理工大学学报（社会科学版）》2022年6月。

② 朱大明、[日] 行冈睦彦：《控制股东滥用影响力的法律规制——以中日公司法的比较为视角》，载《清华法学》2019年第2期。

③ 参见杜晓梅：《公司法人格外部逆向否认研究》，中国政法大学2014年硕士研究生论文，第1页。

④ 参见黄辉：《中国公司法人格否认制度实证研究》，载《法学研究》2012年第1期。

⑤ 参见陈新民：《德国公法学基础理论》，山东人民出版社2001年版，第182页。

⑥ 邓峰：《公司利益缺失下的利益冲突规则：基于法律文本和实践的反思》，载《法学家》2009年第4期。

⑦ 蒋大兴、沈晖：《公司利益不确定性的控制机制》，载《北京理工大学学报》2022年第6期。

⑧ Cfr. G. Chiovenda, Principi di diritto processuale civile—Le azioni, il processo di cognizione, Napoli, 1965, p. 787.

证明责任的分配就会使一方维权的成本巨大而导致实质上的不公正。公司是一个拟制的主体，当实际控制人过度支配、控制公司，侵犯公司人格独立的时候，公司本身就沦为一个牵线木偶。民事诉讼法的规定也不会细致到安排涉及实际控制人刺破公司面纱时的证明责任的分配。因而应当在设计实际控制人制度的时候，把举证责任安排给实际控制人。

四、 结论

实际控制人作为公司最有权力的主体应当纳入公司治理的权力平衡的制度设计。应当给予实际控制人足够的立法重视，在组织法层面做到对实际控制人权责一致的安排。对于打破公司权力机关平衡的行为进行合理的规制和适当的调整，通过实际控制人行使控制权行为的不同程度进行分层级的管制。以"身份—行为—责任"的分析逻辑，当实际控制人具有"所有者与管理者"双重身份时，就应当附加管理者身份的义务，这也是现代公司法两权分离治理体系逻辑下权力制衡的应有之义。

Financial Law Forum

金融法苑

2023　总第一百零九辑

# 金　融　法

# 票据清单交易纠纷案件裁判规则研究

## ——《九民纪要》票据纠纷案件裁判规则的修改建议

■ 潘修平*

**摘要：** 票据清单交易是近年来商业银行之间出现的一种新型的融资方式，其本质上不是票据行为，而是一种当事人之间的合同行为。我国法院对票据清单交易作出了两种截然相反的判决结果。最高人民法院虽然在《九民纪要》中统一了票据清单交易纠纷案件的裁判规则，但仍有一些问题未能明确规定，需要进一步修改、完善。在计算损失分摊时，未规定出资行应承担的责任。通道行如果主动向出资行还款，或者在法院判决后被动向出资行还款，则通道行应当取得代位求偿权，有权向出资行、其他通道行进行追偿。对于法院已经作出的判决，没有必要改判或撤销，但应当允许当事人采取必要的补救措施，提起新的诉讼。在刑民交织案件中，应当正确区分单位犯罪还是其工作人员犯罪，在工作人员犯罪的情况下，不应当将银行作为刑事案件的被告人判处刑罚。

**关键词：** 票据　清单　裁判　规则

近年来，在商业银行之间出现了一种新型的票据清单式交易，引发了大量的民事纠纷案件。本文梳理了票据清单交易的模式，对我国法院现有的判决结果及裁判规则进行了研究，对《最高人民法院全国法院民商事审判工作会议纪要》（以下简称《九民纪要》）票据纠纷案件的裁判规则提出修改建议。

## 一、 票据清单交易的模式与本质

（一）票据清单交易的概念

《九民纪要》第 103 条规定：这种交易俗称票据清单交易，也称封包交易，是指商业银行之间就案涉票据订立转贴现或者回购协议，附以票据清单，或者将票据封包作为质押，双方约定按

---

* 潘修平，北京邮电大学人文学院副教授，中国法学会银行法学研究会秘书长。

照票据清单中列明的基本信息进行票据转贴现或者回购，但往往并不进行票据交付和背书。实务中，双方还往往再订立一份代保管协议，约定由卖方代买方继续持有票据，转让时不交付票据，回购时也不交付票据，从而实现合法、合规的形式要求。

（二）票据清单交易的模式及特征

票据清单交易是多链条的，交易的模式如图1所示。

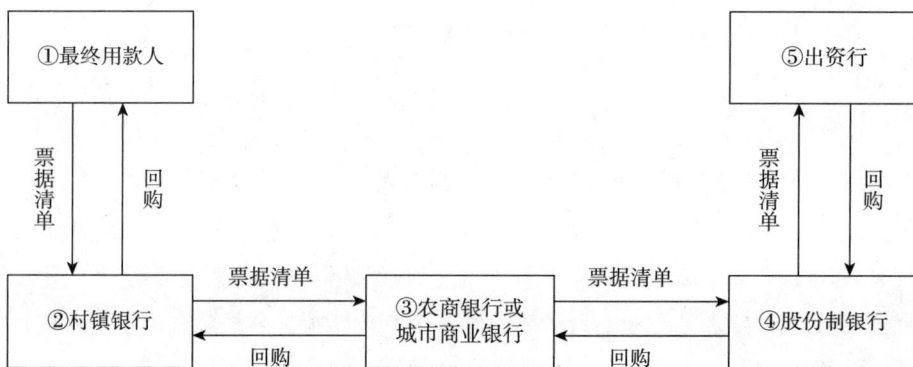

**图1 票据清单交易结构**

票据清单交易的交易模式及特征如下：

1. 整个交易是由票据中介（俗称票贩子）串联起来。各银行之间不认识，也不见面，银行之间通过电子邮件发送合同和银行的资质文件，银行之间基于彼此的信任，在签订合同后直接打款。

2. 村镇银行是票据清单交易的入口。村镇银行往往向票贩子出租账户，并提供证照的复印件。票贩子伪造村镇银行的印章，以村镇银行名义签订交易合同，村镇银行睁一只眼闭一只眼。所谓的实际用款人往往就是票贩子自己的公司。交易款一旦进入"实际用款人"账户后，就被票贩子转走，不再归还。后期的回购全部落空，于是各交易银行之间就发生了纠纷，产生了连锁诉讼。

3. 参与交易的银行的信用逐渐升级。票据中介首先找到出资行，出资行一般是国有大行或者股份制银行，是真正有实力的银行，在整个交易中处于主导地位。而清单交易的发起端是村镇银行，但作为出资行的国有大行或股份制银行不愿直接与村镇银行这样的小银行进行交易，于是村镇银行先与农商行或城商行交易，把信用等级提升到农商行或城商行的级别。农商行或城商行再与股份制银行进行交易，把信用等级提升到股份制银行级别。这个时候出资行就可以与股份制银行进行交易了。在整个交易过程中，银行的信用等级逐渐升级。中间的农商行、城商行、股份制银行被称为通道行。

4. 每一个交易环节同时签订两份《银行承兑汇票转贴现合同》。两份合同的方向相反，一买一卖，一份称为即期合同，一份称为远期合同，时间上相差三个月左右，买入和卖出的价差即是该银行的获利。

5. 交易双方不背书也不实际交付票据，仅依照所谓"票据清单"进行票据的转贴现和回购。清单上只有票据的票号和金额，卖出银行手里未必真有清单上的票据，在多起案件中，清单上的票据在与本次交易不相关的另外的银行手里，或者就是卖出方编撰出来的票据。交易双方还另行签订一份《票据代保管协议》，约定由卖出方代为保管票据，买入时卖出方无需向买入方交付票据，回购时买入方也无需返还票据。买入方对清单上票据存在的瑕疵也是心知肚明的，由于不真实进行票据交付，且交易对手是银行，所以买入方认为存在这些瑕疵无所谓，不影响其利益。

6. 交易金额特别巨大，但通道行的收费非常低。一笔交易规模往往在几亿元或者几十亿元，通道行收取的"通道费""过桥费"体现在买入和卖出的差价上，一般在几万元至几十万元之间，这个收费相对于交易金额来说是非常低的。但对通道行来说，这是一笔无本生意，仅用银行的信用即可赚钱，无需投入资金。如能顺利履行，不出现纠纷，也是一笔好业务。

7. 存在着倒打款的现象。即先由出资行向通道行打款，通道行收到款后立即打给下一家，直到实际用款人，整个交易在很短的时间（1~2 天）内完成。

（三）票据清单交易不属于票据行为，属于合同法律关系

票据清单交易虽然有"票据"两字，但属于"挂羊头卖狗肉"，打了一个票据的擦边球，其实质不是票据交易。王小能认为，"票据行为作为法律行为，除必须具备一般法律行为应当具备的要件即票据行为的实质要件外，还必须具备票据法所规定的特别要件即票据行为的形式要件。"[1] 关于票据行为的构成要件，刘建平等认为，根据票据行为的法律特征及其与普通民事法律行为的区别，可以看出票据行为的构成要件由两部分组成，即实质要件和形式要件。票据行为的实质要件包括行为人的票据能力、意思表示和行为合法三个方面的内容。票据行为的形式要件包括书面、签章、一定的款式和交付四个方面的内容。[2]

对照我国《票据法》的规定，笔者认为票据清单交易不属于票据行为，而属于合同法律关系，理由如下：

1. 票据行为具有要式性，票据清单交易不符合票据行为的要式要求。票据行为具有要式性，即行为人在实施票据行为时必须依照法律法规的规定严格进行，否则其行为不具有票据法上的效力。根据《票据法》的相关规定，在票据上背书并交付票据是金融机构办理票据转贴现业务

---

① 王小能编著：《票据法教程》（第二版），北京大学出版社 2001 年版，第 39 页。
② 刘建平、黄立芳、余立公：《对票据行为的认识》，载《中国金融》2004 年第 18 期。

时必须实施的转让票据的票据行为，双方作为金融机构也对此明知。双方当事人仅采用了银行业关于票据转贴现的格式合同文本，按照票据转贴现法律关系约定了贴现金额、贴现利率等相关内容，但双方交易仅发生了清单交易，未见到银行承兑汇票原件，在未发生验票、交票的情况下，径行发生了付款行为，双方之间并无票据转贴现的合意，因此，双方的行为不属于票据行为。

2. 票据行为具有文义性，不允许当事人以票据外的证明方法加以变更或补充。票据行为的文义性，即票据行为的内容必须在票据上以文字形式作出，票据行为完成后判断其内容也只能以票据上已记载的文字为依据，不允许当事人以票据外的证明方法加以变更或补充。在票据清单交易中，双方未实际交付票据，在票据上也未记载贴现事项，交易各方只是通过签订合同的形式对票据清单交易的事项进行了约定，这是在票据之外做的约定，合同的约定严重违反了票据的文义性要求，合同上约定的所有事项均不产生票据法律效力，各方无法主张票据权利。各方只能依据合同的约定，主张合同权利。

3. 票据行为具有单方性，票据清单交易具有双向意思表示。票据行为的单方性，是指票据行为人在票据上记载了法定内容后将票据交付给受票人，票据关系即告成立，票据行为的意思表示是单向的，无需他人作出任何表示。在票据清单交易中，交易双方签订了合同，达成了合意，这是一种双向的意思表示。在实际交易中，当事人是签订两份方向相反的合同，一份称为即期合同，即卖出合同；另一份是远期合同，即回购合同。在存在两份方向相反的合同的情况下，双方的意思表示必然是双向的，不可以仅有某一方的单方意思表示就可成立方向相反的两个合同。

4. 票据行为具有连带性，在票据清单交易中各交易主体之间并无连带性。票据行为的连带性，是指同一票据上的各个票据行为人都是交易的主体，都应负担票据债务，属于票据的共同债务人，承担连带票据债务责任。持票人可以向任何一个票据行为人主张权利，也可以同时对所有的票据行为人主张权利。承担了赔偿责任的票据行为人还可向其他票据行为人进行追偿。

票据清单交易是通过若干个单独的合同完成的，交易主体只与上、下游的交易对手有意思表示，与其他交易主体并不认识，无法达到意识表示的一致性。连带责任是一种非常重的法律责任，从《民法典》第六百八十六条的规定来看，对连带保证责任必须要明确约定，必须以明示的方式表示出来，不能用推论的方式来判断。从交易主体在合同中约定的内容来看，合同的效力仅及签订合同的双方，合同上并无所有的交易主体要承担连带责任的意思表示。

综上所述，票据行为有严格的要求，票据清单交易不符合这些规定，因此不属于票据行为。从现有的法院判决来看，在票据清单交易纠纷案件中，法院均判决当事人之间的交易行为不属于票据行为，而仅发生了清单交易，属合同法律关系。应当说，法院在判决中的认定是非常准确的。

## 二、 票据清单交易大案频发， 监管部门出台禁止措施

（一）票据大案频发

2016 年的中国票据市场阴云密布。2016 年 1 月 22 日，农行北京分行发生了"39 亿元票据事件"。一波未平一波又起，1 月 29 日，中信银行再次曝出 9.69 亿元票据风险事件。仅 2016 年上半年媒体广泛报道的农行、中信、天津、宁波、广发、工商 6 起票据大案，累计风险金额就高达 108.7 亿元。[①] 操作方法、案涉金额和刑事犯罪手段无不令业界震动，票据融资也因此成为金融"强监管"政策最先发力整治的对象。

（二）监管部门出台监管措施，票据清单交易被禁止

2016 年 4 月 30 日，中国人民银行、中国银行业监督管理委员会发布《关于加强票据业务监管 促进票据市场健康发展的通知》（银发〔2016〕126 号），实质上对票据清单交易做了禁止性规定，主要内容包括：

1. 严禁银行与非法"票据中介""资金掮客"开展业务合作。不得开展以"票据中介""资金掮客"为买方或卖方的票据交易；禁止跨行清单交易、一票多卖；对疑似"票据中介""资金掮客"等客户或交易对手，应及时审慎处置。

2. 不得出租、出借账户、公章、印鉴，严禁将本银行同业账户委托他人代为管理。

3. 加强实物票据保管。银行应建立监督有力、制约有效的票据保管制度，严格执行票据实物清点交接登记、出入库制度，加强定期查账、查库，做到账实相符，防范票据传递和保管风险。

4. 规范纸质票据背书要求。受理转贴现业务时，拟贴入银行必须确认交易对手已记载背书，禁止无背书买卖票据；已贴入银行必须于转贴现业务当日在本手背书的被背书人栏记载本机构名称，保障自身票据权利。受理买入返售业务时，拟买入返售银行必须确认交易对手是最后一手票据背书记载的被背书人。

5. 禁止离行离柜办理纸质票据业务。转贴现、买入返售（卖出回购）的交易双方应在交易一方营业场所内逐张办理票据审验和交接。买入返售（卖出回购）交易对应的票据资产需要封包的，交易双方应在买入方营业场所内办理票据审验和交接。票据实物应由买入方保管。

---

① 李佳澎：《票据市场的过去与未来：从票据中介时代到票交所时代》，https://www.sohu.com/a/166721335_465958，2022 年 10 月 23 日访问。

该文件对不断爆发的票据风险事件做了一个官方的定性，要求银行业内开展风险自行排查，并且强化监管力度。随后，中国银监会按照该文件的规定，对全国银行业金融机构进行大检查，对仍然存在违规行为的银行作出了行政处罚。2017 年以来，银行因票据清单交易被处罚的信息常常出现在银监系统的网站上。

该文件发布后，票据清单交易的交易规模迅速下降，之前存在的各种乱象得到了有效控制。几轮监管组合拳打过去之后，原本生意红火的票据融资圈逐渐消停，新的票据清单式交易已不再发生。

### 三、 票据清单交易引发的民事诉讼案件增加， 法院出现了两种截然相反的判决结果

票据清单交易虽然被禁止，但存量票据清单交易引发的民事诉讼却大量爆发。2017 年以来，大量的票据清单交易纠纷案件涌入法院，当事人多头诉讼、分别诉讼，法院很难看到当事人之间交易的全貌。法院对这种新型的融资方式尚未反应过来，在准备不充分的情况下，就匆忙地对局部争议作出了判决，使法院陷入非常被动的地位。

（一） 出资行在民事诉讼中的请求方式

综合分析现有的民事诉讼案件，原告是出资行，被告是其直接交易的通道行，只有恒丰银行诉江西银行案是例外，原告是通道行，被告是另一家通道行①。

原告的诉讼请求有两种方式：

1. 原告（出资行）要求通道行支付票据回购价款。在出资行依据即期合同向通道行支付了票据款，且双方约定票据由出卖方保管、不进行票据交付的情况下，通道行未能履行远期合同约定的回购义务，故出资行依据远期合同要求通道行依约支付票据回购价款。

2. 在通道行不能支付回购价款的情况下，出资行要求通道行交付票据。此种诉讼请求是基于即期合同提起的。出资行已按即期合同向通道行支付了票据款，而通道行未向出资行交付票据，在通道行不履行远期回购合同的情况下，出资行依据即期合同的约定，要求通道行实际交付票据。票据清单交易本无交付票据的必要，现通道行拒不回购，出资行只能直接请求通道行交付票据。

（二） 法院对票据清单交易作出了截然相反的判决

法院在认定当事人之间属于借贷合同法律关系后，对票据清单交易作出了截然相反的判决。

1. 认定整个交易为一笔借款。法院认定中间银行只是通道，不承担还款责任，因此驳回了出资行对通道行的全部诉讼请求，但也没有指明出资行下一步该如何主张权利，向谁主张权利，

---

① 恒丰银行股份有限公司烟台分行诉江西银行股份有限公司合同纠纷案，山东省高级人民法院（2017）鲁民初 30 号《民事判决书》，最高人民法院（2019）最高法民终 245 号《民事判决书》。

出资行的诉讼请求被驳回后没有了救济的程序。

2. 按合同相对性的原则，认定每一段交易都是相对的，分段来解决。另一种判决结果认为每一段交易都是相对的，将整个交易链条切分开来看待，每个交易是单独的银行间借贷法律关系，通道行应向其前手出资行还本付息，该通道行还本付息后可以起诉下一家通道行，以此类推。

笔者将两种判决结果汇集在一起，详情见表1。

### 表1 法院两种判决结果比较

| 分类 | 案号 | 当事人 | 判决结果 | 判决理由 |
|---|---|---|---|---|
| 整个交易是一笔借款 | 吉林高院（2016）吉民初44号、最高人民法院（2017）最高法民终962号 | 原告：吉林敦化农村商业银行股份有限公司<br>被告：宁波银行股份有限公司温州分行 | 一审驳回吉林敦化农商行的诉讼请求；<br>二审维持原判 | 1. 双方并无交付票据的意思表示，也无交付票据的目的，双方的行为不能产生票据交付的法律效果；<br>2. 存在倒打款的现象，资金在通道行停留时间非常短；<br>3. 从收益上看，双方的收益差距非常悬殊；<br>4. 在回款出现困难后，出资行直接向案外人催款，且案外人未通过通道行直接向出资行还款；<br>5. 双方签订票据转贴现及回购合同系外在的表面行为，其内部隐藏的行为是资金通道行为。双方形成名为银行承兑汇票回购合同而实为资金通道合同的法律关系 |
|  | 吉林高院（2016）吉民初45号、最高人民法院（2017）最高法民终963号 | 原告：吉林敦化农村商业银行股份有限公司<br>被告：宁波银行股份有限公司绍兴分行 | 一审驳回吉林敦化农商行的诉讼请求；<br>二审维持原判 | |
|  | 山东省高级人民法院（2017）鲁民初30号、最高人民法院（2019）最高法民终245号 | 原告：恒丰银行股份有限公司烟台分行<br>被告：江西银行股份有限公司<br>第三人：库车国民村镇银行有限责任公司<br>第三人：中原银行股份有限公司 | 一审驳回恒丰银行的诉讼请求；<br>二审维持原判 | |

续表

| 分类 | 案号 | 当事人 | 判决结果 | 判决理由 |
|---|---|---|---|---|
| 按合同相对性原则，每个交易是相对的 | 吉林高院（2016）吉民初28号<br>最高人民法院（2017）最高法民终965号 | 原告：吉林环城农村商业银行股份有限公司<br>被告：恒丰银行股份有限公司青岛分行 | 一审判决恒丰青岛分行向环城农商行给付4.6亿元及利息；<br>二审维持原判 | 1. 双方虽然签订了《银行承兑汇票转贴现合同》，但实际未按照合同约定进行涉案票据贴现，仅进行了清单交易，因此，双方涉案交易名为汇票转贴现，实为银行间融通资金的行为，本案的案由为合同纠纷；<br>2. 资金融入行应向资金融出行还本付息；<br>3. 关于交易链条上的其他主体，根据合同相对性原则，无需追加上述主体为被告，其他纠纷应另案解决 |
| | 海南高院（2016）琼民初20号<br>最高人民法院（2016）最高法民终741号 | 原告：民生银行三亚分行<br>被告：宁波银行北京分行<br>第三人：苏州银行 | 一审判决宁波银行北京分行向民生银行三亚分行支付4亿元及其利息；<br>二审维持原判 | |
| | 山东高院（2018）鲁民初67号 | 原告：恒丰银行股份有限公司青岛分行<br>被告：浙江稠州商业银行股份有限公司 | 一审判决稠州商业银行向恒丰青岛分行返还4.7亿元及利息 | |

资料来源：中国裁判文书网。

## 四、 最高人民法院发布 《九民纪要》， 统一了票据清单交易纠纷案件的裁判规则

面对以上的混乱状况，最高人民法院于2019年11月8日发布的《九民纪要》对票据清单交易纠纷案件的裁判规则作了全面的规定，想借此来统一法院的裁判规则。

（一）最高人民法院在《九民纪要》中关于票据清单交易的规定

《九民纪要》第103条规定：审判实践中，以票据贴现为手段的多链条融资模式引发的案件应当引起重视。这种交易俗称票据清单交易、封包交易，是指商业银行之间就案涉票据订立转贴现或者回购协议，附以票据清单，或者将票据封包作为质押，双方约定按照票据清单中列明的基本信息进行票据转贴现或者回购，但往往并不进行票据交付和背书。实务中，双方还往往再订立一份代保管协议，约定由原票据持有人代对方继续持有票据，从而实现合法、合规的形式要求。

出资银行仅以参与交易的单个或者部分银行为被告提起诉讼行使票据追索权，被告能够举证证明票据交易存在诸如不符合正常转贴现交易顺序的倒打款、未进行背书转让、票据未实际交付等相关证据，并据此主张相关金融机构之间并无转贴现的真实意思表示，抗辩出资银行不享有票据权利的，人民法院依法予以支持。

第 104 条规定：在村镇银行、农信社等作为直贴行，农信社、农商行、城商行、股份制银行等多家金融机构共同开展以商业承兑汇票为基础的票据清单交易、封包交易引发的纠纷案件中，在商业承兑汇票的出票人等实际用资人不能归还票款的情况下，为实现一次性解决纠纷，出资银行以实际用资人和参与交易的其他金融机构为共同被告，请求实际用资人归还本息、参与交易的其他金融机构承担与其过错相适应的赔偿责任的，人民法院依法予以支持。

出资银行仅以整个交易链条的部分当事人为被告提起诉讼的，人民法院应当向其释明，其应当申请追加参与交易的其他当事人作为共同被告。出资银行拒绝追加实际用资人为被告的，人民法院应当驳回其诉讼请求；出资银行拒绝追加参与交易的其他金融机构为被告的，人民法院在确定其他金融机构的过错责任范围时，应当将未参加诉讼的当事人应当承担的相应份额作为考量因素，相应减轻本案当事人的责任。在确定参与交易的其他金融机构的过错责任范围时，可以参照其收取的"通道费""过桥费"等费用的比例以及案件的其他情况综合加以确定。

（二）最高人民法院希望在一个诉讼中一揽子解决交易链条上的所有纠纷，避免多头诉讼

最高人民法院民二庭对这一条的解释为：在审判工作中，对封包交易、清单交易所引发的纠纷案件，要注意切实改变此前司法实践中片面迁就当事人的不当诉讼、任由当事人分别起诉、多头起诉的不当做法，以节约司法资源和当事人的诉讼成本。审查原告的诉讼请求能否得到支持，最重要的是要看其在整个交易链条上所处的地位，是否为实际出资银行。如果原告只是过桥银行，因其在整个交易中只是处于承担与其过错相适应的民事责任的被告地位，对其发起的诉讼，不应予以支持。[①]

最高人民法院的思路是在一个诉讼案件中一揽子解决交易链条上的所有纠纷，避免同一笔交易出现多个诉讼案件。从债法理论来说，当事人之间订立的合同应当是相对的，纠纷应当在合同当事人之间发生和解决。如果将整个交易视为一个借贷法律关系，出资行为出借人，实际用款人为借款人，确实有些牵强，因为出资行与实际用款人根本就不认识，他们之间不可能有借贷的合意，也不可能有资金的直接支付关系，所以出资行与实际用款人之间不可能形成借贷法律关系。

但票据清单交易是在特殊历史时期出现的一类特殊的案件，笔者认为，最高人民法院将整

<hr />

[①] 最高人民法院民事审判第二庭：《全国法院民商事审判工作会议纪要》理解与适用（第一版），人民法院出版社 2019 年 12 月版，第 538 页。

个交易视为一个借贷法律关系确实有些牵强，但这是解决票据清单交易纠纷的一个有效办法，算是针对这一类特殊案件出台的一个特殊解决办法。

（三）最高人民法院根据公平原则，按各交易主体获利金额的比例分摊出资行所受到的实际损失

最高人民法院确定的损失分摊方式，依据的是民法上的公平原则。公平原则是指在民事活动中以利益均衡作为价值判断标准，在民事主体之间发生利益关系纠纷时，以权利和义务是否均衡来平衡双方的利益。《民法典》第六条规定："民事主体从事民事活动，应当遵循公平原则，合理确定各方的权利和义务。"《民法典》第六条规定："民事主体从事民事活动，应当遵循公平原则，合理确定各方的权利和义务。"

在实际用资人不能归还债务本息的情况下，出资行受到损失，《九民纪要》采取损失分担的机制。徐祖林认为：风险分担机制是指因不可归责于双方当事人的事由所致合同履行中相关利益的损失由谁承担的法律制度。风险分担机制作为合理分配不幸损失的法律措施，同样是基于合同法公平原则而存在的。收益与风险是一个事物的两个方面，合同主体永远都不可能取此而舍彼，风险分担机制唯有与利益相联系才可能成为正确、公平和令人信服的设计。[①]

综上所述，《九民纪要》采取的损失分担机制是有上位法作为依据的，参与交易的银行按照合同约定的获利比例，分摊出资行所受到的损失，充分体现了风险与利益相一致的原则，是解决票据清单交易的有效、公平的方法。《九民纪要》颁发后，多头诉讼的现象得到遏制，存量诉讼案件在逐渐解决。

## 五、《九民纪要》的疏漏之处及修改、完善建议

《九民纪要》虽然统一了清单式票据交易纠纷案件的裁判规则，但仍有一些问题未能明确规定，需要进一步修改、完善。故此，笔者提出以下建议。

（一）《九民纪要》第 104 条未规定出资行应承担的责任

在实际用款人不能归还本息的情况下，《九民纪要》第 104 条只对参与交易的其他金融机构的责任进行了规定，在确定参与交易的其他金融机构的过错责任范围时，可以参照其收取的"通道费""过桥费"等费用的比例以及案件的其他情况综合加以确定。这其中存在以下问题：

1. 没有规定出资行该承担什么责任，如何承担。

2. 如果出资行不承担责任，通道行按照其收取的"通道费""过桥费"等费用的比例赔偿出资行所受到的损失，则出资行的损失就全部由通道行承担了，实际上就是判决通道行赔偿出资行的全部损失，出资行收回全部本息，而通道行全额受损。如果是这样的判决结果，则与《九民纪要》第103 条、第 104 条对通道行的定位相背离，也与《九民纪要》确定的损失分摊原则相背离。

---

① 徐祖林：《论我国合同法中的公平原则》，载《云梦学刊》2001 年第 5 期。

票据清单交易不是票据交易行为，参与交易的主体对此类交易中存在的风险心知肚明，但为了各自的利益仍然愿意冒险进行交易。如果最终实际用款人不能还本付息，使出资人受到损失，参与交易的全部金融机构都有过错，应当按照自己的过错和获利比例承担相应的责任，出资银行也不例外。在确定承担赔偿责任时，《九民纪要》确定了通道行按照其收取的"通道费""过桥费"等费用的比例赔偿出资行所受到的损失，同理出资行也应按照合同约定的收益金额占全部损失的比例承担损失。一般来说，通道行获利非常少，分担的损失金额也很少；出资行获利较多，分担的损失金额较多。从《九民纪要》上下文来看，出资行是应当承担责任的，但在文字表述上没有表述出来，容易引起异议，让人看不懂。

现举例说明。假设在这样的交易之下：A（出资行）⇨B（通道行）⇨C（通道行）⇨D（通道行）⇨E（最终用款人）

现在假设：出资行A损失为N元

出资行A获得收益：如合同能够履行可以获得w元

通道行B获得收益：如合同能够履行可以获得x元

通道行C获得收益：如合同能够履行可以获得y元

通道行D获得收益：如合同能够履行可以获得z元

参与交易的全部金融机构分摊损失的方法：

出资行A承担的损失：$N \times w \div (w+x+y+z) \times 100\%$

通道行B承担的损失：$N \times x \div (w+x+y+z) \times 100\%$

通道行C承担的损失：$N \times y \div (w+x+y+z) \times 100\%$

通道行D承担的损失：$N \times z \div (w+x+y+z) \times 100\%$

根据上述计算规则，建议将《九民纪要》第104条第2款的后半部分修改为："在确定参与交易的金融机构的过错责任范围时，可以参照合同约定的出资行的收益、通道行收取的'通道费''过桥费'等收益的比例以及案件的其他情况综合加以确定。"

（二）在通道行已经向出资行偿还了本息的情况下，应当赋予通道行代位求偿权

实践中，有的案件中通道行已经向出资行偿还了本息，以下两种情形。

1. 通道行主动承担责任向出资行还款（主动偿还）。通道行虽然未收到其下家的还款，但为信守银行信用，用自有资金向出资行偿还了债务本息。如在中原银行⇨恒丰银行⇨江西银行⇨库车村镇银行这个案件中，在江西银行未能向恒丰银行支付票据回购款的情况下，恒丰银行虽然只是通道行，但为了恪守银行信用，恒丰银行用自有资金，主动向中原银行偿还了全部的本息。[①]

---

[①] 恒丰银行股份有限公司烟台分行诉江西银行股份有限公司合同纠纷案，山东省高级人民法院（2017）鲁民初30号《民事判决书》，最高人民法院（2019）最高法民终245号《民事判决书》。

2. 在法院判决后，通道行被动地向出资行偿还本息（被动偿还）。如前所述，在部分案件中，法院按照合同相对性原则，判决通道行向出资行偿还本息，通道行被迫履行了法院的判决，被动地向出资行偿还了本息。如吉林环城农村商业银行股份有限公司诉恒丰银行股份有限公司青岛分行案中，法院判决恒丰银行股份有限公司青岛分行向吉林环城农村商业银行股份有限公司偿还本息，且恒丰银行股份有限公司青岛分行已实际履行了判决。①

无论是主动还款还是被动还款，通道行在实际还款后，受到了巨大的经济损失，而出资行却全额收回了本息，全身而退，这显然有失公允。在《九民纪要》第 104 条中，只规定了出资银行享有追偿权，没有规定通道行还款后是否享有追偿权，没有规定通道行所受到的损失该如何处理。部分案件中通道行是依据法院的生效判决还款的，理应对通道行还款后的追偿问题有所规定，不能这样不了了之。这应当是《九民纪要》的一个重大疏漏。

笔者认为，通道行在向出资行还款后，通道行由此就享有了代位求偿权，通道行成为债权人，可以代替出资行行使上述权利。求偿的方法可以适用《九民纪要》第 104 条的规定。此时，承担了付款责任的通道行作为原告，对出资行、其他通道行、实际用款人提起诉讼，要求这个交易链条上的各主体分摊其所受到的损失，具体的分摊原则如下：

在实际用款人无力还款的情况下，各参与交易的银行应按合同约定的获利比例分摊该通道行所受到的损失：出资行应按获利比例分摊，一般来说出资行的获利最高，分摊的也就最多，虽然此前出资行已全额收回本息（无论是主动还是被动），但仍应判决出资行按照其获利比例分摊通道行所受到的损失。承担了付款责任的通道行（原告）自己也应承担一部分损失，因为其也有过错。其他通道行按合同约定的各自的"通道费""过桥费"获利比例以及案件的其他情况综合分摊原告所受到的损失。这样就可以适用《九民纪要》第 104 条的规定，已经还款的通道行所受到的损失应当由参与交易的所有银行（包括出资行、该通道行在内）分摊。

笔者建议在《九民纪要》第 104 条中增加第三款：如果通道行向出资行偿还了本息，则该通道行成为债权人，可以对实际用款人、出资行、其他通道行提起诉讼。在实际用款人无力还款的情况下，由出资行、已承担还款责任的通道行、其他通道行按各自获利的比例分摊损失。分摊的方法按本条第二款的规定确定。

（三）对法院已经作出民事判决的案件，没有必要改判或撤销，但应当允许当事人采取补救措施，重新提起诉讼

如前所述，我国法院在 2017—2020 年对票据清单交易纠纷案件作出了很多判决，而且出现了截然相反的判决结果。这些判决是在当时的法律背景下作出的，显然不能用今天的《九民纪

---

① 吉林环城农村商业银行股份有限公司诉恒丰银行股份有限公司青岛分行合同纠纷案，吉林省高级人民法院（2016）吉民初 28 号《民事判决书》，最高人民法院（2017）最高法民终 965 号《民事判决书》。

要》来衡量这些判决的对错。法院已经作出的判决是有效的，没有必要改判或撤销，但是这些判决确实对当事人的利益产生了重大影响，产生了利益上的失衡，必须采取必要的补救措施，合理分摊各参与交易银行的损失，给予这些案件的当事人一个救济的机会。

根据《九民纪要》的规定，建议对不同的判决结果采取不同的救济措施：

1. 对于认定整个交易是一个借贷法律关系的案件。对于认定整个交易是一个借贷法律关系的案件，法院已经判决驳回原告（出资行）对被告（通道行）的诉讼请求，判决通道行不承担责任，但是没有说明由谁来承担责任，这成了没有下文的判决。对于这类判决，应当允许出资行重新起诉，将实际用款人、全部的通道行作为被告，按《九民纪要》第104条的规定重新作出判决。

2. 对于判决通道行向出资行还款的案件。对于按照合同相对性原则，判决通道行向出资行还款，且该通道行已经履行了法院判决，实际向出资行完成还款，则应当允许该通道行取得代位求偿权，作为债权人，对实际用款人、出资行、其他通道行提起诉讼，详见本文前面的论述。

（四）正确处理刑民交叉案件

所谓刑民交叉案件，是指在一个案件中，案件性质或案件事实既涉及刑事法律关系，又涉及民事法律关系，相互间存在交叉、牵连、影响的案件。在清单式票据交易纠纷案件中，大量存在刑事犯罪，主要表现为出租银行账户、伪造印章、将不属于自己的票据列入交易清单、内外勾结、行贿受贿等。

《九民纪要》第105条第1款规定："人民法院在案件审理过程中，如果发现公安机关已经就实际用资人、直贴行、出资银行的工作人员涉嫌骗取票据承兑罪、伪造印章罪等立案侦查，一方当事人根据《最高人民法院关于在审理经济纠纷案件中涉及经济犯罪嫌疑若干问题的规定》第11条的规定申请将案件移送公安机关的，因该节事实对于查明出资银行是否为正当持票人，以及参与交易的其他金融机构的抗辩理由能否成立存在重要关联，人民法院应当将有关材料移送公安机关。民商事案件的审理必须以相关刑事案件的审理结果为依据的，应当中止诉讼，待刑事案件审结后，再恢复案件的审理。案件的基本事实无须以相关刑事案件的审理结果为依据的，人民法院应当继续案件的审理。"第2款规定："参与交易的其他商业银行以公安机关已经对其工作人员涉嫌受贿、伪造印章等犯罪立案侦查为由请求将案件移送公安机关的，因该节事实并不影响相关当事人民事责任的承担，人民法院应当根据《最高人民法院关于在审理经济纠纷案件中涉及经济犯罪嫌疑若干问题的规定》第10条的规定继续审理。"

《九民纪要》第105条基本上把刑民交织案件的处理原则规定清楚了，但实践中存在一定的问题，仍需进一步规范。在个别案件中，出资行作为原告提起民事诉讼后，被告通道行所在地的司法机关将原告商业银行的工作人员逮捕，最终将原告商业银行及其工作人员均作为刑事案件的被告人提起刑事诉讼，指控原告商业银行是单位犯罪。法院判处该商业银行犯票据诈骗罪，对商业银行判处罚金，对其工作人员判处刑罚。

笔者认为，应当正确区分单位犯罪还是其工作人员犯罪。如果商业银行的工作人员存在受贿的情况，作出有损于本商业银行和其他商业银行利益的行为，该工作人员应当是刑事诉讼案的被告人，其所在的商业银行是刑事犯罪的受害人，不应当将该商业银行作为刑事案的被告人。之所以会出现这种乱象，还是和《九民纪要》第 105 条第 2 款的规定有关，如果仅将银行工作人员判刑的话，并不影响其所在的银行对其他通道行提起民事诉讼，通道行承担责任的可能性较大，所以通道行所在地的司法机关干脆将该商业银行作为刑事案的被告人，按单位犯罪来判处。在法院对该银行作出有罪的刑事判决后，彻底阻断了该银行提起的民事诉讼。司法机关这样判决的危害性极大，应当引起高度重视。

六、 结论

票据清单交易是在特殊时期出现的一种特殊金融现象，监管部门出台了相应的监管措施后，票据清单交易已经停止，今后应当不会发生新的纠纷，现有的民事诉讼均是存量诉讼。法院对这一新型交易认知不足，在准备不充分的情况下，作出了截然相反的判决结果。《九民纪要》虽然统一了裁判规则，但仍有很多遗漏之处，主要是对出资行的责任规定不清，对已经承担了责任的通道行如何追偿没有规定，这些都需要补充完善。对于法院过去已经作出的判决，应当允许当事人采取必要的补救措施，最终目的是让这些存量纠纷案件得到公平、合理、一揽子的解决。

金融创新永无止境，在当今时代，票据的支付功能已经弱化，票据的主要功能是融资。在监管部门对票据清单交易采取了禁止措施之后，新的票据清单交易已不再发生，但银行之间很有可能会创造出新的票据融资模式，代替现有的票据清单交易。从这一角度来说，对《九民纪要》确定的票据清单交易纠纷的裁判规则进行补充、完善是十分必要的，今后再有类似的票据交易纠纷出现，可以直接适用这些规则。

# 高利贷入罪的理论证成及规制路径*

■ 李燕青　李　军**

**摘要：** 高利贷入刑的问题在我国争论已久，最大的理论障碍是合同自由原则。根据合同自由原则，由于高利贷合同是借款人自愿、自由签订的，自然由其自己承担不利的后果。民法中的"高利贷"与刑法中的"高利贷"在认定范围以及规制对象存在很大差异。民法中的高利贷是以利率"高低"为标准；而刑法中是以行为"公平"作为标准。并且，民法中利息可以分为：法定利率限度内的利率、半自治的利率、与本金显不相当的利率。其中"与本金显不相当"利息类型，已经违背了合同所追求的公平，此时就不应该再固守合同自由原则；正是行为人利用被害人处于不利境地并获取"与本金显不相当"利息的这种"不公平"行为，乃是刑法介入的节点。简言之，对于获取"与本金显不相当"利息的行为在法秩序体系中具有违法性并不存在理论障碍。根据域外评价利率上限的标准，鉴于国民经济需求、法定利率的标准以及刑法规范的目的，建议我国增设高利贷罪后采用主观主义——例外的标准，作为评判刑法视域下的高利贷的介入依据。

**关键词：** 利息类型　与本金显不相当　利率论　公平　主观主义标准

## 一、 问题的提出

随着民间资本的充裕，近年来高利贷以及衍生犯罪问题愈演愈烈。笔者通过北大法宝数据库以 2019—2021 年为时间限制，以"民间借贷"为检索词共 6071849 件案件。以"高利贷"为检索词共 51227299 件，其中刑事案件共 3471539 件，涉及的罪名比较广泛，如非法拘禁罪，绑架罪，故意伤害罪，诈骗罪，合同诈骗罪，组织、领导、参加黑社会性质组织罪，开设赌场罪，非法吸收公众存款罪等。正如有学者指出，刑法严重打击现金贷、校园贷、套路贷等高利贷的衍

---

* 本文是福建省社科规划项目《网络犯罪扩张的类型化规制研究》（课题号：FJ2021BF015）的阶段性成果。
** 李燕青，海南大学法学院 2018 级刑法学博士研究生；李军，华东政法大学博士后，福建农林大学教师，硕士生导师。

生犯罪，而高利贷本身却处于法律风暴的"风眼"中安然无恙，没有遭到打击。① 究其原因，高利贷不同于诈骗罪、敲诈勒索罪，后者中被害人的不利情形是行为人设置的，而在高利贷中，被害人对于其不利程度情形是知道并通过合同同意的。鉴于合同是意思自治的表示，应该肯定其法律效力。如是，如果在此情形下将高利贷行为纳入刑法规制，就会出现在民法上合法有效的行为，而在刑法上却是违法的冲突。

## 二、 民法视域下高利贷的认定

近年来出现的"套路贷"行为中，行为人（出借人）事先告知被害人（借款人）合同需要支付的利息、违约金以及手续费用等。但是当行为人按照约定向被害人索取上述费用的时候却被以诈骗罪入罪。有学者对此指出，当行为人企图通过较小的"借款"获取巨额利息时，其行为目的就不是获得本息而是为了最大限度获得被害人的财产。② 换言之，如果一般的民间借贷的法定利息为 20%，当合同约定的利息为 50%，我们称之为高利贷。那么当合同的利息为 600%，根据既有观点当双方当事人在合同明确约定时，此时应属于"套路贷"。因为行为人意图获取合法本金及利息外的财产而产生了非法占有不得目的，此时应该从刑法上进行实质判断否定该合同的合法性。③ 如是，引申出的一个问题，即刑法"刺破"民事合同自由原则的理论基础及边界在哪？

（一）民法的利率决定论

何为"高利贷"，其实目前我国民事立法及司法中高利贷的概念均未作出明确规定。很多不言而喻的东西，往往有一种虚假的熟悉性，恰恰是靠不住的。既有的研究探讨高利贷的很多成果是基于不同的"高利贷"而得出的结果。如有学者指出，高利贷是一种约定俗成的概念，通常是指超过央行基准利率而为的民间借贷行为。④ 还有学者认为，高利贷是指超过一定合适利率的贷款。⑤ 另有观点认为，放高利贷是指，放贷人将资金借给借贷人使用并谋取高额利息的行为。⑥ 上述观点中认定高利贷的标准虽各有不同，但是从中可以看出的是高利贷与利率（利息）之间表里相依的关系，换言之我国民法对高利贷的判定是通过利率的高低而定的。对此有学者指出，"利率规制问题时规范民间借贷的核心问题"⑦"利率上限的确定必然是规制高利贷的最核心的问

---

① 参见陈晓枫、周鹏：《高利贷治理之史鉴》，载《法学评论》2019 年第 4 期，第 160 页。

② 彭新林：《论"套路贷"犯罪的刑事规制及其完善》，载《法学杂志》2020 年第 1 期，第 60 页。

③ 参见周川、黄瑛：《审理"套路贷"犯罪案件的法律适用》，载《人民司法》2020 年第 5 期，第 17 页。

④ 陶建平：《高利贷行为刑事规制层次论析》，载《法学》2018 年第 5 期，第 180 页。

⑤ 李忠强：《放高利贷行为的刑法评析》，载《人民检察》2013 年第 2 期，第 16 页。

⑥ 参见赵秉志、李昊翰：《民间放高利贷行为入罪问题探讨》，载《河南大学学报》2020 年第 2 期，第 52 页。

⑦ 参见姚辉：《关于民间借贷若干法律问题的思考》，载《政治与法律》2013 年第 12 期，第 4 页。

题"[1] "利率是民间融资规制的起点"。[2] 我国当前对民间借贷调整及规制的立法及司法文件的内容在表 1 中可以明显体现。

表 1　民间借贷利率规制的内容

| 时间 | 文件名称 | 民间借贷利率规制的具体规定 |
|---|---|---|
| 1991 年 7 月 | 最高人民法院《关于人民法院审理借贷案件的若干意见》 | 民间借贷的利率可以适当高于银行的利率，但最高不得超过银行同类贷款利率的四倍（包含利率本数）。超出此限度的，超出部分的利息不予保护 |
| 2002 年 2 月 | 中国人民银行《关于取缔地下钱庄及打击高利贷行为的通知》 | 民间个人借贷利率由借贷双方协商确定，但双方协商的利率不得超过中国人民银行公布的金融机构同期、同档次贷款利率（不含浮动）的 4 倍。超过上述标准的，应界定为高利借贷行为 |
| 2015 年 6 月 | 最高人民法院《关于审理民间借贷案件适用法律若干问题的规定》 | 第二十六条　借贷双方约定的利率未超过年利率 24%，出借人请求借款人按照约定的利率支付利息的，人民法院应予支持。<br>借贷双方约定的利率超过年利率 36%，超过部分的利息约定无效。借款人请求出借人返还已支付的超过年利率 36% 部分的利息的，人民法院应予支持 |
| 2020 年 5 月 | 《民法典》 | 第六百八十条　禁止高利放贷，借款的利率不得违反国家有关规定 |
| 2020 年 8 月 | 最高人民法院《关于审理民间借贷案件适用法律若干问题的规定》 | 第二十六条规定，出借人请求借款人按照合同约定利率支付利息的，人民法院应予支持，但是双方约定的利率超过合同成立时一年期贷款市场报价利率（LPR）四倍的除外 |
| 2020 年 12 月 | 最高人民法院《关于审理民间借贷案件适用法律若干问题的规定》（2020 第二次修正） | 第二十五条　出借人请求借款人按照合同约定利率支付利息的，人民法院应予支持，但是双方约定的利率超过合同成立时一年期贷款市场报价利率四倍的除外 |

（二）利率的性质与分类

如表 1 所示，既有的法律文件中对于主张超过年利率 36% 或 LPR 四倍的利息不予支持。但是对于超过部分利息并未分类进行规定，如年利率 40% 与年利率 600% 的性质是否相同？对此应

---

[1]　参见高圣平、申晨：《论民间借贷利率上限的确定》，载《上海财经大学学报》2014 年第 2 期，第 99 页。
[2]　强力：《我国民间融资利率规制的法律问题》，载《中国政法大学学报》2012 年第 5 期，第 56 页。

该从利息的性质进行梳理。

1. 利息的性质。基于风险、交易费用以及资本利得，利息的存在几乎是必然的。对当下社会而言，"利息是否应该存在"的问题会让人感到奇怪，因为大家把贷款收取利息视为理所当然的事情。但历史上借贷收息经历过禁止期—禁令废止期—有限制的收息的阶段。因为金钱按照其发明的本意是用应当用于交换而不能用来生息。而高利贷（Usury）的原意是用金钱产生金钱，因为它生出来的子孙与原来的母体相似，其是通过货币本身获利而不是从货币的自然效用上获利。所以在上古时代，普遍是禁止收取利息的，索取利息就是对债务人的不公平勒索，所以马丁·路德说，贷款获息是"坐在安乐椅上的强盗"。随着经济的迅速发展以及自由资本主义的出现，16世纪到18世纪，几乎所有的法域都掀起了对利息的拥护。支持贷款收息的理由是：第一，货币并不是不生殖，只要债权人以之作相当的使用就可以得到利润，货币借出就是债权人放弃获得利润的机会，而把这个机会让与债务人。第二，资本有一种可与资本本身进行分离的"效用"，故可以分开出卖。利息有存在的必然性，并不意味着其可以无所限制。19世纪以来随着高利贷的猖獗，各国纷纷对高利贷作出限制与干涉，分别通过立法的形式将高利贷的利率限定在一定的范围内。我国最早从汉代起就开始对借贷利率进行限制，而且从唐朝起，后朝基本都将利率限定在"息不过本"的范围。

2. 利息的分类。有观点指出，"民间借贷利率上限规定为法定利率的4倍，应在年息20%以上了。如果借款人是经营者，其年利润率至少应在30%以上才能承受如此高的利率。一般中小企业很难有如此高的利润，借款人难以承受如此高利率几乎是必然。"[1] 为了规制过高的利率、保护借款人，我国民法通过对"超过法定利率"的利息不予保护来完成其使命。从应然层面来看，该保护路径确实可以起到规制过高利率、保护借款人的作用，因为当借款的利息超过法定利率时，借款人完全可以通过诉讼渠道保护自己免受盘剥。但现实情况是，借款人或基于面子或基于害怕遭到放贷人的报复，大多数的借款人不愿意通过诉讼解决问题。只能忍受来自放贷人的重利剥削，这有进一步"鼓励"放贷人可以无所不用其极地索债，如此反复不断恶性循环。我国民间借贷市场的法定利率一直以来在年利率20%～30%，而实际借贷利率的上限却常常被突破，有的借贷利率甚至达到年利率1000%，更有甚者如2019年3·15晚会上曝光的"714高炮"其年利率达到了1500%，借款7000元三个月滚到50万元。[2] 这种与本金明显不相当的利率，显然有利用借款人不利情境之嫌疑。理性的借款人是一个在经济、法律上都自足的人，是自己最佳利益的判断者，具有讨价还价和交易的能力，能够理性充分地掌握交易的信息、不会订立损害自

---

① 强力：《我国民间融资利率规制的法律问题》，载《中国政法大学学报》2012年第5期，第58页。
② 315曝光的"714高炮"到底是什么鬼？这些平台你可千万要躲开！https://baijiahao.baidu.com/s？id = 1628206505832860853&wfr = spider&for = pc，最后访问时间2022年11月29日。

己的合同。但是这种理论假设仅仅是一种理想的状态，事实上，借款人签订的合同不能保证该合同在事实上是公平的。"只要能够借到钱，度过当前困难，利息的高低是无暇顾及的"① "利滚利，就像吸毒。有的企业借了高利贷，如果没办法在规定的时间内从银行贷出款，这个企业就要逃走"②。通常借款人由于没有经验或急迫等不利情境而同意明显与本金不相当的利息。对于这种本金与利息严重失衡的"借贷"，应该刺破民间借贷的"外衣"，揭露其具有严重欠缺对价、不公平的特征。另外一种，虽超过法定利率，但是尚未达到与本金显不相当的程度情形，可以称之为半自治的利率，因为该类利息虽然超过了法定利率但未达到显失公平的程度，如果借款人自愿支付超出部分的利息，根据合同自由原则理应应该支持，"自愿性相对于公平性显然更为重要，更为民法所重视和保护"③。由此，笔者认为，可以将我国的借贷利息分为法定利率限度内的利率、半自治的利率、与本金显不相当的利率三类（见表2）。

表 2　我国民间借贷的利息分类

| 类型 | 利率 |
|---|---|
| 法定利率限度内的利率 | LPR 四倍以内 |
| 半自治的利率 | 超出 LPR 四倍但未达严重欠缺对价 |
| 与本金显不相当的利率 | 严重欠缺对价 |

（三）合同自由原则的边界

契约自由的演进，并非是一个从不限制走向限制的过程，而真相是，契约自由的限制一直都在，从近代契约到现代契约，则是形式上自由和消极自由从较小限制到较多限制，伴随着从形式自由走向实质自由的努力。④ 合同自由原则是近代私法的基本原理之一，其主要的作用是：其一，对于打破封建负担与约束、实现从身份到契约发挥重要作用。其二，抑制国家随意干涉市场自由竞争。但是"合同"本身蕴含着合同自由和合同正义的内容。只是因为近代民法将追求法的安定性作为最高价值。而到了 20 世纪以后随着社会经济的变更作为近代民法适用的平等性前提条件已经不在了，由此现代民法的理念也随之变换为实质正义。⑤ 如是，如果贯彻绝对的合同自由原则，会出现这样不平等情形，即合同一方当事人掌握绝对的控制权而根本不考虑作为弱势一方的权益，这样的"合同"中弱势一方没有丝毫的自由而言。⑥ 合同自由主要存在于实力相

---

① 王亚南：《中国半殖民地半封建经济形态研究》，人民出版社 1957 年版，第 274 页。
② 郭芳、施建表：《疯狂的高利贷——浙江地下融资组织化扩张调查》，载《中国经济周刊》2011 年 27 期，第 28 页。
③ 参见张勇：《高利贷行为的刑法规制》，载《江西社会科学》2017 年第 7 期，第 162 页。
④ 参见黄贤福：《契约自由衰落之前》，载《法令月刊》2003 年 54 卷 4 期，第 3 - 4 页。
⑤ 参见梁慧星：《从近代民法到现代民法》，载《律师世界》2002 年第 5 期，第 5 - 6 页。
⑥ See GRISMORE ON CONTRACTS 394（rev. ed. J. Murray 1965）.

当的缔约当事人之间，而在交易交涉力不平等的场合，所谓的合同自由实际上不再是双方的自由而成为单方的合同自由，因而需要国家公权力出面进行调整，形成所谓"受规制的合同"。① 换言之，在合同双方当事人表面平等但实质上不平等时，就需要国家进行主动干预，予以保护弱势一方的权利同时维护契约制度本身的运行规则。

### 三、 高利贷行为侵害法益之辨析

高利贷行为在很多国家被纳入刑法的规制对象的原因是高利贷行为本身的社会危害性和高利贷衍生犯罪行为所引发的社会问题。"高利贷的反信任特质，意味着其自身被排除在法律保护体系之外。换言之，放高利贷者必须把暴力组织或暴力资源内化为高利贷的资本组成部分。"②

从比较法方面而言，目前将高利贷行为纳入刑法的国家和地区很多，比如德国《刑法》第291条、日本《出资法》第5条、瑞典《刑法》第5条、《美国法典》第18章《犯罪与刑事程序》第1963条（a）等。高利贷行为是否应该入刑的问题在我国却是"命运多舛"的过程。首先，在民事立法上并未对借贷合同的利率作出明确的限定以及高利贷合同的法律后果。③ 因此，我国当前的民间借贷利率主要是由司法解释进行具体规定的（详见上文表1）。1991年最高人民法院出台《关于人民法院审理借贷案件的若干意见》（以下简称1991《民间借贷司法解释》）第六条规定"民间借贷利率……最高不得超过银行同类贷款利率的四倍（包含利率本数）"。随着市场经济的发展，为了满足市场新的变化与需求，2015年最高人民法院发布了《关于审理民间借贷案件适用法律若干问题的规定》（以下简称2015年《民间借贷司法解释》），其中第二十六条划定了利率的"两线三区"规则，即民间借贷合同约定的利息率为24%以下的，人民法院应予以保护；借贷利率超过36%的，超过部分的利息约定无效。由于"两线三区"规则的实际适用效果不甚理想，2020年最高人民法院发布《关于修改〈关于审理民间借贷案件适用法律若干问题的规定〉的决定》（以下简称2020年新《民间借贷司法解释》），将借贷利率的上限修改为"合同成立时一年期贷款市场报价利率（LPR）四倍"。从中可以看出三个司法解释对于超过法定利率的行为性质本身并没有作出规定。

由于刑法的谦抑性原则之遵守，在民法对于超出法定利率的借贷合同之性质没有明确规定其违法性时，刑法能否认定该行为具有刑事违法性，在理论与实务中不无争议。否定入罪者的理

---

① Jan M. Smits, Contract Law: A Comparative Introduction 13 (2014).
② 张善根：《入罪拟或信用治理：高利贷衍生犯罪的"中西"疗法》，载《法律科学》2019年第1期，第107页。
③ 《民法通则》第九十条规定：合法的借贷关系受法律保护；《合同法》第211条第2款规定：自然人之间的借款合同约定支付利息的，借款的利率不得违反国家有关限制借款利率的规定；《民法典》第六百八十条规定：禁止高利放贷，借贷的利率不得违反国家有关规定。

由主要是：（1）高利贷行为是双方自由意志的体现，没有侵害任何法益；（2）高利贷行为满足了市场对资金的需要有助于促进整体经济的发展并分摊了金融机构放任贷款风险，相比起"诱发犯罪"这一"过"是功大于过的。① 而赞同入罪者的理由主要是：（1）高利贷行为超出了民法上的"显失公平"，甚至达到了"完全不公平"的程度，侵害了自愿、平等的借贷市场秩序；②（2）严重破坏国家的金融秩序，成为部分刑事犯罪的重要诱因。③

不同于刑法理论上的争论不休，司法实践的态度甚是明确但却反复转变。2004 年湖北武汉涂汉江非法经营案④中，经过层层上报至最高人民法院，经最高人民法院发函询问中国人民银行，央行复函中将被告人的行为认定为非法从事金融业务活动。最高人民法院进而将被告人发放高息贷款的行为认定为从事非法金融活动，最后被告人系以非法经营罪被追究刑事责任。该案成为司法实践以非法经营罪规制民间高利贷行为的制裁路径先河。随着民间金融的活跃和以非法经营罪惩处高利贷行为的做法对民间借贷造成制度挤压和影响，各地司法机关开始对高利贷行为入罪问题有了松动和放宽的趋势。⑤ 至 2013 年何伟光、张勇泉放贷案时，最高人民法院作出批复并指出，被告人发放高利贷的行为不宜以非法经营罪处罚。⑥ 随着近年来高利贷所造成的社会问题越加严峻，2019 年最高人民法院、最高检察院、公安部、司法部联合出台《关于办理非法放贷刑事案件若干问题的意见》（以下简称《2019 非法放贷意见》），指出非法放贷易诱发涉黑涉恶及其他犯罪活动，并在第一条明确对非法放贷行为应以非法经营罪论处。

在梳理理论与实务观点时发现，不管是《2019 非法放贷意见》还是学界在讨论规制高利贷行为具体路径时，研究视角均集中在"发放主体资格"。具体而言，既有研究在探讨刑法规制高利贷的切入点是放贷主体资格存在问题，落脚点是放贷行为对金融秩序或市场管理秩序造成严重社会危害性。如《2019 非法放贷意见》第一条规定："违反国家规定，未经监管部门批准，或者超越经营范围……发放贷款，扰乱金融市场秩序……"。有学者认为"应该将高利贷行为分为经营性高利贷与非经营性高利贷，只需要对前者进行刑事处罚"⑦ "应将放贷主体区分为小额贷款公司与民间高利贷，前者侵害的法益是金融市场管理秩序，与前者不同而后者的危害性在于

---

① 参见邱兴隆：《民间高利贷的泛刑法分析》，载《现代法学》2012 年第 1 期，第 112－119 页。
② 参见张勇：《高利贷行为的刑法规制》，载《江西社会科学》2017 年第 7 期，第 163 页。
③ 参见陈庆安、罗开卷：《民间高利贷刑法规制的困境与路径选择》，载《广东社会科学》2015 年第 4 期，第 245 页。
④ 参见（2003）汉刑初字第 711 号刑事判决书。
⑤ 参见刘伟：《民法典语境下高利贷刑法规制路径的反思与重构》，载《东南大学学报》（哲学社会科学版）2020 年第 3 期，第 119 页。
⑥ 参见（2012）刑他字第 136 号批复。
⑦ 陶建平：《高利贷行为刑事规制层次论析》，载《法学》2018 年第 5 期，第 188 页。

高利贷所衍生的犯罪行为"。①

笔者却认为，上述将"发放主体资格"或"金融管理秩序"作为对高利贷刑事规制研究的"抓手"并不合适，因为其无法对发放高利贷行为进行全面评价。（1）主观责任并未评价，在高利贷犯罪情形下，行为人具有利用被害人处于不利处境的故意，如此才会需要国家权力此时介入到行为人与被害人之间的"合同"中。（2）行为人的高利贷行为性质属于自体恶。详言之，当利息高到一定程度时就意味着正常情况下注定还不上，继而会引发行为人要求被害人承担与债务不相称的还款义务以及相应衍生犯罪的出现，因此，行为人意图获取与本金严重不相称之利益的行为违背了公平原则，其在整个法秩序中皆会受到否定的评价。（3）不需要区分小额贷款公司从事发放高利贷业务与民间高利贷。高利贷的本质特点是利用不利地位攫取被害人财产而获得不成比例的财物。这是一种直接侵财的表现，间接损害到社会金融市场管理秩序。无论是小额贷款公司从事的高利贷业务行为还是民间高利贷行为，其行为本质是相同的——利用不利地位攫取被害人财产而获得不成比例的财物。小额贷款公司在侵财的同时由于其违反了国家相关的贷款发放规定同时侵害了金融市场管理秩序则是另外一回事。除此之外，由于高利贷行为本身的侵财性质与敲诈勒索罪等不同，不能通过直接规制其衍生犯罪来代替规制高利贷行为本身的惩罚必要性。

上述"抓手"的选择是在回避民法合同自由原则的迂回做法，将高利贷行为的核心点定在过高利息一方面会挤压国家金融市场的正常秩序，另一方面过高的利息意味着必定会衍生犯罪行为，借款人和贷款人双向犯罪。但是高利贷本身的违法性在于行为人意图获取与本金严重不相当的"高利"。

（一）高利贷违法性的判断依据

高利贷的违法性在于其"高利"，为什么以自由名义约定的"高利"会具有违法性。"重利罪的核心是意图取得与原本不相当的重利，而重利罪成立的前提条件是，行为人利用被害人处于危机，并与之订立不合理的契约。"② 之所以强调高利贷罪的成立前提是债务人已经处于不利的境地，主要目的还是要在维护合同自由原则与刑法维持社会稳定、有序发展目的之间寻找平衡点。对此，不同国家和地区选定的被害人不利情境的类型比较接近。如德国《刑法》第291条规定的"恶意利用他人急迫、无经验、缺乏判断力或显然的意志薄弱"、瑞士《刑法典》第157条规定的"利用他人困境、从属性、不知情、或判断能力低下……"、瑞典《刑法典》第5条规定的"利用他人的困境、愚钝、思虑不周……"，等等。当然也有的国家和地区并没有细化

---

① 王志远：《非法放贷行为刑法规制路径的当代选择及其评判》，载《中国政法大学学报》2021年第1期，第188、189页。

② 林东茂：《刑法综览》（修订5版），中国政法大学出版社2009年版，第362、363页。

被害人危机的类型，而是直接设定利率的天花板的模式作为刑事违法的判断根据，如我国香港特区《放债人条例》第24条规定，任何人（不论放债人与否）以超过百分之六十的实际利率贷出款项或要约贷出款项的，即属于犯罪。日本2006年修订的《金钱借贷经营法》第13条规定，贷款总额不得超过借款人年收入的1/3。① 不像上面几个国家和地区将高利贷行为成立的前提条件明确列举出来，是因为其采取是暴利行为的另一个起源——非常损失规则（Laesio enormis）②的延伸。现代民法中的"暴利行为"或"高利贷行为"直接渊源于非常损失原则。德国联邦最高法院时至今日也并未完全弃用该原则，该院为了减轻被害人对于加害人有意剥削上的困难，曾经认为只要约定之给付价格略多出一倍于市场交易同行的价格，就是显然失衡的情形。此种情形通常就可以推定受有暴利之他方当事人主观上有可非难之恶意。③ 可见，上述国家和地区不同的立法方式达到了异曲同工之效，即认为高利贷罪中行为人主观上有利用被害人处于危机或不利的境地进而贷款并获取显不相当重利的故意。

（二）高利贷罪保护财产法益

值得深思的是，高利贷行为最直接侵害的必然是受害者及其财产，为什么既有研究没有对此作出评价呢？笔者认为，我国既有研究成果将"发放主体资格"或"金融管理秩序"作为对高利贷刑事规制研究的"抓手"，上述"抓手"一定程度上是因为对合同自由原则回避的"妥协结果"。因为该逻辑之下否定了行为侵财的评价，而否定行为人对被害人财物侵害性质的认定，只能是因为认可了被害人签订合同自由的意思、意愿表达的法律效力。在承认被害人民事合同意思自治的同时追究其行为人责任时只能采取迂回的做法，即追究行为人发放贷款的主体资格或行为侵害了金融市场的管理秩序。

贷款人与借款人订立收息的借款合同是资本的本性使然。但是当高利贷行为的目的不再是获得正常合同交易利息，而是为了获得与借款明显不相当或绝不相称的"债权"。借款人本来就处于危机中，出借人在此中情形下"乘人之危，利用窘境，从事重利盘剥，则巧取无异于豪夺。"④ 而且约定过高的利息实际上出借人在借款时已经预料到借款人必定是不能准时还款的，届时出借人会从借款人那里取得新的诺言以及新的更不法的利益，而这一切早已在出借人的预

---

① 参见岳彩申：《民间借贷风险治理的转型及法律机制的创新》，载《政法论丛》2018年第10期，第9页。

② 非常损失原则，是指罗马帝政时期，在不动产的价金低于其价值的一半时，遭受"非常损失"的出售人有权请求撤销买卖。优帝一世将这项限制扩大适用到所有的买卖，推定在价金不足标的物价值的1/2时，出卖人表面上是自愿的，实际上是受了压迫，并非出自真心，故该契约可以解除。参见周枏：《罗马法原论》（下册），商务印书馆1994年版，第694页。

③ BGHNJW1979, 758; 1982, 2768; 1994, 1275; Prütting/Wegen/Weinreich/Ahrens, （Fn. 8），Rn. 64；Erman/Palm/Arnold，（Fn. 4），§ 138 Rn. 19. 转引自：吴从周：《论暴利行为：兼评最高法院103年度台上字第2445号判决》，载《台大法学论丛》2018年第6期，第912页。

④ 黄仲夫：《刑法精义》（修订31版），梨斋社有限公司2016年版，第737页。

料之中。因此，高利贷行为直接侵害的法益应该是被害人的财产法益。换言之，高利贷罪所保护的法益，首先应该是财产法益，其次才是金融市场的管理秩序罪。恰如有学者认为，如果立法者真要在重利罪中保护市场的合理价格，就根本不需要强调个人的急迫或弱势情状，而该以一般匮乏情状为前提来设计所谓的"社会重利"，以禁止哄抬价格的情形维持社会秩序。因此重利罪系以个人情状结合的"个别重利，应从侵害个人自由与财产的角度来说明其存在的正当性"。①

当然与其他财产犯罪不同的是，被害人的不利情境在其他财产犯罪中是由行为人造成的，如诈骗罪中被害人的认识错误及财产损失是由行为人造成的，而在高利贷罪中被害人的不利情境是由被害人自己造成的，行为人不过是利用之。这一点也是学界争论是否应该将高利贷行为入刑的主要争议点。其实合同自由原则只有在自由资本主义鼎盛时期才会相当坚持绝对的契约自由（背后的政治社会思想是个人主义），到了将要进入 20 世纪的时候，契约自由开始受到限制（背后的政治社会思想已经逐渐有了集体主体色彩），重利罪的是限制契约自由的时代背景的产物。② 很多国家在民法当中对高利贷行为的予以无效的评价。如德国《民法典》第 138 条第 1 款规定违背公序良俗行为的效力，紧接着第 2 款就规定，特别是某人以法律行为，利用他人急迫情况、无经验、缺乏判断能力或者显著意志力薄弱，使他人向自己或向第三人，对一项给付允诺或者给予财产利益，而此项财产利益与给付明显不成比例，其法律行为无效。即在私法中对高利贷行为予以否定评价。换言之，高利贷行为属于自体恶，其违背了法律正义，即任何人不得以他方受损为代价而获取不公平的利益。③ 高利贷行为是对契约自由的扭曲，高利贷罪的设立就是为了改变这种扭曲的状况，以维护民法中正常交易的善良风俗，并通过刑法惩治以达到对交易中弱势群体的保护，体现其维护公共利益的法益。④

按照生活经验，借款人都很清楚借高利贷必然会付出很高的代价，在此情况下是否可以根据被害人同意理论阻却行为人的违法性呢？对此有学者指出，被害人同意理论中被害人同意是自我决定权的实现，那么意志因素是不可或缺的。换言之，被害人仅仅认识到行为的危险还不是自我决定权的实现，只有当被害人具有实现危险的意志时，才能称得上自我决定权的实现。在事实上，被害人只是同意了自己所认识的危险，而没有同意危险的现实化。⑤ 在高利贷中被害人借取高利贷的目的是摆脱当前的经济危机，在意志上不可能愿意让自己陷入高利贷的旋涡，让自

---

① 许泽天：《重利罪的结构与修正方向》，载《月旦刑事法评论》2016 年第 2 期，第 92 页。
② 参见林东茂：《重利罪的构成要件》，载蔡墩铭、甘添贵主编：《刑法争议问题研究》，五南图书出版有限公司 1999 年版，第 558 页。
③ James Gordley, "Equality in Exchange", 69 California Law Review 1587, 1590 (1981).
④ 吴旭莉：《台湾地区重利罪的规范变迁、审判实践及启示》，载《台湾集刊研究》2019 年第 2 期，第 64 页。
⑤ 参见张明楷：《刑法学中危险接受的法理》，载《法学研究》2012 年第 5 期，第 175 页。

己的生活陷入更为艰难的地步。因此，高利贷中是不能通过被害人同意理论阻却行为的违法性的。退一步讲，被害人同意了让自己陷入高利贷的危险之中，但这种"同意"应建立在其对高利贷行为的性质和后果有正确认识的基础上，但是此时被害人因急于摆脱当前的困境，恰恰不能对行为作出正确的认识。"在风险现实化的那一刻，谁能掌控局面，谁能及时地、不需要假手他人退回自己的步伐，谁才是真正自由的。在他控风险之下，被害人的同意因缺乏实现结果的意志而存在重大瑕疵，属于一个失败的自由"。① 如是，被害人与高利贷中并不是享有真正的自由，整个行为的进行是由行为人所掌控，因此将责任分配到行为人是合理的。

### 四、 高利贷行为的刑事规制路径选择

如上所述，高利贷罪保护的直接法益是财产法益，间接保护的法益才是金融市场管理秩序，因此通过非法经营罪来规制高利贷行为存在评价不完全的情形；虽然高利贷罪保护的是财产法益，而且在很多情形下存在行为人通过采取复杂的计息方式来欺骗被害人，使后者对需要偿还的欠款总额产生错误认识，但是欺骗手段只是高利贷行为的常见表面特征，既非必备要素也非行为本质特征，因此实务中将"套路贷"行为认定为诈骗罪时，采取"削足适履"式解释方法，"生搬硬套"地将诈骗罪的构成要件适用于"套路贷"行为中。如是，笔者认为，既有研究及司法实务对高利贷行为（包括"套路贷"行为）的规制存在偏离重心的情形。"套路贷"行为是传统高利贷行为的一种变体，将来还会出现更多新型的变体。如果不正视问题的本质，当前"牵强附会"式的做法只能缓解一时之需，不能根本上解决该类问题。由于当前诈骗罪或非法经营罪都无法对高利贷行为进行完全的评价，因此应当在刑法中设置高利贷罪，才能对"套路贷"行为及其他涉高利贷行为进行合理的规制。但由于我国当前立法没有规定过高利贷罪以及理论与实务还存在对其的"误解"，对于以下问题梳理有利于还原高利贷行为的"本来面貌"。

（一）民法中的"高"利贷判断模式

高利贷中的"高利"需达到多"高"的地步才会入刑，"高利"指的是"高利率"吗？这两个问题的标准决定了设立高利贷罪的成败。在《民法典》出台之前，民法对于超出法定借贷利率的行为性质并没有作出规定。如 1991 年《民间借贷司法解释》中的"超出限度部分不予以保护"、2015 年《民间借贷司法解释》中的"超出年利率 36% 的超出部分的利息约定无效"、2020 年新《民间借贷司法解释》中的"超过 LPR 四倍的人民法院不予支持"。从这些词语中无法看出高利贷行为的民事违法性及法律后果。直到《民法典》的颁布才在第六百八十条明确了高利贷行为的民事违法性。但是不是应该根据新《民间借贷司法解释》的规定，将超过借贷利率超过 LPR 四倍的行为，在肯定其民事违法性的同时也以此为根据作为刑事违法性的依据，还

---

① 车浩：《过失犯中被害人同意与被害人自陷风险》，载《政治与法律》2014 年第 5 期，第 32 页。

存在探讨的空间。

"《民法典》第 680 条中的'禁止高利放贷'是典型的不完全法条,其并未规定高利的标准及进行高利放贷的法律后果。因此该条文可以理解为宣示性条文,意在表明国家态度,但对于如何具体规制则赋权给金融机构与司法机关"。① 最高人民法院就新《民间借贷司法解释》答记者问时指出"与民法典没有实质冲突的内容会予以保留"。换言之,根据新《民间借贷司法解释》中的"超过 LPR 四倍的人民法院不予支持",对于发放高利贷的行为如何进行民事惩罚目前还是没有明确的规定。对此,不妨参考境外国家和地区的做法。德国《民法典》是将高利贷行为放在民法总则中作为违背公序良俗行为的一种,其法律行为无效。在美国,如果放贷人索取的利率高于所在州的法定最高利率,则借贷合同无效,如果借款人不偿还借款,放贷人则没有追索借款人的权利。② 不仅如此,放贷人还可能被处以本金或利息被罚没、数倍利息的支付、监禁,如马里兰州规定处以三倍非法本金的罚款。③ 中国香港特区《放债人条例》第 24 条规定如果借贷的年利率超过 60% 的,放贷人的行为构成犯罪。第 25 条规定如果双方约定的年利率超过 48% 但没有超过 60%,可以推定此交易属于苛索,法庭可以对该交易予以重新调整,使双方获得公平对待。

根据《民法典》以及新《民间借贷司法解释》的相关规定,我国现在对发放高利贷的行为的判定是依据利率的高低。但是《民法典》对利率规制模式沿袭了既有的立场,本身条款并没有提供直接的依据。④ 由于我国《民法典》在公序良俗原则之下并未对高利贷行为进行具化规定,因此根据既有的民法规定很难将高利贷行为作为违背公序良俗或显失公平原则的行为。对于高利贷行为的旨趣,目前学者还是压倒性地认为《民法典》第六百八十条规范目的在于为借款合同的类型化提供了线索⑤、规范市场行为与维护金融秩序⑥。《民法典》没有沿用常用的"高利贷"而是采取了"高利放贷"说明目前借贷合同讨论的重点依然是"主体规制"或者"类型化"。⑦ 简言之,高利贷行为目前在我国民法中是局限于借贷合同的视野之下。

关于民间借贷利率上限的调整模式,总体上可以分为客观主义模式、主观主义模式、折中模

---

① 孙宏涛、仇梦龙:《民法典视域下高利贷的定性及利率规制》,载《民主与法制时报》2021 年 4 月 8 日第 006 版。

② 参见刘植荣:《国外判断"高利贷"的标准》,载《资本市场》2012 年第 5 期,第 91 页。

③ 参见岳彩申、车云霞:《论民间借贷利率的分层规制》,载《金融法学家》2015 年,第 75 页。

④ 参见刘勇:《〈民法典〉第 680 条评注(借款利息规制)》,载《法学家》2021 年第 1 期,第 179 页。

⑤ 参见刘勇:《利率规制:从"法定"到"市场"——兼评最高人民法院司法解释的相关规定》,载《内蒙古社会科学》2016 年第 3 期,第 106 页。

⑥ 参见刘勇:《超额利息返还的解释论构成——以法释〔2015〕18 号第 26 条、第 31 条为中心》,载《法学》2019 年第 4 期,第 173 页。

⑦ 参见刘勇:《〈民法典〉第 680 条评注(借款利息规制)》,载《法学家》2021 年第 1 期,第 179 页。

式三种。① 其中客观主义模式也称为统一划线模式，指通过立法设定一个利率的统一上限，只要过线就是高利贷。根据"统一上限"是否可以浮动又可以分为三种情形：（1）通过对某些指数的衡平进行相应的浮动，我国司法解释规定的"一年期贷款市场报价利率四倍"即为浮动上限。（2）利率上限是一个固定的利率，如日本 2010 年《贷金业法》将借贷的年利率限定为 20%。（3）在某些指数浮动的利率和固定利率之间确定利率上限。如美国田纳西州高利贷界限为 24% 或平均最优惠贷款利率加 4 个点中的较低者。② 支持主观主义模式的学者认为，不存在单一、既定的合理利率，因为不同条件下贷款风险是不同的，相应的利率也不相同。③ 因此在主观主义模式（个案判定模式）中政府事先不公布客观的借贷利率上限，而是由法官在事后根据案件具体情况，自由裁量其是否违反"公序良俗"或"显失公平"来具体判断个案是否构成"高利贷"，其中主要考虑的因素有：市场的平均利率、借款人是否处于困窘情境、缺乏经验或显著意志力薄弱等，如，英国在 1854 年废除《高利贷法》后，于 1974 年《消费者信贷法》进一步废除了消费者信贷不得超过年利率 48% 的规定，转而采用通过法官在具体个案中自由裁量权强化对消费者的保护。④ 折中模式，即介于统一划线与个案裁定之间的一种模式。如意大利 1996 年《民间融资利率规制法令》采取客观主义模式 + 主观主义模式，其中客观高利贷是指超过最高法定借贷利率的借贷行为；主观高利贷是指未超过最高法定借贷利率限度，但由于借款人处于经济或财务困境，考虑到交易实践和具体行为内容，放贷人得到了回报（包括利息）相对于借贷本金显失公平的借贷行为。⑤ 经过对比，目前我国民法采取的是客观主义模式——统一划线模式。信贷交易本是公平性、安全性、效率性的价值统合，在经济与社会转轨期国家所保护的"利益"或"秩序"（如严格的利率限制、信贷配给秩序等）本身是市场化进程中急需革新的一环，而目前国家却仍以这种"利益"或"秩序"作为经济治理的价值诉求。⑥

（二）刑法中"高"利贷的判断标准

高利放贷行为的非法性及对公正性的违反，成为触发民法与刑法介入的"安全阀"，其中利率的高低成为民法介入评价的形式标准，而刑法的介入应采取实质标准。民法的"权利本位属

---

① 参见王林清：《民间借贷利率的法律规制：比较与借鉴》，载《比较法研究》2015 年第 4 期，第 188 页。

② John M. Houkes, An Annotated Bibliography on the History of Usury and Interest from the Earliest Times Through the Eighteenth Century, p. 383 (The Edwen Press 2004).

③ ［美］多蒂，等《市场经济：大师们的思考》，林季红等，译，江苏人民出版社，2000 年版，第 312 页。

④ 参见王林清：《民间借贷利率的法律规制：比较与借鉴》，载《比较法研究》2015 年第 4 期，第 189－190 页。

⑤ 参见陆青：《试论意大利法上的高利贷规制及其借鉴意义》，载《西安电子科技大学学报》2013 年第 1 期，第 100 页。

⑥ 参见吕垚瑶：《我国高利贷刑法治理的困境与破解路径》，载《重庆社会科学》2019 年第 9 期，第 104－106 页。

性"决定了通过民事审判仅是表达了对高利贷单纯不保护的态度，未能通过否定性的惩治机制对此加以处置，使得很多应该受到刑事处罚的行为在民事判决后被掩盖、被人为消解。① 正如最高人民法院 2005 年发布的《关于审理抢劫、抢夺刑事案件适用法律若干问题的意见》指出的，如果行为人通过合理价格以暴力等手段强制交易的宜以强制交易罪论处；如果行为人通过强制手段以相差悬殊的价格进行交易的，说明行为人具有非法占有的目的，宜以抢劫罪论处。高利贷行为的本质性要素是欠缺对价，而行为人对此明知且利用的心态。在高利借贷合同中，由于合同双方信息的不对称、利率的隐蔽性②、借款人的有限理性，意味着高利贷的危害性在于其"不公平性"而非"高利率"。③ 换言之，由于贷款人与借款人之间债务的显不相当，借款人的陷入财务危机以及贷款人的暴力索债在双方签订合同就注定了，"高利率"只是风险溢价的表现形式，在某种程度上帮助放贷人规避信用审查义务和违约损失的风险，因此高利贷的真正危害在于其借贷交易"行为"的不公平性。④ 这种行为的可罚性来自法秩序的首要价值追求——公平。无论是非常损失原则还是利率规制三种模式，其实本质上都是在合同"自由"之外加入"公平"的价值衡定，因为正如亚里士多德所言，合同必须是合理的，而不仅仅是自由的。这也是很多国家和地区在法律中规定公序良俗原则的原因，"公序良俗作为规定社会公共秩序和一般道德的问题而成为社会和发展的确保，应该成为所有法律规范存在的价值公准。"⑤ 换言之，高利贷行为在法秩序的体系中是违法的，目前并不存在理论障碍。

高利贷行为的民法与刑法之间的规制衔接，大概分为两种类型，其一，民法和刑法之间都采用客观主义标准，即对行为的临界点作出明确规定，如中国香港特区《放债人条例》第 24 条规定的，受保护的民事借贷利率不得超过年利息的 48%，而超过 60% 的一律入刑；日本《金钱借贷经营法》第 13 条规定，贷款总额不得超过借款人年收入的 1/3。⑥ 这些临界点的设定其实是根据"非常损失原则"视各国和地区实际经济情况而制定的。而我国最新借贷标准四倍 LPR，2020 年 10 月 20 日中国人民银行最新发布的一年期 LPR 为 3.85%，因此目前我国民间借贷利率的司法保护线为 15.4%，由于当前的 LPR 每个月会调整一次，因此民间借贷利率的司法保护线也会跟着调整。而高利贷比较盛行的浙江地区的民间借贷的年利率一般不低于 30%，甚至会达到 200%。⑦ 如果将超过 LPR 四倍的民间借贷皆纳入刑法规制，会导致刑法打击范围过大。同时

---

① 参见时方：《规制高利贷的刑民界分与策略选择》，载《检察日报》2021 年 2 月 26 日第 003 版。

② 贷款人通常会设计出复杂的信贷产品，如浮动利率产品、挂钩利率产品、高额违约产品，借款人通常对此种复杂而又具有迷惑性的利率计算并不清楚。

③ 参见张彬：《高利贷规制：从"利率"到"行为"》，载《银行家》2017 年第 3 期，第 123 - 124 页。

④ 参见吕垚瑶：《我国高利贷刑法治理的困境与破解路径》，载《重庆社会科学》2019 年第 9 期，第 106 页。

⑤ 赵万一、吴晓峰：《契约自由与公序良俗》，载《现代法学》2008 年第 3 期，第 56 页。

⑥ 参见岳彩申：《民间借贷风险治理的转型及法律机制的创新》，载《政法论丛》2018 年第 1 期，第 9 页。

⑦ 参见沈伟：《地下借贷市场去影子化：法与金融的视角》，载《政法论丛》2020 年第 8 期，第 80 页。

由于 LPR 四倍会每月调整，这也意味着入刑的标准并不统一，这显然与罪刑法定原则相违背。上述数字也显示我国 LPR 数值的制定并非依据"非常损失原则"进行厘定的，而且利率高低并不是决定高利贷的决定性因素。笔者查阅自《民法典》生效以来的民事判决书，发现民事判决书对于超出法定利率的借贷合同采取的做法比较一致，即对于超出法定上限的利息不予以保护，对于法定利率范围内利息予以保护。并且有判决指出，民间借贷利率规制保护的上限是合同成立时一年期贷款市场报价利率四倍，这表明资金借贷成本一旦超过该限度就容易产生较高的金融风险。① 如是，民法对于高利贷的规制主要还是在维护目前借贷市场的秩序之稳定。这与刑法规制高利贷行为以维护实质公平的侧重点也是不同的。如此将 LPR 四倍作为刑法中"高"利贷的判定依据也是不合理的。"从非常损失规则和暴利行为制度的发展脉络中，可以得出它们都是通过关注合同当事人之间对待给付的价值平衡问题，从另一个角度实现合同的公正"。② 而且我国当前的 LPR 四倍相较于以前的 24% 和 36% 的双划线明显偏低，由此将其作为衡量合同当事人之间对待给付是否严重失衡的唯一依据，是不可取的。

既然刑法中的高利贷罪目的在于规制不公平的行为，刑法判断高利贷之"高"的标准应该将重心从利率"高低"转到"公平"与否。因此，上述客观主义规制路径不适合我国既有的立法体系。换言之，鉴定高利贷行为时需要加入主观主义的规制逻辑。对此比较有代表性的是德国。德国对高利贷行为采取主观主体模式，不仅在民法中没有对民间借贷的最高上限规定一个僵化且明确的数值，在其《刑法典》中继续沿袭该模式，其中第 291 条规定，利用他人处于困境、缺乏经验、缺乏判断能力或者严重意志薄弱……该财产利益与给付或给付的中介显失公平的，处 3 年以下自由刑。但是德国《刑法典》第 344 条规定，乘他人急迫、轻率、无经验、或难以求助之处境，贷以金钱或其他物品，取得与原本显不相当之重利的处……。

究竟达致什么程度构成"与原本显不相当"。对此可以判断的基准有银行发布的贷款利率、民法规定的利率、民间地区一般借贷利率。各国及地区形成当今的通说也是一个逐渐发展的过程。但随着时间的演进，理论界和实务界开始改变这一做法，主要是基于刑法规范的目的及刑法的谦抑性。如有学者指出，民法中规定的利率限制主要是基于维护民法秩序，但与刑法所希望建立的秩序是不完全相同的。因为刑法规范所保护的社会秩序是最低限度且基于刑法谦抑性，应该超过民法借贷限度的方能纳入刑法规制范围。③ 因此有判决指出，所谓"与原本显不相当"是指原本利率、时期核算及参酌当地的经济状况，较之一般债务之利息，显有特殊之超额而言。④

---

① 参见（2021）皖 06 民终 344 号民事判决书。

② 徐涤宇：《非常损失规则的比较研究》，载《法律科学》2001 年第 3 期，第 116 页。

③ 参见林东茂：《重利罪的构成要件》，载蔡墩铭、甘添贵主编《刑法争议问题研究》，五南图书出版有限公司 1999 年版，第 561 页。

④ 参见最高法院 99 年度台上字第 4210 号刑事判决。

如是，当下各国和地区对高利贷罪中利率高低的判断绝大多数是根据市场中一般借贷利率为准的。例如有学者指出，对于"显不相当"的确认，"市场价值"具有决定性，除了市场价格作为参考指标外，并不存在一个明确的标准。[①]

但是如果每个案件都需要法官在没有一定标准的情况下判断行为是否"显不相当"，会极大地增加法官的工作量，同时可能会出现相同行为司法判决却不统一的情形。为此，有学者建议应在高利贷罪的条文中明确，当财产利益的价值超过给付的50%时，原则上就存在"给付与对待给付显不相当"，从而提高法律适用上的安定性。但为避免该标准过于僵化，应对其保留一定的弹性条文可以采取"原则——例外"式的立法模式。[②] 上文提及德国对暴利行为的规制采取主观主义的模式，但是这也并不意味着法官在个案自由裁量中无所遵从，事实上德国联邦最高法院并未完全弃用非常损失原则，该院为了减轻被害人对于加害人有意剥削证明之困难，曾经认为只要约定之给付价格约略多出一倍于市场交易上同行的价格（约等于双倍价格，或者更高比例），通常就认为是显然失衡。学者们称呼德国联邦最高法院这种一再重复表达的"给付是对待给付将近两倍高"方式，已经可以说是一种概算公式，而构成联邦最高法院所谓的"重大而特别显然的失衡"。[③] 当然在实务中，德国联邦最高法院对"两倍高标准"会根据个案进行一定的修正。

笔者认为这种思维值得借鉴，由于我国民法现在对高利贷规定的四倍LPR利率在民间借贷市场中明显偏低，在此情况下如果过线就入刑会造成刑法打击面过大也非刑法规范的目的所在，高利贷罪设置的目的在于对"显然不相当的"的对待给付行为进行规制以保护被害人的财产。但是如果完全不设置判断标准会造成司法不统一的情形，而"两倍高标准"提供了具有可操作性及理论依据充分的标准。

为实现兼顾实质公平与契约自由，在主观方面各国均强调行为人对被害人弱势地位的明知、利用，仅有高利率的借贷约定、没有利用被害人弱势地位的不构成高利贷罪。境外国家和地区对于被害人弱势情境的设定极其相近，大体上有愚钝、无经验、急迫、困境几种情形。首先，行为人主观上必须是故意而不能是过失，即行为人对被害人处于弱势处境是有认识的，并利用被害人这一不利处境实现显不相当的获利。对于行为人是否需要对被害人弱势处境准确认知的问题，有观点指出，行为人不必要如法律人一样对于被害人处于何种困境作出准确判断，只要其认识

---

① 参见 NK – Kindhäuser, §291 Rn. 30. 转载自蔡忠明：《重利罪构成要件之研究——以德国与台湾重利罪之比较为核心》，成功大学法律研究所硕士论文，2015年，第84页。

② 参见 Hohendorf, a. a. O. (Fn. 4), S. 197 – 198. 转引自蔡忠明：《重利罪构成要件之研究——以德国与台湾重利罪之比较为核心》，成功大学法律研究所硕士论文，2015年，第88页。

③ 参见吴从周：《论暴利行为：兼评最高法院103年度台上字第2445号判决》，载《台大法学论丛》2018年第6期，第912页。

到被害人处于困境即可。① 其次，对于在故意之外，是否还要有"特别乘机利用之意图"目前尚存不同意见，德国最高法院认为，除了有乘机利用之外，行为人还要以"卑劣或其他可以非难的方式"，利用被害人的窘境等，但学说上认为并无必要。② 最后，为了避免对市场经济的过度干预，司法实务部门会对被害人之弱势处境作出限定。德国法院对于借款动机是为了扩充生意的处境也不认为该当急迫之要件，因为扩充生意并非为了解决现存的经济瓶颈，而是对未来计划的筹资。即使没有得到借款只会造成未来计划的落空，并不会该当急迫，进而不该当暴利罪的主观故意。③

---

① 参见蔡忠明：《重利罪构成要件之研究——以德国与台湾重利罪之比较为核心》，成功大学法律研究所硕士论文，2015 年，第 89 页。

② Staudinger/Fischinger, (Fn. 38)，§138 Rn. 286 f. 转引自吴从周：《论暴利行为：兼评最高法院 103 年度台上字第 2445 号判决》，载《台大法学论丛》2018 年第 6 期，第 920 页。

③ 参见陈盈如：《重利罪保护法益与正当性》，国立台湾法律学院法律研究所，2013 年硕士学位论文，第 82、88 页。

# 《金融法苑》 征稿启事

　　《金融法苑》由北京大学金融法研究中心主编，以金融法研究为对象，采用图书的形式连续出版。自1998年首次出版至今，《金融法苑》已公开出版百辑，目前一年出版两辑，每辑15～18篇论文，约20万字，由中国金融出版社出版发行。《金融法苑》已被北京大学法学院列为学院核心刊物，并自2014年起入选CSSCI来源集刊。《金融法苑》目前授予"北京大学期刊网""中国知网""元照数据库""北大法宝""超星数字期刊""万方数据库"等数据库电子版权。凡向《金融法苑》投稿的作者，视为同意上述授权，本编辑部所支付的作者稿酬已包含上述著作权使用费；如不同意，请在投稿时注明，编辑部将作适当处理。

　　《金融法苑》设有"热点观察""专论""金融实务与法律""金融法前沿""公司与证券""银行与法律""财会与法律""保险与法律""WTO与金融""金融刑法""金融创新""金融监管""金融法庭""海外传真"等栏目，及时反映金融法理论、热点事件、立法与实务等最新研究成果和动态，文风活泼，文字清新，深入浅出，侧重阐明事理，解决问题。作为专业特色明显的出版物，《金融法苑》在学界和实务界有着良好的影响，适合立法者、金融法务工作者、相关专业的师生阅读和参考。

　　为规范《金融法苑》用稿，提高编辑质量和效率，编辑部拟订《〈金融法苑〉写作要求和体例》，请投稿者务必自觉遵守。自2014年1月起，本编辑部只接受电子版投稿，投稿邮箱为：jinrongfayuan@126.com。投稿文档请按如下格式标明，并同时标注于邮件主题上："投稿日期作者：文章名"，例如："2003.10.22吴志攀：银监会的职责与挑战"。

　　凡投寄本编辑部的稿件，请勿一稿多投。投寄的稿件三个月内未收到编辑部用稿反馈的，可自行处理。在编辑部编辑稿件过程中，如遇到他刊拟采用的，请作者及时告知相应的决定，以免造成重复刊发。

　　有意投稿者还可关注北京大学金融法研究中心网站（www.finlaw.pku.edu.cn）和微信公众号（"Pkufinlaw"和"北京大学金融法研究中心"），获取金融法研究中心和《金融法苑》的出版资讯、学术活动、征稿主题等相关信息。网站地址和微信公众号二维码请见本辑封底。

《金融法苑》编辑部

# 《金融法苑》 写作要求和注释体例

## 一、 字数要求

一般不超过 8000 字（包含注释，以 Word 的字数统计为准），特别优秀的论文可适当增加 1000～2000 字。

## 二、 编排体例

1. 文章标题：居中，三号加粗宋体字，标题一般不超过 25 个字，尽量不使用无实质意义的副标题。

2. 作者：居中，小四号宋体字，用 * 标记脚注，注明学习/工作单位、电子信箱、联系电话、通信地址（邮编）等。

3. 中文摘要：小四号宋体字，不超过 300 字，写明文章的主要观点、研究方法等。

4. 关键词：小四号宋体字，2～5 个关键词，需体现文章核心内容。

5. 正文：目次采用"一、（一）1.（1）1）"顺序，尽量避免过多层次，标题加粗，全文小四号宋体字，1.5 倍行距，段前段后不空行。

6. 注释：采用当页脚注，每页重新编号，①②③格式，五号宋体字，单倍行距，注释间不得空行。

## 三、 内容规范

文章需符合基本学术规范和著作权规则。对违反法律法规、学术规范的文章，由作者本人承担一切后果。

## 四、 格式规范

（一）数字

1. 文章中涉及的确切数据一般用阿拉伯数字表示。例如：20 世纪 80 年代，不采用"1980 年代"的写法。

2. 约数用汉字表示。例如：大约十年，近二十年来。

3. 法律条文，应该以中文大写数字表示，包括所引用的法条中涉及的条款。例如：《中华人民共和国刑法》第十一条。引用法律或案例应准确无误，作者应核对与文章内容时点对应的有效法律条文内容，注意条文序号是否已被调整。

4. 农历的年、月、日一般用中文汉字；古代皇帝的年号也用汉字。例如："光绪二十九年"等。

（二）图表

1. 图表应简洁大方，同一图表尽量避免跨页排版。

2. 图表标题应标明序号，置于图表上方，图表下方注明资料来源。

（三）法律规范或其他规范性文件

1. 无论中西文法律或规范性文件，首次出现，写明全称（注明中华人民共和国），以后可以用简称，但需在首次出现的全称之后用括号界定。

2. 必要时，在法规之后注明其生效或实施时间。

（四）注释

1. 总体要求

（1）注释以必要为限，对相关文献、资料等来源进行说明，以便读者查找。直接引征不使用引导词，间接引证应使用引导词。支持性或背景性的引用可使用"参见""例如""例见""又见""参照""一般参见""一般参照"等；对立性引征的引导词为"相反""不同的见解，参见""但见"等。

（2）注释的标识位置

一般紧跟着要说明的词语或句子。一般地，注释标识放在逗号和句号后面，也可放在句号前，根据所需注释的内容而定。涉及引号时，如果引号里有句号，注释标在引号后。如果引号里无句号，注释标在引号和句号之后。

（3）超过100字引文的处理

正文中出现100字以上的引文，不必加注引号，直接将引文部分左右缩排两格，并使用楷体字予以区分。100字以下引文，加注引号，不予缩排。

（4）重复引用文献、资料的处理

重复引用的，需标注全部注释信息，不采用同前注、同上注等简略方式。

（5）作者（包括编者、译者、机构作者等）为三人以上，第一次出现时，最好都列明，如果有主编，撰写者可以省略。第二次出现时可仅列出第一人，使用"等"予以省略。

（6）引征二手文献、资料，需注明该原始文献资料的作者、标题，在其后注明"转引自"该援用的文献、资料等。

（7）引征信札、访谈、演讲、电影、电视、广播、录音等文献、资料等，在其后注明资料形成时间、地点或出品时间、出品机构等能显示其独立存在的特征。

2. 具体注释范例

中文作品

（1）专著

作者：《书名》（卷或册或版次），出版社出版年，页码。

例如：

李琛：《论知识产权法的体系化》，北京大学出版社 2005 年版，第 110 页。

储怀植：《美国刑法》（第 3 版），北京大学出版社 2005 年版，第 90 - 97 页。

葛克昌、陈清秀：《税务代理与纳税人权利保护》，北京大学出版社 2005 年版，第 30、35 页。

（2）编辑作品或编辑作品中的文章

作者及署名方式：《书名》（卷或册或版次），出版社出版年，页码。

作者：《文章名》，载编辑作品主编人：《编辑作品名称》，出版社出版年，页码。

例如：

刘剑文主编：《出口退税法律问题研究》，北京大学出版社 2004 年版，第 21 页。

高鸿钧等主编：《英美法原论》，北京大学出版社 2013 年版，第二章"英美判例法"。

张建伟：《法与经济学：寻求金融法变革的理论基础》，载吴志攀、白建军主编：《金融法路径》，北京大学出版社 2004 年版，第 31 页。

（3）译著

［国别］作者著：《书名或文章名》，译者译，出版社出版年，页码。

例如：

［美］兰德斯、波斯纳著：《知识产权法的经济结构》，金海军译，北京大学出版社 2005 年版，第 460 页。

（4）学位论文

作者：《论文名称》，学校系所年份，页码。

例如：

李英：《一般反避税条款之法律分析》，北京大学法学院 2004 年硕士论文，第 19 页。

（5）期刊、报纸类作品

作者：《文章名》，载《书名或杂志名》年代和期数。

例如：

刘剑文：《论避税的概念》，载《涉外税务》1999 年第 2 期。

刘军宁：《克林顿政府经济政策》，载《人民日报》1993 年 3 月 23 日，第 6 版。

（6）研讨会论文

作者：《篇名》，主办单位，"研讨会名称"，时间。

例如：

王文宇：《台湾公司法之现况与前瞻》，韩忠谟教授法学基金会，"两岸公司法制学术研讨会"，2003 年 7 月。

（7）法院判决、公告等

《名称》，（年份）编号名称（说明：具体名称是否添加根据文中情况判断）。

例如：

包郑照诉苍南县人民政府强制拆除房屋案，浙江省高级人民法院（1998）浙法民上字 7 号民事判决书。

《国家税务总局关于出口货物退（免）税若干问题的通知》，国税发〔2003〕139 号。

（8）网络资讯

原则上，如果同样内容有纸质文献，请选用纸质参考，以方便保存查阅。

文献内容（格式同上），资料来源：网址，访问时间。

例如：

王波：《台湾中正大学黄俊杰教授访谈》，资料来源：http：//www. cftl. cn/show. asp？c ＿ id ＝ 478&a ＿ id ＝ 1381，2005 年 4 月 17 日访问。

赵耀彤：《一名基层法官眼里好律师的样子》，载微信公众号"中国法律评论"，2018 年 12 月 1 日。

外文作品

（1）基本说明

1）重复引用文献的，在再次引用时需标注出全部注释信息，不采用 Id. 等简略形式。

2）文章标题大小写。

除冠词与介系词之外，书名和文章名称的第一个字母都要大写。例如：A Theory of Justice。

3）缩写加上句点。

例如：

e. g.；等等：et al.；主编：ed.；第×页：p. *；第× － ×页：pp. * － *。

4）顺序和中文著作基本相同。多个作者之间不用顿号，而用 "&" 或者逗号。作者与书名之间用逗号；文章名、书名无需书名号。

5）字体用 Times News Roman。

6）组织机构、法案名称等，第一次使用全称，后用括号注明英文全称和简称，之后可使用简称。

例如：国际货币基金组织（International Monetary Fund，IMF）。

（2）著作

例如：

William E Scheurman ed. , The Rule of Law under Siege, Berkeley：University of California Press, 1996, p. 144. Bellow & Kettleson, The Politics of Society in Legal Society Work, 36 NLADA Briefcase 5 (1979), pp. 11 – 16.

（3）期刊文章

例如：

Robert J. Steinfeld, Property and Suffrage in the Early American Republic, 41 Stanford Law Review 335 (1989), p. 339.

# 关于 《金融法苑》 的订阅

感谢广大读者对《金融法苑》的喜爱和支持。北京大学金融法研究中心限于人手，无法逐一为读者们办理纸质版杂志的订阅服务。为此，中心特委托《金融法苑》的出版商中国金融出版社代为办理，由其读者服务部具体承办《金融法苑》的订阅服务。

中国金融出版社读者服务部电话：（010）66070833　62568380

（在每本《金融法苑》的封二都可以查看到读者服务部的信息）

如您不想采用订阅的方式，也可访问淘宝网上的"中国金融出版社读者服务部"，或者通过登录当当网、亚马逊、京东或新华书店等网站，购买纸质版的《金融法苑》。

**北京大学金融法研究中心**